STEFAN SCHUBERT

Bibliografische Information der Deutschen Nationalbibliothek
Die Deutsche Nationalbibliothek verzeichnet diese Publikation in der Deutschen Nationalbibliografie. Detaillierte bibliografische Daten sind im Internet über http://dnb.d-nb.de abrufbar.

Für Fragen und Anregungen:
stefanschubert@rivaverlag.de

Originalausgabe
1. Auflage 2012
© 2012 by riva Verlag, ein Imprint der Münchner Verlagsgruppe GmbH
Nymphenburger Straße 86
D-80636 München
Tel.: 089 651285-0
Fax: 089 652096

Redaktion: Dr. Frank Weinreich
Umschlaggestaltung: Kristin Hoffmann
Umschlagabbildung: Getty Images (oben)/iStockPhoto (unten)
Satz: Buch-Werkstatt GmbH, Bad Aibling
Druck: GGP Media GmbH, Pößneck
Printed in Germany

ISBN Print 978-3-86883-248-8
ISBN E-Book (PDF) 978-3-86413-226-1

Weitere Informationen zum Verlag finden Sie unter

www.rivaverlag.de

Beachten Sie auch unsere weiteren Verlage unter
www.muenchner-verlagsgruppe.de

STEFAN SCHUBERT

HELLS ANGELS

WIE DIE GEFÜRCHTETEN ROCKER DEUTSCHLANDS UNTERWELT EROBERTEN

INHALTSVERZEICHNIS

Vorwort   9

1. Kapitel
Wie alles begann: Es war einmal in Amerika …   11
Aufruhr in Hollister – die Geburt der Einprozenter   11
Der Deathhead und die Hells Angels   15
Leg dich mit einem Hells Angel an, und du legst dich mit allen
    Hells Angels an   18
Erster »Ruhm«   19
Angels und Gesellschaft   22
Hells Angels vs. Rolling Stones   24
Es kann nur einen geben!   27
Ronald Reagan vs. Sonny Barger   29
Operation »Black Biscuit«   31
Innerer Feind   34
Prospect   37
Chuck Zito und die Hells Angels New York   39

2. Kapitel
Die internationale Expansion der Bruderschaft   43
Die Beatles und die Hells Angels   43
Der geflügelte Totenkopf erreicht Deutschland   44
Die ersten Toten auf deutschem Boden   45
Hamburger Hells Angels im Untergrund   47
Lutz S. und der Hells Angels MC Stuttgart   48

3. Kapitel
Bandidos MC, der ewige Rivale   51
»Lieber stehend sterben als kniend leben«   51
Bandidos, Outlaws, Pagans – alle gegen die Big Red Machine   55
Europa steht vor dem Krieg   58

4. Kapitel

Hells Angels vs. Bandidos, Teil I: die Schlacht um Europa   61

Der skandinavische Rockerkrieg   61

Al Capone am dänischen Flughafen   66

Schweres Geschütz   68

Das Wikingerfest mit Besuch von Carl Gustaf   69

Ein kurzer Frieden   73

Der Kampf geht weiter   75

Aktueller Ausblick – Bandenkriege in skandinavischen Großstädten   76

5. Kapitel

Aufmarschgebiet Deutschland   81

Bones MC & »gelbe« Ghostrider's – die Streitmächte formieren sich   81

Schlechte Presse   83

Hannover, Rotlicht und Frank Hanebuth   86

Die Expansion beschleunigt sich   92

The world is not enough!   94

Bandidos MC Germany   96

Die Outlaws und der Red Devils MC in Deutschland   98

Warum werden Männer Hells Angels?   101

6. Kapitel

Der Mongols MC   105

Schlachthaus East Los Angeles   105

»The baddest 1%er Motorcycle Club known worldwide«   106

Hells Angels vs. Mongols   106

ATF – die Justiz schlägt zurück   109

Der Laughlin River Run   111

Operation »Black Rain«   116

Mongols MC Germany   120

7. Kapitel

Hells Angels vs. Bandidos, Teil II: der Bikerkrieg in Kanada   127

Schlacht um Quebec   127

Das Lennoxville-Massaker   130

Der höllische Massenmörder Yves »Apache« Trudeau   132

Rock Machine vs. Hells Angels   134

Aus Rock Machine wird Bandidos MC Canada   140

Hells Angels vs. Bandidos, die kanadische Spielart   144
Operation »Springtime«   149
Auftragskiller Gerald Gallant – der nette Nachbar von nebenan   153
Kriegsende?   155
Das Massaker von Shedden   157
Kanada – die aktuelle Lage   162

8. Kapitel
Hells Angels vs. Bandidos, Teil III:
Deutschland – der Krieg beginnt   166
Aggressive Expansionen   166
Angebote, die man nicht ablehnen kann   172
Autobombe und Hinrichtung in Karlsruhe   174
Bremen – die Hells Angels greifen an   177
Verrat in der Bruderschaft   186
»Expect No Mercy.« Der erste Tote im deutschen Krieg   191
Hells Angels MC vs. Outlaws MC   198

9. Kapitel
Berlin, Hauptstadt der Rocker   201
Der Krieg erreicht Berlin-Brandenburg   204
Bandidos gewinnen immer mehr Schlachten in Berlin   217
Kadir P. – Übertritt oder Verrat?   218
»No niggers in the club« und Hakenkreuze   220
Es fallen wieder Schüsse in Berlin   226
Höllische Berliner auf Europatour   230
Eskalation an der Spree   233

10. Kapitel
2010, die Ereignisse überschlagen sich   235
Das Ruhrgebiet brennt   241
Der angebliche Friedensschluss von Hannover   249
SEK vs. Hells Angels   253
Hells Angels MC Frankfurt   255
Aus Hells Angels Hamburg wird Harbour City   261
United Tribuns vs. Hells Angels Pforzheim   266

11. Kapitel

NRW: Kämpfe im tiefen Westen   275

    Gangland Cologne – Türken, Araber, Hells Angels, Bandidos
        und Gremium   275

    NRW 2012 – der Krieg ums Ruhrgebiet geht weiter   284

12. Kapitel

Hells Angels unter Beschuss   300

    Hells Angels MC Kiel – »Gehorsam über den Tod hinaus«   300

    Hells Angels Cologne und Bandidos Aachen – Verbote im Wahlkampf   304

    Das umkämpfte Ostdeutschland   307

    Der Boss der Bosse   312

    Berlin 2012 – langsam und explosiv   324

    Verbote und Selbstauflösungen   336

13. Kapitel

Ausblick   342

Nachwort   345

VORWORT

Existiert eine bundesweite Struktur der Rockergruppierungen? Werden die Territorialkämpfe der Hells Angels gegen den Bandidos MC in Deutschland erneut eskalieren? Sind die ausgesprochenen Verbote von Chartern und Chaptern das ultimative Allheilmittel der Behörden und die richtige Strategie, und werden sie vor den Gerichten Bestand haben?

Diese Fragen dominieren einen großen Teil der aktuellen Schlagzeilen über den Hells Angels MC. Die Antworten darauf befinden sich in diesem Buch.

Um das Agieren der Rocker in Deutschland besser verstehen und einordnen zu können, ist es hilfreich, in der über 60-jährigen Historie der Höllenengel zurückzugehen – in die kalifornische Provinz, nach San Bernardino, wo 1948 alles begann. Von da aus erfolgte der weltweite Siegeszug der Bruderschaft, der eine Blutspur von Amerika nach Kanada über Skandinavien bis nach Deutschland zog. Dabei blieben 300 Leichen zurück. Die Opfer wurden von Autobomben zerrissen, von Panzerabwehrgranaten zerfetzt, erschlagen, stranguliert, erstochen oder erschossen. Darunter sind auch Unschuldige wie der elfjährige Daniel Desrochers oder die 51-jährige Norwegerin Irene Astrid Bækkevold. Ein Dutzend dieser Toten ist in Deutschland zu beklagen und es ist zu befürchten, dass dies nicht die letzten Opfer bleiben werden.

Das rot-weiße Netzwerk der Hells Angels ist heute in 47 Ländern aktiv. Nach den USA verfügt Deutschland über die größte Zahl an Chartern und nimmt eine dominierende Rolle in dieser weltumspannenden Organisation ein. Über die gleiche Stellung innerhalb seines Weltverbands verfügt auch der ewige Rivale, der Bandidos MC Germany, der in Deutschland ebenfalls sein zweitgrößtes Kontingent nach den USA hat.

Die international aggressivsten Ableger dieser Clubs *made in the USA* befinden sich in Skandinavien und in Deutschland. Auch dieser Umstand ließ Deutschland zum derzeitigen Kriegsschauplatz der beiden gewalttätigen Weltmächte werden. Der Kampf um die Vorherrschaft in der Unterwelt wird nicht mehr in Kalifornien, Quebec oder Kopenhagen ausgetragen, die aktuellen Bloodlands der Rocker sind Berlin und Duisburg.

Dieses Buch bündelt Fakten, analysiert und zeigt Zusammenhänge in der 64-jährigen Geschichte des Hells Angels MC und spannt einen Bogen von den Anfängen der US-Bikersubkultur zu den heutigen kriminellen Auswüchsen in Europa. Der Schwerpunkt der Ausführungen liegt auf Deutschland, wo die Anfänge der Clubs, die Konfliktverläufe und die aktuellen Geschehnisse nachgezeichnet, erklärt und bewertet werden. Ihren Abschluss bildet ein Ausblick auf die zukünftigen Verhältnisse in der Republik.

1. KAPITEL

Wie alles begann: Es war einmal in Amerika …

»The Boys are home again, all over the world«, sang Vera Lynn, als der Zweite Weltkrieg geendet hatte und Hunderttausende junge GIs von den Schlachtfeldern Europas und des Pazifiks aus in die USA zurückströmten; darunter eine Vielzahl bestens ausgebildeter Biker. Die US-Army setzte seit dem Ersten Weltkrieg Motorradfahrer als Meldegänger, Aufklärer und Kuriere ein, und wie es oft bei Spezialisten der Fall ist, bildeten die Armybiker eine Clique für sich. Im Verlauf des Kriegs hatte die verschworene Gemeinschaft eine stattliche Anzahl erreicht. Allein die Harley-Davidson Motorcycle Company rüstete die amerikanischen Streitkräfte im Zweiten Weltkrieg mit etwa 90 000 schweren Maschinen aus. Als die Soldaten nun aus dem größten Gemetzel der Menschheitsgeschichte zurückkehrten, strömte im Blut vieler GIs noch das Adrenalin, das sie ihre gefährlichen Einsätze hatte überleben lassen. Die Erfahrung bedingungsloser Kameradschaft und eine Moral abseits des bürgerlichen Lebens und Denkens hatten sie zusätzlich geprägt. Genau für diese Werte suchten viele der jungen Männer nun eine neue Heimat, doch diese Heimat fanden sie nirgends.

Es war eine Zeit des Aufbruchs, besonders in den USA. Das Leben war günstig – die Miete einer Wohnung kostete noch keine 20 Dollar – und die Freiheit rief nach Jahren des Krieges, der Feldlager, des Drills und der Angst vor den Kugeln des Feindes mit lauter Stimme. Die Straßen Kaliforniens wurden von immer mehr jungen Burschen bevölkert, die auf ihren Motorrädern genauso waghalsig wie zuvor im Krieg einherbretterten.

Aufruhr in Hollister – die Geburt der Einprozenter

Sie alle einte an dem ersten Wochenende des Juli 1947 ein Ziel: Hollister, eine Kleinstadt in Kalifornien, in der die Motorsport-Organisation American Motorcyclist Association (AMA) plante, gesittet ein Motorradwochenende zu feiern. Dieser Plan scheiterte.

Die Vorfälle gingen unter den Überschriften »Hollister Bash«, »Hollister Riot« und »Motorcyclists Take over Town« in die amerikanische Pressegeschichte ein und gelten als die Geburtsstunde der Outlaw-Motorradclubs überhaupt.

In der 4500 Einwohner zählenden Kleinstadt feierte die AMA bereits seit den 30er-Jahren Renn-Wochenenden als Familienereignisse gleich einer Rodeoveranstaltung. Der Zweite Weltkrieg hatte diese lieb gewonnene Tradition unterbrochen, aber jetzt im Sommer 1947 sollte sie wieder aufgenommen werden. Es existierten schon vor den Hollister Riots Motorradclubs wie die Jackrabbits, 13 Rebels und die Yellow Jackets. Sie alle tranken und feierten relativ friedlich zusammen und stellten keinerlei territoriale Ansprüche untereinander. Das sollte sich jetzt ändern.

Die US-Army ist nicht als ein Hort von friedfertigem Verhalten und kontrolliertem Alkoholgenuss bekannt. So wechselte auch das Publikum des diesjährigen Festes. Unter den 4000 Bikern, die aus San Francisco, Los Angeles, San Diego, ja sogar aus den Tausende Kilometer entfernten Bundesstaaten Florida und Connecticut in das kleine Nest strömten, befanden sich eine Menge Rabauken, die unter anderem in den Clubs Boozefighters und Pissed Off Bastards of Bloomington organisiert waren. Doch die sieben Mann des Hollister Police Department und die 21 Bars der Kleinstadt begrüßten die anreisenden Biker zunächst mit offenen Armen.

Die Jungs tranken, und sie tranken viel und hart, so wie sie es bei der Army gelernt hatten. Es dauerte nicht lange, und mehr oder wenige betrunkene Männer lieferten sich auf ihren Maschinen Wettrennen. Kurzsprints und Burn-outs beherrschten die Straßen Hollisters, wobei Verkehrsregeln kein Thema waren. Während die einheimischen Polizisten deswegen immer angespannter reagierten, wurden auch die Barkeeper spätestens zu dem Zeitpunkt nervös, als zahlreiche Biker für die nächste Bestellung direkt in die Kneipe fuhren und dort ihre Harleys parkten. Bierflaschen flogen aus den Fenstern der oberen Etagen und zersplitterten auf Straßen und Gehwegen. Hastig personell verstärkte Polizeikräfte ordneten an, dass die Gaststätten früher schließen mussten, doch es stellte sich schnell heraus, dass diese Maßnahme keinen Erfolg mehr hatte: Die »worst 40 hours in Hollister's history« waren nicht mehr zu stoppen.

Die Biker soffen weiter. Bilanz des Wochenendes: bis zu 60 Festnahmen wegen aufrührerischen Benehmens, Trunkenheit in der Öffentlichkeit und Erregung öffentlichen Ärgernisses. Die hohe Zahl der Verhaftungen hört sich dramatisch an, relativiert sich jedoch, wenn man die beispielhaften Gründe für die folgenden sechs Verhaftungen zeigt:

- Benjuman D. »Kukomo« McKell, 34 Jahre alt, Festnahmegrund: Ruhestörung, Strafe: zwei Tage Gefängnis und 25 Dollar Geldstrafe
- Gerald E. Butler, 25, Trunkenheit, Freilassung am nächsten Morgen
- Walter William Wagner, 30, Trunkenheit, Freilassung am nächsten Morgen
- Lionel R. Raucci, 21, Trunkenheit, zehn Dollar Geldstrafe
- Wallace E. Goodbar, 17, Ruhestörung, 15 Dollar Geldstrafe
- James B. Osborn, rücksichtsloses Fahren, fünf Dollar Geldstrafe

Etwa 60 Biker mussten im örtlichen Hospital ihre Verletzungen behandeln lassen, doch nur drei Männer erlitten schwerere Verletzungen: einen Beinbruch, einen nahezu abgerissenen Fuß und einen Schädelbruch. Auch wenn man die Augenzeugenberichte dieses oft zitierten Wochenendes liest, ergibt sich ein nicht ganz so katastrophales Bild. Alle Zeugen sind sich darin einig, dass der Biergenuss exzessiv war, dass Rennen gefahren wurden und die Verkehrsregeln keine Beachtung fanden. Weitere Verfehlungen bestanden darin, dass viele der Biker ihren Rausch da ausschliefen, wo sie ihn sich angeeignet hatten: auf dem Rasen vor dem Gerichtsgebäude und an anderen öffentlichen Orten. Immerhin schafften es einige der Männer, wenn auch in fahruntüchtigem Zustand, ihre Bikes zu Heuschobern und Scheunen am Rande der Stadt zu lenken. Gewaltsame Ausschreitungen, Massenschlägereien oder gar Plünderungen, wie es die sensationslüsternen Schlagzeilen nahelegten, nahm keiner der Anwesenden wahr. Im Gegenteil, trotz allen Alkoholgenusses erinnern sich viele Beteiligte an eine ausgelassene Volksfeststimmung.

Doch die Presse hatte ihr Urteil bereits gefällt und ein Foto, von dem man jetzt weiß, dass es für das US-Magazin *Life* gestellt worden war, erfuhr weltweite Verbreitung. Es zeigt einen volltrunkenen Motorradfahrer, der mit einer Flasche Bier in jeder Hand, umgeben von auf dem Boden liegenden Flaschen, auf seiner Harley sitzt. Der Mythos vom »Hollister Bash«

war geboren. Er hält sich hartnäckig und prägt gesellschaftliche Vorurteile über Biker bis heute.

Die American Motorcycle Association sah sich veranlasst, die geschockte Öffentlichkeit zu beruhigen. Ein Sprecher der Organisation soll sich wie folgt geäußert haben: »Nur ein Prozent der Motorradfahrer war an den Unruhen beteiligt, 99 Prozent haben sich anständig verhalten.« Der Begriff vom harten, gewaltbereiten Rocker – dem »Einprozenter« – war in die Welt gesetzt und hielt seinen Eingang in die Subkultur der Biker, auch wenn die AMA ihre Aussage später dementierte.

Manche Biker benutzten von nun an bewusst die öffentliche Stigmatisierung und trugen ein kleines, rautenförmiges Abzeichen mit der Aufschrift »1 %«, um sich von normalen Motorradclubs abzugrenzen und der Öffentlichkeit ihre Stellung als Outlaw zu demonstrieren. Auch der Begriff vom »Outlaw-Club« fand seinen Ursprung in der Berichterstattung über das Hollister-Wochenende.

Die Legende über die Entstehung des Begriffes und des Images vom »Outlaw« liest sich vielfach weniger aufregend, als es der Name vermuten lässt. Die 1924 gegründete American Motorcyclist Association AMA war in den 1950er-Jahren ein Spiegelbild des konservativen, spießbürgerlichen Amerikas. Sie organisierte unzählige Motorradveranstaltungen für Amateure und Profis und setzt dies bis heute fort. Doch den neuen Bikern reichten diese offiziellen Rennen nicht aus, sie fuhren eigene Rennen gegeneinander, ohne die Autorisierung der AMA. Dies war die Geburtsstunde der sogenannten »Outlaw Races«, von denen sich der Begriff »Outlaw« abgeleitet haben soll.

Dieser Eindruck wurde verstärkt durch eine Verfilmung der Ereignisse von Hollister im Dezember 1953. Marlon Brandon und Lee Marvin spielten die Hauptrollen in dem erfolgreichen Kinofilm *The Wild One*. Der Film nahm großen Einfluss auf die Jugendsubkultur der wilden 50er und musste ebenso oft als Sündenbock für auch in Deutschland stattfindende Krawalle von »Halbstarken« herhalten.

Die Verfilmung begeisterte das Publikum und inspirierte junge Männer auf beiden Seiten des Atlantiks, einen neuen Way of Life einzuschlagen. In Amerika folgte unter anderen ein gewisser Ralph Hubert Barger Junior, genannt Sonny, den neuen Idolen.

Der Deathhead und die Hells Angels

Ralph »Sonny« Barger erblickte am 10. Oktober 1938 in Kalifornien das Licht der Welt und war zu jung, um noch zu den Hasardeuren des Zweiten Weltkriegs zu zählen. Trotzdem beginnt mit ihm die eigentliche Geschichte der Hells Angels. Ralph Hubert Barger Senior verdiente sein Geld hart als Straßenbauarbeiter und zementierte den Highway 99. Er kämpfte sich durch Asphaltdämpfe und Staubstürme und campierte in einem Bauwagen in der Nähe der Baustelle. Sonny Barger beschrieb seinen Vater als »hartgesottenen Säufer, einen noch arbeitsfähigen Alkoholiker«.

Seine aus Italien stammende Mutter, Kathryn Carmella Barger, ließ Sonny mit vier Monaten beim Babysitter zurück und brannte mit dem Fahrer eines Trailway-Busses durch. Fortan wuchsen Sonny und seine ältere Schwester im Arbeiterviertel von East Oakland bei Großmutter Nora Barger auf.

Mit 14 Jahren rief Sonny einen Stadtviertel-Club ins Leben, ihren Namen verdankten die acht Mitstreiter einem Song der Penguins: »Earth Angels«. Die rebellischen Jugendlichen tranken Bier, rauchten ihren ersten Joint und nutzten jede Gelegenheit, um ihre Kräfte in einem Boxkampf zu messen.

Sonny zog es zur US-Army. Da er mit seinen 16 Jahren noch zu jung war, fälschte er kurzerhand seine Geburtsurkunde. Zwei Jahre nach dem Ende des Korea-Krieges mit 940 000 toten Soldaten und über zwei Millionen zivilen Opfern trat Sonny Barger am 14. Juli 1955 der Army bei.

Es dauerte 14 Monate, bis dem Militär der Schwindel auffiel und er an seinem Standort Honolulu auf Hawaii entlassen wurde. Sonny war 17 Jahre alt und ein Army-Veteran.

1956 trat er seinem ersten Motorradclub, den Oakland Panthers, bei, doch er fand nicht das, was er sich erhofft hatte: bedingungslosen Zusammenhalt, einen verschworenen Haufen, eine Bruderschaft. Kurzerhand trat er wieder aus und gründete im April 1957 einen eigenen Motorradclub. Die Männer der ersten Stunde hießen Boots, Cody, Junior Gonsalves, Ernie Brown, Al Jayne und Big Red, ein Tattoo-Künstler.

Seit dem Ersten Weltkrieg verzierten Pin-up-Girls und düstere Maskottchen die Flugzeugrümpfe von alliierten Jagd- und Bombenfliegern. Unter den kleinen Kunstwerken befanden sich auch ein Skelett mit

Pilotenjacke und ein Totenkopf mit Flügeln auf einer Bombe. Filmisch setzte der Luftfahrtpionier und Filmproduzent Howard Hughes diesen Männern 1930 unter dem Titel *Hell's Angels* ein Denkmal. Basierend auf diesem Film nannte sich im Zweiten Weltkrieg eine Bomberstaffel der US Air Force »Hell's Angels«. Sonny Barger und seine Mitstreiter wählten als Clubabzeichen einen Totenschädel mit Flügeln auf ihren Westen und übernahmen den Namen der Bomberstaffel. Sie nannten sich »Hells Angels« (ohne Apostroph): Höllenengel.

Was sie nicht wussten, war, dass es in San Bernardino bereits einen Club gab, der das gleiche Abzeichen trug. Dieser Club war schon am 17. März 1948 durch ehemalige Mitglieder der Piss Off Bastards in Kalifornien ins Leben gerufen worden. Bei einer zufälligen Motorradtour kreuzten sich 1957 die Wege der Höllenengel aus San Bernardino und der Biker aus Oakland. Man lernte sich kennen, freundete sich an und brauste ab sofort gemeinsam und mit dem gleichen Patch auf der Kutte mit den Harleys von Party zu Party.

Das Color – so wird das Wappen auf den Lederwesten genannt – der Hells Angels besteht aus vier Teilen: Der obere Schriftzug oder »Top Rocker« lautet HELLS ANGELS. Der untere Schriftzug, der »Bottom Rocker«, benennt den Herkunftsort, zum Beispiel California. Das eigentliche Club-Logo, der »Centercrest«, bei den Angels der Totenkopf mit Flügelhelm oder Deathhead, sitzt in der Mitte, rechts daneben schließlich der Aufnäher »MC«, für Motorcycle Club. Die Farbgebung des Patchs mit roter Schrift auf weißem Untergrund brachte den Hells Angels auch den Namen »Big Red Machine« ein, den sie besonders seit ihrer Internationalisierung gerne für die Eigendarstellung, etwa auf den Internetseiten ihrer Charter, benutzen.

Ab 1958 war der gut 1,80 Meter große und 77 Kilogramm schwere Lagerarbeiter Sonny Barger Präsident des Charters in Oakland. Er übernahm die bestehenden Strukturen, Regeln und Vorschriften des ersten Hells-Angels-Charters ebenso wie die dem Militär entlehnte Hierarchie des Clubs.

Ein Charter besteht aus Präsident und Vizepräsident, Sergeant at Arms (Verteidigungsminister), Secretary (Verwaltung), Treasurer (Kassenwart), Road Captain (Organisation von Fahrten), Members (Mitgliedern),

Prospects (Anwärtern) und Hangarounds (Sympathisanten). Prospects und Hangarounds sind mit geringeren beziehungsweise gar keinen Rechten ausgestattet und müssen sich durch diverse Dienstleistungen und Vertrauensbeweise langsam und manchmal über Jahre in der internen Rangordnung hocharbeiten. Dieser Aufstieg kann, wie es später auch in Deutschland vorgekommen ist, durch die Teilnahme an kriminellen Handlungen beschleunigt werden.

Ein Teil der internen Clubregeln gelangte unabsichtlich an die Öffentlichkeit und wurde im *San Francisco Chronicle* abgedruckt. Sonny Barger bestätigte einen Teil der Regeln anlässlich des Erscheinens seiner Biografie. Ein Auszug aus den Vorschriften:
- Verbindliche wöchentliche Meetings
- Geldstrafe bei Nichterscheinen ohne triftigen Grund
- Ohne besonderen Anlass keine Teilnahme von Frauen an den Meetings
- Eine Aufnahmegebühr von damals 15 Dollar
- Verbot von Schlägereien zwischen Clubmitgliedern
- Neue Mitglieder müssen mehrheitlich durch Abstimmung bestätigt werden, zwei Neinstimmen reichen für ein Veto
- Jeder neue Member muss ein eigenes Motorrad besitzen
- Einmal ausgeschlossene Mitglieder können nicht wieder aufgenommen werden
- Alkoholika des Clubs dürfen nicht mit Rauschmitteln vermengt werden
- Es ist verboten, Munition in Lagerfeuer zu werfen
- Die Frauen anderer Club-Mitglieder sind tabu
- Kein Drogenkonsum während der Meetings

Der junge Veteran brachte den wilden Haufen auf Vordermann und lebte seinen Traum vom ungezügelten Leben, auch wenn die teilweise akribischen Vorschriften nicht unbedingt zum ungezügelten Freiheitsgedanken passen. Aber es war hauptsächlich das Motorradfahren mit den anderen Männern, der Spaß daran, ordentlich einen draufzumachen, und die Überzeugung, keiner Auseinandersetzung aus dem Weg gehen zu dürfen, was den Lebensinhalt vieler damaliger Höllenengel ausmachte.

Leg dich mit einem Hells Angel an, und du legst dich mit allen Hells Angels an

In der Wahl ihrer Mittel, sich auf den Straßen Amerikas zu behaupten, waren die Angels seit ihrer Gründung weder zimperlich noch wählerisch. Eine ihrer Taktiken brachte sie besonders in Verruf bei Bikern, die noch Wert auf einen Ehrenkodex bei Schlägereien legten und sich danach richteten: Die Hells Angels brachen mit dem Fairnessgedanken. Ihr Motto lautete nicht »Mann gegen Mann«, sondern »Einer für alle, alle für einen«.

Ob ein Angel recht hatte oder nicht, er bei einem fairen Kampf besiegt wurde oder verdientermaßen eine Tracht Prügel bezogen hatte – das spielte keine Rolle. Jedes Mitglied der Bruderschaft stand einem Bruder sofort und vorbehaltlos bei. Die Höllenengel stürzten sich auf den Kontrahenten ihres Bruders und erteilten ihm eine schmerzhafte Lektion: »Leg dich mit einem Hells Angels an, und du legst dich mit allen Hells Angels an.« Fairness hin oder her, eine abschreckende Wirkung auf jeden Straßen- und Kneipenschläger hinterließ diese Prozedur auf jeden Fall.

Ein anschauliches Bild von der öffentlichen Wahrnehmung der ersten Rocker kann einer Veröffentlichung aus der Feder des damaligen Generalstaatsanwalts von Kalifornien entnommen werden:

»Diese Aufnäher [das Color der Hells Angels] werden meist auf dem Rücken ärmelloser Jeanshemden getragen. Außerdem hat man Club-Mitglieder gesehen, die verschiedene Luftwaffen-Insignien aus der Nazizeit und Nachbildungen des deutschen Eisernen Kreuzes trugen. Viele von ihnen sind Bartträger, und sie haben meist langes, ungekämmtes Haar. Manche tragen an einem durchstochenen Ohrläppchen einen Ohrring. Oft wurde beobachtet, dass sie Gürtel tragen, die aus polierten Motorradketten gefertigt wurden und die sich, wenn abgeschnallt, als elastische Knüppel verwenden lassen. Die Hells Angels scheinen schwere, strapazierfähige Motorräder aus amerikanischer Produktion zu bevorzugen. Die Club-Mitglieder tragen meist einen Spitznamen, der als ihr ›rechtsgültiger‹ Name gilt, und werden unter diesen Namen auch in der Mitgliedsliste des Clubs geführt. Einige Clubs verlangen, dass sich neue Mitglieder tätowieren lassen. Der kleinste gemeinsame Nenner bei der

Identifizierung von Hells Angels ist wahrscheinlich ihr allgemein schmutziger Zustand. Ermittelnde Beamte berichten übereinstimmend, dass diese Kerle, sowohl die Clubmitglieder als auch ihre Partnerinnen, dringend ein Bad nötig hätten. Fingerabdrücke sind zur Identifizierung bestens geeignet, da ein Großteil der Hells Angels vorbestraft ist.«

Erster »Ruhm«

Diesen neuen stürmischen Wind in der Welt der Outlaw Motorcycle Clubs bekamen etablierte Clubs nun schmerzlich zu spüren, etwa der Gypsy Jokers MC in der San Francisco Bay Area.

Der am 1. April 1956 in Frisco gegründete Club, dem ebenfalls nicht der Ruf anhing, besonders zimperlich zu sein, galt als zweitstärkster MC in Kalifornien. In den 60er-Jahren brach in der Bay Area der Konflikt über die Vormachtstellung in der Welt der Einprozenter offen aus. Besonders das Hells-Angels-Charter Oakland mit Sonny Barger an der Spitze tat sich in diesen Revierkämpfen um die Durchsetzung von Territorialansprüchen hervor. Diesem neu wachsenden Imperium und der gewaltsamen Unterdrückung jeglicher vermeintlicher Konkurrenten hatten die Gypsy Jokers nicht lange etwas entgegenzusetzen. Die ersten schwer verletzten und toten Biker blieben auf den Straßen von San Francisco zurück, ermordet von Bikern. Ihr Vergehen – sie trugen ein andersfarbiges Color.

Die Hells Angels vertrieben die Gypsy Jokers erst aus der Bay Area und anschließend aus ganz Kalifornien. 1967 siedelte der Gypsy Jokers MC nach endgültig verlorenem Konflikt nach Oregon und in den Bundesstaat Washington um. Darüber hinaus weiteten sie sich besonders in Australien, aber auch in Südafrika, Norwegen und Deutschland aus. Das FBI und australische Polizeibehörden rechnen den Gypsy Jokers MC heute der schweren organisierten Kriminalität zu.

Der Kampf und der klare Sieg gegen den Rivalen erhöhten die Reputation des Hells Angels MC in der Bikerszene und festigten seinen Führungsanspruch. Es folgten zahllose Revierkämpfe, Schlägereien und Schießereien mit lokalen Motorradclubs, die ausnahmslos siegreich ausgefochten wurden. Die Angels untermauerten damit ihre Vormachtstellung in Kalifornien und zunehmend darüber hinaus. Ende der 60er-Jahre verfügten sie bereits über 16 Charter, davon acht in Kalifornien. Das Gebiet der Männer mit dem geflügelten Totenkopf reichte schon bis nach Nebraska, Massachusetts, Ohio, New York und sogar nach Australien und England.

Die Beach Boys besangen die »California Girls«, Elvis Presley eroberte Hollywood und die Hells Angels erlebten ihre wilde Zeit auf den Straßen Amerikas: Schlägereien, Rabaukentum, Drogenkonsum und -handel, Sexorgien, Schießereien, Tote und Gefängnisaufenthalte pflasterten den Weg der Höllenengel und verschafften ihnen Schlagzeilen auf den Titelseiten amerikanischer Zeitschriften. Der Grundstein für die archaisch-brutale Aura der Bruderschaft war gelegt.

Am Labor-Day-Wochenende 1964 scheint der Mond über der mondänen Halbinsel Monterey und taucht die Sanddünen in einen silbernen Glanz. Das Tosen der Brandung der Pazifikküste beherrscht die Nacht. Zwei vorgelagerte Inseln, an deren wunderschönen Sandstränden Seehunde im Frühling ihre Jungen zur Welt bringen, beherbergen außerdem Seelöwen, Kormorane und Pelikane. Mitten in dieser Idylle campieren rund 300 Hells Angels mit befreundeten Bikern und feiern eine wilde Party mit Drogen, Alkohol und Sex, denn unter den Rockern befinden sich auch um die 30 »Old Ladies«, wie die Freundinnen und Geliebten von Angels genannt werden. Später in der Nacht stoßen noch zwei 14- und 15-jährige Teenager dazu. Als ein Streifenwagen sich später der Szenerie nähert, ist ein Mädchen nackt, das andere trägt nur ein Hemd. Der Hilfssheriff packt die hysterisch weinenden Mädchen auf den Rücksitz und braust davon, zunächst einmal.

Am nächsten Tag erscheint eine Armada von Streifenwagen mit den beiden Mädchen an Bord. Diese zeigen auf vier der von der Polizei zur Identifikation aufgereihten Hells Angels, die sogleich wegen Vergewaltigung in das Bezirksgefängnis wandern.

Der Labor Day, gleichzusetzen mit dem 1. Mai in Deutschland, wird traditionell am ersten Montag im September gefeiert und gedenkt des jahrzehntelangen Kampfes der Arbeiterbewegung für die Einführung des Achtstundentages. Heutzutage nutzen die meisten Amerikaner das verlängerte Wochenende, um auszuspannen.

Doch in diesem Jahr wurde die Idylle von der Ost- bis zur Westküste Amerikas von wilden Schlagzeilen durchbrochen. Die »Monterey-Vergewaltigung« brachte es bis auf die Titelseiten der *New York Times*, des *San Francisco Chronicle*, des *Time Magazine* und Publikationen weiterer großer Verlagshäuser. Die Artikel waren reißerisch und mit erfundenen Perversitäten angereichert, etwa der Behauptung, dass jeder neue Hells Angel bei einem Aufnahmeritual seine Frau allen anderen Clubmitgliedern zum Sex anbieten müsse.

Die angeklagten Hells Angels beteuerten ihre Unschuld und gaben zu Protokoll, dass die Mädchen freiwillig, nach einigen gemeinsam gerauchten Joints, an der Sexorgie teilgenommen hätten. Nach dem vierten oder fünften Sexpartner bekamen es die sie begleitenden fünf farbigen Studenten mit der Angst zu tun und alarmierten die Polizei. Das war alles – so die Aussage der Beschuldigten.

Die ärztlichen Untersuchungen der beiden Mädchen schienen diese Aussage zu bestätigen. Die Ärzte fanden keinerlei Hinweise auf Gewalteinwirkungen. Ein Mädchen verweigerte zudem die Aussage, das andere fiel bei einem Lügendetektortest durch.

Die Inhaftierten wurden daraufhin am 25. September mit Zustimmung der Grand Jury entlassen, und der stellvertretende Bezirksstaatsanwalt ließ die Anklage fallen. Dennoch hielt sich die Geschichte der Monterey-Vergewaltigungen hartnäckig in der amerikanischen Presselandschaft.

Die Zeitungen und Magazine Amerikas überboten sich fortan mit der reißerischen Berichterstattung über die Hells Angels. Exemplarisch dafür steht ein Bericht des meinungsbildenden Nachrichtenmagazins *Newsweek* über einen Labour Day Run nach Porterville aus dem Jahr 1965:

»Ein dröhnender Schwarm aus 200 Motorradfahrern in schwarzen Jacken fiel in das verschlafene südkalifornische Städtchen Porterville ein. Obszönitäten brüllend randalierten sie in den örtlichen Kneipen. Sie hielten Autos an, rissen die Wagentüren auf und versuchten, die Beifahrerinnen zu begrapschen. Einige ihrer gestiefelten Freundinnen legten sich mitten auf die Straße und wanden sich in aufreizender Weise. In einer Bar schlugen sechs von ihnen einen 65-jährigen Mann brutal zusammen und versuchten, die Bardame zu entführen. Erst als 71 Polizisten aus benachbarten Städten und von der Highway Patrol mit Polizeihunden und

Wasserschläuchen anrückten, schwangen sich die Motorradfahrer auf ihre Harley-Davidsons und brausten laut dröhnend aus der Stadt.«

Stellvertretend für die Vereinigten Staaten von Amerika erklärte der Generalstaatsanwalt von Kalifornien 1965 dem Hells Angels MC offiziell den Krieg. Die Kampfansage ergab sich aus einem Dossier, das die zahlenmäßige Stärke der Angels, die Qualität und Anzahl der von ihnen verübten Straftaten, ihre sexuellen Ausschweifungen sowie Berichte über ihr allgemeines Auftreten erfasste. Nach dem Namen seines Verfassers ging das Dossier als Lynch-Bericht in die amerikanische Rechtsgeschichte ein. Eine Reihe objektiver Beobachter beurteilte den Report und die angegebenen Zahlen als stark übertrieben. Dennoch oder gerade deswegen verfehlte der Lynch-Bericht seine Wirkung nicht. Die Angels standen jetzt nicht mehr nur im Fokus der Öffentlichkeit und der Medien, sondern auch auf der Agenda jeder Polizeibehörde des Landes. Jede noch so kleine und unbedeutende Polizeidienststelle wurde durch den Lynch-Bericht veranlasst, die Hells Angels als die Inkarnation des Bösen anzusehen.

Angels und Gesellschaft

Durch die mediale Präsenz und polizeiliche Nachstellungen kamen die Angels immer weniger zu ihrer eigentlichen Beschäftigung: dem Motorradfahren.

Hells Angels fuhren ihre Motorräder nicht nur, sie verschmolzen vielmehr mit den Maschinen und zwangen jedem einzelnen Bauteil Höchstleistungen ab. Das Starten der Maschine glich dem Geräusch, das eine Pumpgun beim Durchladen macht. Andere erinnerte der Sound an das phlegmatische Summen einer Bassgitarre. Ein undercover ermittelnder Agent sollte in Arizona in den Genuss mehrerer gemeinsamer Ausfahrten, sogenannter Runs, kommen und berichtete von wahren Höllenritten. Vorne rechts der Präsident oder bei längeren Fahrten der Road Captain der Schwadron. Der Hintermann hielt kaum Abstand zum Vordermann. Mit 120 Stundenkilometern walzten sie so über rote Ampeln, Kreuzungen und durch dichten Verkehr. Dieser verwandelte sich im Tunnelblick zu einer blinkenden Röhre aus Lichtern und Karosserieumrissen. Die Vibrationen, das Dröhnen und Grollen der Maschine fraßen sich von den Beinen in den Rumpf, bis sie vom ganzen Körper des Höllenengels Besitz nahmen. Andere Verkehrsteilnehmer oder Fußgänger schreckten verängstigt zurück und überließen der Schwadron des Teufels die Vorfahrt.

Den gleichen Eindruck hinterließen die Hells Angels, nachdem sie ihre Maschinen abgestellt hatten und im Rudel eine Bar betraten. Gespräche verstummten und die Menge teilte sich wie auf Moses' Befehl das Rote Meer. Das Bier ging oft auf Kosten des Hauses und es dauerte nicht lange, bis sich eine Traube Frauen um die Angels bildete. Ihre Absichten ließen sie dabei keinesfalls im Unklaren. Sie wollten Sex mit einem dieser verrufenen Biker und zwar am besten gleich mit dem Rockstar unter den Motorradfahrern, einem Hells Angel.

Trotz oder gerade wegen ihrer Rolle als gesellschaftliche Außenseiter, Bürgerschrecks und Rebellen fanden die Hippies in den 60er-Jahren Gefallen an den Hells Angels. In den Medien wunderte man sich über die ambivalente Allianz von saufenden Rabauken, Gewalttätern und strikten Antikommunisten einerseits und Linken, Kriegsgegnern, politischen Aktivisten, Dichtern und Schriftstellern andererseits. Aber sie kamen miteinander aus, etwa mit dem Dichter Allen Ginsberg und Ken Kesey, dem Autor von *Einer flog über das Kuckucksnest*.

Die Blumenkinder der Love-and-Peace-Generation, die intellektuelle Kommune der US-Westküste und die Biker konsumierten gemeinsam Marihuana, LSD, Acid, PCP, auch »Angel Dust« genannt, und schließlich Heroin. Die Easy-Rider-Freiheit, lange Haare und ein experimentierfreudiges Verhältnis zu Sex und Drogen aller Art schienen die beiden Subkulturen über alle sonstigen Überzeugungen hinweg zu einigen.

Und dann war wieder Krieg und wieder gab es junge Männer, die ihre Erfahrungen auf ganz eigene Weise zu verarbeiten suchten: Der Vietnam-Krieg spülte eine Menge Veteranen in die Reihen der Hells Angels. Männer, die der Schrecken und die Erlebnisse auf den Schlachtfeldern Südostasiens einte und die desillusioniert in ein Land zurückkehrten, das ihnen fremd geworden war, das sie sogar als »Baby-Killer« ausgrenzte. Mit ihren militärischen Erfahrungen und kampftechnischem Fachwissen gewannen sie weder Ansehen noch konnten sie eine berufliche Karriere in der zivilen Gesellschaft aufbauen. Auch gelebte Kameradschaft und klare hierarchische Strukturen suchten sie im neuen Leben oftmals vergeblich.

Viele dieser Kriegsheimkehrer fanden eine neue Heimat beim Hells Angels MC oder einem anderen Motorcycle Club, von denen sich zu der Zeit eine ganze Reihe neu gründeten.

Doch nicht nur Opium und Veteranen schwappten vom Vietnam-Krieg in die USA, auch der kontrovers diskutierte Krieg vergiftete die Gemüter an der Heimatfront. Während die Hippies einen Anti-Vietnam-Protestmarsch nach dem anderen organisierten, solidarisierten sich die Höllenengel eindeutig mit den kämpfenden US-Soldaten. Die Eskalation gipfelte in einer Massenschlägerei, als Sonny Barger mit sieben weiteren Mitstreitern einen Protestmarsch von Studenten der Universität Berkeley, der Speerspitze der US-Studentenbewegung, angriff. Bei der Attacke verprügelten die Hells Angels Demonstranten und verletzten 28 von ihnen zum Teil schwer. Es dauerte einige Zeit und viele Gesprächsrunden unter der Moderation von Allen Ginsberg, bis sich die Stimmung zwischen beiden Lagern wieder normalisierte. Doch dann ereignete sich auf dem Altamont Free Concert etwas, das alles verändern sollte.

Hells Angels vs. Rolling Stones

Am 6. Dezember 1969 organisierte das Management der Rolling Stones ein riesiges Gratiskonzert in Kalifornien: das Westcoast-Pendant zum legendären Musikfestival in Woodstock. Neben den Stones traten Grateful Dead, Jefferson Airplane, die Flying Burrito Brothers und weitere Ikonen der Hippie-Bewegung auf.

Doch über 300 000 Zuschauer und Fans waren auch für die 80 Kilometer vor San Francisco gelegene, heruntergekommene Speedway-Strecke nicht zu fassen. Die Musiker mussten in diesem Chaos per Hubschraubertransport zur Bühne gebracht werden. Die normalen Zuhörer erfuhren keine derartige Luxusbehandlung und das Verkehrschaos verschlimmerte sich von Stunde zu Stunde.

Der Fahrer eines Plymouths verlor die Kontrolle über sein Fahrzeug, raste mit hoher Geschwindigkeit in die Menge und tötete zwei Menschen. Ein Junge stürzte im LSD-Rausch in einen Kanal und ertrank. Doch das sollten nicht die letzten Toten dieses Tages bleiben.

Die Stimmung heizte sich immer weiter auf. Um dieser Situation entgegenzuwirken, hatte das Management der Rolling Stones 100 Hells Angels,

darunter Sonny Barger, engagiert, um die Sicherheit auf dem Festival zu
gewährleisten. Über gemeinsame Bekannte aus der Hippieszene war der
Kontakt zwischen den Band-Managern und dem Hells-Angels-Charter
San Francisco entstanden und die Konditionen für die Höllen-Security
waren schnell geklärt: 500 Dollar und Freibier für alle Angels.

Die Stimmung ist aufgeheizt. Die Biker haben ihre Harley-Davidsons
als Schutzpalisade direkt vor der Bühne geparkt. Die nach vorne drän-
genden Festivalbesucher kommen den Motorrädern gefährlich nahe. Die
Höllenengel reagieren mit Schlägen, Tritten und dem Einsatz von Bil-
lardstöcken, um ihre abgöttisch geliebten Maschinen zu schützen. Die
Gewalttaten eskalieren, als der Sänger Marty Balin von der Vorgruppe
Jefferson Airplane für Zuschauer Partei ergreift, die von den Rockern
verprügelt werden. Einer der kritisierten Rocker reagiert auf diese Intervention auf seine ureigene Art: Er schlägt den Sänger während des
Konzertes auf der Bühne k. o.

Keith Richards von den Stones versucht ebenfalls, den drangsalierten
Zuschauern zu helfen. Er spricht Sonny Barger direkt an und fordert ihn
ultimativ auf, die Angriffe der Hells Angels zu stoppen, da die Band das
Konzert sonst abbrechen werde. Der Hells-Angels-Chef verfügt jedoch
über ein sehr individuelles Krisenmanagement: Er bohrt Richards den
Lauf seiner Pistole in die Rippen und fordert ihn unmissverständlich auf,
den Auftritt fortzusetzen. Keith Richards erkennt, dass mit ihm nicht zu
scherzen ist, und spielt fortan weiter wie ein »Motherfucker«, so Barger.

Der Alkohol- und Drogenkonsum steigert die Aggressionen auf beiden
Seiten. Es branden immer wieder wüste Schlägereien auf, wozu die Stones
passenderweise »Sympathy for the Devil« spielen. In dieser aufgeheizten
Atmosphäre versucht der 18-jährige Farbige Meredith Hunter, mit gezo-
genem Revolver die Bühne zu erreichen.

Mick Jagger singt gerade »Under My Thumb«, als sich ein Hells Angel
Hunter in den Weg stellt. Der Höllenengel, bewaffnet mit einem Messer,
stoppt den Jungen und ersticht ihn. Die Presse berichtet später von zahlreichen blutenden Wunden in Rücken, Stirn, Nacken. Der Hells Angel
Alan Passaro wird wegen Mordes angeklagt, aber aufgrund der zugestan-
denen Notwehr-Situation freigesprochen. Die Autopsie hatte ergeben,

dass Hunter unter Methamphetamin gestanden hatte. Die gespenstischen Bilder von Hunters Todeskampf sind heute noch auf YouTube zu sehen.

Im Gegensatz zur amerikanischen Justiz vergaß das Schicksal Alan Passaro nicht. Knapp 30 Kilometer außerhalb von San Jose liegt das kalifornische Naherholungsgebiet Anderson Lake County Park. Wanderer, Jogger, Radfahrer, Reiter, Outdoorfans und Picknickfreunde genießen hier die Natur und erholen sich vom Lärm und Dreck der Großstadt. Das Anderson Reservoir, ein 1250 Hektar großer See, bietet Schwimmern, Anglern und Bootsfahrern die Möglichkeit, ihren Hobbys zu frönen oder an einem der zahlreichen Grillplätze ein schmackhaftes Steak oder Burger zuzubereiten.

Am 29. März 1985 trieb in dieser Idylle eine Leiche auf dem See. Es war der Körper von Alan Passaro. In seinen Taschen wurden 10 000 Dollar in bar gefunden. Die Behörden vermuteten zunächst ein Verbrechen, fanden aber keine hinreichenden Beweise dafür. Die Todesumstände des Todesengels vom Altamont Concert wurden nie aufgeklärt.

Er starb im Alter von 36 Jahren.

Der Aufschrei der Medien nach dem tödlichen Verlauf des Altamont Free Concert war enorm und die Hells Angels erhielten wieder mal eine katastrophale Presse. Der öffentliche Ruf der Angels war an einem Tiefpunkt angekommen, und ein Sheriff wurde mit folgenden Worten zitiert: »wertloser als Nigger, Kommunisten und alle bekannten Tierarten zusammen«.

Das Altamont Free Concert gilt als der symbolische Abschluss der Love-and-Peace-Bewegung und als Anfang vom Ende der Swinging Sixties und der Hippie-Ära. Schlagzeilen wie »Apokalypse now«, »the-day-the-music-died« und »Triumph der Brutalität« beerdigten den Hippie-Mythos nachhaltig.

Die Rolling Stones kündigten nach dem tödlichen Vorfall im Verlauf des Konzertes weitere Ordnerdienste mit den Hells Angels auf und ihr Frontmann Mick Jagger schwor, nie wieder etwas mit den Angels zu tun haben zu wollen.

Die Angels gaben sich mit dieser öffentlichen Abfuhr der Band und ganz besonders Mick Jaggers Aussagen nicht zufrieden. Sie sannen auf Rache.

Erst knapp 40 Jahre später, im März 2008, publizierte eine BBC-Dokumentation einen Bericht des FBI. Dieser besagt, dass die Hells Angels aus Vergeltung wegen der Kommentare des Leadsängers nichts Geringeres als die Ermordung Mick Jaggers planten.

Zur Ausführung ihres Mordkomplotts wählten sie sein mondänes Anwesen in den Hamptons auf Long Island bei New York. Auf der Insel lebte eine Reihe bekannter Persönlichkeiten und Künstler, etwa Roy Lichtenstein und der Schriftsteller F. Scott Fitzgerald, der in seinem Roman *Der große Gatsby* Long Island ein literarisches Denkmal gesetzt hat.

Das Killer-Kommando der Höllenengel näherte sich von der Meerseite, um den Sicherheitskontrollen vor dem Haus und in der gesamten gut bewachten Gegend auszuweichen. Doch die stürmische See und ein Unwetter verhinderten den Anschlag der gekränkten Biker. Alle Insassen seien über Bord gespült worden, hieß es später, und die Hells Angels brachen ihr Vorhaben ab. Dieses Mordkomplott bestätigte der ehemalige Special Agent Mark Young vom FBI der BBC. Sir Mick Jagger stand weder britischen noch amerikanischen Journalisten für einen Kommentar in dieser Angelegenheit zur Verfügung.

Das Fiasko des Altamont-Konzerts hatte nach der negativen medialen Aufmerksamkeit aber noch eine zweite, eine unerwartete Folge. Publikationen, Bücher und Filme über und mit den Hells Angels erfuhren ab Mitte der 60er-Jahre eine weltweite Aufmerksamkeit, die dafür sorgte, dass das Lebensgefühl der Rocker global verbreitet wurde.

Bekannt wurden besonders die Filme *Hells Angels on Wheels*, 1967 und *Die wilden Engel* von 1966 mit Peter Fonda und Nancy Sinatra. Die *Angels on Wheels* erlangten geradezu Kultstatus, was auch daran lag, dass neben dem Schauspieler Jack Nicholson authentische Mitglieder der Angels mitspielten, und zwar niemand anderes als Sonny Barger und eine Reihe seiner Männer aus dem Oakland-Charter.

Es kann nur einen geben!

Die Hells Angels schworen ihrer Lebensweise trotz der negativen Präsenz in den Medien nicht ab und lebten den Easy-Rider-Mythos bis zum Exzess aus. Für viele Biker der ersten Stunde hatte das schwerwiegende Konsequenzen; es folgten lange Haftstrafen oder der Tod bei Revierkämpfen, Schießereien oder infolge einer Überdosis Drogen.

Besonders mit einem Club lieferten sich die Hells Angels einen erbitterten Krieg von den 70er-Jahren bis zu den frühen 80ern. Es reichte damals völlig aus, dass Mitglieder beider Clubs zufällig aufeinandertrafen – die unausweichlichen Folgen waren stets die gleichen: Messerstechereien, Schießereien, Verletzte und Tote.

Der 1935 in der Nähe von Chicago gegründete und äußerst mitgliederstarke Outlaws MC gehört nach Einschätzungen des FBI zu den »Big Four« der kriminellen Outlaw Motorcycle Gangs (OMCGs; die Big Four sind Hells Angels, Bandidos, Outlaws, Pagans). Die Erzfeindschaft gegenüber den Hells Angels vererbten die Outlaws bei ihrer weltweiten Expansion, genau wie die Bandidos und die Mongols, gleich mit.

Die aus Amerika stammende erbitterte Rivalität legte den Grundstein für Rockerkriege in ganz Europa und besonders in Skandinavien und Deutschland, wo 2009 drei Hells Angels den Präsidenten des Outlaw-Chapters Donnersberg erstachen. Doch dazu später.

Die Anfänge und Ursachen der exportierten Kriege liegen sämtlich im Mutterland der Einprozenter-Clubs, in dem die Bikergewalt geboren wurde, den USA. Dort verwickelte sich ein Club erstmals in eine immer brutalere Gewaltspirale, aus der es kein Entkommen zu geben scheint – der Hells Angels MC.

21 Anklagen listen die Akten allein gegen Sonny Barger in den Jahren von 1957 bis 1987 auf, unter anderem wegen Trunkenheit am Steuer, Drogenbesitz, Angriff mit einer tödlichen Waffe, illegalem Waffenbesitz, Drogenhandel, gefährlicher Körperverletzung, Entführung, versuchtem Mord, organisierter Bandenkriminalität und Verschwörung zu Verbrechen. Er saß mehr als 13 Jahre im Gefängnis, darunter eine Zeit lang in der Hochsicherheitsanstalt Folsom State Prison, Kalifornien.

Im Jahr 1972 wurde Sonny Barger wegen Mordes angeklagt. Der Hells Angels Präsident und drei weitere Mitglieder wurden beschuldigt, einen Kokainkurier ermordet zu haben. Die Mörder gingen bei der Tat auf Nummer sicher: Erst ertränkten sie ihr Opfer in der Badewanne, dann erschossen sie es und anschließend brannten sie sein Haus nieder. Der Kokainbote hatte die Angels bei einem Drogendeal um 80 000 Dollar betrogen. Damit sprach er wohl sein eigenes Todesurteil. Bargers Alibi konnte vom Gericht jedoch nicht widerlegt werden. Er gab an, im Bett einer Schönheitskönigin gelegen zu haben, und zwar dem seiner späteren Ehefrau Sharon. Auch die weiteren angeklagten Hells Angels mussten mangels Beweisen freigesprochen werden. Hier ist erstmals ein Muster zu erkennen, das bei der Konfrontation der Hells Angels mit der Justiz immer wieder auftauchen wird: Es ist ihnen nur schwer etwas nachzuweisen. Entweder die Opfer sind tot oder sie verweigern jegliche Zusammenarbeit mit den Behörden. Ob dies aus Angst oder wegen des geltenden Schweigekodexes in der Bikerszene geschieht, spielt dabei nur eine marginale Rolle.

Das FBI registrierte jedoch eindeutig das »Filthy Few«-Abzeichen auf Bargers Patch. Nach Erkenntnissen der Bundesbehörde verkündet dieser Aufnäher auf der linken Brust, dass ihr Träger für den Club getötet hat. Für eine Verurteilung reichte es nicht, doch für die Behörde war Barger seitdem der »Anführer einer Mafia auf Rädern«.

Ronald Reagan vs. Sonny Barger

Nach einer Vielzahl von Verbrechen in den USA reagierte das Department of Justice 1979 mit einer schwerwiegenden Klage gegen die kriminellen Aktivitäten der Hells Angels

Das Justizministerium stellte Sonny Barger und mehrere Mitglieder des Oaklander Charters mithilfe des »Racketeer Influenced and Corrupt Organizations Act« vor Gericht. Diese Art der Anklage ist aus zahlreichen Mafia-Verfilmungen unter der Abkürzung RICO bekannt, entspringt aber nicht dem Kopf eines Drehbuchautors, sondern ist eine der schärfsten Waffen, über die die US-amerikanische Justiz im Kampf gegen die organisierte Kriminalität tatsächlich verfügt.

Niemand Geringerer als der ehemalige Gouverneur von Kalifornien und der 40. Präsident der Vereinigten Staaten, Ronald Reagan, ließ durch eine Executive Order die vier großen Outlaw Motorcycle Clubs als kriminelle Vereinigungen einstufen und ermöglichte mit dieser Direktive Anklagen nach dem RICO-Act.

Für eine Verurteilung nach diesem Gesetz gilt es, der angeklagten Organisation eine Reihe von Charakteristika nachzuweisen. Besonders erfolgversprechend ist eine RICO-Anklage bei einer pyramidenhaften Organisationsstruktur, einer durchgehenden Befehlskette, die vom Boss – hier dem Präsidenten eines MC – bis hin zum einfachen Mitglied reicht. Eine hohe Gefängnisstrafe auf Grundlage des RICO-Acts kann schon bei der reinen Mitgliedschaft in einer kriminellen Vereinigung drohen. Werden einem angeklagten Mitglied dann innerhalb von zehn Jahren zwei Straftaten mit derselben Zielführung aus einem Katalog von 35 bestimmten Verbrechen nachgewiesen, greift RICO. Das bedeutet, dass neben dem konkret einer Straftat überführten Gangmitglied auch seine Bosse bis hin zur obersten Spitze verurteilt werden können. Der häufigste Adressat einer RICO-Anklage war bis dahin der amerikanische Zweig der Cosa Nostra.

In dem Verfahren, das die USA gegen Ralph Barger und weitere Hells Angels führten, wurden zwei Mordanschläge auf Polizeibeamte, die gegen die Angels ermittelten, angeführt, dazu jeglicher Mord, der bis dahin im Dunstkreis des Clubs verübt worden war, und alle Delikte, die in einem Zusammenhang mit Waffen- und Drogenhandel im Umfeld der Höllenengel standen. Der Gerichtssaal war mit 18 Angeklagten und 18 Rechtsanwälten an allen Verhandlungstagen überfüllt.

Nach einem einjährigen Gerichtsmarathon sah die Jury die Steuerung von Straftaten im Hells-Angels-Club jedoch als nicht erwiesen an.

Obwohl kein Hells Angel wegen des RICO-Acts verurteilt werden konnte, schadete das Verfahren dem Club erheblich. Zu den Kosten von fast zwei Millionen Dollar kam hinzu, dass über 50 Mitglieder der Hells Angels aus Furcht vor einer eigenen RICO-Anklage ihre Kutte ablegten.

Erst viel später, 1988, wurde Sonny Barger wegen der Verschwörung zu einem Sprengstoffattentat auf das Clubhaus der verfeindeten Outlaws in Louisville, Kentucky, angeklagt und verurteilt.

Während seiner vierjährigen Gefängnisstrafe lernte der an Kehlkopfkrebs erkrankte Präsident das heiße und trockene Wüstenklima Arizonas schätzen. Bei seiner Rückkehr in die Freiheit im Dezember 1992 warteten TV-Teams, schreibende Reporter und natürlich seine Angels am Oakland International Airport auf den mittlerweile bekanntesten Biker der Welt. Der verstieß mit den kameradschaftlichen Begrüßungsumarmungen seiner Männer faktisch umgehend gegen seine Bewährungsauflagen, die ihm jeglichen Umgang mit verurteilten Verbrechern untersagten.

Sonny Barger kehrte erst mal in sein geliebtes Kalifornien zurück, machte aber keinen Hehl daraus, aufgrund des Klimas nach Arizona umziehen zu wollen. Da es in Arizona zu dieser Zeit kein eigenständiges Charter der Hells Angels gab und die Rockerführung den mühevollen Weg des Aufbaus einer eigenen Repräsentanz offenbar scheute, griff man auf eine altbewährte Taktik zurück: Sie »schluckten« einfach den verrufensten und gefürchtetsten MC, der sein Unwesen in Arizona trieb. Diese Vorgehensweise betrieben die Biker mit dem geflügelten Totenkopf schon seit ihrer Gründung. Sie wurde weltweit angewendet, gerade auch in Deutschland.

Der Dirty Dozen Arizona MC wurde mit fünf Chaptern am 18. Oktober 1997 von dem rot-weißen Netzwerk geschluckt. Angels-Präsident Barger konnte nun gut beschützt und unbesorgt in Arizona leben. Gleichzeitig fiel damit ein weiterer Bundesstaat der USA unter die Herrschaft der Hells Angels. Die rot-weißen Strategen hatten mit einer Handlung gleich zwei Club-Interessen durchgesetzt.

Barger ist bis heute Mitglied des Hells-Angels-Charters Cave Creek. Er lebt mit Frau und Tochter in Arizona und wird weltweit von allen Hells Angels als die Ikone der Einprozenter-Welt respektiert und geachtet.

Durch die Visionen Sonny Bargers und seine Federführung bei der internationalen Expansion der Hells Angels entstand der globale Anspruch der Bruderschaft. Weltumfassende Ambitionen, die mittlerweile Realität geworden sind. Dass die Hells Angels der mächtigste Motorcycle Club der Welt wurden, hängt in hohem Maße von der Persönlichkeit Sonny Bargers ab.

Operation »Black Biscuit«

Die Hells Angels befanden sich fortan im Fokus zahlreicher amerikanischer Strafverfolgungsbehörden. Ihre Machtposition innerhalb der OMCGs war und ist zu dominierend, als dass sie von den Justiz- und Polizeidienststellen übersehen oder gar toleriert werden kann.

Das Bureau of Alcohol, Tobacco, Firearms and Explosives (ATF) startete 2001 einen erfolgreichen Versuch, das Netzwerk der Angels an der

Westküste zu infiltrieren. Dem Undercover-Agenten Jay Dobyns gelang es, zwei Jahre verdeckt bei den Angels zu ermitteln. Er brachte es dabei in Arizona bis zum offiziellen Prospect.

Seine Glaubwürdigkeit in der Szene erhöhte das eingesetzte ATF-Team durch die Vortäuschung eines Mordes an einem den Angels verhassten Feind. Die Trophäe, die den Bikern präsentiert wurde, der unwiderlegbare Beweis seiner Tat, stammte aus der Asservatenkammer der Regierungsbehörde: ein blutverschmiertes Patch des Mongols MC.

Die gelungene Unterwanderung in der abgeschotteten Welt der Outlaw Motorcycle Clubs wurde einige Zeit als erfolgreichste Operation in diesem Bereich gewertet. Es stellte sich jedoch bald heraus, dass längst nicht alles optimal gelaufen war im Rahmen der Operation »Black Biscuit«.

Am 8. Juli 2003 verhaftete das ATF mithilfe schwer bewaffneter SWAT-Sondereinheiten in gepanzerten Fahrzeugen drei Dutzend Hells Angels und Unterstützer in Arizona, Nevada, Kalifornien, dem Washington State und bis hinauf nach Alaska. Doch bei der Erstürmung des Clubhauses des Charters Cave Creek kam es zu einem Zwischenfall.

Im Haus befand sich lediglich ein Prospect des örtlichen Charters. Nach einer kurzen Aufforderung der Polizei, sich zu ergeben, raste ein gepanzertes Einsatzfahrzeug durch die Hauswand des »Angels Place«. Gleichzeitig flogen Schock- und Blendgranaten in das Gebäude, vorrückende Einheiten erschossen einen Wachhund. In diesem Moment trat der Prospect aus dem Haus und wurde vom Gewehrfeuer einer Polizistin unter Beschuss genommen und durch Kugeln und Schrapnellsplitter schwer im Gesicht verletzt. Die Aussage der Beamtin, der Hells Angel habe zuerst geschossen, wurde vor Gericht widerlegt. Die ballistische Untersuchung ergab, dass aus der Waffe des Prospects kein einziger Schuss abgefeuert worden war. Der Richter des Maricopa Superior Court wertete die Schüsse der Polizistin als einen rechtswidrigen Angriff, der aber insgesamt den chaotischen Umständen der Razzia geschuldet war, die nicht länger als 14 Sekunden dauerte. Beschuldigungen der Polizisten gegen den angeklagten Prospect wies der Richter zurück.

Das Resultat der langen Undercover-Ermittlungen waren 16-RICO-Anklagen wegen Mordes, Erpressung, Verschwörung und Drogenhandel. Unter den Angeklagten befanden sich die Präsidenten dreier Hells-Angels-Charter.

Die im Rahmen der Operation »Black Biscuit« gesammelten Beweise des ATF umfassten 800 Stunden abgehörte Gespräche aus 92 000 Telefonanrufen und 8500 beschlagnahmte Schriftstücke. Zusätzlich fielen den Beamten Mitgliederlisten, Protokolle, Satzungen und zahlreiche Computer in die Hände. Unter den 650 beschlagnahmten Gewehren befanden sich 80 Maschinengewehre sowie Schalldämpfer, Rohrbomben, Napalm, Dynamit, Sprengkapseln und 30 000 Schuss Munition – Kriegsgerät. Dazu stellte das ATF eine größere Menge Methamphetamin und 50 000 Dollar in bar sicher.

Doch die Juristen der Hells Angels schossen sich erfolgreich auf das Verhalten des halben Dutzend beteiligter Undercover-Agenten ein. Das ATF stützte sich auch auf kriminelle Informanten, die Angels gegen Entlohnung durch die Behörden in Straftaten verwickelt hatten. Was da nach und nach ans Licht kam, bewirkte, dass die Spannungen zwischen Staatsanwaltschaft und ATF zunahmen. Die Staatsanwaltschaft gelangte zu der Überzeugung, dass die Agents provocateurs des ATF zu viel Einfluss auf die begangenen Straftaten gehabt hatten, und schloss sich immer mehr den Argumenten der verteidigenden Anwälte an. Außerdem wurden einem Teil der kriminellen Informanten Drogenmissbrauch, Gewalttaten und Lügen im Laufe ihres Einsatzes nachgewiesen. Auch ATF-Agent Jay Dobyns sah sich Anschuldigungen des Medikamentenmissbrauchs ausgesetzt, denn er war von der aufputschenden Diätpille Hydroxycut abhängig geworden.

Die großen Anklagen konnten wegen der geschilderten Unstimmigkeiten 2006 nicht mehr aufrechterhalten werden. Die besonders schwerwiegenden Anschuldigungen auf Basis des RICO-Acts wurden ausnahmslos fallen gelassen. Übrig blieben lediglich ein Dutzend Verurteilungen aufgrund von Verstößen gegen das Waffengesetz und wegen Drogenhandels. Die Strafrahmen der daraufhin verurteilten Biker wurden durch juristische Deals jedoch erheblich gemindert.

Jay Dobyns und seine Familie waren nach seiner Enttarnung als Undercover-Agent zahlreichen Todesdrohungen und Anschlägen aus den Reihen der Hells Angels ausgesetzt. Bei einem 2008 auf sein Haus verübten Brandanschlag wurde sein gesamter Besitz ein Raub der Flammen. In den letzten fünf Jahren war Dobyns gezwungen, mehr als 16 Mal seinen

Wohnsitz zu wechseln. Der ehemalige ATF-Agent beklagt zudem, dass seine frühere Behörde ihm aus Kostengründen keinen besonderen Schutz mehr gewähre. Nach den Anschlägen verklagte der falsche Engel das ATF auf eine bessere Bewachung seiner Familie und auf Ausgleich des entstandenen finanziellen Schadens. Die Klage vor dem US District Court of Arizona umfasst Streitwerte im Umfang von vier Millionen Dollar. Das ATF selbst verweigert jeglichen Kommentar zur Klage und dem Buch *No Angel*, das Dobyns über seine Zeit bei den Hells Angels schrieb. Das Buch landete auf der Bestsellerliste der *New York Times* und wurde auch in Deutschland unter dem Titel *Falscher Engel* ein großer Erfolg. Heute tritt Dobyns als Repräsentant und Berater von Unternehmen im Strafverfolgungsbereich auf.

Die anfangs so erfolgversprechend gestartete Operation »Black Biscuit« muss letztendlich als juristisches Fiasko und große Niederlage des ATF gegen die Hells Angels bewertet werden.

Innerer Feind

Die Hells Angels kämpften nicht nur gegen verfeindete Rockergruppen und internationale Strafverfolgungsbehörden, oft saß der Feind auch im Inneren der sich als Bruderschaft verstehenden Vereinigung.

Die Gefahr, die von den Angels ausgehen konnte, demonstriert ein Fall, bei dem die entscheidenden Informationen von innen, von einem der Täter kamen. Am 25. Oktober 2001 war Cynthia Garcia, eine zweifache Mutter von 44 Jahren, Gast auf einer Party im Clubhaus des Mesa-Charters. Nach reichlichem Alkoholgenuss und zu später Stunde beleidigte Garcia die Angels und machte sich über deren Kutten lustig. Drei von ihnen schlugen auf sie ein und ließen sie bewusstlos auf dem Boden des Clubhauses liegen. Als sie nach einer Weile wieder ihr Bewusstsein erlangte, setzte sie ihre Beleidigungen fort. Die drei Hells Angels schlugen sie erneut zusammen, brutaler als beim ersten Mal. Noch halbwegs lebendig schleppten sie die Frau zum Parkplatz, schmissen sie in den Kofferraum eines Wagens und fuhren hinaus in die Wüste. Als die Biker sie ins Unterholz am Salt River zogen, blitzte bei Cynthia der letzte Widerstandswillen auf. Sie zog einen der Hells Angels, »Mesa Mike«, an der Hose. Das Hells-Angels-Mitglied Paul Eischeid zückte jetzt sein altes, stumpfes Buck-Messer.

Der Gerichtsmediziner stellte bei der späteren Obduktion der Leiche mehr als zwei Dutzend Stichverletzungen fest, darunter eine große Wunde am Hals, welche die Hells Angels bei dem Versuch, den Kopf der Frau abzutrennen, verursacht hatten. Das stumpfe Messer stellte sich aber als ungeeignet heraus, die stabile Wirbelsäule des Opfers zu durchtrennen, und so gaben sie irgendwann auf und ließen Cynthia Garcia liegen. Die entstellte Leiche wurde erst eine Woche später entdeckt, an Halloween.

Mesa Mike, der vor seiner fünfjährigen Mitgliedschaft bei den Höllenengeln bereits bei dem Motorcycle Club Dirty Dozen Arizona aktiv gewesen war, plagten nach dieser Tat schwere Schuldgefühle. Er bot sich den Behörden als Informant an, wechselte die Seiten und gab sein gesamtes Wissen über die Hells Angels und speziell zu dieser Tat an die Beamten weiter. Er befindet sich zurzeit – und wahrscheinlich für den Rest seines Lebens – im amerikanischen Zeugenschutzprogramm. Sein Aufenthaltsort ist unbekannt.

Einer der Täter ist inhaftiert und wartet auf seinen Prozess. Er ist trotz dieses barbarischen Mordes nach wie vor Mitglied des Hells-Angels-Charters Mesa in Arizona. Der dritte Mörder, Paul Eischeid, konnte zunächst fliehen, dann gelangte er zu zweifelhaftem Ruhm, als er zum Thema der populären TV-Show *America's Most Wanted* wurde. Er wurde jahrelang auf der Liste der 15 meistgesuchten Verbrecher der USA geführt. Trotzdem ist auch er weiterhin offizielles Mitglied der Hells Angels. Er wurde erst am 3. Februar 2011, nach achtjähriger Flucht, in Argentinien festgenommen. Das FBI geht davon aus, dass das bestens organisierte und weltweit bestehende Netzwerk der Hells Angels Eischeid erst die Flucht aus Amerika und dann das jahrelange Untertauchen ermöglichte. Darüber hinaus hat sich der Hells Angels MC weder von den Tätern und der Tat distanziert, noch führte dieser Gewaltexzess in einem der Clubhäuser zu internen Konsequenzen. In späteren, vergleichbaren Gerichtsverfahren sprachen die Richter im Hinblick auf dieses Verhalten von durch den Club legitimierten Straftaten, die als ein weiterer Beleg für die zunehmend kriminellere Ausrichtung des Clubs anzusehen sind.

Blut floss auch bei internen Rangkämpfen, so am 22. März 2003, als dem Hells-Angels-Präsidenten »Hoover«, Boss des Cave-Creek-Charters mit dem bürgerlichen Namen Daniel Seybert, vor der Bar »Bridgette's Last Laugh« inmitten seiner Brüder in die Stirn geschossen wurde. Hoover starb, während er noch auf seiner Harley-Davidson saß. Er war zu der Zeit ein enger Freund von Sonny Barger, Mitbesitzer von dessen Motorradladen und wurde als sein Nachfolger gehandelt und aufgebaut.

Die anwesenden Hells Angels gaben später zu Protokoll, weder einen Schuss gehört noch einen Schützen gesehen zu haben oder einen Verdächtigen benennen zu können. Das verwunderte die ermittelnde Polizei doch sehr, da der Gerichtsmediziner feststellte, dass der tödliche Schuss aus einer kleinkalibrigen Waffe aus nächster Nähe abgefeuert worden sein musste.

Der ATF-Agent Dobyns sah diesen Mord im Zusammenhang mit einem anschwellenden Machtkampf innerhalb der Hells Angels. Auf der einen Seite standen alte, verdiente Haudegen, die jahrzehntelang Amerikas Highways mit Gewalt, Revierkämpfen, Rowdytum und Drogen überzogen hatten und die sich mittlerweile bequem in der Bikerwelt eingerichtet hatten. Sie lebten vom Geld und Ruhm vergangener Tage und Taten. Es dürstete sie nicht nach neuen Kriegen, Expansionskämpfen und den daraus resultierenden schweren Verletzungen und langen Haftstrafen, die die Rocker bei allem Geschick im Umgang mit der Polizei und Justiz doch immer wieder ereilten. Sie fanden, dass sie ihr Soll in den Haftanstalten mehr als einmal abgesessen hatten. Präsident Hoover galt als Sprachrohr dieser Gruppierung in der Welt der Hells Angels.

Dieser Fraktion standen jedoch jüngere Hardliner gegenüber, die in das weltweite Netzwerk eingetreten waren, weil sie nach Macht und Prestige in der Einprozenter-Welt strebten, nach dem schnellen Geld mit Drogen- und Waffenhandel und der Prostitution. Dieser interne Konflikt der Bruderschaft sollte die Big Red Machine auf der ganzen Welt verfolgen. Im Jahr 2012 mehren sich die Hinweise, dass dieser mitunter tödlich ausgetragene Konkurrenzkampf auch auf Deutschlands Straßen angekommen ist.

Viele US-Biker empfanden es auch als persönliche Beleidigung, dass die angegrauten Member in ihren Augen nichts unternahmen, um die Ausbreitung des Mongols MC (dazu später mehr) in ihrem Bereich zu stoppen und die Rivalen aus ureigenem Angels-Territorium zu vertrei-

ben, so die Mutmaßungen des Undercover-Agenten. Trotz entsprechenden Verdachts gelang es den Strafverfolgungsbehörden nie, den Mord an
Hoover aufzuklären. Täter und Motiv sind bis heute unbekannt.

Prospect

Lehrjahre sind keine Herrenjahre. Was für einen alltäglichen Ausbil-
dungsberuf gilt, trifft in der wilden Welt eines Einprozenter-Clubs umso
mehr zu und musste mitunter auf schmerzhafte Weise erfahren werden.
Dabei machte es nur einen marginalen Unterschied, in welchen der großen Clubs der Anwärter aufgenommen werden wollte. Das Repertoire
an Arbeiten und das Ausmaß des Prozederes, das die Bewerber ertragen
mussten, waren bei allen Clubs ähnlich: Frondienste aller Art, eingefor-
derte Dienstleistungen, Demütigungen und nicht selten Prügel pflasterten den harten Weg zur Vollmitgliedschaft. Mitglieder, Aussteiger und
eingeschleuste Undercover-Agenten liefern dazu zahlreiche Geschichten
und Anekdoten:

- In der Hangaround- und Prospect-Phase gehörte es dazu, nächtelang
  vor Clubhäusern, Partys und Meetings Wache zu schieben und neben-
  bei die Alkoholvorräte für die feiernden Vollmitglieder aufzufüllen.
- Anwärter wurden zu Hausarbeit, Putzdiensten und Gartenarbeit ver-
  donnert und mussten selbst Lebensmitteleinkäufe in Supermärkten
  klaglos erledigen und nicht selten aus der eigenen Tasche bezahlen.
- Ein amerikanischer Bandido ärgerte sich einmal über einen Anwärter. Dessen Vergehen: Er setzte während einer Ausfahrt des Bandidos
  MC Bellingham, USA, aus dem Bundesstaat Washington einen Helm
  auf. Beim folgenden Saufgelage auf einem Campingplatz ließ sich das
  verärgerte Vollmitglied den Helm des Anwärters aushändigen, urinier-
  te hinein und befahl sodann dem Anwärter, seinen »geliebten Helm«
  unverzüglich wieder aufzusetzen. Eingeschüchtert hoffte der Bewerber
  auf einen schlechten Witz. Doch die zweite Aufforderung war unmissverständlich. Der Anwärter kam der Anweisung nach, gab anschließend aber seine Bemühungen, ein Bandido zu werden, auf.
- Gerade in den wilden Anfangszeiten der OMCGs wurden Prospects
  mit Tritten und Boxschlägen malträtiert, um ihre Furchtlosigkeit und
  Männlichkeit zu testen.

- Die interne Rechtsprechung innerhalb der Bruderschaften geht oft hart mit Nichtmitgliedern ins Gericht. Ein Anwärter verkalkulierte sich einmal beim Anlegen von Biervorräten anlässlich eines großen Motorradtreffens. Sofort wurde ein Schnellgericht von drei Bandidos einberufen, dem der Präsident des Chapters vorsaß. Das Urteil wurde umgehend gesprochen: schuldig. Die Bestrafung erfolgte unverzüglich: Zwei Vollmitglieder schlugen den Prospect zusammen.
- Der El Presidente aller Bandidos weltweit, der Amerikaner Ronnie Hodge, sah sich genötigt, alle Chapter anzuweisen, Gewalt und Brutalität gegen Prospects deutlich zu verringern. Diese Anordnung war nicht plötzlich aufkommender Nächstenliebe geschuldet, sondern resultierte aus rein pragmatischen Überlegungen. El Presidente Hodge befürchtete, durch die archaischen Sitten zu viele geeignete Männer abzuschrecken.

Auch die Anwärter des Mongols MC mussten in den Anfangszeiten des Clubs in den USA ein Martyrium über sich ergehen lassen. Ein Neuling wurde bei seinem ersten Besuch verprügelt. Wagte er einen zweiten Besuch, setzte es die nächste Tracht Prügel. Nur wenn er den Mumm hatte, ein drittes Mal zu erscheinen, blieb er unbehelligt.

Oft folgten dann die berüchtigten »Olympischen Spiele«, in denen bis zu fünf Prospects in unterschiedlichen Disziplinen miteinander wetteifern mussten. Die zwangsrekrutierten Athleten traten in der Regel volltrunken zu den geforderten sportlichen Wettkämpfen an. Es wurde gerannt, auf Bäume geklettert und dergleichen mehr. Verbreitet war auch ein demütigendes Marshmallow-Rennen, bei dem die weichen Dinger von den Anwärtern zwischen den Pobacken festgehalten werden mussten, während sie um die Wette liefen. Sadistisch war dagegen das ebenfalls beliebte Ritual des Auspeitschens des nackten Hinterns, bis dieser blutig geschlagen war. Auch war es früher üblich, jedem Anwärter 130 Dollar abzuknöpfen, um einen Privatdetektiv zu beauftragen, der den angegebenen Lebenslauf überprüfte. Generell wurde verlangt, dass die geliebte Harley-Davidson des Anwärters auf den Club überschrieben wurde. Dies ermöglichte der Organisation, das Pfand als weiteres Mittel einzusetzen, um ein von der Polizei und einem Gericht unter Druck gesetztes Mitglied oder einen Aussteiger auf Linie zu halten.

Erst der Mongols-Präsident Ruben »Doc« Cavazos schaffte 1998 einen Großteil dieser altertümlichen Sitten ab, da sie die gewünschte schnelle Expansion des Clubs behinderten. Außerdem schien es ihm unangebracht, gestandene Kerle mit einer jahrelangen Gang-Vergangenheit und oftmals mehrjährigen Aufenthalten in den berüchtigtsten kalifornischen Gefängnissen diesem Prozedere zu unterwerfen. Denn dies waren genau die Männer, die er schnellstmöglich zu rekrutieren und im Kampf gegen die Hells Angels einzusetzen beabsichtigte.

Ein offizieller Prospect beim Hells Angels MC, den Bandidos oder einer anderen großen OMCG zu sein hatte aber durchaus auch Vorteile. In der Bikerszene schauten Männer wie Frauen bewundernd zu den Kerlen der Einprozenter-Clubs auf, selbst wenn die Prospects bis dahin nur die unterste Stufe der Karriereleiter erklommen hatten. Bereits dieser erste Rang galt als Ritterschlag in der Szene. Er symbolisierte der Außenwelt den bevorstehenden Aufstieg in den inneren Zirkel der Bruderschaft. Und obwohl ein Prospect in seinem eigenen Club auf der untersten Hierarchiestufe stand, stand er bereits über allen anderen Bikern außerhalb des Clubs.

Bei einer Ausfahrt fuhr der Prospect gemäß der penibel eingehaltenen Fahrordnung zwar mit seiner Harley am Ende der Formation, die er mit seinen Brüdern bildete, aber noch vor jedem Vollmitglied eines Supporter-Clubs. Selbst der Präsident eines Unterstützungsclubs hatte sich hinter dem Prospect eines großen Clubs einzureihen.

Dem Prospect winkte am Ende dieser Tortur die Kutte mit dem Voll-Patch auf dem Rücken. Das sichtbare Zeichen neu verliehener Macht symbolisierte seiner Umwelt und ganz besonders den Feinden: Ich bin nicht mehr allein. Hinter mir steht eine weltweit agierende und gefürchtete Bruderschaft. Hinter mir steht ab sofort der gesamte Hells Angels MC.

Chuck Zito und die Hells Angels New York

Die Expansion des rot-weißen Netzwerkes hatte im Dezember 1969 die amerikanische Ostküste erreicht, wo die Charter Rochester und New York City offiziell in die Bruderschaft aufgenommen wurden. Charles Zito Junior, genannt Chuck Zito, der 1980 zu den Hells Angels stieß, beteiligte sich maßgeblich an der Gründung der New Yorker Nomads im Jahr 1984, die von da an immer öfter in das Licht der Öffentlichkeit gerieten. Der Mann italienischer Abstammung verdiente im Laufe seines Lebens sein Geld als Schauspieler, Bodyguard für Promis, Stuntman, Amateurboxer und als Präsident des Hells-Angels-Charters der Millionenmetropole.

Zito senior, ein professioneller Weltergewichtsboxer mit über 200 Fights, lehrte seinen Sohn schon ab dem Alter von fünf Jahren, sich zu verteidigen und zu kämpfen. Seine ersten Berufserfahrungen sammelte Zito junior denn auch nach bewährter Familientradition als Amateurboxer und im Security-Bereich als Leibwächter. Das Jahr 1980 war ein großer Wendepunkt im Leben des New Yorkers: Er wurde nicht nur Mitglied beim Hells Angels MC, sondern gründete auch eine eigene Agentur für Bodyguards.

Der Durchbruch glückte ihm schon mit seiner ersten prominenten Auftraggeberin – Liza Minnelli. Mit ihr als Referenz öffneten sich dem Angel die Tore Hollywoods. Seine Klientendatei umfasste Sean Penn, Sylvester Stallone, Charlie Sheen, Mickey Rourke und Jean-Claude van Damme. Seine Dienste ließ er sich mit 100 Dollar die Stunde bis zu 5000 pro Woche vergüten. Danach gelang es ihm, als Stuntman in Hollywood Fuß zu fassen, später wechselte er ins Schauspielfach, veröffentlichte seine Autobiografie *(Street Justice)* und präsentierte mit der *Chuck Zito Show* eine eigene Sendung im Radio.

Auf seiner eigenen Homepage erinnert der »Italian Bad Boy« in einer umfangreichen Bildergalerie und einem Pressearchiv an die Stationen seines Lebens.

Öffentlich wirksam kam er 1985 im Rahmen der FBI-Operation »Roughrider« mit dem Gesetz in Konflikt. Nach einer zweijährigen Undercover-Ermittlung des FBI-Agenten Kevin Bonner bot die Staatsmacht 1000 schwer bewaffnete Polizisten, FBI-Angehörige, weitere Bundesagenten und Spezialeinheiten auf und schlug landesweit in elf Bundesstaaten zu. Das beschlagnahmte Waffenarsenal umfasste UZI-Maschinenpistolen und Panzerabwehrwaffen sowie Kokain, Methamphetamin, Marihuana und LSD im Wert von zwei Millionen Dollar. Die Razzia fand gleichzeitig an 50 Orten statt und führte zu über 100 Verhaftungen bei den Hells Angels. Die Vorwürfe reichten von Auftragsmorden bis hin zu Schutzgelderpressungen. Der FBI-Direktor

William Webster behauptete auf einer Pressekonferenz zudem, mit der Operation »Roughrider« fünf bevorstehende Morde verhindert zu haben.

Nach Angaben des FBI handelte es sich auch bei dem blutigen Rockerkrieg der Angels gegen den Outlaws MC in den 70ern und 80ern einzig und allein um Verteilungskämpfe, die Vormachtstellung im Methamphetaminhandel in ganz Amerika und dem angrenzenden Kanada betreffend. Die Bundespolizei geht weiter davon aus, dass die Hells Angels in Zusammenarbeit mit weiteren Syndikaten der organisierten Kriminalität einen Multi-Millionen-Dollar-Drogenhandel aufgezogen haben und dass 75 Prozent des Gesamtmarktes im Methamphetaminhandel Amerikas von kriminellen Bikergangs beherrscht werden. Diesem Netzwerk galt die Operation »Roughrider«.

Chuck Zito bereiste zu dieser Zeit Japan, wo er wegen illegalen Amphetaminhandels inhaftiert wurde. Erst nach vier Monaten Haft in einem japanischen Gefängnis wurde er nach Amerika ausgeliefert. Die amerikanischen Behörden steckten ihn nach der Überstellung für weitere 14 Monate in Untersuchungshaft und beschuldigten ihn, der Amphetamindealer der Stars zu sein. Obwohl er stets beteuert hatte, unschuldig zu sein und niemals selbst Drogen oder Alkohol konsumiert zu haben, handelte er einen Deal mit den Behörden aus und bekannte sich schuldig.

Von der zehnjährigen gegen ihn verhängten Haftstrafe musste er schließlich sechs Jahre verbüßen.

1998, nur wenige Monate bevor Zito in der Gefängnisserie Oz aufzutreten begann, erlangte er weltweite Berühmtheit. In einem eleganten Stripclub in der East Side Manhattans, der John Gotti Junior und dem Radiomoderator Howard Stern gehörte, saß er mit Mickey Rourke zusammen. Etwas später gesellte sich Jean-Claude van Damme zu ihnen. Dieser äußerte sich despektierlich über den Hells Angel und warf ihm vor, zu wenig »Herz« zu besitzen. Chuck Zito antwortete auf seine eigene Art: Er schlug den Schauspieler nieder, der bereits nach dem ersten Schlag, so die Erinnerung Zitos, wie ein Kartoffelsack zu Boden fiel.

Im Jahr 2005 verkündete Chuck Zito, während er Pamela Anderson bei einer Autogrammstunde beschützte, nach 25 Jahren Mitgliedschaft bei den Hells Angels seinen Ausstieg. Er rechtfertigte seinen Schritt mit der

Konzentration auf seine Karriere, die ihm zu wenig Zeit für ein Leben als Hells Angel mit all den Meetings und Runs lasse.

Noch lange blieb das New Yorker Charter die mitgliederstärkste Dependance in der global agierenden Bruderschaft – bis New York vor einigen Jahren von einem neuen, mächtigen Bündnis vom Thron gestoßen wurde: dem Hells Angels Motorcycle Club Hannover in Deutschland mit dem dominanten Präsidenten Frank Hanebuth an seiner Spitze.

2. KAPITEL

Die internationale Expansion der Bruderschaft

Die Beatles und die Hells Angels

Ausgerechnet den Beatles wird ein großer Anteil an der Entstehung des ersten Hells-Angels-Charters in Europa zugeschrieben. Durch reißerische Presseberichterstattung und von Hollywood-Filmen inspiriert, eiferten viele junge Männer in europäischen Metropolen den Höllenengeln nach und wünschten sich, ein offizieller Hells Angel zu werden. Doch zwischen San Francisco und London liegen über 8000 Kilometer.

George Harrison lud 1969 Mitglieder des Hells Angels Motorcycle Club San Francisco nach London ein und ermöglichte so den ersten direkten transatlantischen Kontakt. Zwei Londoner Aspiranten auf eine Anwärterschaft besuchten daraufhin die kalifornischen Charter und erhielten am 30. Juli 1969 die Erlaubnis, die beiden Charter East London und South London zu gründen, welche 1973 zu einem Charter zusammengeführt wurden. Die Londoner Angels traten als Sicherheitskräfte bei britischen Underground-Festivals auf.

Auf dem europäischen Festland donnerten die Harleys mit dem Deathhead zuerst durch die Straßen von Zürich. Maßgeblichen Anteil daran hatte Martin »Tino« Schippert, eine schillernde Szenefigur der Schweizer 68er-Bewegung und gleichzeitig Bandenchef im Züricher Kriminellenmilieu. Seine Gangkarriere begann mit der Gründung einer Halbstarken-Bande, der »Rächer Basel«, bis er schließlich Anführer der »Rächer« in Zürich wurde, die sich später »Revengers« nannten und ihren Namen nach einiger Zeit in »Lone-Stars« abänderten. Die Gruppe strebte den amerikanischen Höllenengeln nach und nähte ohne Absprache den Schriftzug der Hells Angels zusätzlich zu ihrem eigentlichen Namen auf ihre Kutten. Als Cisco Valderrama, einer der führenden Männer des Charters Oakland, dies erfuhr, intervenierte er angesichts dieser Markenrechtsverletzung. Daraufhin entsandten die Schweizer eine Abordnung in die USA und absolvierten eine Zeit als Prospects, um sich als würdig zu erweisen, den Totenkopf mit Flügeln offiziell zu tragen. Dies bescheinigten ihnen die Amerikaner am 20. Dezember 1970. Zürich wurde somit offizielles Charter des Hells Angels MC und Tino Schippert wurde sein erster Präsident.

Tino verkehrte mit dem Schweizer Autor und Publizisten Sergius Golowin ebenso wie mit dem Schriftsteller Friedrich Dürrenmatt, der in den »Wilden auf den Motorrädern« die Sehnsucht nach dem Unbürgerlichen ausgedrückt sah.

Die Behörden warfen Tino im Lauf seines Werdeganges vor, in Drogen-, Waffen- und Diamantenhandel sowie in illegale Goldgeschäfte verwickelt gewesen zu sein. Nach staatsanwaltlichen Ermittlungen setzte er sich in den Nahen Osten ab, wurde inhaftiert, ausgeliefert und floh erneut. Zu dieser Zeit brach er mit den Hells Angels und verstarb im Alter von nur 35 Jahren unter ungeklärten Umständen in dem abgelegenen südamerikanischen Dorf Tutilimundi bei bolivianischen Indios.

Der geflügelte Totenkopf erreicht Deutschland

Ende der 50er- und Anfang der 60er-Jahre entstand in Deutschland in Anlehnung an britische und US-amerikanische Vorbilder eine neue Jugendsubkultur mit verschiedensten Ausprägungen: Teds, Mods, Hippies und etwas später Punks und Rocker. Schlägereien untereinander und mit Unbeteiligten, Vandalismus und Rabaukentum verunsicherten Politik und Öffentlichkeit, die diese Phänomene als »Halbstarken-Krawalle« brandmarkten. Fast jede Jugendbewegung verschwand über kurz oder lang wieder, doch die Rocker überdauerten und bewiesen, dass sie keine bloße Modeerscheinung waren.

Viele Rocker schlossen sich in den ersten Motorcycle Clubs zusammen, die sich überall in Deutschland gründeten. Bei vielen Clubs der ersten Stunde waren auch in Deutschland stationierte US-Soldaten aktiv, andere gaben sich möglichst martialisch klingende amerikanische Namen. So zum Beispiel einige Jungs in Hamburg, die unter dem Color »Bloody Devils« die Region unsicher machten und schon bald im gesamten norddeutschen Raum dafür berüchtigt waren, Wirtschaften zu demolieren und Passanten zu überfallen. Wie ihre amerikanischen Vorbilder traten die Rocker aus der Hansestadt in einem Film auf: Klaus Lemke gelang mit *Die Rocker* ein Kultfilm im Deutschland der 70er-Jahre.

Die Hamburger Bloody Devils strebten jedoch nach Höherem und wollten unbedingt den Deathhead auf ihrer Kutte tragen. Drei Hamburger reisten 1972 nach Kalifornien, um bei der Keimzelle der Bruderschaft, dem Oaklander Charter unter Sonny Barger, vorstellig zu werden. Erst am 16. März 1973 erhielten sie die Erlaubnis, das vollständige Color mit Deathhead, Top Rocker und Bottom Rocker zu tragen.

Die ersten Toten auf deutschem Boden

Das Hamburger Charter der Hells Angels benötigte dann nicht einmal mehr einen Monat, um bundesweit traurige Berühmtheit zu erlangen. Am 14. April 1973 gerieten einige von ihnen in Streit mit einem 20-jährigen Gemeindehelfer. Dessen Vergehen bestand darin, dass er dabei geholfen hatte, drei Rocker aus dem Jugendkeller der Apostelkirche zu verweisen. Diese kehrten mit Verstärkung zurück und ließen ihre Wut an dem Gemeindehelfer aus. Er brach unter Schlägen und Messerstichen zusammen und verstarb. Neun Höllenengel wurden später wegen Körperverletzung mit Todesfolge zu Strafen zwischen 3,5 und 4,5 Jahren Gefängnis verurteilt.

Die Hamburger Hells Angels nahmen sich unterdessen in ihrer Heimatstadt, was ihnen ihrer Ansicht nach zustand – die Polizeibehörden sprachen von Schutzgelderpressungen. Ihr Gebietsanspruch reichte von der Sternschanze bis zur Reeperbahn und waren einzelne Betreiber von dem gewalttätigen Ruf, der den Hells Angels vorauseilte, noch nicht genügend eingeschüchtert, halfen diese erfindungsreich nach.

Der Inhaber des damaligen In-Lokals »Pickenpack« schilderte ihr Auftreten folgendermaßen: »Sie erbrachen sich am Tresen, warfen mit Lebensmitteln und zwangen eine Frau, ihnen die schmutzigen Stiefel zu lecken. Als ein hoher Verwaltungsrichter versuchte, die Rocker zu stoppen, wurde er verprügelt.« Der Wirt und andere Gastronomen der Schanzenstraße, in der die Rocker auch ihr Clubheim »Angels Place« eingerichtet hatten, zahlten bis zu 10 000 DM monatlich, um von den Aufmerksamkeiten der Höllenengel verschont zu werden.

Die Hamburger Hells Angels trieben auch die Expansion und Internationalisierung der Vereinigung voran. Nach einer Schlägerei gegen die Kopenhagener Rockergruppe Galloping Gooses waren sie von deren

Schlagkraft so beeindruckt, dass sie die Männer den amerikanischen Höllenengeln als erstes skandinavisches Charter empfahlen. So entstand aus ehemals feindlichen Kämpfern am 31. Dezember 1980 die erste dänische Dependance der Angels, die später in den 90er-Jahren in dem blutigen skandinavischen Rockerkrieg eine entscheidende Rolle spielen sollte.

Auch ein Amsterdamer Motorcycle Club verdankt seinen Aufstieg in das Netzwerk der Protektion des Hamburger Charters. Die Niederländer empfingen bereits im Oktober 1978 das offizielle Patch.

Dann ereignete sich ein weiterer folgenreicher Gewaltexzess. Auf der Insel Sylt feierte zu Ostern 1980 der dortige MC Storm Rider sein zweijähriges Bestehen. Unter den Gästen befand sich auch eine Abordnung des Hamburger Hells-Angels-Charters. Der Ärger begann am Ostersamstag in der »Rainbow-Bar« mit Pöbeleien und demoliertem Mobiliar. Solches Verhalten wollte sich der Geschäftsführer der nächsten Saufstation auf der Insel nicht bieten lassen. Der 37-jährige Mann schmiss kurzerhand zwei angetrunkene Angels aus der Diskothek »Riverboat«. Gegen 5.20 Uhr kehrte das Rollkommando zurück und nahm Rache für das Hausverbot. Ein zu Hilfe kommender 27-jähriger Kellner überlebte den folgenden Gewaltausbruch schwer verletzt, der Geschäftsführer dagegen verblutete infolge von Messerstichen in Leber und Nieren.

Dieser Tote würde nun zumindest das Ende des offiziellen Hamburger MC bedeuten, dessen war man sich in der Stadt sicher.

Natürlich rückte die Bluttat das Hamburger Charter nicht nur in den Fokus der Öffentlichkeit, sondern auch der Strafverfolgungsbehörden, und die ermittelten sorgfältig und umfangreich. Die hanseatischen Beamten brauchten bis zum 11. August 1983, um genügend Beweise gegen die Hells Angels zu sammeln.

Für den größten Polizeieinsatz seit dem Zweiten Weltkrieg bot die Hamburger Polizei über 500 Beamte auf. Sie durchsuchten 80 Lokale, Bordelle und Wohnungen in und um die Stadt – darunter auch das »Angels Place« auf der Sternschanze – und verhafteten 24 Mitglieder. Die polizeiliche Aktion reichte sogar bis in die Schweiz und zog dort 14 Durchsuchungen und sechs weitere Festnahmen nach sich.

Das folgende Gerichtsverfahren, bei dem auch etliche hochrangige Mitglieder beschuldigt wurden, bezog sich auf den Totschlag in Sylt ebenso wie auf die andauernden Schutzgelderpressungen. Es dauerte bis zum Jahr 1986, bis ein Deal zwischen der Justiz und den 28 Rechtsanwälten der Gegenseite das Mammutverfahren plötzlich beendete. Ergebnis: 13 relativ milde Schuldsprüche mit Haftstrafen von sechs Monaten auf Bewährung bis zu sieben Jahren Gefängnis.

Für ein Verbot der Gruppe nach § 129 Strafgesetzbuch (»Bildung einer kriminellen Vereinigung«) reichten die Beweise laut Gericht nicht aus. Da das Hamburger Charter jedoch als eingetragener Verein registriert war, sprachen die Behörden ein Verbot gemäß dem Vereinsgesetz aus. Das Verbot wurde 1988 höchstrichterlich vom Bundesverwaltungsgericht bestätigt und hat nach wie vor Bestand. Es bezieht sich aber allein auf das Tragen des Color der Hells Angels, des Deathhead und des Namenszugs »Hells Angels Hamburg«, da die Hamburger Hells Angels unter diesem Namen und durch Tragen des entsprechenden Symbols Angst und Schrecken verbreitet hatten, so die Begründung. Neugründungen anderer Charter oder das Verbot sämtlicher Aktivitäten der ehemaligen Mitglieder in Hamburg konnten mit diesem abgeschwächten Urteil jedoch nicht durchgesetzt werden.

Einen Großteil der Hamburger Gruppe zog es dennoch sicherheitshalber in andere Bundesländer. Sie verteilten sich auf verschiedene Charter im ganzen Bundesgebiet. So war der heute als bundesweiter Pressesprecher auftretende Rudolf »Django« T. beispielsweise ein Mitglied des ersten Hamburger Charters und ist wegen Körperverletzung mit Todesfolge vorbestraft. Danach bekleidete er jahrelang als Offizier im Bremer Charter West Side das Amt des Vizepräsidenten.

Aus Respekt und Solidarität unter Bikern wird das bestehende Color-Verbot von allen Clubs beachtet. Bis heute fährt in Hamburg kein MC mit seinen Patches durch die Straßen. Selbst verfeindete Gruppierungen wie die Bandidos, die Outlaws und der Gremium MC halten sich an diesen Ehrenkodex unter Rockern.

Hamburger Hells Angels im Untergrund

Seit dem 5. Februar 2005 ist in der Hansestadt wieder ein Hells Angels Charter offiziell unter dem Namen Harbour City aktiv. Den geflügelten Totenkopf tragen sie infolge der gerichtlichen Verfügung jedoch nicht auf ihrer Kutte. Noch nicht.

Obwohl das Tragen des Deathhead in Hamburg untersagt ist, sind die Hells Angels ein dominierender Machtfaktor im Rotlichtmilieu von Deutschlands zweitgrößter Stadt mit 1,8 Millionen Einwohnern geblieben. Sie verfügen über Kneipen in Billstedt und Rotherbaum und kontrollieren nach wie vor den Straßenstrich Hammerbrook und Bordelle auf der Reeperbahn, darunter einen der größten Puffs auf dem Kiez, das »Eros Laufhaus«. Auch die Läden am Hans-Albers-Platz sollen unter ihrem Einfluss stehen.

Hamburger Polizeiermittler schätzen den Verdienst der Höllenengel in Hamburg hauptsächlich aus Prostitutionsgewinnen und dem Kokainhandel auf 75 000 Euro – pro Tag. Bei ihren Observationen konnten sie auch mitansehen, wie Hamburger Höllenengel einen ihrer Brüder jüngst zum Antritt seiner Gefängnisstrafe geleiteten; nicht etwa auf dem Sitz einer Harley-Davidson, sondern bequem im Bentley, einem Wagen im Wert von rund 200 000 Euro.

Auch in der aktuellen Diskussion, in der Innenminister Charter-Verbote als Allheilmittel gegen die Rockerkriminalität anpreisen, lohnt sich ein Blick auf die Hamburger Verhältnisse. Man muss berücksichtigen, dass dort nur ein juristisch schwaches Verbot ausgesprochen wurde. Dieses erwies sich allerdings als nahezu wirkungslos gegen die kriminellen Geschäfte der Rocker. Trotz eines Verbots, das seit 26 Jahren Bestand hat, ließ sich Frank Hanebuth von der *Bild*-Zeitung mit folgenden Worten zitieren: »Wir haben in Hamburg seit Jahrzehnten die Vorherrschaft, sehr großen Einfluss.« Dies lässt folgendes Fazit zu: Man kann das Tragen von Club-Emblemen gerichtlich verbieten, die kriminelle Energie ihres Trägers aber nicht.

Lutz S. und der Hells Angels MC Stuttgart

Das Stuttgarter Charter wurde am 4. Dezember 1981 in die internationale Bruderschaft aufgenommen. Es ist seit dem Verbot der ersten Hamburger Niederlassung Deutschlands älteste Angel-Dependance und feierte kürzlich sein 30-jähriges Bestehen.

Der Hells Angels MC Stuttgart bildete sich aus dem damals schon zehn Jahre bestehenden Hammers of Hell MC Stuttgart, dessen recht junge Mitglieder hauptsächlich Mechaniker und Werkzeugmacher waren.

Im weltweiten Netzwerk der Angels war der Ableger in der Landeshauptstadt Baden-Württembergs bereits die 50. Filiale der Höllenengel. Die Verbreitung und der Ausbau ihres Einflussgebietes nahmen um diese Zeit Anfang der 80er – in Deutschland regierte noch Helmut Schmidt, in den USA begann die Ära Ronald Reagans – immer rasantere Züge an. Auf die Gründung der Hells Angels Hamburg 1973 folgte eine Vielzahl weiterer Charter, darunter eine Fülle in Amerika selbst, aber auch in England, Australien, Österreich, Kanada, den Niederlanden, Dänemark und Frankreich.

Die Stuttgarter Polizei reagierte auf die neue Präsenz und veranstaltete zum ersten Geburtstag des Charters eine Großrazzia, bei der aber keine gerichtsverwertbaren Fakten ermittelt werden konnten. Selbst die *Stuttgarter Zeitung* resümierte: »Mit Kanonen auf Spatzen geschossen.« Dies blieb auch weitestgehend so; schwerwiegende Straftaten oder organisiertes Verbrechen werden mit dem Stuttgarter Charter nicht in Verbindung gebracht. Der Stuttgarter Präsident Lutz S. wies in einem Fernsehinterview im Mai 2010 gewerbsmäßigen Handel mit Drogen in seinem Charter zurück. »Wer bei uns mit Drogen handelt, der fliegt raus!«

Die Stuttgarter Angels gelten auch innerhalb der Szene als das Gegenstück zu tief im Rotlichtmilieu verstrickten Chartern wie Hamburg und Hannover. Sie vermitteln nach wie vor den Eindruck eines Motorradclubs, in dem noch der Geist der Hippiebewegung der 60er-Jahre zu wehen scheint.

Dieser Verdienst ist zu einem großen Teil Lutz S., 49 Jahre alt und Präsident des Charters seit 1981, zuzuschreiben. Der gelernte Kfz-Mechaniker und Vater zweier Kinder tauschte seinen Beruf gegen das Color der Hells Angels ein oder, wie er es formulierte, »für ein Leben auf der Überholspur«. Der als freier Fotograf arbeitende Angel stellte in seinem Atelier in der Nähe des Hauptbahnhofs schon viele weithin beachtete Porträts von Drogensüchtigen, Behinderten und Obdachlosen aus.

Die Ausstellung, welche die größte öffentliche Resonanz hervorrief, handelte vom Holocaust. Auch von den Gleisen des Stuttgarter Nordbahnhofs fuhren die Deportationszüge gen Osten in die Konzentrationslager. Der Leidensweg der todgeweihten 2500 Juden aus Stuttgart und Umgebung sollte bis in die Lager von Riga führen. Davon erzählen die 30 großformatigen Fotos von S., die auch Ziel von Schulausflügen sind. Diese und weitere Arbeiten, darunter ästhetisch anspruchsvolle Schwarzweißbilder von Hells Angels, sind auf seiner persönlichen Homepage einsehbar und kürzlich als Bildband *Die letzten Krieger* erschienen.

Selbst der Stuttgarter Oberbürgermeister würdigte den Einsatz des örtlichen Hells-Angels-Präsidenten zur Aufarbeitung der NS-Vergangenheit der Stadt und begrüßte ihn per Handschlag. Der Stuttgarter Club spendet außerdem regelmäßig für karitative Zwecke.

Dies alles scheint doch zu viel Engagement und Herzblut zu beweisen, als dass man es nur als Feigenblattaktionen und die Stuttgarter Vereinigung als bloßes Alibi-Charter darstellen kann, wie Kritiker es tun. Dabei leugnet Lutz S. nicht einmal eine gewisse Affinität zur Gewalt in der Bikerwelt: »Wir sind kein Kirchenchor. Wenn mich einer anrempelt, warne ich ihn einmal, zweimal, aber kein drittes Mal, weil das keinen Sinn hat.«

Das Stuttgarter Charter wirkt als die deutsche Niederlassung der Angels, die am authentischsten den Easy-Rider-Mythos der 60er-Jahre weiterlebt. Die vier grundlegenden Werte der Hells Angels – Ehrlichkeit, Zuverlässigkeit, Respekt und Freiheit – scheinen hier nach wie vor eine größere Rolle zu spielen als zügelloser Expansionsdrang und Machtstreben. Bei allen kriminellen Aktivitäten, die man der Bruderschaft gerne als Ganzes nachsagt, darf man nicht verschweigen, dass das Verhalten der Stuttgarter auch eine Seite des Hells Angels MC Germany darstellt.

3. KAPITEL
Bandidos MC, der ewige Rivale

»Lieber stehend sterben als kniend leben«

Sobald der Name Hells Angels in den Medien auftaucht, dauert es in der Regel nicht lange, bis auch der Name ihres größten und erbittertsten Widersachers fällt, des Bandidos MC.

Wie bei den Höllenengeln liegt der Ursprung dieses ebenfalls weltweit agierenden Rockerclubs in den Vereinigten Staaten von Amerika. Donald »Don« Eugene Chambers, ein Hafenarbeiter in Galveston und Veteran der US-Marines, gründete während des Vietnamkrieges 1966 das erste Chapter der Bandidos in Houston, Texas.

Eine Eigenheit der Hells Angels besteht darin, ihre lokalen Gruppen als Charter zu bezeichnen, während der Rest der Bikerwelt, auch die Bandidos, von Chaptern spricht.

Als Center Patch entschied Chambers sich für einen mexikanischen Banditen, den »Bandido«, mit einem Revolver in der rechten und einer großen Machete in der linken Hand. Das Patch wird auch als »Fat Mexican« bezeichnet. Die Namensgebung des MC galt als Hommage an mexikanische Desperados und Revolutionäre wie Emilio Zapata und Pancho Villa, die »lieber stehend sterben als kniend leben« wollten.

Die Farben des Clubs, Rot und Gold, beziehen sich auf die Insignien des United States Marine Corps, da sich unter den Gründern viele Vietnamveteranen befanden.

Ursprünglich zierte übrigens kein Patch mit der Abkürzung »MC« für Motorcycle Club die Kutten der Bandidos, sondern ein »MG« für Motorcycle Gang. Erst 1975 wechselten die Bandidos zu der in der Einprozenter-Welt allgemein gebräuchlichen Abkürzung MC. Polizeibehörden weltweit wären mit einer frühzeitigen Charakterisierung als Motorradgang wohl viel Zeit und Anlaufbemühungen erspart geblieben.

Für viele ehemalige Vietnamkämpfer schien nach den traumatischen Erlebnissen auf den Schlachtfeldern Südostasiens nur ein Job mit einer Waffe in der Hand in Frage zu kommen. Neben dem Staatsdienst und der Arbeit bei privaten Securityfirmen bot sich da besonders das Leben als verwegener Haudegen in der Einprozenter-Welt an.

Bandidos-Gründer Don Chambers war Mitte 30 und der Prototyp eines Bikers seiner Zeit: Er liebte Whisky, trug seine Haare und Koteletten lang und wild, und seine Fäuste und sein Messer musste niemand zweimal herausfordern.

Im Gegensatz zum Hells Angels MC verfügt der Bandidos MC über ein offizielles, chapterübergreifendes Präsidium. Der amerikanische El Presidente sitzt gleichzeitig der Weltversammlung vor, der außerdem die El Presidentes von Europa und Australien angehören. Der einflussreiche europäische Vizepräsident ist zurzeit der Deutsche Peter M.

Die Bandidos sind wie die Hells Angels streng hierarchisch organisiert und verwenden mexikanische beziehungsweise spanische Begriffe für ihre Ämter: Presidente, Secretario und Sargento de Armas. Im Gegensatz zu den Höllenengeln verfügen die Bandidos über eine offizielle amerikanische und europäische Führung, »El Presidente« und »El Secretario«.

Die Einprozenter-Vereinigung, auch Bandido Nation genannt, verfügt derzeit weltweit über ca. 3000 Mitglieder, die sich auf 304 Chapter in 22 Ländern verteilen.

Das Rückgrat der Bandidos liegt mit über 100 Chaptern zwar weiterhin in Amerika, die Bedeutung und Macht der mittlerweile knapp 150 europäischen Chapter sind in letzter Zeit jedoch stark gewachsen. Neben Skandinavien hat sich Deutschland als *das* Machtzentrum der Bandido Nation entwickelt und gefestigt. Fast die Hälfte aller europäischen Chapter, heute sind es 70, befindet sich allein zwischen Flensburg und München, und die Expansion vollzieht sich immer schneller. In Deutschland gelten insbesondere das Ruhrgebiet und der Westberliner Raum als Machtbasis. Diese Vormachtstellung in zwei deutschen Ballungsgebieten sollte die Territorialkriege gegen die Hells Angels zusätzlich befeuern.

Wie die Hells Angels lassen auch die Bandidos in ihrer Clubphilosophie keinen Zweifel an ihrer Art zu denken aufkommen. Einen ihrer Leitsätze verdanken sie ihrem ersten El Presidente: »Wir sind die Leute, vor denen unsere Eltern uns immer gewarnt haben. Einprozenter bilden das eine Prozent von Männern, das sich von der Gesellschaft und ihren verlogenen

Gesetzen verabschiedet hat. Wir wollen nicht so sein wie ihr. Also tretet uns lieber nicht unter die Augen. Einer für alle, alle für einen. Wer nicht so denkt, soll uns aus dem Weg gehen, denn er ist ein Bürgersöhnchen und gehört nicht zu uns.«

Die Gründungsväter dieses MC brauchten denn auch nicht lange, um mit dem Gesetz in Konflikt zu geraten. 1972 überwältigten und entführten Don Chambers und zwei weitere Bandidos, Jesse »Injuin« Deal und Ray »Crazy« Vincente, die Drogendealer Marley Leon und Preston Leray Tarver in El Paso und brachten sie Richtung Norden aus der Stadt in die texanische Wüste. Nach tagelanger Folter unter tatkräftiger Beihilfe anwesender Ladys der Bandidos endete das Leben der beiden Männer im Alter von 17 und 21 Jahren. Die Bandidos zwangen die Pusher am Ende ihres Martyriums, ihre eigenen Gräber zu schaufeln, erschossen sie mit Pumpguns und setzten anschließend die toten Körper in Brand. Anstatt des bezahlten Methamphetamins hatten sie den Bandidos wertloses Backpulver geliefert.

Der nationale Präsident Chambers und zwei Mittäter aus dem Bandidos MC wurden aufgrund der Aussage eines Augenzeugen der Tat überführt und zu lebenslangen Gefängnisstrafen verurteilt. Im Jahr 1983, nach elf Jahren Haft, entließ die amerikanische Justiz den ersten Präsidenten der Bandidos auf Bewährung aus der Strafanstalt. Er zog sich von den Geschäften und aus dem Clubleben der Bandidos zurück und verstarb am 18. Juli 1999 in El Paso.

Das behinderte oder störte die Expansion des Bandidos MC nicht im Geringsten. Im Gegensatz zu den Hells Angels, die in Amerika nur weiße Männer aufnahmen, öffnete sich der Bandidos MC auch gegenüber Spanisch sprechenden Anwärtern. Freiwilliger Zulauf, aber auch raue Methoden stellten die Ausbreitung des Einprozenter-Clubs sicher.

Exemplarisch sei hier ein Fall aufgeführt, der sich Mitte der 80er-Jahre in Amerika ereignete: In Seattle im Bundesstaat Washington an der Westküste, nahe der Grenze zu Kanada, existierte ein lokaler, unabhängiger Motorradclub, der Resurrection MC (*resurrection* ist das englische Wort für »Auferstehung«). Die Männer verärgerten die beiden örtlichen

Bandidos-Chapter durch mehrere Entscheidungen, und das sollte nicht folgenlos bleiben.

Der Streit entstand aus einer Nichtigkeit, die in der geschlossenen Welt der Einprozenter-Vereinigungen aber eine schwere Missachtung darstellt: Der Resurrection MC änderte sein Patch von einem einfachen Aufnäher zu einem dreiteiligen Abzeichen mit Top Rocker, Centercrest und Bottom Rocker. Zudem wollten sich die Rocker aus Seattle in zwei Chapter aufteilen und somit expandieren. Auf diese Weise zogen sie den Groll des nächstgelegenen Bandidos-Chapters auf sich, das für das gesamte Gebiet um Seattle eine Monopolstellung als Einprozenter-Club beanspruchte.

Die nächste Todsünde des Resurrection MC sollte deshalb schon dessen letzte werden. Ein hochrangiger Bandido bot den Konkurrenten den Status eines Supporter-Clubs an, doch diese reagierten nicht auf die Offerte. Sie wollten unabhängig bleiben und trafen damit eine folgenreiche Entscheidung.

An einem kalten Winterabend setzte sich ein Strafkommando in Gang, das 30 Bandidos aus den Chaptern Bellingham und Bremerton umfasste, verstärkt von Prospects. Zu der imposanten Truppe stießen noch 20 Member der Ghostrider's, eines Supporter-Clubs der Bandidos. In Lkws und Autos erreichten sie unentdeckt das abgelegene Industriegebiet von Seattle, in dem das Clubhaus des Resurrection MC seinen Standort hatte.

Die Streitmacht platzte wie geplant mitten in eine Mitgliederversammlung, bei der es nur einen Tagesordnungspunkt gab: die weitere Expansion des Clubs. Zahlenmäßig waren beide Gruppen gleich stark, doch nachdem die Bandidos sich an strategischen Positionen im Haus aufgestellt hatten, zückten sie alle ihre Schusswaffen und zielten auf die aufsässigen Biker. Die geschockten Rocker fügten sich in ihr Schicksal.

Es stellte sich heraus, dass die Bandidos bestens über die personelle Zusammensetzung des Resurrection MC informiert waren. Der Anführer der Bandidos verlas 15 Namen von einem Zettel, die restlichen Anwesenden wurden aus dem Clubhaus gejagt, nachdem ihnen die Bandidos ihre Kutten abgenommen hatten. Alle gehorchten widerstandslos.

Den verbliebenen 15 Männern erklärte der Bandido ihre Optionen. Ab sofort hatten sie einen Supporter-Club der Bandidos zu bilden. Falls sie sich bewährten, würde ihnen in einem Jahr der Status eines offiziellen Bandidos-Chapters zuteilwerden. Und so kam es dann auch. In Seattle verfügt der Fat Mexican mittlerweile über drei offizielle Chapter.

Bandidos, Outlaws, Pagans – alle gegen die Big Red Machine

Die Ausbreitung der Bandidos Mitte der 70er-Jahre in den USA wurde durch die Todfeindschaft zwischen den Hells Angels und dem Outlaws MC stark begünstigt.

Der Outlaws MC wurde schon 1935 in Chicago, Illinois, als MC Cook Outlaws Motorcycle Club in »Mathilda's Bar« an der alten Route 66 gegründet und ist damit der älteste der OMCGs. Der Club verfügt heute weltweit über 280 Chapter mit schätzungsweise 4500 Mitgliedern. In Deutschland ist der Outlaws MC seit dem Patchover des (»schwarzen«) Ghost-Riders MC im Jahr 2001 mit 43 Chaptern aktiv. Der Leitspruch der Outlaws lautet »God forgives, Outlaws don't« (Gott vergibt, die Outlaws nicht). Die Outlaws dehnten sich in einem breiten Landstrich im Süden der USA aus – in Indiana, Wisconsin, Ohio, Pennsylvania, Kentucky, Tennessee, Arkansas, Alabama, Georgia bis hin nach Florida, wo sie eine ihrer stärksten Bastionen haben.

Auf der Bike Week 1978 in Daytona Beach schmiedeten der Bandidos MC und der Outlaws MC ein Bündnis, das bis heute Bestand hat. Hierbei ging es jedoch nicht nur um unverbrüchliche Freundschaft; es entstand auch auf ein schwunghafter Drogenhandel. Die Outlaws belieferten fortan die Bandidos mit Kokain und erhielten dafür im Gegenzug die Spezialität der Bandidos, nämlich Methamphetamin, so Ermittler des FBI.

Die Bandidos fungierten zudem als Puffer zwischen den verfeindeten Hells Angels und dem Outlaws MC und dehnten sich nordwärts von Texas über Louisiana, New Mexico, Colorado, South Dakota, Montana und Washington aus.

Die Hells Angels eroberten Amerika von ihrem Stammland Kalifornien aus und gingen später, nach Gründung der ersten Ostküstencharter, zu einer Zangenbewegung von Osten nach Westen über: von Massachusetts über New York, North und South Carolina, Connecticut und den Südwesten von Arizona, Nevada hoch nach Alaska und bis hinein nach Kanada, das sie noch heute komplett beherrschen.

Zu Beginn der 80er-Jahre störte es die Hells Angels zunehmend, dass an der von ihnen dominierten Westküste, insbesondere im Bundesstaat Washington mit der Metropole Seattle als attraktivem Anlaufpunkt eine weitere Ausbreitung des Bandidos MC stattfand. Der Stachel saß tief, denn das Gebiet durchschnitt den Machtbereich der Angels von der mexikanischen Grenze über Kalifornien und Kanada bis nach Alaska.

Gleichzeitig schmiedeten die Outlaws einen Pakt mit einem weiteren großen Einprozenter-Club und erbitterten Rivalen der Angels im Osten der USA, den Pagans. Die Zeichen standen überall auf Krieg.

1984 sollte ein letzter Versuch unternommen werden, den unvermeidlich scheinenden großen Krieg um die Vorherrschaft unter den Einprozentern in den USA zu verhindern. Die Hells Angels und der Outlaws MC wollten sich an einen Tisch setzen, um einen Ausweg zu suchen. Als Gastgeber und Garant der Sicherheit für beide Parteien fungierte der Bandidos MC. Die geheime Zusammenkunft sollte bei dem jährlichen Harley-Treffen in Sturgis, South Dakota, stattfinden. Unter 500 000 Motorradfahrern, die sich in einem Kaff mit knapp 7000 Einwohnern zusammenballten, rechneten die Beteiligten damit, die geringste Aufmerksamkeit der Polizei und anderer staatlicher Behörden auf sich zu ziehen. Auch heutzutage werden große Runs, Europa- und Welttreffen für vertrauliche Konferenzen der Führungsschicht genutzt.

Die Bandidos verfügen über ein eigenes Areal, das 20 Minuten außerhalb von Sturgis liegt. Auf diesem Gelände trafen schon Tage vor dem Run Bandidos-Member aus ganz Amerika ein, insgesamt 400 Mann.

Die Outlaws hielten sich an die Vereinbarung und erreichten den Versammlungsort mit 25 Vertretern der nationalen Führung, denen 50 zusätzliche Mitglieder Begleitschutz gaben.

Die Hells Angels fühlten sich anscheinend nicht an die Übereinkunft gebunden. Man hörte ihre Feuerstühle schon, bevor man sie sah. Als sie das abgesperrte Gebiet unter der Führung von Sonny Barger erreichten, erwies sich ihr Auftreten als pure Machtdemonstration: Nicht weniger als 600 Höllenengel und Supporter fielen in Sturgis ein.

Die Bandidos verdreifachten die Wachen um ihr Gelände und den Ort des Gipfeltreffens. Die Spannung stieg. Was planten die Hells Angels?

Dienstagmittag. High Noon. Der Tag der Unterredung war gekommen. Die Nervosität war mit Händen zu greifen. Der nationale Sargento de Armas der Bandidos und Sicherheitschef der Konferenz verhängte ein Alkohol- und Drogenverbot über das ganze Areal.

Die Verhandlungen dauerten bis weit in die Nacht. Es waren schwierige Gespräche, denn nicht weniger als die Aufteilung ganz Amerikas unter den vier großen Outlaw Motorcycle Clubs sollte an diesem Tag besiegelt werden. Bis vier Uhr in der Früh zogen sich die Dispute hin, die letztendlich erfolgreich beigelegt wurden.

Vorläufig.

Es wurden mehrere Punkte beschlossen. Der wichtigste betraf die Gebietsaufteilung. Jedem der vier Einprozenter-Clubs wurde die Monopolstellung in seinen jeweiligen Hochburgen zugesprochen. Die Hells Angels erhielten auf diesem Weg fast die gesamte US-Westküste als Hoheitsgebiet. Einzig die Bandidos im Bundesstaat Washington durchschnitten ihren Herrschaftsbereich im Westen. Ein inoffizieller Waffenstillstand regelt in diesem Staat bis heute die Koexistenz und ermöglicht die unbeschwerte Durchfahrt der Höllenengel bis zur kanadischen Grenze.

Dem Outlaws MC fielen die Staaten Illinois und Florida zu. Den Bandidos sollten neben Washington auch Texas, New Mexico und South Dakota gehören und den Pagans Pennsylvania, Maryland, Delaware und Connecticut.

Alle Beteiligten hofften, dadurch erstens einen Bikerkrieg verhindern zu können und zweitens aus dem Fokus des FBI und der örtlichen Polizei zu geraten und so ungestört den einträglichen illegalen Geschäften nachgehen zu können. In der Welt der Hells Angels gibt es dafür einen eigenen Begriff: »taking care of business.«

Dieser Bund war keine Liebesbeziehung, es war allenfalls eine Vernunftehe. Die großen vier OMCGs ordneten alles und jeden ihren kühl kalkulierten Geschäftsinteressen unter. Selbst erbitterte Rivalitäten und Hass hatten erst einmal zurückzustehen.

Die großen Clubs einte beim Treffen in Sturgis noch ein weiteres Ärgernis, und das waren die vielen kleineren, unabhängigen Clubs, die eine weitere Expansion der OMCGs behinderten. Auch dieses Problem wurde beseitigt.

Die Großen Vier verpflichteten sich dazu, alle unabhängigen Clubs zur Aufgabe ihrer Patches zu zwingen und die geeignetsten Männer der eigenen Gruppe zuzuführen. Allein in Arizona, Louisiana, Oregon und einigen anderen Bundesstaaten sollten kleinere Clubs vorgehalten werden, die auf diese Weise als Prellbock zwischen den Machtbereichen der Big Four instrumentalisiert wurden. Der Rest Amerikas wurde für vogelfrei erklärt. Jeder der großen MCs durfte in diesen Staaten neue Chapter gründen und Supporter-Clubs rekrutieren, wie es ihm passte.

Der Kampf um Macht, Einfluss und Geld auf dem amerikanischen Kontinent war damit aber nicht beendet. Die Absprachen führten in den betroffenen Bundesstaaten zu eiligen Neugründungen aller Clubs, um die freien Gebiete schnellstmöglich dem jeweiligen Machtbereich einzuverleiben. Leidtragende dieses Vorgehens waren die vielen kleineren, unabhängigen Clubs, die schutzlos der zügellosen Expansion der Großen ausgeliefert waren. Einige lösten sich auf, andere wurden von den internationalen Bruderschaften geschluckt, manche kehrten Amerika den Rücken und lebten ihr freies Bikerleben auf anderen Kontinenten weiter.

Das Friedensabkommen von Sturgis war außerdem brüchig und wurde von allen Seiten immer wieder untergraben. Mal agierten die Großen Vier offen entgegen der Absprachen, mal benutzten sie Supporter-Clubs, um die eigenen Claims zu erweitern. Es dauerte keine zwei Jahre, bis der falsche Frieden in sich zusammenbrach, aber die großen OMCGs hatten bis dahin unumkehrbare Fakten geschaffen. Bevor die Polizeibehörden ahnten, was in ihrem Bundesstaat überhaupt vorging, war die Konkurrenz der unabhängigen Clubs weitgehend liquidiert und die eigene Machtposition in den USA etabliert worden.

Europa steht vor dem Krieg

Nachdem die Verhältnisse in den USA in Form der Gebietsaufteilung und eines ebenso oberflächlichen wie zerbrechlichen Friedensschlusses fürs Erste geklärt waren, wandten sich auch die Bandidos dem Rest der Welt zu, besonders Europa.

Für den Beginn ihrer Expansion jenseits des großen Teichs wählte der Fat Mexican Frankreich aus. Marseille, die zweitgrößte Stadt des Landes mit über 8 000 000 Einwohnern, wurde von vielen Franzosen wegen ihrer hohen Kriminalitätsrate und dem Hafen, der als großer europäischer Drogenumschlagplatz galt, auch abfällig als »Verbrecherstadt« bezeichnet.

In Marseille existierte schon länger eine Bikergang, die sich gut etabliert hatte, der MC Clichy. Im rauen Klima der Hafenstadt aufgewachsen, sollten sich die französischen Biker als hart genug erweisen, um ihre Bewährungszeit in einem amerikanischen Einprozenter-Club zu überstehen, auch wenn das zu jener Zeit eine qualvolle Prozedur war.

Als die Männer aus Marseille 1986 nach Texas flogen, um den ersten Kontakt zu den Bandidos zu suchen, herrschten noch raue Sitten. Um ihre Standfestigkeit unter Beweis zu stellen, mussten die Franzosen wie alle anderen Anwärter Beleidigungen, Erniedrigungen und Prügel über sich ergehen lassen. Erst in den 90er-Jahren nahmen die Bandidos das ausdrückliche Verbot, einen Prospect zu schlagen, in ihre Satzung auf.

Die Probezeit des ehemaligen MC Clichy dauerte bis zum 22. Juni 1989. Mit dem Full-Patch der Franzosen gelangten die Bikerfarben Rot und Gold auf das europäische Festland.

Dieses erste Patchover erzeugte auf dem europäischen Kontinent eine gefährliche Situation, die letztlich mit dafür verantwortlich war, dass es in den 90ern zum großen skandinavischen Rockerkrieg kam.

Der Hells Angels MC war bereits stark und zahlreich auf dem alten Kontinent vertreten, und zwar in der Schweiz, Großbritannien, Österreich, den Niederlanden, Dänemark, Frankreich und Deutschland. Mit einem erschreckenden Selbstverständnis reklamierten die Hells Angels in aller Unbescheidenheit nicht weniger als ganz Europa für sich.

Die Antwort auf diese neue Herausforderung durch ihren ewigen Rivalen konnten die Höllenengel also nicht lange schuldig bleiben. Vor dem Clubhaus des Bandidos MC Marseille erschossen im August 1991 vier Männer auf Motorrädern den Vizepräsidenten des neuen Bandidos-Chapters und verletzten zwei weitere Mitglieder.

Nur durch Glück und erfolgreiche polizeiliche Ermittlungen gelang es den Behörden, den Konflikt vorerst im Zaun zu halten. Die französische

Polizei verfügte nämlich über einen Undercover-Polizisten im Buccaneer MC, einem Supporter-Club der Hells Angels. Am 6. Februar 1992 fand eine Großrazzia statt, in deren Verlauf in Grenoble acht Hells Angels sowie Mitglieder des in die Tatvorbereitung involvierten Buccaneer MC festgenommen wurden.

Der seit Jahrzehnten tobende Machtkampf zwischen den beiden berüchtigtsten Einprozenter-Clubs der Welt war damit erstmals auf das europäische Festland übergesprungen und wurde in der Folge mit aller Härte weitergeführt.

Der Bandidos MC Marseille ließ sich trotz anhaltenden Drucks der Hells Angels und der Polizei nicht mehr vertreiben. Das Chapter der südfranzösischen Hafenstadt feierte im August 2009 sein 20-jähriges Bestehen in der Bandido Nation.

Von diesem Vorposten aus startete der Fat Mexican die Eroberung Europas, und es war nur eine Frage der Zeit, bis dieses Vorgehen die Hells Angels zu weiteren Aktionen provozieren würde.

Im Jahr 1993 formierte sich in Dänemark das zweite europäische Chapter der Bandidos. Mitten in einem Kriegsgebiet ...

4. KAPITEL

Hells Angels vs. Bandidos, Teil I:
die Schlacht um Europa

Der skandinavische Rockerkrieg

Wie geschildert hatte das Hamburger Hells-Angels-Charter den amerikanischen Angels die Kopenhagener Rockergruppe Galloping Gooses zur Aufnahme in die Gemeinschaft empfohlen. So war es am 31. Dezember 1980 auch geschehen.

Mitte der 80er-Jahre hatte das dänische Charter schon an die 50 Mitglieder. Nicht jedem wurde die Aufnahme in die Bruderschaft gewährt, und die abgewiesenen oder den Hells Angels aus anderen Gründen feindlich gesinnten Biker formierten sich beim Bullshit MC. Dem Sieger des Kampfes über die kriminelle Vorherrschaft in der dänischen Hauptstadt fiel auch die Kontrolle über den Drogenhandel in der Freistadt Christiania zu. In dieser alternativen Wohnsiedlung wurde der offene Verkauf von Haschisch und Cannabis an befestigten Ständen staatlich geduldet. Der offene Drogenmarkt zog Konsumenten aus dem gesamten Umland an.

Die Höllenengel duldeten jedoch keine Konkurrenz und begannen einen ersten, oft vergessenen Rockerkrieg, der auch als *Kopenhagen MC war* bezeichnet wurde und der dazu führte, dass die Bullshits für immer aus Skandinavien vertrieben wurden und 13 Menschen ein gewaltsames Ende fanden. Unter den Getöteten befand sich auch der Bullshit-Chef Henning Norbert »Makrele« Knudsen, den der Hells-Angels-Präsident Jörn »Jönke« Nielsen ermordet hatte.

Nielsen ist Gründer des ersten Hells-Angels-Charters in Kopenhagen, Dänemark. Jönke Nielsens erster Eintrag in seine Polizeiakte datiert aus dem Jahr 1975, als er als 15-Jähriger wegen einer Schlägerei in einer Bar verhaftet wurde. Es folgte 1978 eine 2,5-jährige Haftstrafe nach einer Messerstecherei, ebenfalls in einer Bar.

Nachdem Mord an Makrele flüchtete Nielsen zunächst in das Hells-Angels-Land Kanada, wurde dort jedoch inhaftiert, nach Dänemark überstellt und zu einer 16-jährigen Haftstrafe verurteilt. 1996 überlebte er im Staatsgefängnis Jyderup einen Mordanschlag durch Bandidos. 2001 – Nielsen war bereits seit drei Jahren auf Bewährung entlassen worden – wurde er wegen des Todes eines Mannes in einem Nachtclub in Aalborg erneut zu einer vierjährigen Haftstrafe verurteilt. Wieder in Freiheit wurde Nielsen am 27. Dezember 2007 in Nörrebro, einem Stadtteil Kopenhagens, angegriffen und mit einem Messer schwer verletzt. Nielsen und sein Leibwächter, ein Mitglied der Angels-Unterstützer-Gruppe AK 81, überwältigten den 22-jährigen Angreifer und verletzten ihn durch Schläge, Tritte und sein eigenes Messer lebensgefährlich. Nielsen wurde erneut angeklagt, nach zehnmonatiger Untersuchungshaft aber abschließend von dem Vorwurf der schweren Körperverletzung freigesprochen. Jönke Nielsen ist nach wie vor ein führendes Mitglied der Hells Angels in Skandinavien und tritt zurzeit als Pressesprecher des Hells Angels MC Denmark öffentlich in Erscheinung.

Nach dem ersten, kaum wahrgenommenen Rockerkrieg in Nordeuropa hielten sich die Rot-Weißen einige Jahre unterhalb des Radars und agierten unauffälliger. Die dänischen Hells Angels lebten zu jener Zeit im Gegensatz zu ihren deutschen Brüdern noch den Ursprungsgedanken der amerikanischen Gründer: Zuerst kommt der Club, dann die Brüder und erst danach denkt man an sich selbst. Alle Einnahmen der Charter und ihrer Member wanderten in eine gemeinsame Kasse und wurden gleichmäßig unter den Mitgliedern aufgeteilt. Dänische Polizeiexperten gehen davon aus, dass das erste Charter der Hells Angels nicht zufällig in Kopenhagen gegründet wurde. Diese bedeutende Metropole Nordeuropas hatte nämlich neben dem lukrativen Drogenmarkt, der in der Freistadt Christiania zu beobachten war, noch etwas mit wichtigen Angel-Städten wie Hamburg und Montreal gemein: Auch Kopenhagen ist ein wichtiges Handelszentrum und verfügt über einen großen, unübersichtlichen Hafen, der als nicht zu kontrollierendes Einfuhrtor für Drogen aller Art dient. Die dänische Polizei stellte diesen Zusammenhang schnell her und bezichtigte die Höllenengel, seit den 80er-Jahren den Drogenmarkt Dänemarks und anschließend den ganz Skandinaviens zu beherrschen.

Anfang der 90er-Jahre kehrten die Höllenengel zu bewährten Vorgehensweisen zurück, setzten ihren gnadenlosen Expansionskurs fort und bauten ihre Monopolstellung über Dänemark hinaus aus. Getreu eines ihrer Slogans – »We are the best – fuck the rest« – setzten sie lokal etablierte Motorradclubs unter Druck und stellten sie vor die Wahl: Auflösung, Unterordnung oder Okkupation durch die Angels. Mit dieser rücksichtslosen Strategie stürmten sie durch ganz Skandinavien. Bald wehte die Fahne des geflügelten Totenkopfs auch in Norwegen, Schweden und Finnland. In den Städten Trondheim, Aarhus, Malmö, Helsinki, Odense, Oslo, Stavanger, Stockholm und weiteren Orten entstanden Charter. Selbst Motorcycle Clubs, denen die Höllenengel jahrelang freundschaftlich verbunden gewesen waren, widerfuhr das Schicksal der gewaltsamen Übernahme.

Clubs, die sich unterordneten, wie der Screwdrivers MC, der Avengers MC und der Untouchables MC, akzeptierten die Angels als Supporter-Clubs und setzten deren Mitglieder rücksichtslos für ihre Interessen ein. Die Hells Angels waren der einzige weltweit agierende Club, der auch in Skandinavien aktiv war. Niemand hätte sich mit ihnen anzulegen gewagt, niemand konnte sie stoppen. Die Hells Angels zeigten im hohen Norden offenbar ihr wahres Gesicht und waren sich ihrer Sache sicher.

Zu sicher?

Der Morticians MC, später in Undertakers MC umbenannt, brachte den Stein ins Rollen. Den Club verband eine lange Kameradschaft mit den Hells Angels, doch diese Freundschaft zerbrach nun.

Eine Unterordnung kam für die Undertakers trotz der drückenden Überlegenheit der Angels nicht in Frage. Ihr Präsident Jim Tinndahn suchte Verbündete in einem aussichtslosen Kampf und fand sie in Marseille in Form des nach wie vor einzigen europäischen Chapters des weltweit zweitmächtigsten Motorradclubs, des Bandidos MC. Die ersten Kontakte beider Gruppen ergaben sich bei der German Bike Week in Deutschland.

1993 wurde aus den Undertakers der Bandidos MC Denmark. Der ehemalige Undertakers-Boss Jim Tinndahn wurde später europäischer

Präsident des Bandidos MC und damit ein entscheidender Akteur im aufziehenden Konflikt.

Dieser neu geschmiedeten Streitmacht schlossen sich weitere skandinavische MCs an wie die Morbids, die 666, der Klan MC und ehemalige Mitglieder des White Trash MC. Das hatte Folgen.

Die Gründer des White Trash MC, Jan Krogh »Face« Jensen und Per Michael »Joe« Ljunggren, sollten ihren Wechsel in die Bandido Nation teuer bezahlen. Sie wurden im großen skandinavischen Rockerkrieg getötet. Ljunggren, zu diesem Zeitpunkt Präsident des Bandidos MC Sweden, wurde am 17. Juli 1995 in Markaryd, Schweden, erschossen, Jensen am 15. Juli 1996 in Drammen, Norwegen. Beide Morde sind bis heute ungeklärt. Die Täter wurden nie ermittelt.

Was den Hells Angels in Marseille mit einem Mordanschlag nicht gelungen war, nämlich die Expansion und Etablierung ihres Todfeindes Bandidos MC zu verhindern, durfte in Skandinavien nicht noch einmal scheitern.

Dieser Umstand erklärt auch die Wucht und Brutalität, mit der die beiden internationalen Bruderschaften in Skandinavien aufeinanderprallten. Hier ging es nicht um ein paar spärlich bewohnte Länder Nordeuropas, hier ging es ums Prinzip. Der große skandinavische Rockerkrieg sollte stellvertretend für ganz Europa die alles entscheidende Machtfrage klären. Rot-Weiß oder Rot-Gold?

Beide Gruppierungen verfügten über ein unerschöpfliches Arsenal an Kriegswaffen und Pistolen. Neben den Streitkräften existiert in Dänemark noch die Heimwehr, bei der Zehntausende Reservisten an Waffen ausgebildet werden. Zu deren Bewaffnung werden zahlreiche Munitionsdepots im ganzen Land bereitgehalten. Aus diesen nur ungenügend gesicherten Bunkern bedienten sich beide Kriegsparteien bei zahlreichen Einbrüchen.

Auf dem ersten europäischen Kampfplatz beider MCs in Frankreich hatte eine erfolgreiche Polizeiarbeit weitere Eskalationen verhindert. In Skandinavien waren die Behörden auf diese Art des Bandenkrieges jedoch nicht vorbereitet. Sie schienen im Gegenteil nicht einmal zu registrieren, welch gewalttätige und kriminelle Gruppierungen sich unter ihren Augen organisiert und für ihre Zwecke ein umfangreiches Waffenarsenal beschafft hatten.

Am 26. Januar 1994 begann so gut gerüstet die Schlacht um Europa. Der erste Auslöser war, dass der Morbids MC den Hells Angels Sweden zu stark wurde. Außerdem gab es Anzeichen, dass die Morbids vor einem Patchover zu den Bandidos standen. Also ließ man ihnen eine Warnung zukommen. Die ersten Schüsse in diesem Konflikt trafen nur das Clubhaus des Morbids MC in Helsingborg.

Die Antwort ließ knapp zwei Wochen auf sich warten, fiel dann aber umso massiver aus. Bei einer Schießerei zwischen Angels und Bandidos in Helsingborg wurde ein Supporter der Angels getötet, drei weitere verletzt. Außerdem kam die erste Panzerabwehrrakete zum Einsatz, die das Vereinshaus der Angels in Helsingborg traf.

Der Krieg weitete sich in kürzester Zeit nach Finnland aus, wo der zum Bandido-Lager zählende Präsident des Klan MC von einem Unterstützer der Angels erschossen wurde. Norwegen wurde erst ein Jahr später, am 19. Februar 1995, zum Kriegsschauplatz. Bei einer Schießerei in Oslo zwischen den verfeindeten Rivalen blieb glücklicherweise nur ein Verwundeter zurück.

Doch es gab weitere Schläge und Gegenschläge, und sie fielen heftig aus. Im Juli 1995 wurde der Präsident des Bandidos MC Sweden mit einem Scharfschützengewehr von seiner Harley-Davidson geschossen und war nicht mehr zu retten. Der Todesschütze und die Hintermänner dieser Tat wurden nie ermittelt.

Zehn Tage später wurde das Clubhaus eines Prospect-Clubs der Hells Angels mit einer Panzerabwehrrakete angegriffen. Es folgten erste Verhaftungen in der Bikerszene und es kam zu Verurteilungen. Zwei Bandidos erhielten für den Raketenangriff vier und sechs Jahre Haft. Diesen Prozess verfolgte der Präsident des Bandidos MC Finland vor Ort. In unmittelbarer Nähe des Gerichtsgebäudes wurde er von Hells Angels gestellt und gnadenlos verprügelt. Als Reaktion darauf marschierten Bandidos aus ganz Skandinavien an späteren Verhandlungstagen auf.

Die Gewaltspirale drehte sich immer schneller. Ein Tattoo-Center der Angels in Helsinki wurde komplett demoliert, im Gegenzug ein Clubhaus der mit den Bandidos verbündeten Outlaws in Oslo beschossen. Das Jahr

1995 endete schließlich damit, dass Bandidos in Kopenhagen zwei Angels zusammenschlugen, womit der Krieg auch Dänemark erreicht hatte.

Dann wurde zu Bomben gegriffen. Das erste Bombenattentat fand am 5. Januar 1996 in Hamar, der größten Binnenstadt Norwegens, statt und traf einen Hells-Angels-Supporter-Club, den Screwdrivers MC. Es folgte eine Benzinbombenattacke auf das Clubhaus der Höllenengel in Oslo. Das Haus überstand den Anschlag und acht Tage später wurden aus dem Clubhaus Schüsse auf einen vorbeifahrenden Pkw abgefeuert, in dem Outlaws saßen, von denen einer verwundet wurde.

Am 27. Januar 1996 waren in Hamar wieder die Screwdrivers Ziel einer Bombenattacke, der ein weiterer Anschlag auf eine Bar der Angels in Helsinki folgte. Die Angels beantworteten diese Angriffe, indem sie am ersten März in Helsinki auf zwei Bandidos schossen, von denen einer an den Folgen seiner Verletzungen starb. Weitere Bandidos wurden in Helsingborg, Schweden, und Fornebu, Norwegen, angeschossen, überlebten aber. Die Mörder von Helsinki konnten ermittelt werden: zwei Angels-Prospects, die zu 12,5 und sechs Jahren Haft verurteilt wurden.

Al Capone am dänischen Flughafen

Der Airport Kastrop in Kopenhagen erweckt an diesem 10. März 1996 keinen anderen Eindruck als andere Flughäfen in Europa: Es herrscht hektische Betriebsamkeit, Urlauber und Geschäftsreisende durchlaufen die Gepäckabfertigung und die Sicherheitskontrollen oder entspannen sich bei einem Cappuccino in einem der zahlreichen Cafés. Genauso locker wirken auch die fünf Member der Bandidos, die gerade von einem Clubtreffen mit Brüdern aus Finnland heimkehren. Sie verstauen ihre Koffer und steigen in zwei Autos, die unmittelbar vor der Ankunftshalle auf sie warten. Dann überschlagen sich die Ereignisse.

Geschockte Passagiere und Augenzeugen sagen später aus, dass sie sich in einen Bandenkrieg der 20er-Jahre in Chicago versetzt fühlten – in die Zeit von Al Capone.

Drei Autos rasen heran und blockieren die Fahrzeuge der Bandidos. Zwei Hells Angels springen aus den Autos und eröffnen ohne Vorwarnung mit Maschinengewehren das Feuer auf die rivalisierenden Biker. Die überrumpelten und unbewaffneten Rocker flüchten unter den entsetzten Blicken der anderen Fluggäste in die Ankunftshalle. Dort brechen sie blutüberströmt im Kugelhagel der Angels zusammen. Drei Männer werden schwer verletzt, ein vierter, Uffe Larsen, der dänische Anführer der Bandidos, überlebt nicht. Er verstirbt noch auf dem Boden des Terminals, während die Angels fliehen.

Diese Schießerei findet selbst im Mutterland der Bikergewalt Beachtung: Die *New York Times* berichtet nach dem Vorfall ausführlich über den »Great Nordic Biker War«.

Die Schwierigkeiten der Polizei und aller Strafverfolgungsbehörden, in diesem – und jedem anderen – Rockerkrieg Ermittlungserfolge zu erzielen, resultieren aus dem Ehrenkodex der Einprozenter-Clubs. Dessen wichtigste Regel bestimmt: keine Zusammenarbeit mit der Polizei. Dabei spielt es keine Rolle, ob ein Biker als Täter oder als Opfer dasteht – mit der Polizei und anderen Behörden redet man nicht.

Obwohl in Skandinavien Auseinandersetzungen barbarischen Ausmaßes toben, halten sich alle Beteiligten an diesen Kodex. So sterben langjährige Freunde, Kameraden und Brüder in den Armen der Rocker. Sie kennen oder ahnen zumindest die Identität ihrer Angreifer, doch niemand spricht sie aus. Biker regeln ihre Angelegenheiten selbst.

Bei diesem Anschlag waren jedoch Dutzende unbeteiligte Augenzeugen anwesend und Überwachungskameras zeichneten das Geschehen auf. Die Omertà der Rocker half nicht gegen Videobeweise, sodass es im November des gleichen Jahres zum Prozess gegen sechs Hells Angels kam.

Ganze Teile der Innenstadt Kopenhagens wurden abgeriegelt und von schwer bewaffneten Polizeibeamten gesichert. Bombenspürhunde schlichen in den Gängen des Gerichtsgebäudes umher und beschnupperten parkende Autos in der Umgebung. Alle Zuschauer im Gerichtssaal wurden penibel nach Waffen durchsucht. Rockern oder Vorbestraften war der Zugang generell verboten worden.

Weder die beteiligten Hells Angels noch die angegriffenen Bandidos gaben Auskunft über die Schützen oder den Tatablauf, doch dieses Mal reichten dank der Überwachungskameras die Beweise aus.

Der Tat angeklagt und überführt wurden fünf Männer, Hells Angels und Supporter. Die Strafen waren hoch und sollten abschreckend wirken: einmal »lebenslänglich«, zweimal 11,5, einmal acht und einmal sechs Jahre Haft. Doch die Haftstrafen hatten keine abschreckende Wirkung. Die Gewalt nahm kein Ende. Im Gegenteil, es wurde noch schlimmer.

Schweres Geschütz

Die Vergeltung für den Flughafen-Überfall traf das Clubhaus der Hells Angels in Helsingborg. Es wurde mit zwei Panzerabwehrraketen beschossen. Weitere Raketen schlugen im Vereinsheim der Hells Angels South Denmark ein, das vollständig niederbrannte. Das Clubhaus eines Supporter-Clubs in Aalborg, Dänemark, wurde ebenfalls durch eine Panzerabwehrrakete verwüstet.

Die Gewalt eskalierte. Skrupel, Hemmungen oder Rücksichtnahmen hatten beide Kriegsparteien schon seit Längerem völlig abgelegt und schließlich erreichte der Krieg auch die sich stetig mit Bikern füllenden Staatsgefängnisse. Am 26. April 1996 wurde eine Handgranate in die Zelle eines inhaftierten Bandidos in der Haftanstalt Horseröd in Dänemark geschleudert; er überlebte schwer verletzt. Schon vorher war, wie erwähnt, Jönke Nielsen Opfer eines Anschlags hinter Gefängnismauern geworden. Dass Gewaltexzesse auch in skandinavischen Haftanstalten vorkamen, lag zum Teil an dem in Dänemark besonders hoch geschätzten Resozialisierungsgedanken im Hinblick auf Gefängnisstrafen. In den Genuss eines offenen Strafvollzugs mit regelmäßigen Freigängen an Wochenenden und auf Antrag auch bei zusätzlichen besonderen Anlässen kamen auch rechtskräftig verurteilte Mörder wie Jönke Nielsen. Lasche Sicherheitskontrollen und eine hohe Freizügigkeit im Knast spielten den bestens durchorganisierten Bikernetzwerken in die Hände.

Die nächsten Handgranaten flogen in das Haus eines Kopenhagener Hells Angels, dann explodierten welche in Finnland, doch wurde diesmal der Angreifer verletzt, weil die Granate zu früh hochging. In Dänemark konnte eine Autobombe gerade noch rechtzeitig entschärft werden. In Norwegen wurde im Sommer 1996 ein Prospect der Bandidos erschossen, kurz danach ein Supporter der Angels.

Weitere Bomben, weitere Schießereien bestimmten die folgenden Wochen in Skandinavien. Schusswaffen, Handgranaten, Autobomben und Panzerabwehrraketen wurden mit einer solchen Skrupellosigkeit und Brutalität eingesetzt, dass es der Öffentlichkeit und der Polizei schlicht die Sprache verschlug.

Der Präsident der europäischen Bandidos und Gründer des ersten skandinavischen Bandidos-Chapters in Kopenhagen, Jim Tinndahn, besaß die Chuzpe, die Polizei via Interview aufzufordern, sich aus dem Krieg herauszuhalten:»Wenn die Polizei so weitermacht, gibt es noch mehr Gewalt auf den Straßen.«

Als der Herbst begann, hatten die Exzesse ihren Gipfel allerdings noch nicht erreicht. Als Beispiel für die Wucht der Auseinandersetzung zwischen Angels und Bandidos seien die folgenden im September 1996 begangenen Taten aufgeführt, von denen die Polizei Kenntnis erlangte:

– 4. September: Ein Autobombenanschlag gegen den Hells-Angels-Supporter-Club MC Denmark scheitert.
– 12. September: Vor dem Clubhaus der Hells Angels South Denmark ereignet sich eine Autobombenexplosion.
– 22. September: Das gleiche Clubhaus gerät unter schweres Maschinengewehrfeuer.
– 24. September: Erneut wird das Clubhaus der Angels in Helsingborg beschossen, dieses Mal fliegt eine Panzerabwehrrakete.
– 28. September: Dasselbe Haus wird nochmals mit einer Rakete beschossen.

Außerdem werden bei einem Bombenattentat auf das Vereinsheim der Hells Angels am 3. Oktober in Malmö zwölf Nachbarn verletzt.

Und dann feierten die Hells Angels das traditionelle Wikingerfest.

Das Wikingerfest mit Besuch von Carl Gustaf

»Wir geben unsere jährliche Wikinger-Party. Wenn die Musik zu laut werden sollte, hoffen wir trotzdem auf Ihr Verständnis. Ansonsten sind Sie herzlich willkommen.
Mit freundlichen Grüßen, Hells Angels.«

Die Kopenhagener Höllenengel bemühten sich offensichtlich, nette Nachbarn zu sein, auch wenn sie ihr dänisches Hauptquartier festungsähnlich ausgebaut hatten. Der fünf Häuser umfassende Gebäudekomplex wurde von einem drei Meter hohen Holzzaun geschützt. Auf dem Dach dieser Bastion im Stadtteil Nörrebro schwang ein Wikinger martialisch einen Speer.

Nörrebro gilt als das Kreuzberg Dänemarks, ein angesagtes Multikultiviertel mit islamischem Zentrum, Kleingewerbe und sozialem Siedlungsbau. Zu dieser Zeit residierten die Hells Angels auf dem kommunalen Grundstück noch mietfrei, da sie, wie jeder andere Motorradclub in Dänemark, als »die Jugend fördernder« Verein vom Staat alimentiert wurden. In den Genuss dieser staatlichen Förderung kamen Zusammenschlüsse von mindestens fünf Personen, die ein Hobby oder Engagement im selben Interessengebiet einte. Diese Unterstützung nahmen trotz Mord, Totschlag und umfangreicher krimineller Aktivitäten auch dänische Einprozenter-Clubs gerne für sich in Anspruch.

Die Anwohner in der unmittelbaren Umgebung des Clubhauses erhielten die oben zitierte Nachricht einen Tag vor dem Wikingerfest. Am Abend des 6. Oktobers 1996 bildeten 30 Polizisten einen Schutzring um das »Angels Place«, um die Nachbarschaft und die feiernden Hells Angels vor Gewalttaten zu schützen. Insbesondere ein Besucher sollte unter allen Umständen ferngehalten werden – Carl Gustaf.

Die »FFV Carl Gustaf« ist eine tragbare Panzerabwehrwaffe aus der Produktion des schwedischen Rüstungskonzerns Saab Bofors Dynamics. Die Panzerbüchse des Kalibers 84 mm verschießt 3-Kilogramm-Granaten mit einer Feuergeschwindigkeit von 260 Metern pro Sekunde und ist für Ziele bis zu einer Entfernung von 700 Metern konzipiert.

Der Bandidos-Prospect Niels Poulsen ist sich seines Himmelfahrtskommandos bewusst, als er nachts schwer bewaffnet im feindlichen Gebiet unterwegs ist. Überall muss er mit bewaffneten Posten rechnen, ob Polizisten oder Männer jenes Clubs, dessen Namen auch nur auszusprechen er sich weigert. Seine Vorbereitungen hat er schon vor Tagen abgeschlossen, die Waffe hielt er seitdem sicher und einsatzbereit versteckt. Heute trägt er keine Kutte, denn die hätte ihn sofort als Feind erkennbar gemacht, sondern dunkle, unauffällige Zivilkleidung.

Seinen Fluchtweg hat er penibel ausgearbeitet und selbst eine Ausweichroute ist einkalkuliert, falls der direkte Weg versperrt sein sollte.

Trotz all dem rechnet er mit dem Schlimmsten und geht davon aus, dass seine Chance, die nächste Stunde lebend zu überstehen, bei 50:50 steht. Vielleicht auch schlechter.

Gegen 3.00 Uhr nachts erreicht Niels robbend seine Stellung. Den Umgang mit der Panzerabwehrrakete hat er stundenlang trainiert. Es bereitet ihm keine Schwierigkeiten, die Waffe mit verbundenen Augen oder in stockdunkler Nacht, so wie jetzt, zu bedienen und zu laden. Eine letzte Anstrengung und er befindet sich auf dem Dach einer Garage. Dort bleibt er noch einige Minuten im Schutze der Dunkelheit liegen, versucht, seinen Herzschlag zu beruhigen und die Atmung zu kontrollieren. Der laue Herbstwind – es ist warm für einen dänischen Oktober – trägt fröhlichen Partylärm zu ihm herüber, gelegentlich unterbrochen von einem Krächzen aus den Funkgeräten der patrouillierenden Polizisten.

Der Prospect der Bandido Nation atmet das letzte Mal tief ein, kniet sich hin, presst die Panzerabwehrrakete gegen die Schulter und visiert das nur 100 Meter entfernte Ziel an. Um 3.06 Uhr feuert er die Panzersprenggranate ab.

Der Rückstoß ist bei diesem Modell, das einen großen Teil des Treibgases hinten aus der Waffe ausstößt und sie dadurch stabilisiert, gering, aber die ohrenbetäubende Zündung der Rakete, das Mündungsfeuer, der Feuerschweif des Geschosses und schließlich die Explosion durchbrechen in einer infernalischen Kettenreaktion die Nacht.

Die Granate findet ihr Ziel. Sie durchschlägt die Seitenwand des Clubhauses und explodiert mit ohrenbetäubendem Lärm inmitten der Feiernden. Ein Angel und eine junge Frau, Linde Nielsen, sterben sofort. 17 weitere Menschen werden verletzt, einige von ihnen schwer.

Der Prospect rennt derweil um sein Leben. Er benutzt den ausbaldowerten Fluchtweg, und lediglich ein Anwohner bemerkt ihn, bevor das tiefe Dunkel eines Kinderspielplatzes den Mann verschluckt. Niels Poulsen entkommt, zunächst.

Das Medienecho auf diesen Anschlag übertraf die bisherige Berichterstattung. Selbst deutsche Zeitungen berichteten ausführlich. Der stellvertretende Polizeipräsident Kopenhagens sah sich gezwungen, sich bei der geschockten dänischen Öffentlichkeit und den Anwohnern zu entschuldigen, denen er noch einen Tag zuvor versprochen hatte, dass sie beruhigt ins Bett gehen könnten.

Die verängstigte Bevölkerung und die Presse drängten die Politiker zum Handeln. Nur einen Monat nach dem Anschlag, der das Fass endgültig zum Überlaufen gebracht hatte, peitschten die Abgeordneten des Folketing – des dänischen Parlaments – das sogenannte Rockergesetz durch die Instanzen. Dies in einem Land, das mit großem Stolz auf seine liberale Grundhaltung blickt. Nach der Unterschrift der Königin erlangte der Gesetzentwurf innerhalb der folgenden Woche Geltung. Das Gesetz wirkt wie der Vorläufer des 1997 verabschiedeten kanadischen Rockergesetzes C-95. Die neuen Vorgaben beinhalteten eine drastische Strafverschärfung für eine Reihe von Verbrechen und statteten die Polizei mit einer Vielzahl von zusätzlichen Befugnissen aus, auch wenn Undercover-Aktionen gegen kriminelle Bikergangs trotz ihrer großen Erfolge in anderen Ländern weiterhin untersagt blieben.

Das Sondergesetz erlaubte es der Polizei aber, Clubhäuser von MCs zwangszuräumen und aus Wohnvierteln zu vertreiben, das Befahren bestimmter Straßen und den Aufenthalt von Rockern in bewohnten Stadtteilen zu untersagen, falls sie eine Gefährdung der Anwohner vermuteten.

Niels Poulsens Flucht war nicht lange erfolgreich. Er wurde des Anschlags auf das Wikingerfest überführt und zur dänischen Höchststrafe verurteilt – lebenslanger Haft.

Der Feldzug der Rocker ging indessen weiter, obwohl Presse, Politik und Polizei mit ihren jeweiligen Mitteln Druck auf die Biker ausübten, immer in der Hoffnung, endlich ein Ende erzwingen zu können.

Zunächst erreichte der Rockerkrieg aber einen weiteren Höhepunkt. Am 22. November 1996 wurden in Dänemark zwei Bandidos beschossen und getötet. Anfang Dezember überlebte ein Bandido ebenfalls in Dänemark einen Schusswaffenanschlag schwer verletzt.

Obwohl auf beiden Seiten viel Blut geflossen war, konnte keine Partei den Sieg für sich in Anspruch nehmen. Das neue Jahr begann gleich mit dem Mord an einem Hells Angel in Dänemark, der Täter wurde nie ermittelt. Dann wurden in Norwegen abermals die mit den Bandidos befreundeten Outlaws in den Krieg hineingezogen: Ihr Präsident und ein französisches Mitglied wurden angeschossen. Bei Anschlägen mit Schusswaffen, Handgranaten, Autobomben und immer wieder Panzerabwehrwaffen gab es in der ersten Jahreshälfte 1997 viele Verletzte auf beiden Seiten. Auch in den Gefängnissen flammten die Auseinandersetzungen wieder auf. Es kam zu Anschlägen auf Zellen von Inhaftierten beider Seiten, die von den Dächern benachbarter Gebäude aus mit Panzergranaten unter Feuer genommen wurden.

Der 4. Juni 1997 bedeutete jedoch eine Zäsur im kontinuierlich ausufernden nordischen Rockerkrieg. Die verheerende Explosion einer Autobombe zerstörte das Clubhaus der Bandidos im norwegischen Drammen komplett. Die Wucht der Detonation war so gewaltig, dass die unbeteiligte 51-jährige Norwegerin Irene Astrid Bækkevold getötet wurde, die zum Zeitpunkt des Anschlags an dem Haus vorbeifuhr. Es folgten weitere fatale Scharmützel mit Verletzten und einem Toten in Dänemark. Das öffentliche Entsetzen über den Tod der unbeteiligten Frau und der immense Verfolgungsdruck aller skandinavischen Behörden taten das Übrige, um die verfeindeten Gruppen endlich an den Verhandlungstisch zu zwingen.

Ein kurzer Frieden

Am 25. September 1997 reichten sich auf die Vermittlung eines in der Szene tätigen Rechtsanwalts hin der Europa-Präsident des Bandidos MC, Jim Tinndahn, und der mächtigste Hells-Angels-Präsident Skandinaviens, Bent »Blondie« Nielsen, vor laufenden Fernsehkameras die Hände. Ziel: Das Morden und Bomben sollte endlich ein Ende haben.

Der skandinavische Rockerkrieg hatte einen hohen Blutzoll gefordert: elf Morde, 74 Mordversuche und 96 Verwundete. Fünf der Getöteten gehörten dem Bandidos MC an. Berücksichtigt man in dieser Statistik auch den vergessenen ersten skandinavischen Rockerkrieg der Hells Angels gegen die Bullshits, erhöht sich die Zahl der Toten sogar auf 24 Menschen, die erschossen, erschlagen, von Autobomben in die Luft gejagt oder von Panzerabwehrraketen zerfetzt wurden, weil ihre Kutte eine andere Farbe besaß als die ihrer Mörder.

Trotz Friedensschlusses sollten dies nicht die letzten ermordeten Rocker in Skandinavien bleiben. Doch erst einmal herrschte Ruhe. Das

Kräftemessen um die Frage, welcher Club der härteste, gefürchtetste und respektierteste war und welcher Club die kriminelle Vorherrschaft in ganz Skandinavien für sich beanspruchen konnte, wurde verschoben.

Die beiden Seiten teilten die Gebietsansprüche im Norden Europas untereinander auf. Sie vereinbarten, ohne Absprache keine neuen Charter und Chapter mehr zu gründen und regelmäßige Meetings abzuhalten, um Probleme anzusprechen und eine erneute Eskalation zu verhindern.

Die Schlacht um Europa stand zum Zeitpunkt des öffentlichen Friedensschlusses unentschieden, auch wenn der moralische Sieger eindeutig feststand: die Bandido Nation.

Die rot-goldenen Biker hatten sich in einem von der Big Red Machine kontrollierten Stammland durchgesetzt und etabliert. Trotz der erdrückenden Übermacht der Gegenseite und eines hohen Blutzolls in den eigenen Reihen überstanden die Bandidos die brutalen Attacken und durchbrachen die Monopolstellung des rot-weißen Netzwerks in Skandinavien.

Dass der Stellvertreterkrieg um Machtansprüche, die ganz Europa betrafen, nun ruhte, lag nicht an der Einsicht oder erloschenen Kampfeslust einer der Parteien, sondern war einzig und allein dem öffentlichen, polizeilichen und politischen Druck geschuldet.

Den überlebenden Bikern war bewusst, dass dieser Krieg noch lange nicht vorüber war. Zu viele Rechnungen waren nicht beglichen und die Klärung der entscheidenden Frage – Wem gehört Europa? – lediglich vertagt worden.

Während die Hells Angels 1997 bereits in über einem Dutzend europäischer Länder erfolgreich agierten (neben den skandinavischen Staaten auch in der Schweiz, Österreich, Großbritannien, den Niederlanden, Frankreich, Italien, Spanien, Belgien und Deutschland), klafften dort auf der Bandidos-Weltkarte große weiße Flecken. Würde dies so bleiben? Und wenn nicht, wie würden die Höllenengel auf eine weitere Expansion reagieren? Beobachter, die glaubten, die Bandidos hätten sich in Skandinavien eine blutige Nase geholt und würden deswegen den Rest Europas kampflos den Hells Angels überlassen, hatten sich jedenfalls geirrt, wie sich bald herausstellte.

Der Kampf geht weiter

Die Zurückhaltung in Skandinavien endete, als beide Gruppierungen wieder den alten Expansionskurs und die Rückkehr zu kriminellen Geschäften forcierten. Es folgten mehrere spektakuläre Festnahmen und Verurteilungen wegen Drogenhandels. Eine der jüngsten polizeilichen Aktionen richtete sich gegen einen 37-jährigen Bandido des Chapters Roskilde. Die Beamten observierten ihn am 3. Juli 2012 bei einer Drogenübergabe durch einen niederländischen Lkw-Fahrer. Ebenfalls anwesend waren seine 24-jährige Freundin und ein 34-jähriger Beifahrer. Die Polizei beschlagnahmte bei der Aktion 40 Kilogramm Speed. Solch große Mengen haben nach den Strafverschärfungen durch das Rockergesetz in vergleichbaren Fällen zwölfjährige Haftstrafen nach sich gezogen.

Der Drogenhandel wird nach Erkenntnissen der Behörden im gesamten nordeuropäischen Raum bis heute von Mitgliedern beider Clubs beherrscht. Eben diese Geschäfte dürften einen entscheidenden Ausschlag dafür gegeben haben, dass die Auseinandersetzungen wieder entbrannten.

Etwas mehr als zwei Jahre nach dem öffentlichen Friedensschluss, am 18. Januar 2000, wurden der Präsident des Bandidos MC Finland, sein Leibwächter und der Vizepräsident eines Bandidos-Supporter-Clubs in einem Restaurant während des Essens erschossen. Die Finnen waren Mordopfer 25, 26 und 27 in diesem nicht enden wollenden Krieg. Die vier Täter wurden gefasst. Es waren Mitglieder des Cannonball MC, die in engem Kontakt zu den Hells Angels standen. Ihr Auftrag war offenbar gewesen, einen erfolglosen Anschlag von Bandidos auf ein Member der Cannonballs zu rächen.

Ein wenig trügerische Ruhe brachte das rigorose Vorgehen besonders des dänischen Staats gegen organisierte Rocker ab 2003. Im Kampf gegen die Clubs berief man sich auf knallharte Fakten. So besagen Untersuchungen, dass von 196 erfassten Hells-Angels-Mitgliedern 193 straffällig wurden und insgesamt beinahe 2000 Straftaten begingen. In den Reihen der Bandidos sieht es ähnlich aus: Von 236 bekannten Mitgliedern sind 230 im Strafregister der Behörden registriert. 60 Prozent aller polizeilich bekannten Bandidos saßen nach Auskunft der dänischen Behörden im Oktober 2008 in Gefängnissen zum Teil langjährige Haftstrafen ab.

Inmitten der trügerischen Ruhe begannen die Biker, sich neu zu organisieren und ihre Rekrutierungsweise zu professionalisieren. Anfang
des Jahres 2010 schockten die dänischen Hells Angels die überrasch-
te Öffentlichkeit mit einer neuen Art von »Sozialarbeit«: Sie riefen eine
Jugendgruppe mit martialischen Insignien namens Viking Defence League
ins Leben. Der dänische Hells-Angels-Sprecher und rechtskräftig verurteilte Mörder Jörn Nielsen begründete die neue Gruppe damit, dass der
Club eine Option für interessierte Jugendliche anbieten wolle, da man den
Hells Angels selbst wie auch dem Supporter-Club AK 81 erst ab einem
Alter von 18 Jahren beitreten könne. *The Copenhagen Post* betitelte den
neuen Verein entsetzt als »Hells Angels Kids Club«. Der Polizeisprecher
und der dänische Justizminister reagierten empört und brandmarkten das
Vorgehen als »Riesen-Provokation gegenüber dem Rest der Gesellschaft«.

Aktueller Ausblick – Bandenkriege in skandinavischen Großstädten

Seit 2008 herrscht in Kopenhagen ein neuer, bis heute schwelender Krieg
mit bisher acht Toten, knapp 100 Schießereien und zahllosen Racheakten.
Nun sind es 35 Menschenleben, die der Kampf um die kriminelle Vorherrschaft in Skandinavien bisher gefordert hat. Doch diesmal verlaufen die
Fronten komplizierter als im großen skandinavischen Rockerkrieg, denn
es stehen sich nicht nur die verfeindeten Rockerclubs, sondern auch mit
ihnen rivalisierende Einwandererbanden aus dem Nahen Osten und vom
Balkan gegenüber. Die ethnischen Trennlinien zwischen den beteiligten
Parteien und ethnische Spannungen verstärken den aktuellen Konflikt erheblich. Die Täter und Schützen auf beiden Seiten tragen keine Rocker-
kutten mehr, sondern Sturmhauben und kugelsichere Westen.

Die kriminellen Herausforderer organisieren sich in Banden, die keinen Bi-
kerhintergrund mehr haben. Etwa in der Naser League, die nach ihrem ma-
zedonischen Anführer Naser Dzeljilji benannt wurde. Der Stammsitz dieser
bis zu 100 Mann starken Gruppe ist Göteborg, wo sie zahlreiche Bars und
Restaurants kontrolliert. Auch im Ausland verfügt das Netzwerk bereits über
mehrere Niederlassungen. Die Polizei wirft Mitgliedern der League Mord,
bewaffneten Raubüberfall, Erpressung, Drogenhandel, Geldwäsche und il-

legales Glücksspiel vor. Bei einem brutalen Banküberfall wurde ein norwegischer Polizist erschossen. Naser Dzeljiljis Leibwächter wurde der Beteiligung an dieser Tat angeklagt und zu 15 Jahren Haft verurteilt. Naser selbst wurde später Opfer eines Attentates in einer Göteborger Garage, das er nach Schüssen in Rücken und Arme schwer verletzt überlebte.

Eine weitere wichtige Gruppierung sind die Original Gangster des Türken Denho Acar, die ebenfalls in Göteborg aktiv sind. Die meisten der 100 Männer, welche die schwedische Polizei dieser Bande zurechnet, haben einen Migrationshintergrund. Die in der Bande vertretenen Nationalitäten spiegeln die größten Einwanderergruppen Schwedens wider: Türken, Bosnier, Iraner, Kurden, Serben und Kroaten.

Das Brotherhood Wolfpack ist ein zusätzlicher gefährlicher Akteur in der organisierten Kriminalität in Schweden. Es handelt sich um eine Bande, die sich im Hochsicherheitsgefängnis von Kumla gegründet hat. Die bis zu 70 Mann starke Gruppe rekrutierte nach Angaben der schwedischen Polizei einige der gefährlichsten Häftlinge Skandinaviens. Sie breitete ihren Wirkungskreis von den Strafanstalten des Landes auf schwedische Städte aus und verwendet die gleiche Organisationsstruktur wie OMCGs. Schwedische Ermittlungsbehörden bringen das Wolfpack mit zahlreichen Morden in Verbindung.

Bei den skandinavischen Rockerbanden und Gangs geht es nach Auskunft des dänischen Polizeisprechers heute nicht einmal mehr ansatzweise um Respekt und Bikerehre, sondern ausschließlich um die lukrativen Märkte des Rauschgifthandels und der Prostitution.

Als hauptsächlicher Akteur aufseiten der Hells Angels tritt deren Supporter-Club AK 81 auf. Am 14. August 2008 wurde das 19-jährige türkische Gangmitglied Osman Nuri Dogan durch ein AK-81-Mitglied in Tingbjerg erschossen. Der heruntergekommene Vorort Kopenhagens sollte nicht das letzte Mal Schauplatz eines solchen Konfliktes werden. Gewalt, Kriminalität und ein hoher ausländischer Bevölkerungsanteil machen diese Betonwüste zu einem Epizentrum des neuen blutigen Bandenkrieges. Die AK 81 besteht aus jungen Kerlen, die unter allen Umständen offizielle Mitglieder der Hells Angels werden wollen. Mitgliedern der neuen Organisation ist es nicht vorgeschrieben, ein eigenes Motorrad zu besitzen, es ist ihnen aber auch nicht erlaubt, das Patch mit dem Deathhead zu tragen. Aus diesen Gründen gelingt die Rekrutierung viel schneller und unproblematischer, kann man doch auf das langwierige Prozedere im Vorfeld einer Vollmitgliedschaft verzichten.

Das neue Sondergesetz des dänischen Parlamentes setzt rivalisierende Banden allerdings stark unter Druck. Die Strafgerichte der Justiz sind damit in der Lage, selbst für noch nicht begangene Taten hohe Haftstrafen zu verhängen.

Drei AK-81-Mitglieder und ein Hells-Angels-Anwärter fuhren beispielsweise im September 2010 mit einem gestohlenen Mazda durch das Kopenhagener Stadtviertel Nörrebro. Mit seinem hohen nahöstlich-muslimischen Bevölkerungsanteil stellt dieses Viertel eine Machtbastion für zahlreiche mit den Hells Angels verfeindete Banden dar. Als ein Streifenwagen auf den Wagen aufmerksam wurde, entwickelte sich eine wilde Verfolgungsjagd, während der die Männer fünf Pistolen sowie Mützen und Handschuhe aus dem fahrenden Wagen warfen. Ein dänisches Landgericht beschuldigte sie daraufhin, als »Mordpatrouille« der Hells Angels nach Nörrebro gekommen zu sein. Obwohl kein Mordopfer identifiziert werden konnte, sprach das Gericht auch in zweiter Instanz hohe Haftstrafen wegen versuchten Mordes aus. Die AK-81er Daniel Mikkelsen, 28, Carsten Hansen, 30, und Nikolaj Nielsen, 21, erhielten jeweils eine zwölfjährige Haftstrafe. Der 22-jährige Hells-Angels-Prospect Daniel Skovby musste für zehn Jahre ins Gefängnis.

Der Bandidos MC stellte sich unter dem Eindruck dieser Entwicklungen ebenfalls neu auf. Der Club organisiert seine Nachwuchskräfte jetzt unter anderem in sogenannten X-Teams, die besonders bei dem blutigen Bandenkrieg in Göteborg als brutale Kämpfer in Erscheinung getreten sind. Auch in Deutschland werden mittlerweile Männer für regionale X-Teams rekrutiert, die bereits in 21 deutschen Städten offiziell vertreten sind.

So verwundert es nicht, dass die Verschnaufpause im weltweiten Kampf der Bruderschaften nicht lange Bestand hatte. Zu groß waren das Streben nach Macht, Einfluss und Geld, die eigenen Vorstellungen von Respekt und Ehre, der zügellose Expansionsdrang beider Motorcycle Clubs und der Druck rivalisierender Einwanderergangs. Dänische Polizeiexperten registrierten, dass der Hells Angels MC seine Reihen mit immer neuen Rekruten auffüllte. So soll die gegenwärtige Mannstärke der rot-weißen Bruderschaft doppelt so hoch sein wie vor dem blutigen Krieg. Der Hells Angels MC gilt den dänischen Ermittlern damit heute wieder als das mächtigste Verbrechersyndikat ganz Skandinaviens.

In Deutschland wird der große skandinavische Rockerkrieg immer wieder von Innenministern und hohen Polizeioffizieren angeführt, um Großrazzien und bundesweite Aktionen gegen Motorradgangs zu begründen. Der Hells Angels MC Germany versuchte daher im Jahr 2012, die tödliche Auseinandersetzung in Skandinavien umzudeuten. Die Eskalation der Gewalt sei nicht die Schuld der Rockerclubs gewesen, sondern gründe auf einem aus dem Ruder gelaufenen V-Mann-Einsatz. Dem dänischen Polizeigeheimdienst (PET) war es gelungen, einen schwer kriminellen Informanten beim Bandidos MC einzuschleusen. Dieser lieferte seinem V-Mann-Führer fünf Jahre lang brisante Informationen, angeblich auch über bevorstehende Raketenangriffe der Bandidos auf die Hells Angels. Diese erhoben nun den Vorwurf, die Behörden hätten nichts unternommen, um die Anschläge zu verhindern, sondern die Taten für eine weitere Strafverschärfung und die Ausweitung von polizeilichen Befugnissen benutzt. Der deutsche Pressesprecher »Django« verbreitete ein entsprechendes Statement auf der hauseigenen Website hellsangelsmedia.com. Dort wird der Eindruck erweckt, dass diese Art des staatlichen Vorgehens Teil einer weltweiten Verschwörung gegen die OMCGs sei, der »Operation Monitor«, an der das FBI, der dänische Geheimdienst und Europol beteiligt sein sollen. Ein Untersuchungsausschuss des dänischen Parlaments stellte kein Fehlverhalten fest, auffällig waren jedoch die großen Gedächtnislücken der beteiligten Behördenmitarbeiter. Wie dem auch sei: Der eigentliche Ablauf des V-Mann-Einsatzes dürfte nicht mehr zu rekonstruieren sein. Mit der Deutung ihres Pressesprechers, die staatlichen Beteiligten trügen eine direkte Mitverantwortung an der Eskalation, den Toten und den Verletzten im Rockerkrieg, stehen die Hells Angels aber ziemlich allein da. Objektiv betrachtet hat sie niemand dazu gezwungen, territoriale Machtansprüche gewaltsam durchzusetzen und einen Krieg um die Vorherrschaft in der skandinavischen Unterwelt vom Zaun zu brechen.

Der Krieg ruhte auch im Jahr 2012 nicht. Die Mordopfer 36, 37, 38 und 39 folgten, wobei diese Auflistung nicht den Anspruch erhebt, wirklich alle Toten der letzten Jahre berücksichtigt zu haben. Die vier Männer entstammten dem Umfeld des Outlaws MC, der sich noch immer in einer kriegerischen Auseinandersetzung mit den Hells Angels befindet. Ein Outlaw wurde Anfang des Jahres im mittelschwedischen Falun umgebracht. Am 17. März erwischte es zwei weitere Männer in Schweden; ein 49-Jähriger wurde erschossen, ein 46-Jähriger erstochen. Am 16. Juni 2012 wurde der 53-jährige »Kriegsminister« des Outlaws MC Helsingborg ermordet auf einem Autobahnrastplatz aufgefunden. Die Polizei verhaftete später vier Männer, verweigert aber bisher die Auskunft über weitere Einzelheiten und dazu, ob es eine direkte Verbindung zu den Hells Angels gibt.

Die Hells Angels und die Bandidos starteten jeweils eine unglaubliche Expansion in ganz Europa. Nach den Erfahrungen mit dem skandinavischen Rockerkrieg schien es nur eine Frage der Zeit zu sein, bis beide Heere sich in einem anderen Land in die Quere kommen und dort die endgültige Antwort auf die Frage suchen würden, die in Skandinavien nicht abschließend geklärt werden konnte: Wer beherrscht Europa?

Das nächste Land, das in diesen Weltkrieg der beiden großen Motorradclubs hineingezogen wurde, ahnte zur Jahrtausendwende noch nichts von dem Unheil, das sich über seinen Straßen zusammenbraute. Es verfügte zwar über fünf Charter der Hells Angels. Diese agierten aber weitgehend unterhalb der öffentlichen Wahrnehmung. Die lokalen Vereinigungen beschränkten ihre Aktivitäten größtenteils auf die eigene Subkultur und standen mit diesem Verhalten weder auf der Agenda von Polizeibehörden noch auf der von Politikern. Lediglich ein Charter fiel durch kriminelle Aktionen auf. Das wurde jedoch als örtliche Besonderheit angesehen. Nachdem man es schlichtweg verboten hatte und es damit erst einmal aus dem Licht der Öffentlichkeit verschwunden war, schien das Problem gelöst. Eine fatale Fehleinschätzung, denn in diesem Land sollte in nächster Zukunft eine beispiellose Expansion von Rockerclubs stattfinden, die es in ein Pulverfass verwandeln würden. Das Land heißt Deutschland.

5. KAPITEL
Aufmarschgebiet Deutschland

Bones MC & »gelbe« Ghostrider's – die Streitmächte formieren sich

>»Viele Member kamen aus dem Milieu. Ihr Arbeitsfeld: Prostitution, Schutzgelderpressung, Hehlerei, Drogen-, Waffen- und Menschenhandel.«
>Ulrich Detrois, Mitglied des Bones MC und späterer Vizepräsident des Hells Angels MC Kassel

Ende 1968 ahnte keiner der acht US-amerikanischen, motorradverrückten GIs, die rund um Frankfurt am Main stationiert waren, dass aus ihrer Idee, den Bones MC zu gründen, der mächtigste Bikerclub auf deutschem Boden entstehen sollte. In den Gründungsjahren herrschte in dem zunächst klassischen Motorradclub noch der alte Charme des Easy-Rider-Mythos vor: Motorrad fahren – schrauben – Partys feiern.

Die Vorlage für ihr Clubabzeichen entliehen die GIs einem Cartoon aus dem US-Satiremagazin *MAD* über die Gefahren des Rauchens: eine Knochenhand in Schwarz-Weiß, die eine Zigarette hält. Neben weiteren in Deutschland stationierten US-Soldaten stießen ab 1970 vermehrt deutsche Mitglieder zum Club. Außerdem begannen die Bones, sich auszubreiten. 1971 wurden Chapter in Mannheim und Wiesbaden gegründet. Damit legte der Bones MC den Grundstein für ein stetiges Mitgliederwachstum. Die bald erreichte Größe hatte einen erheblichen Anteil daran, dass in Deutschland so etwas wie ein Bikerkult entstand.

Aus seiner Machtbastion im Rhein-Main-Gebiet expandierte der Bones MC als Nächstes gen Norden. Die Mitglieder fielen schon nach kurzer Zeit polizeilich auf, da sie typische Gewohnheiten ihrer Subkultur auszuleben begannen: Sauforgien bei Motorradtreffen und Partys, die mit Massenschlägereien oder Messerstechereien endeten. Das mochte im Vergleich zu den Entwicklungen in den Staaten und Kanada noch halbwegs harmlos erscheinen, doch Anfang der Achtziger kam es dann auch hierzulande zu Schießereien, die die Szene aufschrecken ließen und größere Events überschatteten. So beispielsweise die Rallye der Motor-Tramps aus Zweibrücken am 17. April 1981.

Aufgrund von wilden Spekulationen und Gerüchten über einen Überfall auf diese Veranstaltung wurden Schutzbündnisse geschmiedet und die ersten Mitglieder deutscher MCs gingen dazu über, sich zu bewaffnen. Trotz eines vorsorglichen Abbruchs der Veranstaltung kam es zu einem Tumult, bei dem drei Schüsse aus Gewehren abgefeuert wurden. Es gab drei Verletzte; zwei Rocker, davon einer am Kopf getroffen, überlebten, die 19-jährige Ilona Zimmermann jedoch nicht. Sie verstarb auf dem Weg ins Krankenhaus.

Keine zwei Monate später war der nächste Tote zu beklagen. Während einer Massenschlägerei zwischen Rockern aus Hamburg und Hannover fiel ein Schuss. Der Schütze verschwand in einem Gewühl von Rockern, die versuchten, ihn zu entwaffnen. Dabei lösten sich weitere Schüsse und der Pistolenträger blieb tödlich getroffen zurück. Im Jahr darauf geriet der Bones MC in die Schlagzeilen, weil Mitglieder auf einer Rallye in Bamberg Schlägereien angezettelt hatten und damit einen Großeinsatz der Polizei auslösten. Bei diesem Polizeieinsatz, der von mehreren Beobachtern als unverhältnismäßig hart und überzogen beschrieben wurde, blieben etliche Verletzte zurück, verwundet durch Polizeiknüppel und Bisse von Polizeihunden. Diese und weitere gewalttätige Vorfälle ließen einen negativen Eindruck der entstehenden Rockerkultur in Deutschland aufkommen. Dass auch den Bikern mit Vorurteilen und teils übertriebener Härte begegnet wurde, blieb größtenteils unberücksichtigt. Als Beispiel seien hier die Ereignisse des 1. Mai 1983 in Neckartaiflingen bei Stuttgart angeführt.

Fünf Mitgliedern des Motorradclubs Kettenhunde, zehn weiteren Männern und fünf Frauen untersagten Türsteher der örtlichen Diskothek den Eintritt. Es entwickelte sich eine wüste Schlägerei, in deren Verlauf ein Biker durch einen Messerstich an der Hand verletzt wurde. Trotzdem gaben die Rocker nach und kehrten zu ihrem Campingplatz zurück. Dort beabsichtigten sie die weitere Nacht unter sich und in Ruhe zu verbringen, doch der Abend endete in einer Tragödie.

Kurz vor zwei Uhr in der Nacht wurden die Biker Opfer eines Anschlags. Innerhalb weniger Sekunden wurde um die 20 Mal auf die Rocker geschossen. Die Angreifer feuerten ununterbrochen, und ihre Kugeln trafen. Eine Frau krümmte sich von vier Kugeln getroffen schwer verletzt am Boden. Ihr Freund erlitt einen Steckschuss in den Hals, ein weiterer Mann wurde durch Schüsse am Oberarm und Gesäß verletzt, einen anderen Biker eines befreundeten MC traf eine Kugel im Beckenbereich. Die schwersten Verletzungen erlitt »Turbo« von den Kettenhunden, der noch vor Ort verstarb.

Die Polizei verhaftete im Laufe der Nacht fünf Verdächtige in der Diskothek, darunter die Türsteher, die zwei Rocker als Täter identifizierten. Die Tatwaffen wurden im Auto eines der Festgenommenen aufgefunden und beschlagnahmt.

Die Schlagzeilen der Tagespresse suggerierten den Lesern jedoch einen ganz anderen Ablauf der Geschehnisse. Die Berichte lasen sich, als ob die Rocker selbst wild in eine Menschenmenge geschossen hätten und gar nicht die Opfer des Überfalles gewesen wären. Die Schlagzeilen lauteten »Rocker-Terror mitten in Deutschland« und »20-Jähriger von bewaffneten Rockern getötet«.

Schlechte Presse

Die negative und tendenziöse Berichterstattung setzte sich fort, was auch der Hauptgrund dafür war, dass die deutsche Bezeichnung »Rocker« Anfang der 90er-Jahre zunehmend verschwand und durch den Begriff »Biker« ersetzt wurde. Die Rocker selbst verwendeten den mittlerweile gesellschaftlich geächteten Begriff, der zusätzlich mit einer Reihe negativer Vorurteile überladen war, nicht mehr. Außerdem passte die amerikanische Bezeichnung Biker in einer Subkultur, in der es nur so von Anglizismen wimmelte, immer besser zu den deutschen Motorradclubs. Der American Way of Life setzte sich weltweit und in besonderem Maße in den Motorradclubs und den daraus entstehenden Einprozenter-Vereinigungen durch.

Die Entwicklung hin zu einer gewissen amerikanisch inspirierten Coolness war jedoch nicht die einzige Veränderung, denn es wurden auch andere Eigenschaften der Einprozenter übernommen, was schwerwiegende Folgen nach sich zog. In den 80er-Jahren wich die bis dahin vorherrschende regionale Prägung deutscher Motorradclubs immer mehr bundesweiten Organisationsformen. Auch die tiefe Zerstrittenheit der wenigen großen Clubs trat zutage und die ersten Territorialkämpfe wurden offen und brutal ausgetragen.

1986, zu Ostern, eskalierte die Situation zwischen den »gelben« Ghostrider's und den »schwarzen« Ghost-Riders (man beachte die unterschiedliche Schreibweise). Als Männer beider Clubs in einer Disco aufeinandertrafen, gerieten sie trotz einer Vereinbarung auf oberster Clubebene, die künftige Konflikte entschärfen sollte, aneinander.

Am Karfreitag trafen sich wie gewöhnlich die (schwarzen) Ghost-Riders in ihrem Clubhaus in Worms. Um 22.00 Uhr stürmte nicht der Osterhase durch die Vordertür, sondern ein unbekannter Schütze, der wahllos ins Gebäudeinnere feuerte. Instinktiv löschten die Angegriffenen das Licht und konnten sich in der Dunkelheit vor den umherfliegenden Kugeln in Sicherheit bringen. Nachdem wieder Ruhe eingekehrt war und die Überfallenen ihr Clubhaus untersucht hatten, war das ganze Ausmaß der Attacke zu erkennen. Ausnahmslos jede Scheibe des Vereinsheims und der parkenden Autos war eingeschlagen, sämtliche Reifen aufgeschlitzt worden. Dafür kam nur ein Angreifer in Betracht: die (gelben) Ghostrider's.

Die von der Nachbarschaft alarmierte Polizei erschien und riet den Schwarzen, sich am nächsten Tag auf der Polizeiwache zu melden, um eine Anzeige wegen Sachbeschädigung aufzugeben, und machte sich wieder von dannen.

Aber die Nacht war noch nicht vorüber.

Keine zwei Stunden später stürmte erneut eine Horde (gelber) Ghostrider's in Richtung des Clubhauses der Ghost-Riders, vor dem noch eine Gruppe der Biker stand und den Anschlag diskutierte.

Ein Teil der Horde attackierte das Clubhaus und deren Insassen und schlug einige von ihnen mit schweren Motorradketten zusammen. Da im Clubhaus wieder geistesgegenwärtig das Licht ausgeschaltet wurde und die Angreifer durch die Dunkelheit ihrer Orientierung beraubt waren, hielten sich die entstandenen Verletzungen und Schäden im Rahmen. »Hippie«, ein Mitglied der Schwarzen, hatte es jedoch nicht mehr rechtzeitig ins schützende Vereinsheim geschafft. Er wurde auf brutalste Weise zusammengeschlagen und erlitt einen Messerstich in den Rücken. Nachdem er in einer Klinik noch mehrere Stunden um sein Leben gekämpft hatte, verstarb er noch im Laufe der Nacht.

Die Struktur der MCs in Deutschland begann langsam, Gestalt anzunehmen, üblicherweise dadurch, dass um Gebiete gekämpft und manches Mal für deren Eroberung oder Verteidigung gestorben wurde. Es kristallisierten sich zunehmend feste Gebietsansprüche und eine Rangfolge unter den Clubs heraus. Ganz oben stand mittlerweile der Bones MC, der es sich sogar leisten konnte, eine Rivalität mit dem weltweit größten und mächtigsten MC, den Hells Angels, zu pflegen, die in Deutschland zu jener Zeit nur spärlich vertreten waren.

Der Staat stand diesem Treiben machtlos gegenüber. Eine hilflose Reaktion bestand darin, dass die deutschen Innenminister ein Plakat veröffentlichten, auf dem Rocker generell als Schläger und Personifikation der Gewalt auf Deutschlands Straßen dargestellt wurden. Dieses negativ besetzte Image traf auch eine ganze Reihe Unschuldiger, denn es gab auch genügend organisierte Biker, die nichts mit den Auseinandersetzungen und kriminellen Geschäften zu tun hatten. Um der pauschalen Vorverurteilung aller Rocker entgegenzutreten, gründete sich clubübergreifend die Biker Union, eine Interessenvertretung der gesamten Subkultur.

Andere Vorfälle ließen eine kompromisslose Haltung gegenüber den Bikern hingegen als richtig erscheinen, etwa ein kaltblütiger Überfall auf einen Geldboten nahe Ludwigshafen im Jahr 1986, bei dem der Mann von den Räubern mit einer Pumpgun erschossen wurde. Obwohl eigens eine Sonderkommission gebildet wurde, blieb die Tat unaufgeklärt. Im selben Jahr verwendeten Täter bei einem ähnlichen Überfall im badischen Brühl zwei Maschinenpistolen. Dieses Mal verfolgte die Soko eine Spur. Sie rekonstruierte den Weg der Waffen und stieß auf den Verkäufer dieser in Deutschland als Kriegswaffen klassifizierten Tatwerkzeuge: ein ehemaliges Mitglied des Bones MC.

Das Ergebnis passte perfekt ins damalige Lagebild des Bundeskriminalamtes, das den Bones MC mit Drogenhandel und dem Verkauf von Kriegswaffen in Verbindung brachte. Den Ermittlungsbehörden reichten die gesammelten Erkenntnisse zur Begründung einer bundesweiten Razzia gegen den Club.

Die groß angelegte Polizeiaktion spielte sich am 29. Juli 1986 in mehreren Bundesländern ab. Die GSG 9 stürmte das Clubhaus der Bones in Elsaffthal mit einem Panzerwagen und ging dabei mit taktischen Blend- und Schockgranaten vor. Bei dieser brachialen Aktion ging sämtliches Mobiliar zu Bruch. Einige der inhaftierten Mitglieder warfen den Behörden später vor, 14 Stunden gefesselt und ohne die Erlaubnis verbracht zu haben, einen Anwalt oder nächste Angehörige zu kontaktieren. Ähnliche Vorwürfe wurden in Frankfurt und Mannheim geäußert. Auch das Chapter Bonn beschwerte sich über ein Rambo-ähnliches Verhalten der einschreitenden Spezialkräfte.

Die gesamte polizeiliche Aktion muss letztendlich als Fehlschlag der Behörden gewertet werden, denn umfangreiche Beweise oder gar rechtskräftige Verurteilungen blieben aus. Die Presse hatte ihr Urteil trotzdem bereits gefällt und es hagelte ein weiteres Mal negative Berichterstattungen.

Doch die großen MCs ließen sich vom geballten Missfallen der Zeitungen und der Innenminister nicht beeindrucken und betrieben Business as usual. Die Nachwirkungen der Großrazzia gegen den Bones MC und weitere deutsche Motorradclubs beschäftigten die Szene zwar noch eine Weile, doch dann stand schon ein neues Jahrzehnt vor der Tür. Die 90er-Jahre sollte besonders ein MC in Deutschland dominieren, sie waren das Jahrzehnt des Bones MC Germany.

Hannover, Rotlicht und Frank Hanebuth

Frank Hanebuth, ein ehemaliger Profiboxer im Schwergewicht (vier Kämpfe, zwei mit vorzeitigem K. o. beendet) von geschätzten 125 Kilogramm Körpergewicht bei knapp zwei Metern Größe, stieß 1995 zum Bones MC Hannover. Dort besetzte er schon bald die Führungsposition des Chapters.

Hanebuth entstammt einer gutbürgerlichen Familie, der Vater Schulrektor, die Mutter Chefsekretärin. Seit seinem zwölften Lebensjahr betreibt er Kampfsport und verprügelt Sandsäcke. Nach einer Handwerkslehre als Zimmermann zog es ihn bereits mit 18 Jahren ins Steintorviertel, den

Kiez Hannovers. Später widmete er sich dem gezielten Muskeltraining und durchlief eine Spezialausbildung zum Personenschützer in Israel. Den Umgang mit Schusswaffen erlernte er im Schützenverein, in dem er es bis auf den Thron des Schützenkönigs schaffte.

Sein erstes Geld am Steintor verdiente Hanebuth hinter dem Tresen eines Nachtclubs und als Rausschmeißer, der dazwischenhaute, sobald sich Ärger anbahnte. Durch sein kompromissloses Einschreiten erwarb er sich schnell den Ruf eines harten Aufräumers. Bei seiner nächsten beruflichen Station als Wirtschafter in einem Bordell kam der damals 21-Jährige 1985 wegen typischer Türsteherdelikte mit dem Gesetz in Konflikt. Die Eltern engagierten für ihren Filius den Rechtsanwalt Götz v. F., der bekannte Kriminelle aus dem Milieu vertrat. »Boxer-Frank« lernte durch seinen Rechtsbeistand deutsche Kiezgrößen kennen und aus der Bekanntschaft der beiden so unterschiedlichen Männer entstand eine Freundschaft, die bis heute anhält. Hinweise auf eine spezielle Begeisterung für Bikes oder eine Affinität zum Motorradfahren sucht man im frühen Lebenslauf Hanebuths vergeblich.

Frank Hanebuth war damit beschäftigt, seine Pläne umzusetzen. Die Vorherrschaft, die Profite und der Einfluss auf der Rotlichtmeile der niedersächsischen Landeshauptstadt waren Anfang der 90er-Jahre schwer umkämpft. Neben albanischen, türkischen und russischen Gruppierungen erkämpfte sich auch eine deutsche Vereinigung wachsende Macht und Geltung. Diese Männer organisierten sich im städtischen Ableger des Bones MC, an dessen Spitze nun Präsident Hanebuth stand.

Besonders die Albaner verbreiteten mit ihren brutalen Methoden Angst und Schrecken und setzten sich zunehmend gegen kurdische Konkurrenten durch, sodass sich ihr Anteil an Schutzgelderpressungen, Glücksspiel, Drogenhandel und Prostitutionsgewinnen steigerte. Es kam zu Messerstechereien, Schießereien und Toten auf den Straßen der Landeshauptstadt. Ein Kosovo-Albaner, den ein Kurde in einem Eiscafé umbrachte, war schon der dritte Tote in nur einem Jahr. Der ehemalige Bundespräsident und damalige niedersächsische CDU-Landeschef Christian Wulff bezeichnete das Steintorviertel unter diesem Eindruck als »Eldorado der organisierten Kriminalität«.

Im Hannoveraner Polizeipräsidium schienen nach den mörderischen Revierkämpfen die Pragmatiker die Oberhand zu gewinnen. Sollte der polizeiliche Verfolgungs- und Ermittlungsdruck der vergangenen Jahre, besonders mit Blick auf deutsche Gruppen im Milieu, zu robust geführt worden sein, sodass Chaos langsam die Oberhand gewann, wo vorher alles leidlich reguliert schien? Hatte die konsequente polizeiliche Arbeit erst den Platz für ausländische Banden geschaffen, indem sie die deutschen Wettbewerber ausschaltete und vor Gericht und in die Gefängnisse brachte? Trug die Polizei mit diesem Vorgehen eine Mitschuld an den immer grausameren Aktionen der Migranten-Clans? Und wenn ja, wie sollte sie sich in Zukunft positionieren? Stellte man sich in Behördenkreisen gar die Frage, welche Gruppierung das Geld möglichst problemlos und unter der geringsten Gewaltanwendung kassieren würde?

Einfluss auf die praktische polizeiliche Arbeit nimmt die politische Führung einer Behörde (Polizeipräsidenten werden in Deutschland in erster Linie nach dem passenden Parteibuch vom amtierenden Innenminister und Parteikollegen ernannt) entweder durch direkte Anordnungen oder durch Versetzungen besonders eifriger Beamter. Favorisiert wird jedoch eine andere Vorgehensweise, um in keinerlei direkte Konfrontation mit motivierten Ermittlern zu geraten. Kein Behördenchef möchte schließlich, dass sein Name in Verbindung mit dem juristisch relevanten Vorwurf der Strafvereitelung im Amt genannt wird.

Geld regiert und bestimmt die Welt und auch die polizeiliche Arbeit beugt sich diesem Diktat. Geld, explizit die Budgetverteilung, regelt, dass eine 3000-köpfige Polizeidirektion so agiert, wie es die politische Amtsführung vorgibt und erwartet: Stellt die Polizeiführung personelle und finanzielle Ressourcen für bestimmte Ermittlungsansätze bereit? Veranlasst oder unterlässt sie die Aufstellung einer schlagfertigen Sonderkommission »Rocker« oder »Albaner«? Hält sie den Ermittlern den Rücken frei und verschafft ihnen Zeit, um tief in die Strukturen des polizeilichen Gegenübers einzudringen und stellt sie neben den benötigten finanziellen auch die technischen und personellen Ressourcen bereit? Oder lässt sie Ermittlungen nur als Alibi ihrer angeblichen Bemühungen in einem eher geringen Umfang zu?

Die Entscheidungen in der obersten Etage der Behördenführung Hannovers schienen angesichts der Entwicklungen im Steintorviertel jedenfalls neu gefallen zu sein. Die Polizei hielt sich ab sofort auffällig zurück, denn es zeigte sich, dass in den anhaltenden Revierkämpfen ein Akteur die Oberhand zu gewinnen begann, mit dem man sich im Hannoveraner Polizeipräsidium offensichtlich arrangieren zu können meinte. Diese Einschätzung sollte sich als schwerwiegender Fehler erweisen.

Durch seinen bestens vernetzten Club konnte »der Lange«, wie Hanebuth auch genannt wurde, über beinahe unbegrenzte personelle und logistische Ressourcen verfügen. Auf dem Höhepunkt der Auseinandersetzungen Mitte der 90er-Jahre war es laut dem Polizeiinformanten Hagen J. für jedes Chapter des Bones MC Germany Pflicht, an den Wochenenden jeweils zwei bewaffnete Männer ins umkämpfte Hannover zu schicken. Die endgültige Entscheidung über die Hegemonie im Steintorviertel brachte dann ein Großaufmarsch von 200 Männern des Bones MC.

Um keine größeren Unruhen und weitere Revierkämpfe im Vergnügungsviertel der Landeshauptstadt aufkommen zu lassen, insbesondere im Vorfeld der fünf Monate dauernden Expo 2000 mit Millionen Besuchern, ließ man Frank Hanebuth und seine Männer weitestgehend gewähren. Unumwunden nannte man den Präsidenten des Bones MC Hannover damals im Kommissariat Milieukriminalität einen »Ordnungsfaktor« im Steintorviertel.

Erst Ende der 90er-Jahre begann die Staatsanwaltschaft Hannover ein umfangreiches Ermittlungsverfahren gegen die Mitglieder des Bones MC Hannover. Es ging unter anderem um den Verdacht des Menschen-, Drogen- und Waffenhandels und um Geldwäsche.

Der Geldwäschevorwurf brachte die Bones mit einem der spektakulärsten Fälle der deutschen Kriminalgeschichte in Verbindung: der Entführung des Hamburger Mäzens und Sozialforschers Jan Philipp Reemtsma im Frühjahr 1996. Die Ermittlungen resultierten aus der Aussage des Polizeiinformanten Hagen J. Dieser behauptete, Ende Mai 1996 von einem Bones-Mitglied gebeten worden zu sein, vier bis sechs Millionen aus den 30 Millionen DM Lösegeld der Reemtsma-Entführung einzutauschen. Der angedachte Wechselkurs hätte nach seinen Angaben 40 Prozent des Nominalwertes in US-Dollar oder Schweizer Franken betragen. Bis heute sind lediglich 1,5 Millionen DM des gezahlten Rekordlösegeldes wiederaufgetaucht. Der Haupttäter Thomas Drach ist noch mindestens bis Ende 2013 in Haft.

Dem Hannoveraner Bones-Präsidenten Frank Hanebuth warfen die Ermittler konkret vor, Profite aus der Zuhälterei in legalen Unternehmen, etwa seinem Fitnessstudio und einem Sicherheitsdienst, zu waschen. Die Bemühungen der Polizei und Justiz blieben in diesen Fällen jedoch ergebnislos.

Taktisch geschickt baute sich »der Lange« in der Landeshauptstadt ein Netzwerk auf und wurde mit dessen Unterstützung zunehmend als gesellschaftlich relevante und integrierte Figur in Hannover angesehen. Er nahm Einfluss auf die Presseberichterstattung der Stadt, indem er Journalisten örtlicher Zeitungen als freie Mitarbeiter für seine Szenepublikationen beauftragte.

Seinem Anwalt Götz von F. fiel eine weitere Schlüsselposition innerhalb dieses Geflechts zu, denn er führte den »Kiez-König« in die besseren Kreise der Stadt ein, die von einigen Medien diskreditierend als die »Hannover Connection« oder die »Maschsee-Mafia« bezeichnet wurden. Der Rechtsanwalt trat 1999 zusätzlich mit einem Schreiben an den Polizeipräsidenten Klosa und den Oberbürgermeister Schmalstieg heran und warnte eindringlich vor einer Überregulierung der arbeitsrechtlichen Vorschriften für Frauen, unter die auch ausländische Prostituierte fallen. Um sein Anliegen zu untermauern, beschwor er das Schreckgespenst einer Übernahme des Rotlichtviertels durch ausländische Banden. Das fiel offensichtlich auf fruchtbaren Boden, da selbst hochrangige Polizisten sich öffentlich unverhohlen positiv über die erfolgreiche Befriedung des Hannoveraner Rotlichtviertels äußerten.

So gelang es dem Bones-Vorsitzenden Hanebuth, im Vergnügungsviertel, das eigentlich ein Rechteck ist, das die Straßenzüge Goethestraße, Reuterstraße, Reitwallstraße und Am Marstall umfasst, nach und nach fast sämtliche Bordelle, Pornokinos, Sexshops, Bars, Tattooshops und weitere gastronomische Betriebe unter seine Kontrolle zu bringen.

Sauber waren die Etablissements nicht. Polizeiermittler fanden darin ausländische Frauen mit gefälschten Pässen und stießen auch auf 17-jährige Mädchen, die der Prostitution nachgingen. Die Zimmertagesmiete, um die

100 Euro, wurde auch an arbeitsfreien Tagen fällig, was oft zu einer hohen Verschuldung der Frauen gegenüber dem Bordellbetreiber führte und die ohnehin bestehende Abhängigkeit noch verstärkte. Zusammengenommen erreichten selbst mittelgroße Bordelle so einen Jahresmietumsatz von mehr als einer Million Euro. Dabei lagen diese Immobilien weder in einem teuren Stadtteil Hannovers, noch waren sie besonders gut in Schuss.

Zahlreiche Immobilien im Steintorviertel rechnen Ermittler dem Besitz von Hanebuth zu, auch wenn die jeweiligen Grundbucheintragungen ein undurchsichtiges Geflecht von Verwaltungsfirmen und Tochtergesellschaften darstellen. Götz v. F. wird ebenfalls Immobilieneigentum im Steintorviertel nachgesagt. Man benötigt wenig Fantasie, um zu erraten, in welchem Anwaltsbüro ein Großteil des oben genannten Vertragsnetzes gesponnen wurde. Die Kanzlei residiert in einer weißen Villa an der piekfeinen Adenauerallee, wo Exbundeskanzler Gerhard Schröder in Öl über die Räume wacht.

Nach der erfolgreichen Machtübernahme im Vergnügungsviertel weiteten die Mitglieder des Bones MC ihre Türsteherdienste und Security-Angebote ungehemmt weiter aus. Sie errichteten in diesem Wirtschaftsbereich quasi ein Monopol, das sie mit einer ihrer Sicherheitsfirmen, der Bodyguard Security, ausübten, inklusive IHK-Zertifikat und ordnungsgemäßer Abfuhr der Umsatzsteuer.

Die deutschen Rocker waren damit im legalen Wirtschaftskreislauf angekommen. Die Führung der Motorradbanden war somit in der Lage, zahlreiche Männer mit ordnungsgemäßen, sozialversicherungspflichtigen Jobs auszustatten. Diese Möglichkeit verschaffte den Clubs und ihren Mitgliedern entscheidende Vorteile. Der einzelne Club band seine Männer so noch enger an sich und erhöhte deren Abhängigkeit um ein Vielfaches, was einen Ausstieg zusätzlich erschwerte. Außerdem schwanden dadurch die Chancen der Ermittler, Geldflüsse aus mutmaßlich illegalen Tätigkeiten nachzuzeichnen und rechtskräftig zu beweisen.

Die Geschäftsaktivitäten des Hannoveraner Bones-Chapters scheinen einem Cosa-Nostra-Wirtschaftsleitfaden entsprungen zu sein. Zwei Punkte wurden geradezu perfekt umgesetzt:

– Wie verwandle ich gewaltbereites Auftreten und Geschäftsgebaren in bare Münze?

– Wie erreiche ich mit diesen Aktivitäten den legalen Wirtschaftskreislauf und mache mich polizeilich, strafrechtlich und steuerlich unangreifbar?

Die Cosa Nostra mit ihrer 150-jährigen Geschichte brauchte lange Zeit, um ihr Geschäftsmodell zu perfektionieren. Der Bones MC Hannover unter Führung seines Präsidenten Frank Hanebuth benötigte für diese Metamorphose keine zehn Jahre.

Das Bones-Chapter in Hannover scheint der Prototyp einer Vereinigung zu sein, die kaum noch als Motorradclub bezeichnet werden kann, wobei auch anzumerken ist, dass nach verschiedenen Quellen zahlreiche Mitglieder rekrutiert wurden, die weder ein Motorrad besitzen noch einen Motorradführerschein erworben haben.

Die Expansion beschleunigt sich

Die Gründung des Kasseler Chapters des Bones MC stellte der spätere Vizepräsident der Dependance, Ulrich Detrois, in seinem Buch *Höllenritt* und zahlreichen Interviews als relativ unproblematisch dar. Dies lässt den so offensiv gepflegten Mythos und das elitäre Gehabe hinsichtlich der angeblich so langwierigen und schweren Bemühungen, die einer Vollmitgliedschaft vorausgehen, wieder einmal als veraltete Bikerlegende erscheinen.

1995 suchten Detrois und fünf weitere Männer aus dem Rotlichtmilieu Kassels Kontakt zum Bones MC in Frankfurt. Man traf sich während der zahlreichen Feten, die im Eventkalender jeder Bikerpostille aufgelistet sind. Auf den Partys des mittlerweile auf zwölf Chapter angewachsenen deutschen Clubs traf Detrois einige Bekannte aus dem Milieu und war über deren Mitgliedschaft im Bones MC doch sehr überrascht. Noch mehr staunte er darüber, dass das Gründungs-Chapter Frankfurt bereits große Teile des Rotlichtviertels um den Hauptbahnhof der Mainmetropole kontrollierte.

Nach einem Jahr Dauerparty bei den unterschiedlichsten Bones-Chaptern bekannten die Männer aus Kassel offiziell ihre Absicht, Mitglied im Bones MC zu werden. Das gemeinsame Motorradfahren spielte bei diesem Entschluss nach Aussage von Detrois nur eine marginale Rolle.

Die erste Anforderung, über ein eigenes Clubhaus zu verfügen, lösten sie auf pragmatische Weise. Detrois und seine Männer tauchten beim nächsten Kirchgang (so die Bezeichnung der wöchentlichen Clubtreffen) der (gelben) Ghostrider's in deren Kasseler Clubhaus auf und forderten, dass der Mietvertrag auf sie umgeschrieben würde. Aufgrund von Detrois' in Kassel bekannter brutaler Vergangenheit als Schuldeneintreiber und seines Rufs im Milieu regte sich keinerlei Widerstand aufseiten der zehn versammelten Ghostrider's. Die gedemütigten Rocker erhielten einen Tag Zeit, ihren Krempel einzupacken, zu verschwinden und den Besitzer des Hauses, die Deutsche Bahn AG, über den vollzogenen Mieterwechsel zu informieren – Immobiliensuche in der Einprozenter-Welt.

Nach erneuten Gesprächen erhielten die Männer aus Kassel bereits auf der Einweihungsparty des Clubhauses ihre Bones-Prospect-Kutten, und die ganze Gruppe wurde zu einem ordentlichen Prospect-Chapter ernannt. Nach nur einem weiteren Jahr, 1997, wurde das Chapter Kassel vollwertiges Mitglied im Bones MC. Detrois' Geschäfte im Rotlichtmilieu florierten nach dem Beitritt zu dem bestens vernetzten Club. Er profitierte von zahlreichen neuen Kontakten und insbesondere vom Tausch der Prostituierten mit anderen Etablissements, zum Beispiel in Frankfurt. So war er in der Lage, den Stammfreiern seiner Bordelle ständig neue Mädchen zu offerieren.

Das Jahr 1997 wurde von Auseinandersetzungen im Hannoveraner Rotlichtmilieu überschattet. Mitglieder der »rivalisierenden Rockergruppierungen Hells Angels und des Bones MC«, so die Staatsanwaltschaft Hannover, waren dort an Auseinandersetzungen beteiligt. Des Weiteren wurde ein Bones-Mitglied aus Hannover beschuldigt, Waffen an seine Brüder in Mannheim verkauft zu haben.

Das BKA unterstellte dem Bones MC im Zuge seiner schnellen Expansion immer wieder gewalttätige Vorgehensweisen. So hatte laut Aussagen der Behörden der MC Moto-Clan in Düsseldorf rund 20 Jahre lang einen erheblichen Anteil an den kriminellen Aktivitäten in der nordrhein-westfälischen Landeshauptstadt in den Bereichen Prostitution, Drogenhandel und Security. 1999 wurde der MC Moto-Clan in Düsseldorf vom Bones MC geschluckt. Seinen Übertritt verkündete der Club per ganzseitiger

Proklamation im Szeneblatt *Bikers News*. Die Feierlichkeiten anlässlich des Anschlusses nutzte der Bones MC zu einer Machtdemonstration in der Stadt. Am ersten Mai-Wochenende 1999 rollten über 350 Harleys aller mittlerweile 20 Chapter durch die Straßen Düsseldorfs. Laut Lagebild des BKA ging es dem Bones MC bei dieser Ausbreitung hauptsächlich um die Kontrolle über den Drogenhandel und die Prostitution und um die eigene Gewinnmaximierung. Des Weiteren fielen die Bones und weitere MCs vermehrt durch Schutzgelderpressung, Waffen- und Menschenhandel und Hehlerei mit Motorrädern auf. Das Bundeskriminalamt bescheinigte den Bones, »in Deutschland derzeit zweifelsfrei die meisten kriminellen Aktivitäten« innerhalb der Einprozenter zu entfalten und sich »bewusst außerhalb der bestehenden Gesetze zu bewegen, die bürgerliche Gesellschaft zu verachten und nur ihre eigenen Regeln zu akzeptieren«.

In den Genuss einer »Vorzugsbehandlung« in Form der Einverleibung eines Clubs als Ganzes oder wenigstens seiner bekanntesten Mitglieder kam jedoch nicht jeder MC. Kleinere, unbedeutende Provinzclubs traf die volle Härte der bestens organisierten großen Gangs. Das BKA berichtet von regelrechten Säuberungen ganzer Gebiete, die mit »unglaublichem Terror« durchgesetzt wurden.

Dieses Vorgehen spiegelt die brutale Expansionspolitik der Einprozenter-Clubs aus den USA – Hells Angels, Bandidos und Outlaws – eins zu eins wider. Doch jetzt litten deutsche Biker von den Großstädten bis in die tiefste Provinz unter den rücksichtslosen Praktiken und wurden bei geringstem Widerspruch mit Baseballschlägern malträtiert, massiv verletzt und eingeschüchtert. Die gewalttätige und kriminelle Seite der US-Bikerkultur war damit endgültig in Deutschland angekommen.

The world is not enough!

ohne dass Polizeibehörden und gar die Innenminister der Länder Kenntnis davon erlangt hätten, teilten die mächtigsten Clubs ihre Einfluss- und Machtgebiete untereinander auf. Ein Prospect-Charter der Hells Angels in Hannover wurde wegen der Dominanz des dortigen Bones-Chapters unter Präsident Frank Hanebuth wieder aufgelöst. Im Gegenzug verschwand das Chapter des Bones MC Lauchhammer in Brandenburg auf Intervention des sehr aktiven Berliner Charters der Angels, das Territorialansprüche auf den gesamten Berliner Raum einschließlich des brandenburgischen Umlandes erhob.

Und dann stand plötzlich eine Sensation an.

Im November 1999 überschlugen sich die Gerüchte in der deutschen Bikergemeinde: Der Bones MC stand angeblich nach über 30 Jahren der Eigenständigkeit vor dem Schritt des Patchover zum Hells Angels MC. Verwundert rieben sich alle Experten die Augen, denn beide Clubs waren bis dato verfeindet.

Doch tatsächlich schlossen sich am 14. November 16 der 21 Chapter des Bones MC offiziell den bislang nur in Stuttgart, Berlin, Kiel, Hamburg (North End, ca. 30 km nördlich von Hamburg) und Bremen (West Side) aktiven Hells Angels an. Die Party dazu fand natürlich im Hannoveraner Clubhaus des Langen statt, des entscheidenden Drahtziehers dieser im Geheimen geschmiedeten Allianz. Ulrich Detrois beschuldigte ihn gar, diesen Schritt allein aus »Profit- und Expansionsgründen« unternommen zu haben, da er sich Vorteile von der internationalen Ausrichtung der rot-weißen Bruderschaft erhofft habe.

Wie schon so oft in der mittlerweile 50-jährigen Geschichte der Hells Angels wurde auch in Deutschland der so beharrlich kommunizierte Mythos einer langen Anwartschaft und eines schwierigen Weges voller Entbehrungen und Prüfungen bis zur Vollmitgliedschaft schlichten Machtinteressen und einer aggressiven Expansionspolitik kühl kalkulierend untergeordnet. Ohne langjährige Bemühungen und ohne eine Prospect-Phase einzelner Charter oder Mitglieder wurden die Bones-Member sofort zu Vollmitgliedern des Hells Angels MC Germany ernannt. Dieses Prozedere brachte dem Bones MC vonseiten des Bandidos MC sogleich den Vorwurf ein, sich sein Color erkauft zu haben. Ob derartige Vorwürfe einen realen Hintergrund haben, ist nicht bekannt, eines jedoch hat die Vergangenheit bewiesen: In der Welt des Hells Angels MC ist nichts umsonst.

Geschätzte 250 der 500 Bones-Mitglieder trugen ab sofort den Deathhead auf ihrem Patch. Skeptische Rocker nahmen den Wechsel zum Anlass, dieser Welt den Rücken zu kehren. Andere führten als »Old Bone Mannheim« eine eingeschränkte Selbstständigkeit fort, jedoch mit einem entscheidenden Zusatz: Auf ihrer Homepage prangte ab sofort der Hinweis »Support 81«.

Der Bedeutung des Anlasses gemäß wurde das Patchover per doppelseitiger Annonce in den *Bikers News* verkündet. Die Anzeige enthielt eine Deutschlandkarte mit allen eingezeichneten Hells-Angels-Chartern und war, in aller Bescheidenheit, mit folgender Überschrift versehen: »THE WORLD IS NOT ENOUGH!«

Auf einen Schlag war der Hells Angels MC mit 21 Chartern in allen Teilen der Republik vertreten. Zu den bestehenden fünf Dependancen stießen Bonn, Boppard, Darmstadt, Frankfurt am Main, Hannover, Heilbronn, Dark Side Karlsruhe, Mannheim, Offenbach, Reutlingen, Saarbrücken, Singen und das ebenfalls in Frankfurt am Main angesiedelte Charter Westend. Das Innenministerium Baden-Württembergs schätzte die Mitgliederstärke der Höllenengel nach dem Zusammenschluss auf etwa 550 Männer.

Dazu kommen die für die Drecksarbeit in den Legionen 81 ausgegliederten Männer, die ganz offen in den Strukturen von Straßengangs agieren. Was haben diese Gruppen mit einem klassischen Motorradclub gemein?

Der eklatant überstrapazierte Easy-Rider-Mythos scheint missbraucht zu werden, um knallharte und kriminelle Geschäftsinteressen- und -praktiken im Milieu zu verschleiern.

Diesen Vorwurf sollte der Lange auch aus den eigenen Reihen zu hören bekommen. Niemand Geringeres als die graue Eminenz des Hells Angels MC Germany, der Stuttgarter Charter-Präsident Lutz S., bemerkte 2008 anlässlich eines Interviews, dass Hanebuth »die ganze Hippiesache« völlig egal sei und für ihn die Hells Angels hauptsächlich ein erfolgreiches Geschäftsmodell seien.

Der mächtigste Motorradclub der Welt hatte Deutschland handstreichartig eingenommen. Würden die Rivalen das widerstandslos akzeptieren?

Bandidos MC Germany

Ausgerechnet auf einer Tattoo-Convention in Karlsruhe, die der Bones MC 1996 ausrichtete, fanden die ersten offiziellen Gespräche zwischen den (gelben) Ghostrider's und Teilen der dänischen Bandidos-Führung sowie den Les Copains aus Luxemburg statt, deren Wechsel zum Bandidos MC sich bereits deutlich abzeichnete und ein Jahr später erfolgte. Diese Kontakte wurden in den beiden folgenden Jahren auf den National Runs in Marseille und Luxemburg intensiviert. Die deutschen Rocker schienen zu ahnen, dass sie starke internationale Verbündete benötigten, um den aufziehenden Sturm in Deutschland zu überstehen.

Am 21. November 1999 traten die kompletten 16 Chapter der gelben Ghostrider's als Prospect-Clubs zum weltweiten Netzwerk der Bandidos über. Ihnen folgten schnell das Münchner Nomad Chapter des Road Eagle MC und der ebenfalls in München beheimatete Destroyers MC. Im Gegensatz zum Bones MC hielten die Ghostrider's eine den Statuten entsprechende Prospect-Phase ein. Erst am 3. Juni 2000 – ein halbes Jahr nach ihrem Übertritt – erhielten die Deutschen ihr Vollpatch und wurden damit zu vollwertigen Mitgliedern des neu gegründeten Bandidos MC Germany.

Die nationale Struktur der Einprozenter-Clubs in Deutschland hatte sich wieder einmal über Nacht geändert. Die Bandido Nation war auf einen Schlag mit 17 Chaptern in deutschen Städten vertreten: Aachen, Bochum, Köln, Dinslaken, Dortmund, Duisburg, Essen, Wuppertal, Kaiserslautern, Kassel, Lahr, München, München-City, Frankenthal, Ulm, Wetzlar und Gelsenkirchen, die Ursprungszelle des Ghostrider's MC Germany. Bereits 2001 schlossen sich dieser Vereinigung mehrere Chapter des Free Eagles MC (Osnabrück, Münster und Hamm) und des Dragons MC Berlin an. Die Behörden schätzten die Mannstärke des Bandidos MC Germany im angebrochenen Millennium auf 250 Mitglieder.

Das Gelsenkirchener Chapter des Bandidos MC, dessen harter Kern seit Ende der 70er-Jahre mit seiner unumstrittenen Führungsfigur Leslav »Les« H. aktiv ist und das erste Chapter des (gelben) Ghostrider's MC Germany gebildet hatte, behielt auch nach dem Patchover zur Bandido Nation seine nationale Führungsrolle bei. Sie stellen als Chapter »Central« gleich drei Mitglieder in der europäischen Führungsebene. Als sichtbares Zeichen von Einfluss und Macht prangt auf ihren Patches nicht der Schriftzug »Germany«, sondern »Europe«.

Das bedeutet, dass sie Mitglieder des europäischen Präsidiums sind und gemeinsam mit dem amerikanischen (das dem weltweiten Führungszirkel vorsitzt) und dem australischen Präsidium die Entscheidungen für alle global wirksamen Befehle der Bandido Nation treffen. Darunter wahrscheinlich auch so folgenschwere Entscheidungen wie: Krieg oder Frieden? Auch die Position der Bandidos zum Drogenkonsum und -handel ihrer Mitglieder, zu schwerwiegenden Straftaten und die Formulierung von Leitlinien hinsichtlich weiterer Expansionen und alle relevanten Bestimmungen des Clubs laufen, nach Angaben aus der Szene, hier zusammen.

Die Männer des Gelsenkirchener Bandidos-Chapters übernahmen noch eine weitere amerikanische Besonderheit: den Support durch einen anderen Club. Der Ladroners MC fährt wie sein Vorbild mit den gleichen rotgoldenen Farben, jedoch in umgekehrter Gewichtung, auf Motorrädern über Deutschlands Straßen.

Die Outlaws und der Red Devils MC in Deutschland

Am 21. April 2001 wechselten alle Chapter des (schwarzen) Ghost-Riders MC nach 28 Jahren ihr Color und traten dem mit 4500 Vollmitgliedern größten unter den weltweit aufgestellten Einprozenter-Clubs, dem Outlaws MC, geschlossen bei. Ein weiterer erbitterter und ewiger Rivale der Hells Angels begann, in Deutschland aktiv zu werden.

Im hessischen Landtag fasste der Innenminister 2001 folgende polizeilichen Erkenntnisse zusammen:

»In den letzten Jahren wurden im Bundesgebiet wiederholt Verfahren gegen Mitglieder der Rockerszene geführt, die eine Verstrickung der vereinsähnlich strukturierten Clubs in ein breites Spektrum von Straftaten, vor allem in den Bereichen der Rotlichtkriminalität, des illegalen Handels mit Betäubungsmitteln und der Verstöße gegen das Waffengesetz sowie das Kriegswaffenkontrollgesetz, vermuten ließen. Im Verlauf der Ermittlungen ergaben sich oftmals für OK-Verfahren typische Eigenarten und Hinweise. Beispielsweise konnten ein strenger hierarchischer Aufbau und ein internes Sanktionssystem nachgewiesen sowie Firmengründungen oder -beteiligungen festgestellt werden. Den Ermittlungsergebnissen zufolge verhinderte das von diesen Mitgliedern der genannten Motorradclubs (OMCGs) ausgehende Gewaltpotenzial mutmaßlich die Aussagebereitschaft der überführten und gesondert verfolgten Kontaktpersonen bzw. Mittäter. Es ergaben sich auch Verdachtsmomente, dass einzelne Mittäter aufgrund der sehr strengen Verhaltensrituale und Sanktionierungsmaßnahmen innerhalb der Rockergruppen verpflichtet sind, ihren Tatbeitrag zu leisten.«

Mit dem Ende der Expo am 31. Oktober 2000 schien auch die Hannoveraner Polizei wieder grünes Licht für weiterreichende Ermittlungen gegen Frank Hanebuth und seine Mannen erhalten zu haben. Die Weltöffentlichkeit war nicht mehr zu Gast bei Freunden und Presseberichterstattungen über kriminelle Aktivitäten der örtlichen Szene oder Razzien im Schmuddelviertel der Stadt würden nur noch lokale Berichterstattung nach sich ziehen und nicht den Ruf Hannovers in der ganzen Welt beschädigen.

Des Weiteren verfügte der Rockerchef auch noch über die Dreistigkeit, unmittelbar vor der Expo einem Kamerateam von *Focus TV* eine Audienz zu gewähren. Dieses begleitete ihn auf einer Fahrt durch sein Steintorviertel, bei der er standesgemäß von einem seiner Männer in einer Luxuslimousine von Mercedes chauffiert wurde. Zusammen besuchte die Gruppe einen Wirtschaftsraum, in dem, einer Kommandozentrale gleich, ein Dutzend Monitore an der Wand hingen und die Bilder diverser Überwachungskameras zeigten. In diesem protzigen Auftreten zeigten sich die Klischees, die man mit einem rasant aufgestiegenen Rockerführer zu verbinden geneigt ist.

Diese Machtdemonstration dürfte in den Führungsetagen des Polizeipräsidiums und Innenministeriums für blankes Entsetzen gesorgt haben. Die Faktenlage in deutschen Rotlichtvierteln war das eine, die quasi rechtsfreien Räume einer breiten Öffentlichkeit via Fernsehdokumentation und Interview vor Augen zu führen, etwas gänzlich anderes. Die Bürokraten ballten ihre Fäuste unter den Schreibtischen und forderten von den ihnen untergebenen Polizisten endlich Ergebnisse. So schnell können sich die Schwerpunkte polizeilicher Arbeit ändern. Pragmatismus mag seinen Platz und seine Notwendigkeiten haben, damit hatten sich die Männer der Polizeiführung schon zu Beginn ihrer Karrieren arrangiert. Eine öffentliche Demütigung aber, die ihnen Untätigkeit und Unvermögen unterstellte, ging dann doch zu weit. Schließlich wollten die Führungsbeamten auf der politischen Karriereleiter weiter emporsteigen. Die Polizeiermittler öffneten also wieder die alten Akten und Archive und unternahmen einen neuen Anlauf, für den lediglich der Aktendeckel neu beschriftet werden musste. Aus dem Bones MC Hannover war schließlich der Hells Angels MC Hannover geworden.

Ein Name aber blieb unverändert: Frank Hanebuth.

Die Macht des Exboxers wuchs in der deutschen Szene und damit auch im internationalen Netzwerk der Höllenengel beständig. Dies war auch an der Zahl und Zusammensetzung der sich zu dieser Zeit neu gründenden Charter der rot-weißen Bruderschaft zu erkennen. So gelten die führenden Männer der neu entstandenen Charter Bielefeld, Potsdam und Mallorca als enge Vertraute des Hannoveraner Präsidenten, die ihre Karriere als Angel in Hanebuths eigenem Charter begonnen hatten.

Noch offensichtlicher wird die dominante Stellung Hanebuths aber bei der Betrachtung des größten Supporter-Clubs der Hells Angels weltweit, des Red Devils MC. Nicht weniger als 16 der 61 in Deutschland zurzeit bestehenden Chapter der Roten Teufel befinden sich im nahen räumlichen Umfeld des Hannoveraner Rotlichtkönigs und damit auch unter seiner direkten Kontrolle. Die geometrische Anordnung dieser Chapter, die in einer eigenen Organisationseinheit zusammengefasst wurden – der North Association –, wirkt auf einer Deutschlandkarte betrachtet wie die Aufstellung einer Prätorianergarde, die einen undurchdringbaren Ring um das Muttercharter Hannover bildet. Diese Nordallianz umfasst die Chapter Braunschweig, Hildesheim, Bad Münder, Salzwedel, South Side, Helmstedt, Wolfsburg, Nienburg, Wolfenbüttel, Celle, Uelzen, Göttingen, Paderborn, Stadthagen, Walsrode und Hannover selbst. In räumlicher Nähe befinden sich außerdem die Chapter Kassel, Salzgitter, Vechta, Oldenburg und Cuxhaven, sodass 21 Stützpunkte der Red Devils das gesamte norddeutsche Umland kontrollieren. Viele der Chapter waren vorher in anderen, unabhängigen Motorradclubs organisiert. Experten des LKA mutmaßten über einen teilweise ausgeübten Zwang bei Übertritten, doch die Bikerszene ist bekanntermaßen verschwiegen, und so blieb es bei unbestätigten Vermutungen.

Das gesamte Gebiet der Red Devils ist damit dem Herrschaftsbereich der Hannoveraner Hells Angels zuzurechnen, ohne deren Zustimmung oder Auftrag die Teufel nicht aktiv werden. Den Angels verschafft das zusätzlichen Schutz und es verhindert gleichzeitig, dass sich in den von Supportern besetzten Städten die Rivalen von der Bandido Nation einnisten. Die Hells Angels steckten ihre Claims ab, ohne selbst Farbe bekennen zu müssen.

Die ehemaligen Mitglieder deutscher Motorradclubs, die sich den international agierenden OMCGs anschlossen, haben mit ihrem Patchover nicht einfach nur ihre Kutten gewechselt. Sie sind Mitglied einer internationalen Bruderschaft geworden und haben damit nicht nur Tausende neue Verbündete, sondern gleichzeitig auch Tausende neue Feinde geerbt. Der ATF-Undercover-Agent Jay Dobyns bezeichnete die Hells Angels und Bandidos als einzigen hundertprozentig amerikanischstämmigen Export des organisierten Verbrechens. Erbitterte Todfeindschaften, Morde, Verstümmelungen, Kriege und Blutbäder, die 50 Jahre lang die brutale US-Bikersubkultur prägten, waren ab sofort auch für den Umgang deutscher Rocker untereinander mitbestimmend und veränderten die Bikerwelt hierzulande auf entscheidende Art und Weise.

Warum werden Männer Hells Angels?

Die Erzählungen und Lebenswege gleichen sich auffällig. Viele der späteren Kuttenträger suchten ursprünglich den engen Zusammenhalt unter Männern. Eine Kameradschaft. Eine Bruderschaft. Familiencharakter. Hauptantrieb, die anstrengenden und oft erniedrigenden Jahre als Hangaround und Prospect durchzustehen, ist der Wunsch, zu einem Bund zu gehören, der mehr als eine vorübergehende Interessenvereinigung darstellt, sondern eine lebenslange Gemeinschaft sein soll.

Die motorradfahrende Subkultur der OMCGs stellt sich bewusst außerhalb der bürgerlichen Normen und gesellschaftlichen Regeln. Die moderne, hochdifferenziert arbeitsteilige Gesellschaft funktioniert über vielfache Zweckbeziehungen in Schule, Studium, Ausbildung, Arbeit und organisierter Freizeit. Das wollen die Biker überwinden, wenn sie ihre Gemeinschaften in den Lebensmittelpunkt stellen. Die Rocker (ein rein deutscher Begriff für diese Art der Protestkultur) kommunizieren ihre selbst gewählte Abgrenzung durch martialische Kutten, Tätowierungen und besonders modifizierte Bikes, die Chopper, nach außen und schließen damit symbolisch alle Brüder ein, den Rest der Gesellschaft aber aus.

Soziologen sehen besonders in den desillusionierten Kriegsveteranen Amerikas die Träger eines starken Wunsches nach anhaltender Kameradschaft abseits vom zivilen Leben und einer überregulierten Bürgerlichkeit. Auf den Schlachtfeldern Europas und Koreas sowie in den Dschungeln Vietnams war das überlebenswichtig und hatte für die Heimkehrenden funktioniert, denn sonst wären sie nicht heimgekehrt.

So befanden sich denn auch unter den Gründungsmitgliedern des ersten Hells-Angels-Charters in San Bernardino oder kurz Berdoo, Kalifornien, im März 1948 zahlreiche Weltkriegsveteranen. Die zweite große Mitgliederwelle in den amerikanischen Motorcycle Clubs wurde nicht zuletzt durch den blutigen Vietnamkonflikt ausgelöst, der in seinen letzten Jahren zu einer Spaltung der amerikanischen Öffentlichkeit führte, die viele heimkehrende Veteranen als Ablehnung im eigenen Land erlebten.

Im Fall des von seiner Mutter früh verlassenen Sonny Barger führte der Wunsch nach Kameradschaft und einer engen familiären Bindung zur Gründung des eigenen Charters. Auch aus diesem Grund bezeichnen sich alle Hells Angels weltweit untereinander als Brüder und meinen das auch so.

Die oftmals lebenslänglichen Mitgliedschaften in den Clubs funktionieren in ihrer Rolle als Familienersatz und sicherer Hafen. Das bewirkt aber auch besonders starke Abhängigkeiten, die Polizeiexperten mit dem Gemeinschaftsgefühl anderer krimineller Vereinigungen, wie beispielsweise der Mafia, vergleichen. Die strukturellen Abhängigkeiten sind ja auch dieselben. Gerade mafiöse Verbrecherorganisationen in den USA gründeten sich oft auf ethnische Gruppenzugehörigkeiten, wenn sich beispielsweise Kolumbianer oder früher Italiener oder Iren zu Gangs zusammenschlossen, die mit ihrer starken Binnenstruktur aus Vertrautheit und Freundschaft dem Druck von außen trotzten, dabei aber sklavisch anmutende Abhängigkeiten nach innen erzeugten.

Doch mit der Zeit und dem wachsenden kriminellen Geschäftserfolg begann sich das Rekrutierungsmuster zu wandeln. Es ist, besonders in Deutschland, zu beobachten, dass gezielt Männer aus dem kriminellen

Rotlicht- und Türstehermilieu rekrutiert werden beziehungsweise Männer mit diesem Hintergrund die Aufnahme in OMCGs suchen. Ob sie dort noch Freiheit und Familienersatz zu finden hoffen oder ob es vordringlich um den gesicherten Aufstieg in der Organisation und das schnelle Geld geht, kann man nur vermuten. Viele haben aber schon bereitwillig zugegeben, dass die Aussicht auf Macht, Wohlstand und finanziellen Aufstieg einen erheblichen Anteil an ihrem Entschluss hatte, ein Hells Angels zu werden. Für diese Männer sind die Biker jedenfalls nicht das kriminelle Proletariat der Rotlichtviertel, das manche Publizisten spöttisch und abwertend in den Hells Angels und anderen MCs sehen, sondern verkörpern die höchste Weihe, die das Milieu zu vergeben hat.

Manche Bewerber und Rekrutierte verschwendeten auch keine tiefer gehenden Gedanken vor ihrem Beitritt zu den Einprozentern und versanken, ohne sich den Kopf zu zermartern, immer tiefer in dem Strudel aus Gewalt und Verbrechen. Ehe sie sich versahen, war es zu spät für eine Umkehr und einen friedlicheren Lebensweg. Andere ließen erst im Gefängnis, nachdem das Urteil »lebenslang« lautete, ihr Handeln Revue passieren.

Zum Beispiel Réjèan Lessard, der ehemalige Präsident des Hells-Angels-Charters Montreal, Kanada, der wegen Beteiligung am Lennoxville-Massaker eine lebenslange Freiheitsstrafe erhielt. Lessard, der kurz nach seiner Inhaftierung mit den Hells Angels brach und sich dem Buddhismus zuwandte, äußerte sich 25 Jahre später zu seinen Beweggründen, ein Höllenengel zu werden.

Anlässlich seiner ersten Bewährungsanhörung gab er an, in einem stabilen familiären Umfeld aufgewachsen zu sein, dem es jedoch an emotionaler Zuwendung durch die Eltern mangelte. Im Verlauf einer schwierigen Jugend kam er mit Drogen in Kontakt und suchte die Nähe und Freundschaft einer Bikergang. Dort wurden die Hells Angels auf ihn aufmerksam und forderten ihn auf, dem Club beizutreten. Ein Angebot, das er weder ablehnen konnte noch wollte, und der Anfang vom Ende seines Lebens.

Ein Gerichtspsychiater attestierte ihm im Zuge seines Bewährungsverfahrens nach 25 Jahren Haft, völlig desillusioniert von der gewalttätigen Welt der Hells Angels zu sein und in konsequenter Weise keinen Kontakt mit anderen inhaftierten Clubmitgliedern mehr zu pflegen. Als sichtbares

Zeichen seiner Abkehr ließ er sämtliche Tätowierungen aus seiner Zeit als Hells Angel von seinem Körper entfernen. Doch diese Einsicht kam für Réjèan Lessard zu spät.

Alle Antworten auf die Frage, warum jemand ein Höllenengel werden will, nennen die bedingungslose Kameradschaft sowie die mit dem Status eines Vollmitglieds einhergehende Anerkennung im persönlichen Umfeld als Hauptgründe. Ob das Ansehen aus Bewunderung oder Angst resultiert, ist dabei völlig zweitrangig.

Männer, die einzeln kaum wahrgenommen wurden, die in ihrem direkten Umfeld oder in einer Bar eher unscheinbar blieben, wurden durch ihren Eintritt in das internationale rot-weiße Netzwerk plötzlich respektiert und gefürchtet, erlangten Macht. Sie tauschten ihr altes Leben im Schatten gegen ein wildes Leben voller Machtgefühle ein. Mit dem geflügelten Totenkopf auf der Weste waren sie jemand geworden, den ihre Umwelt nicht länger ignorieren konnte und dem sie nicht zu widersprechen wagte.

6. KAPITEL
Der Mongols MC

Schlachthaus East Los Angeles

Nicht nur Oscar de la Hoya, der erste Boxer, der in sechs Gewichtsklassen einen Weltmeistertitel gewinnen konnte, erblickte das Licht der Welt in Montebello, Kalifornien. Die Stadt gebar 1969 auch den Mongols Motorcycle Club, dem sich viele Männer lateinamerikanischer Herkunft anschlossen. Montebello gehört zum Großraum East Los Angeles, der Brutstätte einer Vielzahl von Gangs. Die Crisps und die Bloods mit jeweils um die 30 000 Bandenmitgliedern und ihre blutige Fehde in den 70ern und 80ern schlugen selbst in der deutschen Presse hohe Wellen. Ein blaues oder ein rotes Bandana entschied über Leben und Sterben in L. A. Auch die größte aller Gangs, die Mara Salvatrucha – kurz MS-13 – mit bis zu 100 000 Mitgliedern lateinamerikanischer Herkunft wurde von Salvadorianern aus der 13. Straße in einem Park in L. A. gegründet und breitete sich metastasenartig zunächst in amerikanischen Haftanstalten und dann nach Mittelamerika aus. East L. A. stellt auch die Machtbastion für einen Zusammenschluss mexikanischer Straftäter dar: die MM oder auch La eMe genannt, die Mexican Mafia. Diese hispanische Gang gründete sich Ende der 50er-Jahre im kalifornischen Gefängnis Tracy, um sich im Falle von Übergriffen schwarzer und weißer Banden in den Haftanstalten zu verteidigen. Der Zusammenschluss bot den damals in der Gefängnishierarchie ganz unten stehenden Männern erstmals Schutz. Aus diesen Anfängen entwickelte sich nach Aussage des FBI eine der größten Drogenhandelsorganisationen des Landes mit rund 30 000 Mitgliedern. Ihr Einfluss ist besonders stark in Texas, Südkalifornien und East L. A.

All diese streng nach Ethnien getrennten Gangs kämpfen untereinander um die Vorherrschaft und den lukrativen Drogenhandel auf den Straßen der Greater Los Angeles Area, die mit beinahe 18 Millionen Einwohnern einer der größten Ballungsräume der Welt ist. Und auch eine der großen OMCGs mischt hier mit: der Mongols MC.

»The baddest 1%er Motorcycle Club known worldwide«

Männer mit hispanischer Abstammung findet man nur selten bei einer der großen Bikergangs. Die meist weißen Jungs blieben lieber unter sich und verwehrten ausländischen Anwärtern oft den Zutritt in die Bruderschaft. So gründeten die Abgelehnten, von denen auch viele gerade erst die Schlachtfelder Vietnams verlassen hatten, ihren eigenen Club. Neben der Kriegserfahrung einte diese Männer der Hass auf jene Gruppierung, die fast ausschließlich Weißen vorbehalten war, die Hells Angels.

Der Name Mongols MC und ihr schwarz-weiß gehaltenes Color (ein muskulöser mongolischer Krieger auf einer Harley) leiten sich von dem mongolischen Großreich des frühen 13. Jahrhunderts und seinem Kriegsherrn Dschingis Khan ab. Die furchtlosen Krieger ritten nun nicht mehr auf Pferden in Eroberungskriege, sondern standesgemäß auf einer Harley-Davidson.

Unter dem ersten nationalen Präsidenten Louis Costello und später unter Andy Holguin wuchs der Mongols MC beharrlich, und bis auf wenige weiße Amerikaner bestand er hauptsächlich aus Männern mit mexikanischen Wurzeln. Besonders die kontinuierliche Expansion der Mongols in Südkalifornien verursachte Ärger mit den Angels, die das Gebiet seit den 60er-Jahren für sich allein beanspruchten.

Ein Grund war schnell gefunden. Der Streit entzündete sich am Bottom Rocker »California«, den die Angels exklusiv für sich beanspruchten. Sie erlaubten anderen Motorcycle Clubs lediglich die Namen ihrer Heimatstädte. Die Mongols setzten sich über dieses Verbot hinweg. Das allein reicht in der Einprozenter-Welt für offenen Krieg aus. Über 20 Tote auf beiden Seiten, ermordet mit Messern, Pistolen, Maschinengewehren und Sprengstoffbomben, kostete es, die Nutzungsrechte des Schriftzugs »California« endgültig zu klären.

Hells Angels vs. Mongols

Den ersten Toten gab es bei einer Motorradausstellung auf der als Museum und Tagungsort verankerten *Queen Mary*. Im Zuge einer Prügelei zwischen Angels und Mongols wurde der Präsident des Charters San Bernadino erstochen. Kurze Zeit später war ein zusätzlicher Toter zu beklagen, in San Diego war ein weiterer Angel getötet worden. Damit begann ein Krieg

von fast zwei Jahrzehnten Dauer. 17 Jahre lang wüteten die Auseinandersetzungen mit Toten und Verletzten auf beiden Seiten, bis ein brüchiger
Waffenstillstand für etwas Ruhe sorgte.

Doch so ein Krieg ist teuer. Das FBI und das ATF warfen dem Mongols
MC vor, mit Kriegsbeginn intensiv in den Drogenhandel eingestiegen zu
sein, insbesondere in den mit Methamphetamin. Mit den Profiten wurde
die Kriegskasse gefüllt und ein umfangreiches Waffenarsenal angelegt.

Unter dem Einfluss von Ruben »Doc« Cavazos, der 1996 zu den Mongols
stieß, setzte eine neue zügellose Mitgliederexpansion ein. Cavazos war ein
»Gangster« (wörtlich: Mitglied einer Gang) im wahrsten Sinne des Wor-
tes, der seit seinem zwölften Lebensjahr Mitglied bei den »Avenues« war,
die für ihre Brutalität bekannt waren. Das Los Angeles Police Department
(LAPD) bringt die Gangs von Los Angeles mit Hunderten von Morden
in Verbindung. Genau das richtige Rekrutierungsreservoir, wenn man in
der Liga der OMCGs als Neuzugang mitmachen will, muss Cavazos sich
gedacht haben. In seinem ersten Jahr im Club rekrutierte er nach eigenen
Angaben um die 200 Männer. Altrocker mit hohem Drogenkonsum und
tätowierten Hakenkreuzen waren dabei weniger gefragt und wurden zunehmend von abgebrühten Soldados verdrängt.

Vielen langjährigen Mitgliedern waren diese Neuzugänge am Anfang
suspekt, da sie so gar nicht zum typischen Erscheinungsbild eines Bikers
passten. Sie trugen keine Bärte und langen Haare, sondern rasierten sich
eine Glatze und erweckten den Eindruck, eher einer weiteren hispanischen
Gang anzugehören, als Biker zu sein.

Der Doc gründete mit seinen Männern ein neues Chapter nach dem
anderen, und die Mongols wurden immer mächtiger. Um Erlaubnis oder
Duldung durch die großen Einprozenter kümmerte er sich dabei schon
lange nicht mehr. Auch nicht, als es um neue Chapter in Arizona ging.
Aber Arizona war mittlerweile Herrschaftsgebiet der Hells Angels geworden und es kam zu ersten Scharmützeln, aus denen die Höllenengel als
Sieger hervorgingen.

Doc verlegte seine Expansion in die nordkalifornische Stadt San Jose.
Das Territorium dieser Millionenstadt wurde jedoch von einem starken, bereits seit 1969 bestehenden Charter der Hells Angels beansprucht. Dieses

Vorgehen war eine erneute Kriegserklärung. Es folgten zwei Gespräche zwischen den Rivalen, während derer die Hells Angels ultimativ die Auflösung des neuen Chapters forderten. Als die Verhandlungen jedoch ohne Ergebnisse blieben, brachen die Höllenengel die Aussprache ab. In der harten Welt der Einprozenter-Clubs folgte unweigerlich der nächste Schritt.

Als Erstes traf es einen Mongol, der brutal zusammengeschlagen wurde. Die Antwort ließ nicht lange auf sich warten, und ein Hells Angel wurde Opfer einer Messerattacke. Zugleich hatten die Mitglieder des Mongols-Chapters in San Jose wohlweislich damit begonnen, ihre Autos vor Fahrtantritt auf Sprengsätze zu untersuchen. Die Vorsicht zahlte sich aus. Ein Mongol entdeckte eine Autobombe unter seinem Wagen und es gelang ihm, die Sprengladung zu entschärfen.

Einmal kam es beim traditionellen »Blessing of the Bikes« zum Aufeinandertreffen beider Gruppen. Jedes Jahr zu Ostern segneten Priester dabei die Motorräder für die kommende Saison. Die Veranstaltung gab es seit 1972 und sie hatte sich zu einem großen Festival gemausert mit Verkaufsständen fliegender Händler, Essbuden und einem Motorradteile- und Zubehörverkauf. Das Treffen hatten die Hells Angels vollständig übernommen und waren dort jedes Jahr mit Hunderten von Mitgliedern präsent. Vertreter anderer Einprozenter waren beim Blessing von San Jose weder erwünscht noch geduldet. Das ignorierten die Mongols dieses Jahr und liefen mit dem gesamten Chapter und ihren Kutten auf. Beide Rivalen standen sich unversöhnlich lauernd gegenüber und man wartete nur darauf, wer den ersten Schlag führen würde.

Doch es blieb ruhig. Die Hells Angels akzeptierten den Auftritt ihrer Widersacher und ließen sie trotz erdrückender Übermacht unbehelligt. In San Jose kam es fast zu einer Koexistenz, doch der Konflikt brodelte unter der Oberfläche weiter. Die erneute Gründung des Arizona-Chapters und ein stetiges Mitgliederwachstum der Mongols vergifteten die Atmosphäre weiter.

Der offizielle Präsident der Mongols hieß Roger Pinney, doch die wirklichen Fäden der Macht liefen seit geraumer Zeit bei Doc Cavazos zusammen, und der suchte nach weiteren Verbündeten. Er nahm Kontakt zu Frank Vital, dem Boss des Outlaws MC, und George Wegers, dem seinerzeitigen Weltpräsidenten der Bandido Nation, auf. Beide Clubs einte eine lange Freundschaft und der gemeinsame Feind, die Big Red Machine. Aus diesen Treffen entwickelte sich eine gute Beziehung und fortan wurden Mitglieder der Mongols, Bandidos und der Outlaws immer häufiger auf gemeinsamen Partys entdeckt. Die amerikanischen Polizeibehörden und die Angels trieb der gleiche alarmierende Gedanke um. Wurde hier ein mächtiges Bündnis geformt? Ein solcher Zusammenschluss wäre in der Lage, seine Interessen auch gegen die Rot-Weißen durchzusetzen … und das würde blutig werden.

Die Ausbreitung der Mongols ging auch so rasant vonstatten, weil sie sich nicht an die alten Abläufe der großen Einprozenter-Clubs hielten. Eine Hangaround- und eine Prospect-Phase waren nicht zwangsläufig nötig, um Clubmitglied zu werden. Wer ihnen hart genug erschien, wurde auch schon mal sofort zum Vollmitglied gemacht. Manchmal genügte ein Bürge, um ein ganzes Chapter der Mongols zu gründen, etwa das von Carson City. Und sie erwiesen sich als standhaft. Trotz Todesdrohungen der Angels, Schüssen auf ihre Privathäuser und ständigen Einschüchterungen blieben die Männer des neuen Chapters auf Linie. Den Wendepunkt im Vertreibungskampf läutete eine Massenschlägerei in Reno ein, die die Angels verloren. Die Mongols setzten sich in Carson City durch und die Drohungen und Anschläge ebbten irgendwann ab. Das sollte es jedoch noch nicht gewesen sein.

ATF – die Justiz schlägt zurück

Das Bureau of Alcohol, Tobacco, Firearms and Explosives ist eine Bundespolizeibehörde mit Hauptsitz in Washington, D. C. Die dem Justizministerium der Vereinigten Staaten unmittelbar unterstellte Behörde verfügt über gut 4500 Bedienstete und ist als Gegner von Al Capone auch hierzulande berühmt geworden. Obwohl es genau genommen die Vorgängerbehörde war, für die Eliot Ness arbeitete. Ness kriegte Capone damals wegen Steuervergehen dran, was harmloser klingt, als es war: Die Behörde verzeichnet seit ihrer Gründung einen hohen Blutzoll im Kampf gegen das Verbrechen. Explizit sind 288 Kollegen zu betrauern. »Special Agents Killed In The Line of Duty«, so die Bezeichnung der Behörde für ihre seit 1920 im Dienst ermordeten Mitarbeiter.

1998 schickte die Justizbehörde Special Agent William Queen in den Kampf gegen das Böse. Einen erfahrenen Haudegen, der während des Vietnamkrieges in einer Spezialeinheit gedient hatte. Sein Auftrag bestand darin, die Mongols zu infiltrieren; zu oft waren sie bis dahin bei Morddelikten, Vergewaltigung, Erpressung, Raub, Drogen- und Waffenhandel in Erscheinung getreten.

Dem Mann vom ATF gelang das Kunststück, unerkannt zum Vollmitglied des Mongols-Chapters im San Fernando Valley aufzusteigen. Einige Wochen nach seiner offiziellen Aufnahme wurde dem Beamten sogar das Amt des Schatzmeisters der Gruppierung angetragen. Durch diesen Aufstieg war es ihm nun möglich, Einsicht in die finanziellen Strukturen und Vermögensverhältnisse des Clubs zu erlangen. Mithilfe dieser Unterlagen konnten die Strafverfolgungsbehörden die Hierarchie des Motorcycle Clubs vom Anwärter bis zum Präsidenten später gerichtsfest darlegen. Dies diente als Hauptbeweis dafür, die Mongols als »kriminelle Vereinigung zur planmäßigen Begehung von Straftaten« anklagen zu können. Auch die prozentuale Beteiligung der Clubführung an allen Einnahmen der Chapter werteten die Justizbehörden als charakteristisches Merkmal des organisierten Verbrechens.

Die 28 Monate langen Ermittlungen führten am 19. Mai 2000 zu einer Razzia des ATF und zu 54 Festnahmen innerhalb des Mongols MC. 300 Bundesbeamte erhielten Unterstützung von weiteren fast 400 Polizisten lokaler Reviere. In zahlreichen Waffendepots wurden 70 Schusswaffen, darunter reichlich Schrot- und Sturmgewehre, beschlagnahmt. Weiterhin wurden 17 gestohlene Motorräder, zwei Kilogramm Kokain und Bargeld in Höhe von mehreren 10 000 Dollar sichergestellt. Die 54 Festnahmen führten zu 53 Verurteilungen. Die meisten Mongols bekannten sich aufgrund der erdrückenden Beweislast schuldig und erhielten im Gegenzug geringere Haftstrafen. Die Schuldsprüche bezogen sich größtenteils auf Verstöße gegen nationale Waffengesetze, das Betäubungsmittelgesetz, Diebstahl und Handel mit Motorrädern, schwere Körperverletzung und Mord. Die Verfahren bezüglich des Punktes »Mitgliedschaft in einer kriminellen Vereinigung« sind zum Teil bis heute nicht abgeschlossen.

Doch trotz des schweren juristischen Schlags existierte der Mongols MC beinahe unbeeindruckt weiter. Die Strukturen waren bereits zu gefestigt und der Mitgliederstamm zu groß, als dass der Club so einfach zu zerschlagen gewesen wäre.

Eine Ultimate-Fight-Veranstaltung 2002 im Morongo Casino brachte den Mongols wieder landesweit negative Presse ein. Im Laufe einer Massenschlägerei mit beinahe 300 Beteiligten sollen Mongols zahllose Besucher des Kampfes zum Teil schwer verletzt haben. Da keiner der Verletzten zu einer Aussage gegen die Mongols bereit war, wurde die umfangreiche Akte ergebnislos geschlossen. Die nächste Auseinandersetzung mit den Angels wurde umso genauer beobachtet und brachte beide MCs wieder einmal weltweit in die Schlagzeilen.

Der Laughlin River Run

Das größte Motorradevent der Westküste stand an, der Laughlin River Run in Nevada. Dieser Run ist nach Sturgis in South Dakota und Daytona in Florida das drittgrößte Motorradtreffen in den gesamten USA. Seit 1983 wächst dieses Spektakel kontinuierlich und zieht dank reichlich fließender Sponsorengelder auch etliche Stars an. Das Publikum erwarten Stripperinnen in Mannschaftsstärke, Damenringkämpfe mit eingeölten Bodys, Misswahlen und Motorradwettkämpfe. Doch die wirklichen Stars unter den bis zu 75 000 Bikern waren immer die Männer mit den dreiteiligen Aufnähern der Gesetzlosen auf ihren Kutten, allen voran die Hells Angels. 2002 jedoch nahmen die Mongols sich vor, den Angels ihre Führungsrolle streitig zu machen. Nach 30 Jahren Feindschaft steuerte alles auf eine neue Eskalationsstufe zu.

Laughlin liegt 150 Kilometer südlich von Las Vegas und zählt knapp 7000 Einwohner, ist aber bezogen auf die Casinodichte nach Las Vegas und Reno die Stadt Nummer drei in Nevada. Nevada zeichnet sich außerdem durch ein selbst nach amerikanischen Maßstäben äußerst liberales Waffengesetz aus.

Vor diesem Hintergrund lief das Fest in einer Atmosphäre knisternder Spannung ab. Vier Tage wurde schon gefeiert und noch war nichts passiert. Ganz Amerika blickte nach Laughlin, und das war auch den Behörden bewusst. Die Staatsmacht hatte dementsprechend ein beeindruckendes Aufgebot an Polizisten, Spezialeinheiten und Special Agents der örtlichen Polizei, des FBI und des ATF aufgeboten und noch sah es ganz gut aus.

Um die angespannte Atmosphäre etwas zu beruhigen, hatte der Doc entschieden, das bevorzugte »Hotel Riverside« diesmal nicht zu buchen, sondern im entgegengesetzten Teil der Stadt das Quartier der Mongols aufzuschlagen. Neben dem »Riverside« lag nämlich das Stammhotel der Angels, das »Flamingo«. Die Mongols entschieden sich für das »Harrah's«, das mit einem eigenen Casino ausgestattet war. Beim Eintreffen im Hotel erblickten die Mongols, deren Tross etwa 200 Köpfe zählte, ein halbes Dutzend Späher der Angels, die im Umkreis des »Harrah's« Posten bezogen hatten. Es folgten verbale Scharmützel, doch noch blieb es friedlich.

Im Hauptquartier der Angels befand sich zu dieser Zeit auch der Undercover-Agent Jay Dobyns des ATF, dem es in der Zeit zwischen 2001 und 2003 unter lebensgefährlichen Umständen gelungen war, den Club zu infiltrieren.

Jay Dobyns erinnerte sich besonders an die angespannte Atmosphäre im »Flamingo« in jener Nacht. Den Angels stand der Sinn nicht danach, zu feiern und zu trinken; sie bereiteten sich intensiv auf einen Kampf gegen ihre Todfeinde vor.

Die Stimmung heizte sich weiter auf, als ein Mongol einen unbeteiligten Gast verprügelte. Die Polizei suchte jetzt den Täter. Später in der Nacht schliefen die meisten Mongols schon ihren Rausch aus oder vergnügten sich mit einer Lady in ihrer Hotelsuite. Trotzdem wimmelte es im Casino des »Harrah's« noch von Dutzenden Mongols. Sie hielten sich an der Casino-Bar auf oder spielten Black Jack. Sie waren größtenteils unbewaffnet, da sie mit Polizeikontrollen und Überprüfungen durch die Hotel-Security rechneten. Allerdings beschuldigte das ATF die Mongols später, in unauffälligen Sporttaschen Waffendepots angelegt zu haben, um diese bei einem Kampf sofort einsetzen zu können. Doch die Staatsmacht beschränkte sich darauf, das weitere Treiben der Rocker aus der Ferne mit einer Armada von Kameras zu überwachen.

Einige wenige Hells Angels aus San Francisco wagten es, an der Bar herumzulungern. Allein ihre Anwesenheit stellte, trotz der gravierenden Unterzahl, eine Herausforderung, ja eine Beleidigung der diesjährigen Hausherren da. Beide Gruppen belauerten sich argwöhnisch.

Von draußen ertönt plötzlich der unverkennbare Sound eines ganzen Trupps Harley-Davidsons. Die Türen gehen auf und eine Schwadron von 30 Hells Angels betritt schweigend das »Harrah's«, um nach den hoffnungslos unterlegenen Brüdern zu sehen. Und offensichtlich sind sie auf Ärger aus. Doc Cavazos, der sich noch unter den Feiernden befindet, berichtet später, dass die Angels augenscheinlich unter Drogeneinfluss standen. Seiner Ansicht nach Methamphetamin. Sie tragen ihre Waffen offen und einige haben die Pistole schon in der Hand und notdürftig unter einem Bandana verborgen, als sie das Casino betreten.

Weitere Angels strömen ins »Harrah's«. Die Stimmung kippt.

Der Kampf bricht aus, als der Angel Ray Foakes einem Mongol mit voller Wucht einen Karatetritt gegen den Brustkorb hämmert.

Blitzschnell füllen sich die Hände der Angels und der Mongols mit Waffen aller Art. Der ATF-Bericht listet später Pistolen, Messer, Hämmer und schwere Mag-Lite-Taschenlampen auf. Rücksichtslos setzen die besser ausgerüsteten Angels ihre Waffen ein. Der offiziell amtierende Präsident der Mongols, Roger Pinney, bricht nach einem Messerstich in den Rücken zusammen, überlebt aber. Der Mongol Anthony »Bronson« Barrera – er könnte ein Zwilling des Schauspielers Charles Bronson sein – hat weniger Glück. Auch ihn erwischt ein Messer, doch er rührt sich nicht mehr. In der Nähe liegt ein weiterer Mongol mit einer Schuss- und Stichverletzung auf dem Casinoteppich. Trotz der Verletzung schafft er es, seine Waffe zu ziehen und zurückzufeuern. Jetzt bricht ein Angel zusammen. Er wird nie wieder aufstehen. Patronenkugeln schwirren durch das Casino. Alle Beteiligten sind geübte Kämpfer und reagieren instinktiv, als die Schießerei immer weiter um sich greift. Sie suchen Deckung oder werfen sich zu Boden. Chaos herrscht im überfüllten Casino. Kampflärm, umgestürzte Barhocker, Schmerzensschreie und immer wieder hallen Schüsse durch das Hotel. Es ist eine Schlacht.

Der Polizei bot sich ein unglaublicher Anblick. Sie hatten nur zwei Minuten gebraucht, um das »Harrah's« zu erreichen, und dennoch sah es dort aus wie auf einem Schlachtfeld.

Die Polizisten trennten die beiden Gruppen und setzten sie in unterschiedlichen Gebäudeteilen fest. Ärzte versorgten die Verletzten. 13 Beteiligte mussten zu weiteren Behandlungen in Krankenhäuser transportiert werden, einige der Kombattanten waren so schwer verletzt, dass sie per Hubschrauber in Spezialkliniken ausgeflogen wurden.

Drei Männer verloren ihr Leben. Anthony Barrera, 43 Jahre alt, erlag seinen schweren Stichverletzungen, und zwei Hells Angels, Jeramie Bell, 27, und Robert Tumelty, 50, blieben erschossen auf dem Teppich des Casinos zurück.

Aber es war noch nicht vorbei. Eine Stunde nach dem Angriff auf die Mongols wurde einem 35-jährigen Hells Angel des San-Diego-Charters, der auf seinem Motorrad auf der Interstate 40 unterwegs war, in den Hinterkopf geschossen. Seine Leiche wurde erst einige Zeit später auf dem Highway gefunden, der oder die Täter aber nie ermittelt. Genauso wenig wie der Schütze, der unmittelbar nach dieser Nacht in Arizona einen Angel erschoss.

Nachdem die Polizeibehörden die Aufnahmen der Casinokameras eingesehen hatten, verhafteten sie mehrere Hells Angels. Landesweite Schlagzeilen und eine plakative TV-Berichterstattung sandten diese Bilder in die ganze Welt.

»Der River Run Riot von Laughlin«, ein Bandenkrieg mit Massenschlägerei, Messerattacken, Schießereien und Toten flackerte weltweit über die Bildschirme und bezeugt noch heute auf YouTube den erbitterten Rockerkrieg. Die stummen Bilder der Hotelkameras von der Choreografie des Kampfes geben die tödliche Auseinandersetzung auf surreale Weise wieder.

Das Presseecho war vernichtend, die Outlawbiker erschienen als die pure Inkarnation des Bösen. Das sowieso schon schlechte Image aller Beteiligten wurde brutal bestätigt. Außerdem verpestete der Gewaltexzess von Laughlin die angespannte Stimmung zwischen den OMCGs nachhaltig. Kein Club, kein Biker und kein Supporter konnte sich noch Neutralität leisten. Jeder musste Stellung beziehen und sich auf eine der beiden Konfliktparteien festlegen.

Die Gerichtsprozesse gegen alle Beteiligten zogen sich über Jahre hin. Die angeklagten Hells Angels machten einen Deal mit der Staatsanwaltschaft und legten ein Teilgeständnis ab, was ihnen in Form milderer Strafen vergütet wurde. Sechs Hells Angels wurden zu Haftstrafen von 30 Monaten verurteilt. Die Anklagen gegen 36 weitere beschuldigte

Angels wurden fallen gelassen. Ein niedergestochener Mongol gestand, in Notwehr Todesschüsse auf die zwei Höllenengel abgegeben zu haben, und erhielt für dieses Entgegenkommen ebenfalls eine geringere Strafe. Allein dessen Rechtsbeistand, ein Top-Anwalt, kostete den Mongols MC nach eigenen Angaben 600 000 Dollar Honorar. Das Urteil lautete nach amerikanischer Eigenart 18 bis 45 Monate Gefängnis. Sechs weitere Mongols erhielten zudem Gefängnisstrafen von 2,5 bis fünf Jahren Dauer.

Bis heute ist die Rolle der Polizei in jener Nacht unklar. Wie konnte es in einer zur Sicherheitszone hochgerüsteten Kleinstadt dazu kommen, dass ein Trupp von etwa 40 bewaffneten Hells Angels zu dem Hotel ihrer Erzfeinde vordringen konnte? Die Biker der OMCGs werteten diesen Vorfall als Bestätigung ihrer Verschwörungstheorien gegen das FBI, das sie beschuldigten, die Eskalation geduldet zu haben, um ein weiteres hartes Durchgreifen gegen die gesamte Szene zu rechtfertigen.

Die Auseinandersetzung und die Toten regten anscheinend einige Biker dazu an, ihren Lebensweg zu überdenken. Sie stellten den Antrag, aus dem Mongols MC austreten zu dürfen. Der Club ließ sie gehen, bedachte sie aber mit einer Warnung: »Wenn ihr gehen wollt, geht, aber macht künftig einen großen Bogen um uns!«, so der neue Präsident Doc Cavazos.

Doch die Mongols hatten da schon ein weiteres, ganz unerwartetes und nicht minder gefährliches Problem am Hals. Die Mexican Mafia, La eMe, meldete sich bei ihnen. Diese Gang war in East Los Angeles zum größten Machtfaktor geworden und die beständige Expansion des Mongols MC sowie dessen landesweite Medienpräsenz weckten den Geschäftssinn der Mexikaner, vermuteten sie doch hinter all dem mongolischen Treiben reiche Einnahmen. La eMe forderte eine Steuer. 35 000 Dollar. Monatlich.

Eine Vollversammlung von 500 Mongols entschied über die Forderung der Mexikaner, hatten doch die einzelnen Mitglieder die tödlichen Konsequenzen auf den Straßen von East L.A. zu tragen. Die Antwort lautete gleichwohl: »Nein. Wir zahlen nicht!«

Jedes Wochenende tobten von nun an Kämpfe in den Straßenschluchten von Los Angeles. Tote und Verletzte auf beiden Seiten blieben zurück, und ganz Los Angeles schaute über seine Fernsehsender dabei zu. Auch die Hells Angels setzten die Mongols weiterhin unter Druck. Mongol-Autos mit Dynamit zu präparieren war eine ihrer neuen Spezialitäten.

Aber die Mongols hielten stand. Im Krieg mit der Mexican Mafia kam es bald zu Ermüdungserscheinungen, bis die Feindseligkeiten schließlich offiziell als Missverständnis bezeichnet und eingestellt wurden. Steuern zahlen sie aber immer noch nicht, sagen die Mongols.

Das FBI und das ATF nannten einen weiteren Grund für den Krieg zwischen den Mongols und der Mexican Mafia. Die Mongols waren besonders in East L. A. so stark vertreten, dass sie dazu übergingen, Schutzgeld von Drogenhändlern und anderen Kriminellen einzutreiben. Dies führte unweigerlich zu einem Konflikt mit La eMe, die auf diese Art der Steuern unter hispanischen Gangstern ein Monopol für sich reklamierte. Im Zuge der Beendigung der Kriegsaktivitäten soll auch eine Einigung über die Verteilung dieser Einnahmen erzielt worden sein, ebenso eine Absprache über Menschenhandel und die Kontrolle und Aufteilung des Drogenmarktes und -handels, explizit in Südkalifornien. Dies soll auch Vergeltungsaktionen gegen gemeinsame Rivalen umfassen.

Operation »Black Rain«

Im Oktober 2008 wurde eine weitere verdeckte Ermittlung des ATF bekannt. Diesmal gelang es vier Agenten, sich bei den Mongols einzuschleusen. Trotz umfangreicher Sicherheitsmaßnahmen infiltrierten die Beamten den Club, wobei sie sogar Lügendetektortests überstanden, während sich hinter ihrem Rücken bewaffnete Biker aufbauten. Am Ende standen nach drei Jahren Arbeit 110 Haftbefehle und 160 Durchsuchungsbeschlüsse. Das ATF beschlagnahmte sieben Pfund Methamphetamin, 153 000 Dollar in bar, 71 Schusswaffen und 70 Motorräder. Die Anklageschrift umfasste 177 Seiten und bezog sich auf Mord, Erpressung, Körperverletzung, Verstöße gegen Waffengesetze und Drogenhandel. Geahndet wurde auch die Massenschlägerei im Morongo Casino von 2002. Der schwerwiegendste Vorwurf der Justizbehörden war der Anklagepunkt nach dem RICO-Act. Nach 1979 bei Sonny Barger und dem Oakland Charter der Hells Angels feuerte die amerikanische Justiz das zweite Mal mit ihrem schwersten Geschütz auf einen Outlaw Motorcycle Club.

Die ersten drei Seiten der Anklageschrift umfassten die Namen von 79 angeklagten Gangmitgliedern mitsamt ihren Spitznamen, darunter so vertrauenserweckende wie »Monster«, »Danger« und »Violent Ed«.

Unter den letztlich 38 inhaftierten Mitgliedern der Mongols befand sich auch Ruben Cavazos. Mit diesem Erfolg läutete das ATF den Anfang vom Ende des einst so mächtigen Präsidenten des Mongols MC ein. Im Laufe des Verfahrens handelte Doc einen Deal mit der Bundesanwaltschaft aus und bekannte sich des Anklagepunkts der Erpressung schuldig. Des Weiteren gestand er, dass der von ihm angeführte Mongol Motorcycle Club eine kriminelle Vereinigung ist, in deren Namen gemordet und Drogenhandel betrieben wurde. Im Zuge diverser Absprachen mit Cavazos wurde eine Höchststrafe von unter 20 Jahren Haft in Aussicht gestellt. Das Urteil, das Plädoyer der Staatsanwaltschaft und fast die gesamten Prozessakten wurden vom Bundesgericht geheim gehalten. Erst nach intensiver Recherche und Nachfrage von Reportern der Nachrichtenagentur Associated Press (AP) machte die Bundesanwaltschaft das bereits verhängte Urteil öffentlich: 14 Jahre Haft. Doc war vor der Urteilsverkündung 2011 bereits 35 Monate in Untersuchungshaft, sodass er nach Einschätzungen von Justizexperten damit rechnen kann, in weiteren acht Jahren, 2019, wieder in Freiheit zu sein. Die Geheimhaltung über das Verfahren ließ der Richter jedoch aufrechterhalten. Nicht wenige Beobachter gehen davon aus, dass mit dieser Geheimniskrämerei hauptsächlich die vier Agenten geschützt werden sollten, denen strafrechtliche Konsequenzen drohten, falls alle Fakten ihrer Untersuchungen an die Öffentlichkeit gelangten.

Am 30. August 2008 stimmte bei einer Versammlung des Mongols MC in Vernon, Kalifornien, die Mehrheit der Mitglieder für den Ausschluss von Ruben Cavazos aus der Mongols Nation. Intern, aber auch in Fernsehinterviews werfen ihm führende Mitglieder, unter anderem der ehemalige Mongols-Präsident Robert Pinney, vor, sich am Clubvermögen persönlich bereichert zu haben und Geld für Neuaufnahmen und die Verleihung von Patches kassiert zu haben. Das ATF gab im Laufe des Verfahrens gegen Doc an, durch zahllose abgehörte Handygespräche belegen zu können, dass Cavazos jeden Monat einen Betrag zwischen

15 000 und 17 000 Dollar von den amerikanischen Mongols-Chaptern kassierte. So soll er beispielsweise 500 Dollar pro ausgehändigtem Patch in die eigene Tasche gewirtschaftet haben. Mongols-Mitglieder beschuldigten ihren Ex-Präsidenten, der Auslöser für das Abrutschen des Mongols MC in die schwere Kriminalität gewesen zu sein. Erst seine zügellose Rekrutierung von hispanischen Gangmitgliedern, die einzig und allein dazu diente, seine Machtposition im Club zu stärken, habe den Club auf den falschen Weg geführt. Der Status seines aktuellen Standings ist auf der amerikanischen Homepage der Mongols Nation belegt, wo sein Konterfei steckbriefartig weltweit zur Fahndung ausgestellt ist. Die ehemaligen Brüder verurteilten Doc zur Höchststrafe in der Einprozenter-Welt – out bad.

Als Friedensangebot an die Hells Angels war der Rausschmiss Docs jedoch nicht gemeint; der Hass ihnen gegenüber blieb bestehen. So erschoss Mongols-Member Christopher Ablett im Oktober 2008 den Präsidenten des Hells-Angels-Charters San Francisco, Mark »Papa« Guardado. Anlass war laut Polizeiangaben ein lautstarker Streit, dem eine körperliche Auseinandersetzung folgte. Dann fielen die Schüsse.

Bei der Beerdigung des geachteten Präsidenten des weltweit zweitältesten Charters der Hells Angels erwiesen über 1000 Biker dem Getöteten ihren Respekt. Das FBI registrierte Angels, die von Alaska bis Maine, von Rhode Island bis nach Hawaii und selbst aus dem Ausland angereist kamen, unter anderem aus Australien, Norwegen, England, Italien und auch aus Deutschland.

In der eng geknüpften Welt der Einprozenter-Clubs mit ihren länderübergreifenden persönlichen Bekanntschaften und Freundschaften beeinflusste dieser Konflikt gleichzeitig das Verhältnis der Kriegsparteien in über einem Dutzend Länder weltweit. Auch in Deutschland sollte der über Jahrzehnte in den USA tobende Krieg der Angels gegen die Mongols und Bandidos seine Folgen haben.

In den Staaten kam es als unmittelbare Konsequez zu einer Vergeltungsaktion der Hells Angels. Die traf ein hochgestelltes Mitglied des Mongols-Chapters San Jose, Robert Rios. Er wurde Zielscheibe eines Bombenanschlages. Nachts um 3.38 Uhr explodierten drei Sprengsätze in der Einfahrt 781 Melannie Court, mitten in einem Wohngebiet. Das Haus des Mongols galt in der gesamten Nachbarschaft als Brutstätte von Aktivitäten des Mongols MC. Wie durch ein Wunder blieben alle Bewohner unverletzt, lediglich zwei geparkte Autos wurden durch die Detonation zerstört. FBI und Spezialisten des ATF durchsuchten stundenlang die Umgebung nach weiteren Sprengsätzen. Sie wurden fündig. Den Experten gelang es, weitere Bomben rechtzeitig zu entschärfen.

Zwei andere Mongols wurden von einer zehnköpfigen Schwadron der Hells Angels im San Francisco Mid-Market District angegriffen. Ein 35-jähriger Mongol erlitt Messerstiche in den Hinterkopf, den Hals und die Mundpartie. Mit lebensgefährlichen Verletzungen wurde er ins San Francisco General Hospital eingeliefert. Die Täter konnten nicht ermittelt werden.

Wie schnell und aus welch geringem Anlass der Konflikt zwischen den Hells Angels und den Mongols immer noch jederzeit ausbrechen kann, beweist ein Zwischenfall in Las Vegas im Dezember 2008. Nach der Hochzeit eines Hells Angels stießen die Gäste auf eine Gruppe Mongols, die ebenfalls eine Hochzeit in der friedlichen Kapelle planten. Die Trauung des Hells Angels wurde von einer großen Hochzeitsgesellschaft besucht. Die anwesenden Männer stürzten sich noch in der Lobby der Kapelle auf ihre Rivalen, wie der in Las Vegas beheimatete Sender KTNV Channel 13 News berichtete. Die Behörden sprachen später von elf Hells Angels, die drei Mongols mit Fäusten, Füßen, Flaschen, Mülltonnen und Messern zum Teil erheblich verletzt hatten. Der Kampf tobte in und außerhalb der Wedding Chapel. Im Gegensatz zu den meisten anderen Kämpfen existiert für den Teil der Schlägerei, der in der Kapelle stattfand, ein objektiver Zeuge: das Videotape einer Überwachungskamera. Auf der Internetseite des Nachrichtenportals 8newsnow.com ist die Aufzeichnung der Kamera noch heute einsehbar.

Dieses Tape diente der Anklagebehörde als Hauptbeweis für die von Amts wegen erstatteten Anzeigen. Es folgten sechs Razzien von schwer bewaffneten SWAT-Teams in Clubhäusern und Lokalitäten der Hells Angels Las Vegas. Die Metro Police klagte 13 Männer, darunter elf Hells Angels, wegen versuchten Mordes und Körperverletzung an. Von drei Verletzten der Auseinandersetzung wurden zwei mit Stichwunden ins Krankenhaus eingeliefert.

Trotz dieses feindlichen Umfeldes setzten sich die Mongols in Südkalifornien durch. Am Ende stand ein Friedensabkommen, das ihnen erlaubt, den Bottom Rocker »California« auf ihren Patches zu tragen. Bis heute sind die Männer mit dem Dschingis-Khan-Patch der einzige Club, der diesen Schriftzug mit Duldung der Hells Angels trägt.

Die Mongols verfügen heutzutage in den USA über 72 Chapter und weitere internationale Niederlassungen unter anderem in Mexiko, Italien, Australien, Spanien, Malaysia, Israel und Deutschland. In Sarajewo und Thailand stehen seit dem 1. Juni 2012 die nächsten Supporter-Chapter zur Aufnahme bereit. In dem von OMCGs schwer umkämpften Skandinavien gründete der Mongols MC in kürzester Zeit zwölf Chapter. Auf einer Motorradmesse in Verona 2009 entwickelte sich eine erste europäische Auseinandersetzung mit den Hells Angels, die erst von der Polizei beendet werden konnte. Ihre weltweite Mitgliederzahl schätzen die Behörden auf 1000 bis 1500. US-Behörden wie das ATF berichteten deutschen Behörden bei einer Tagung des Bundeskriminalamtes von Folterungen und Morden, die den Mongols in den USA angelastet werden. Des Weiteren existieren enge Verbindungen zur mexikanischen Drogenmafia und zu den unzähligen hispanischen Gangs in Los Angeles, aus deren Reihen die Biker weiterhin zahlreiche neue Clubmitglieder rekrutieren, auch wenn sie dies ihrem ehemaligen Präsidenten Cavazos zum Vorwurf gemacht hatten. Über einen starken Einfluss und zahlenmäßig große Chapter verfügt der Mongols MC besonders in den südlichen und westlichen Staaten der USA, etwa in Arizona, Colorado, Georgia und Oklahoma, sowie in Mexiko. Die Hauptmachtbastion befindet sich immer noch in Südkalifornien, wo 600 der 850 amerikanischen Mitglieder vermutet werden.

Mongols MC Germany

Auch hierzulande dominieren Mitglieder mit Migrationshintergrund die örtlichen Chapter des im August 2010 neu gegründeten Mongols MC Germany. Das in Bremen gegründete Chapter bestand hauptsächlich aus männlichen Angehörigen des Miri-Clans. Die Polizei in Bremen rechnet den kurdisch-libanesischen Familien-Clan der organisierten Kriminalität zu und beschuldigt ihn der Schutzgelderpressung, des Waffenhandels und umfangreicher krimineller Aktivitäten im Türsteher- und Rotlichtmilieu. Sein Hauptbetätigungsfeld sehen Bremer Polizeiermittler im harten Drogenhandel der Stadt, den er vollständig unter seine Kontrolle gebracht haben soll. Allein damit nimmt er nach Schätzungen 50 Millionen Euro ein – jedes Jahr.

Dass die Mongols nun in Bremen mitmischen wollten, war ein Problem, denn die Hells Angels betrachten seit Jahren ganz Norddeutschland einschließlich der Hansestadt Bremen als ihr ureigenes Territorium. In der Vergangenheit waren die Angels stets gewillt und bereit, ihr Revier mit aller zur Verfügung stehenden Gewalt zu verteidigen. Das war ein Umstand, den unter anderen das Bremer Chapter der Bandidos noch schmerzlich erfahren sollte.

Die Lage in Bremen spitzte sich nach der Gründung des Mongols-Chapters zu und der Ausbruch von handfesten Streitigkeiten schien unabwendbar bevorzustehen.

Nach polizeilichen Erkenntnissen übernahm nach dem tödlichen Motorradunfall von Mustafa B., dem ersten Bremer Mongol-Präsidenten, Ibrahim M. die Führung des Clubs. Dass er wie die meisten Bremer Mongols weder über einen Motorradführerschein noch über ein eigenes Motorrad verfügte, schien in der Mongols Nation niemanden besonders zu stören. Dafür brachte es die neue Führungsperson auf 147 Einträge in der Polizeidatenbank; die Taten reichen von Körperverletzung bis zu illegalem Waffenbesitz.

So vermutete das Bremer Landeskriminalamt wohl nicht zu Unrecht, dass es dem städtischen Mongols-Ableger weniger um das Easy-Rider-Feeling ging, sondern darum, neue Strukturen und Handelswege im globalen Drogenhandel aufzubauen und zu besetzen.

Anders als von vielen Sicherheitsexperten vermutet, starteten nicht die Hells Angels eine Offensive, um ihr Revier zu verteidigen und ein Zeichen der Stärke und Entschlossenheit zu setzen. Vielmehr eröffneten die zahlenmäßig weit unterlegenen Mongols mit einer ersten Attacke den neuen Rockerkrieg von Bremen. Die offizielle Mitgliederzahl entsprach aber auch nicht der wahren Schlagkraft der Mongols in Bremen. Der Miri-Clan verfügt allein in der Hansestadt über 2600 Angehörige. Die Hälfte davon ist bereits durch die Begehung von Straftaten aufgefallen und knapp 70 von ihnen gelten als besonders gewaltbereite Intensivtäter. Durch die enge familiäre Verflechtung der Mongols mit den Miris benötigten sie nur kurze Zeit für die Aufstellung einer bewaffneten Truppe.

Der Ärger begann mit der geplanten Eröffnung des Clubhauses der Mongols. Es blieb bei der Absicht, da die Sicherheitsbehörden die Feier schlichtweg verboten. Nur 100 Meter von der geplanten Opening Ceremony entfernt feierten nämlich 300 Hells Angels auf einer Tattoomesse.

Wie würden die Mongols reagieren? Würden sie die Schmach der verbotenen Feier einfach hinnehmen?

Nein, das taten sie nicht. Ein Kommando von rund 60 Mongols sammelte sich abseits der Innenstadt. Kurz vor Mitternacht gelang es einem Großteil des Mongols-Konvois trotz eines starken Polizeiaufgebotes, sein Ziel zu erreichen – das Clubhaus der Hells Angels. Es folgte eine kurze, heftige Prügelei, bevor es Spezialeinsatzkräften aus vier Bundesländern gelang, die Mongols zu überwältigen. Am Ende des Einsatzes lagen 61 Mongols mit auf dem Rücken gefesselten Armen auf den Straßen Bremens. 33 von ihnen stammten aus Bremen, weitere Inhaftierte waren aus anderen Bundesländern und sogar aus den Niederlanden angereist. Von den Männern im Alter zwischen 18 und 56 Jahren waren 41 bereits polizeibekannt, der Spitzenreiter dieser Gruppe konnte auf 144 aktenkundige Straftaten zurückblicken.

Nur eine Freitagnacht später setzte sich ein weiteres Überfallkommando der Mongols mit 30 Mann in Mercedes- und BMW-Limousinen in Marsch. Die Männer waren mit Baseballschlägern und Holzlatten bewaffnet, als sie an ihrem Ziel ankamen, einem Restaurant, in dem sich rund 50 Hells Angels und ihre Unterstützer von den Red Devils aufhielten. Ohne Vorwarnung stürmten die Mongols in das Lokal und knüppelten auf die arglos feiernden Rivalen ein. Zwei Red Devils mussten ihre Verletzungen im Krankenhaus versorgen lassen, bevor es einem Großaufgebot der Polizei gelang, auch diese Auseinandersetzung zu beenden.

Das offizielle Treiben des Bremer Mongols-Chapters beendete der Innensenator der Hansestadt am 20.5.2011 mit einer Verbotsverfügung – vorerst. In der Verfügung wurde festgestellt, dass in dem als Motorradclub gegründeten Verein bis auf ein Mitglied niemand über einen Motorradführerschein verfügte. Die überfallartigen Angriffe auf Mitglieder der Red Devils und der Hells Angels innerhalb von einer Woche belegten die hohe Gewaltbereitschaft und die Absicht, auch schwere Straftaten zu begehen. Außerdem waren führende Mitglieder hochgradig kriminell und bereits mit mehrjährigen Haftstrafen auffällig geworden, so die Pressemitteilung der Innenbehörde. Der Innensenator ließ das Vereinsverbot von der Polizei durchsetzen, das Clublokal »Bulldog« durchsuchen und das Vereinsvermögen beschlagnahmen. Ob dieses Verbot die kriminellen Geschäftsmodelle des Miri-Clans tatsächlich unterbinden wird, darf stark bezweifelt werden.

Das Berliner Chapter des Mongols MC verband mit der Bekanntmachung seiner Gründung Anfang 2011 sogleich eine Kriegserklärung an die Hells Angels der Hauptstadt. Auch hier rekrutierten sich die 17 Gründungsmitglieder überwiegend aus drei türkisch-arabischen Familien-Clans, den Großfamilien A., O. und R., die tief in die organisierte Kriminalität in Berlin verstrickt sind.

Bereits im November 2010 wies eine Schießerei auf den drohenden Krieg in Berlin hin. Der 28-jährige Nidal R., genannt »Mahmoud«, schloss sich unmittelbar nach seiner Haftentlassung dem in Berlin angesiedelten Hells-Angels-Charter Turkey Nomads an, das später in Berlin City unbenannt wurde. Mahmoud wurde Opfer eines Schusswaffenanschlags, durchgeführt von Männern aus arabischen Großfamilien, die nun den inneren Kreis der Berliner Mongols stellen sollen.

Das Berliner Landeskriminalamt intervenierte, bevor in der Hauptstadt ein Krieg ausbrechen konnte. Im Februar 2011 stürmten ein Spezialeinsatzkommando und 120 weitere Polizisten elf Wohnungen, in denen Mitglieder der Mongols vermutet wurden. Neun Mongols wurden festgenommen, von denen vier umgehend in Untersuchungshaft kamen. Die Haftbefehle lauteten auf Erpressung, Bildung einer kriminellen Vereinigung, schweren Raub und Verstöße gegen das Waffen- und Sprengstoffgesetz, denn unter den beschlagnahmten Waffen befanden sich auch Sprengstoff und zwei Rohrbomben. Die Berliner Polizei ist sich sicher, das Ziel der geplanten Sprengstoffanschläge zu kennen: Berliner Höllenengel.

Auf der Internetseite ride-free-mag.com erschien nur einen Tag nach dem Polizeieinsatz eine offizielle Pressemitteilung des Mongols MC Germany zu den Vorfällen in Berlin:

»Der Mongols MC Germany gibt bekannt, dass das Berliner Chapter bis auf Weiteres aufgelöst wird. Die Vorfälle in Berlin sind absolut nicht mit unserer Club-Politik zu vereinbaren und werden auch keinesfalls toleriert.«

Wie die genaue deutsche Club-Politik in Bezug auf die Feindschaft gegenüber den Hells Angels aussieht, wurde jedoch genauso wenig erläutert wie der wahrscheinliche Hauptgrund für die eilige Auflösung des Berliner Chapters.

War sie vielleicht einzig taktischen Überlegungen geschuldet, um einer vermutlich folgenden Verbotsverfügung der Berliner Innenbehörde zuvorzukommen? Um somit, nach einem gewissen zeitlichen Verzug, einen neuen Anlauf in Berlin unternehmen und bestehende Strukturen und ein weltweites Netzwerk weiterhin nutzen zu können?

Im Juli 2011 begann die juristische Ahndung dieser Mongol-Aktivitäten vor dem Landgericht Berlin. Sieben Männer im Alter von 17 bis 36 Jahren saßen auf der Anklagebank, darunter der Hauptbeschuldigte und mutmaßliche Präsident der Berliner Mongols, Omar R. Der 29-jährige Vorbestrafte stammt aus einem der erwähnten polizeibekannten arabischen Clans.

Innerhalb der nächsten Monate entwickelten sich mehr als chaotische Zustände im Mongols MC Germany. Es folgten zahlreiche Chapter-Gründungen, aber auch -Auflösungen, sodass es schwerfiel, den Überblick zu behalten.

Die Auflösung des Berliner und das Verbot des Bremer Chapters blieben bestehen. Zurzeit existieren vier Chapter, je eines in Karlsruhe, Köln (Dark District) und Kiel und ein viertes mit der nationalen Führung, die sich als Germany Chapter bezeichnet. Der Mongols MC Germany verfügt außerdem über zwei Prospect-Chapter in Köln und Stade. Der Club in Stade steht im Verdacht, eine Ersatzorganisation für das verbotene Bremer Chapter zu sein, da der größte Teil der zehn Gründungsmitglieder aus Bremen stammen soll. Des Weiteren wurden auf der eigenen deutschen Homepage zahlreiche weitere Neugründungen angekündigt und ein offizieller Supporter-Club vorgestellt, der Bouriates MC Germany.

Das Chaos im Club nahm kein Ende. Ständig wechselnde Personen gaben Statements ab oder wurden mit einem »Out In Bad« aus dem Club geworfen. Nach allen vorliegenden Erkenntnissen ist der Mongols MC Germany weit davon entfernt, ein Motorradclub beschriebener Prägung zu sein. Der Club soll über keine funktionierende Organisationsstruktur verfügen und einige der aufgeführten Chapter sollen nur aus wenigen Mitgliedern bestehen, sodass der jeweilige Internetauftritt einen professionelleren Eindruck vermittelt, als es der Wirklichkeit entspricht. Der Mongols MC scheint hierzulande hauptsächlich von dem Miri-Clan in Bremen am Leben gehalten zu werden, den eine Rivalität zu den Hells Angels antreibt. Die verbliebenen deutschen Mongols sollen auch über keine nennenswerte Unterstützung aus Amerika verfügen. Nichtsdestotrotz könnte die Clubgeschichte in Deutschland plötzlich eine unerwartete Wendung nehmen. Dann würden die Karten wieder neu gemischt werden.

Polizeiexperten registrierten erst einmal erleichtert, dass zum Beispiel in Köln nicht schwer kriminelle Migrantengruppen das Prospect-Chapter gebildet haben, sondern Männer, die durch weniger schwerwiegende Straftaten aktenkundig sind. Auch keiner der türkischstämmigen Ring-Paten wurde mit dieser Gründung in Verbindung gebracht. Doch erst die Zukunft wird zeigen, welche Konstellation gefährlicher für die Sicherheitslage ist: die Mitgliedschaft bekannter Rotlichtgrößen, die in diesem Umfeld schon Macht, Einfluss und Wohlstand angehäuft haben und dementsprechend viel zu verlieren haben, oder junge Draufgänger, die mit allen Mitteln einen vergleichbaren Status und Reichtum erlangen wollen.

Die Situation in Deutschland könnte schlagartig eskalieren, sollten die Mongols sich bei ihrer Expansionsstrategie am Vorgehen der Hells Angels, Bandidos oder der amerikanischen Mongols orientieren. Diese schlucken, wie beschrieben, gefährliche und gewaltbereite Gruppen und vereinnahmen sie für ihr globales Netzwerk. Solche Gruppierungen müssen nicht mal in einer Organisationsstruktur ähnlich der einer OMCG aufgestellt sein, sondern könnten bisher auch in Form einer Straßengang aufgetreten sein wie beispielsweise im süddeutschen Raum die Türstehervereinigung United Tribuns und die Black Jackets. Die Erfahrungen der jüngsten Vergangenheit in Skandinavien belegen, wie dramatisch sich die Situation verschärfen kann, wenn neben den Rockerclubs noch ethnisch geprägte Gangs und Banden bei den Verteilungskämpfen im Drogenhandel und der Prostitution mitmischen. Dieses Schreckensszenario ist in ersten deutschen Großstädten wie Berlin und Hamburg, aber auch im Ruhrgebiet schon teilweise Realität geworden. Von der hohen Opferzahl in der jüngsten Zeit – man muss von rund einem Dutzend Ermordeten in Göteborg, Malmö und Kopenhagen sprechen – ist Deutschland noch entfernt. Noch.

7. KAPITEL

Hells Angels vs. Bandidos, Teil II: der Bikerkrieg in Kanada

Schlacht um Quebec

In den 90er-Jahren kam es auch in Kanada zu einem brutalen Bikerkrieg. Die Ursachen für den *guerre des motards* in Quebec reichen aber bis ins Jahr 1977 zurück. Die amerikanischen Hells Angels hatten sich schon in beträchtlichen Teilen der USA ausgebreitet und den Sprung über den großen Teich nach Europa und nach Australien gemeistert. Jetzt stand der geflügelte Totenkopf vor seiner Expansion nach Kanada, dem flächenmäßig zweitgrößten Staat der Erde mit 34 Millionen Einwohnern und einer gemeinsamen Grenze mit den Vereinigten Staaten von 8890 Kilometern Länge. Die Hells Angels scheuten wieder einmal den mühseligen Weg, über lange Jahre aus eigener Anstrengung zu wachsen, eigene Charter aufzubauen und zu etablieren. Zur Ausdehnung ihrer Herrschaft nach Kanada schluckten sie einen besonders in Montreal berüchtigten Motorradclub, den Popeyes MC. Diese Männer waren schon seit den 60er-Jahren in Montreal aktiv und fielen der Polizei damals durch tödliche Revierkämpfe und einen schwunghaften Methamphetaminhandel auf.

Montreal liegt in der Provinz Quebec und ist mit 1,6 Millionen Einwohnern die zweitgrößte Stadt Kanadas. Im Großraum Montreal leben über 3,7 Millionen Menschen. Außerdem verfügt die Wirtschaftsmetropole über den größten Binnenhafen auf dem amerikanischen Kontinent. Wie schon in den zuvor umkämpften Städten Hamburg, Kopenhagen und Marseille gilt der Hafen der Stadt als unkontrollierbarer Drogenumschlagplatz und als eifrig benutzte Transitroute, insbesondere für Kokain. Die US-Grenze liegt nur knapp 50 Kilometer entfernt und auch der profitträchtigste Drogenmarkt der Welt liegt keine 600 Kilometer südlich: New York City. Die Drogenkonsumenten aus der Stadt, die niemals schläft, erhalten bis heute einen Großteil ihres weißen Partystoffes aus Montreal. Die

Herrschaft über die Unterwelt Montreals bedeutete, auf den Straßen und in den Bars und Clubs von New York pures Gold zu verdienen.

Doch für diesen Geschäftserfolg war eines unerlässlich: die uneingeschränkte Herrschaft über den Drogenmarkt und die kriminelle Szene, Kanadas, besonders die in Quebec. Quebec war in den Siebzigern für sein hartes kriminelles Milieu bekannt und berüchtigt. In den Vierteln der Metropole wehte ein rauer Wind, Schießereien und Gewaltexzesse aus geringstem Anlass waren keine Ausnahme, sondern stellten die Regel dar.

Um ihre Expansion zu beschleunigen, forcierten die Hells Angels das Mitgliederwachstum durch Aufnahme etablierter kanadischer Bikergangs. Dazu gehörten beispielsweise die Para Dice Riders, ein harter Motorradclub, der in der Toronto Area sein Unwesen trieb, Last Chance, ein kleinerer Club aus Ontario, Death Riders, Gitanes aus Sherbrooke und Vagabonds. Später stießen in Quebec noch die Vikings, die Iron Coffins und die Satan's Guard zu den Angels. Ende der 90er-Jahre traten die Grim Reapers in Alberta den Hells Angels bei und den Alberta Rebels wie den Saskatchewan Rebels wurde eine Anwärterschaft gewährt. 1997 wechselten auch die Manitoba Los Bravos aus Winnipeg in die rot-weiße Bruderschaft.

Satan's Choice war eine der gefürchtetsten Motorcycle Gangs in Kanada, die mit sieben Chaptern bis zur Ankunft der Big Red Machine die Provinz Ontario dominierte. Sie wählten den entgegengesetzten Weg und schlugen sich zuerst auf die Seite der ebenfalls weltweit agierenden Einprozenter vom Outlaws MC. Doch diese Verbindung war der Übermacht der Höllenengel geschuldet und war von Anfang an intern umstritten. So verwundert es nicht allzu sehr, dass die strittige Notgemeinschaft 20 Jahre später aufgehoben wurde und Satan's Choice letztendlich doch im globalen Hells-Angels-Netzwerk aufging.

Selbst wenn Rivalen durch das Schmieden von Allianzen vorübergehend ihre Position stärken konnten, beeindruckte das die Angels nicht im Geringsten. Im Gegenteil, es schien ihren Expansionsdrang herauszufordern und allenfalls weiter zu beflügeln. Von Montreal aus breiteten sie sich unaufhaltsam von Stadt zu Stadt und von Provinz zu Provinz aus und beherrschten bald ganz Kanada.

Nachdem die Hells Angels erfolgreich Kräfte gesammelt und formiert hatten, machten sie sich daran, ihre Macht in harte Dollar zu verwandeln. Für einen ersten Vorstoß wählten sie die Stadt Quebec in der gleichnamigen Provinz aus, in der 500 000 der insgesamt 7,5 Millionen Einwohner der französischsprachigen Provinz wohnen.

Ihre Dominanz in Quebec brachte die Höllenengel zu dem Entschluss, ein Monopol im lukrativen Drogenhandel, explizit im Kokainhandel, zu errichten und nötigenfalls mit aller Gewalt durchzusetzen.

Die Angels agierten teilweise arbeitsteilig in einer Vereinigung, die »das Konsortium« genannt wurde. Das Konsortium bestand aus den Hells Angels, der Rizzuto-Familie (italienische Mafia) und der West End Gang (irische Mafia). Alle Beteiligten einte das Motto der Angels, das trefflich ihr Geschäftsmodell umschrieb: »taking care of business.«

Das ist mehr als nur ein prahlerischer Ausdruck. Es beschreibt ihren Charakter gleich einem Glaubensbekenntnis und gilt für jeden Rivalen als unmissverständliche Drohung. »Jeder und alles, was ihren Geschäftsinteressen zuwiderläuft, wird bekämpft und aus dem Weg geräumt«, umschrieb ein kanadischer Journalist seinen Eindruck vom Vorgehen der Angels.

Der Zusammenschluss der Angels mit den italienischen und irischen Mobstern war jedoch kein Bund fürs Leben. Dafür waren die Hells Angels zu machtbesessen und ihr Hunger auf die Profite des Drogenhandels zu groß. Doch nicht alle alteingesessenen Rocker und Drogenhändler beugten sich dem Diktat der Hells Angels. Der Widerstand organisierte sich im »Bündnis zum Kampf gegen die Angels«, aus dem sich später der Club Rock Machine bildete.

Zwei der unerbittlichsten und wichtigsten Kriegsherren der nächsten Jahre waren die beiden Freunde Salvatore Cazzetta und Maurice Boucher. Beide waren 1982 gemeinsam in einer Motorradgang organisiert, die rassistische Ideologie von der Überlegenheit der Weißen *(white supremacy)* vertrat. Der Name des Clubs war eindeutig und ließ keinerlei Zweifel an seiner Gesinnung offen: SS.

Als die Hells Angels in Kanada rücksichtslos expandierten, waren Cazzetta und Boucher zunächst hoffnungsvolle Kandidaten für eine

Vollmitgliedschaft in der Bruderschaft der Höllenengel, doch dann überschlugen sich im Jahr 1985 die Ereignisse.

Das Lennoxville-Massaker

Ein Fischer warf am 24. März 1985 im Sankt-Lorenz-Strom, etwa 140 Kilometer östlich von Montreal, sein Netz aus und hoffte auf reiche Beute. Doch etwas anderes verfing sich in seinem Netz: die teilweise verweste Leiche eines Mannes.

Die alarmierte Polizei suchte mithilfe von Tauchern den gesamten Boden des Flusses ab. Bald darauf wurde sie fündig. Die Taucher entdeckten ein Massengrab.

Im Flussbett befanden sich vier weitere Leichen, in Schlafsäcken einbetoniert. Diese waren mit Ketten beschwert und auf den Grund des Flusses gesenkt worden. Es kostete einige Mühe, bis die Spezialisten am Ende die fünf Männer identifizieren konnten. Es handelte sich ausnahmslos um Mitglieder des Hells-Angels-Charters Laval, Kanada. Die Opfer waren der Präsident des Charters, Laurent »l'Anglais« Viau, Jean-Guy »Brutus« Geoffrion, Jean-Pierre »Matt le Crosseur« Mathieu, Michel »Willie« Mayrand und Guy-Louis »Chop« Adam. Die polizeilichen Ermittlungen dauerten zwei Jahre und nach der Festnahme von 39 Hells Angels gelang es, die Motive und die Tat zu rekonstruieren.

Die fünf Toten waren Opfer einer clubinternen Säuberungsaktion geworden. Ihnen war vorgeworfen worden, zu viel Kokain selbst konsumiert statt profitträchtig weiterverkauft zu haben. Die Situation war zusätzlich dadurch verschärft worden, dass sie bei anderen Hells Angels mit hohen Summen in der Kreide gestanden hatten. Außerdem hatten sie durch ihr zügelloses und nicht zu kontrollierendes Benehmen unnötige Auseinandersetzungen mit anderen Gruppen der organisierten Kriminalität verursacht.

Der ehemalige Präsident des Charters Montreal, der wegen fünffachen Mordes verurteilte Réjèan Lessard, bestätigte 20 Jahre später anlässlich einer Bewährungsanhörung die Motive des Massakers: »Es war eine extreme Situation, ein interner Konflikt. Ein Leben in der Welt der Hells Angels war nichts wert und Mord war eine akzeptable Lösung für Probleme im Drogenhandel.«

Den Höllenengeln aus Montreal waren ihre Brüder im Charter Laval zu wild und unberechenbar geworden. Sie töteten zu unkontrolliert, zu schnell und aus geringstem Anlass. Sie waren zu einer Gefahr für ihre Geschäfte geworden, die es zu beseitigen galt. Endgültig.

Lessard berichtete später von einem Treffen mit Hells Angels der Führungsriege, bei dem das Problem besprochen wurde. Man einigte sich schnell, sprach ein Urteil aus und setzte es sofort um. Ihre Brüder lockten die todgeweihten Höllenengel im März 1985 unter einem Vorwand in das Clubhaus des Charters Sherbrooke. Dort überwältigten sie die Männer und schossen ihnen nacheinander in den Kopf.

Eine fünffache Hinrichtung.

Die nach eigenen Angaben vier grundlegenden Werte der Bruderschaft der Hells Angels lauten: Ehrlichkeit – Zuverlässigkeit – Respekt – Freiheit.

Sie wandelten sich in dieser Nacht zu: Skrupellosigkeit – Brutalität – Verrat – Mordlust.

Insgesamt 17 Hells Angels wurden aufgrund der Aussagen von drei Überlebenden des Lennoxville-Massakers Adressaten einer Mordanklage. Sie hatten sich an der Hinrichtungsorgie beteiligt, wurden überführt und rechtskräftig zu Haftstrafen verurteilt, wobei die meisten aber weit unter dem Strafmaß für die Haupttäter Réjean »Zig-Zag« Lassard, Jacques Pelletier und Luc »Sam« Michaud blieben. Deren Strafmaß lautete auf fünfmal »lebenslänglich«. Michaud wurde 20 Jahre nach der Tat, im Juni 2005, auf Bewährung entlassen. Pelletier und Lessard kamen erst im Oktober 2008 in Freiheit. Nach 23 Jahren Haft hatte man den beiden fünffachen Mördern gestattet, die Haftanstalt tageweise zu verlassen, um an Resozialisierungskursen teilzunehmen und ihre Familien zu besuchen. Schließlich wurden sie im selben Jahr noch unter strengen Auflagen dauerhaft auf Bewährung entlassen.

Doch das Morden nahm auch nach dem Massaker kein Ende. Weitere in Ungnade gefallene Biker verschwanden für immer in dem bis zu neun Meter tiefen und 1200 Kilometer langen Sankt-Lorenz-Strom. Andere Mitglieder des Laval-Charters wurden verschont, aber gezwungen, sich auf andere Dependancen der Hells Angels in Montreal zu verteilen.

Mitglieder des Hells Angels MC Quebec waren maßgeblich an dem Lennoxville-Massaker beteiligt. Sie erwarben sich mit diesen und weiteren Gewalttaten den Ruf, die weltweit brutalsten Biker zu sein.

Der höllische Massenmörder Yves »Apache« Trudeau

Eines der vorgesehenen Opfer des Lennoxville-Massakers verpasste seinen Tod, da der Mann sich unerwartet in eine Drogenentzugsklinik hatte einweisen lassen: Yves »Apache« Trudeau. Er bekam nach dem Massaker Besuch von einem Repräsentanten des Hells-Angels-Charters Montreal, der ihn darüber unterrichtete, dass er mit sofortiger Wirkung aus dem Club ausgeschlossen sei und seine Hells-Angels-Tätowierungen entfernen lassen müsse.

Nach Trudeaus Rückkehr aus der Drogenklinik folgten weitere Hiobsbotschaften. Die Hells Angels hatten seine Harley-Davidson und 46 000 Dollar Privatvermögen in bar einkassiert. Dem führenden Hells Angel des Charters Sherbrooke wurde sofort bewusst, dass er es nur einem Zufall zu verdanken hatte, dass er noch lebte. Und nicht nur das: Sein ehemaliger Club hatte ein Kopfgeld in Höhe von 50 000 Dollar auf ihn ausgesetzt. Yves Trudeau sah nur noch eine Möglichkeit, sein Leben zu retten. Er bot sich kurzerhand der kanadischen Polizei als Kronzeuge an, tauchte in deren Zeugenschutzprogramm unter und packte umfassend aus.

Die erfahrenen und abgehärteten Ermittler befiel Entsetzen bei seinen Schilderungen. Yves Trudeau gestand, in der Zeit zwischen 1970 und 1985 eigenhändig 43 Morde begangen zu haben, um den Profit beim Drogenhandel zu sichern oder zu steigern oder aus Anlass von Territorialkämpfen.

Apache, auch genannt »The Mad Bumper«, war schwer kokainsüchtig und bereits seit den 60er-Jahren Mitglied des Popeyes MC. Durch dessen Patchover 1977 wurde er zum Gründungsmitglied des Hells Angels MC Montreal. Dieses Charter war für seine Brutalität und einen hohen Drogenkonsum bekannt und berüchtigt. Yves Trudeau war auch der erste kanadische Hells Angel, dem das »Filthy Few«-Patch verliehen wurde, jener Orden, der seinen Träger dafür auszeichnet, dass er für den Club getötet hat.

Die Liste von Trudeaus Opfern ist lang: Sein erster Mord traf Jean-Marie Viel. Dieser hatte das falsche Motorrad geklaut, ein Bike, das der Gang von Trudeau gehörte. Von da an mordete Trudeau brutal, skrupellos und aus geringstem Anlass weiter.

1980 erschlug er eine Mutter, die ihrem Sohn, einem ehemaligen Hells Angel, beistand. Zuerst tötete er die Mutter, dann das abtrünnige Mitglied und zum Schluss dessen Freundin. Zwei der Leichen entsorgte er im Sankt-Lorenz-Strom.

Im selben Jahr sprengte er die Harley des Outlaws-MC-Mitglieds Donald McLean mit einer Bombe, als dieser gerade losfahren wollte. McLean und seine Freundin Carmen Piché starben. Trudeau übernahm auch Mordaufträge für andere kriminelle Gruppen. 1981 jagte er Hugh Patrick McGurnaghan von der irischen Mafia in die Luft, 1983 erschoss er den italienischen Mafioso Frank Cotroni. Selbst vor dem Mord an Brüdern schreckte Trudeau nicht zurück und lockte Hells-Angels-Member Charlie Hachez wegen Streitigkeiten um Drogen und Geld in einen Hinterhalt, ermordete ihn und versenkte seine Leiche im großen Strom. Natürlich führte er auch Auftragsmorde aus der rot-weißen Bruderschaft aus, skrupellos und ohne Rücksicht auf Unbeteiligte. Bei einem Sprengstoffattentat auf den Mörder des Hells Angels Dunie Ryan starben vier Menschen und acht weitere wurden verletzt. Die gewaltige Explosion riss ein riesiges Loch mitten in eine Apartment-Anlage in der Innenstadt von Montreal.

Wahrscheinlich hätte er noch weit mehr Menschen auf dem Gewissen, wenn nicht das Lennoxville-Massaker sein mörderisches Treiben beendet hätte.

Trudeau enthüllte das geheime Drogennetzwerk der Hells Angels. Von seinen 43 Morden gehörten nach Schätzung der Ermittler bis zu 35 Opfer konkurrierenden Motorradgangs an. Der Massenmörder erschoss 29 Menschen, zehn wurden Opfer von Bombenattentaten, drei erschlug er und einer starb durch Strangulation. Seine Aussagen klärten außerdem die Umstände von 40 weiteren Morden und 15 Mordversuchen auf und bedeuteten für 42 Biker zum Teil lange Haftstrafen.

Der Richter Michel Duceppe merkte während der Gerichtsverhandlung gegen Trudeau an, dass dieser mehr Menschen getötet habe als das gesamte kanadische Militär während des ersten Golfkrieges zusammen. Trotz der unvorstellbaren Barbareien durch seine Hand lohnte sich der Verrat am Hells Angels MC für Apache, denn der zugesicherte Deal kam zustande. Die lebenslange Haft wurde 1994 nach nur sieben Jahren Gefängnis zur Bewährung ausgesetzt. Die Behörden statteten Trudeau mit einer neuen Identität und 40 000 Dollar für die nächsten vier Jahre aus. Aus Yves Trudeau wurde Denis Côté.

Es dauerte jedoch nicht lange, bis Trudeau wieder mit dem Gesetz in Konflikt kam. Erst erlitt er einen Rückfall in seine Kokainsucht. Im Jahr 2004 erhob das Gericht dann Anklage gegen ihn wegen mehrfachem sexuellen Missbrauch an einem 13-jährigen Jungen. Trudeau bekannte sich schuldig und wurde zu vier Jahren Haft verurteilt. Zwei Jahre später diagnostizierte ein Arzt Knochenmarkkrebs. Im Jahr 2008 wurde der 43-fache Mörder und Kinderschänder erneut unter Auflagen entlassen und verstarb kurze Zeit später an seiner schweren Krankheit.

Rock Machine vs. Hells Angels

Salvatore Cazzetta war angewidert von dem Gemetzel des Lennoxville-Massakers. Ein solches Vorgehen war nicht vereinbar mit seinen Vorstellungen von Ehre und Brüderlichkeit und den geschriebenen und ungeschriebenen Gesetzen eines Einprozenter-Clubs. Er stoppte seine Bemühungen, ein Höllenengel zu werden, und gründete mit seinem Bruder Giovanni stattdessen 1986 die Rock Machine. Das Motorradfahren stand bei diesem Zusammenschluss eindeutig nicht im Vordergrund. Er diente ausschließlich dem organisierten Widerstand gegen die nach Macht und Geld strebenden Hells Angels. Die Männer wollten sich nicht unterordnen, ihren Profit nicht zwangsweise schmälern und sich nicht vorschreiben lassen, wie und wo sie Geld verdienen duften. Ihr Erkennungszeichen war keine Kutte am Körper, sondern ein goldener Ring mit einem Adler am Finger. Das offizielle Clubmotto lautet »À la Vie, à la Mort« (Im Leben und im Tod). Erst später nahmen sie die Statuten und Organisationsform eines Motorradclubs an und es sollte noch weitere Jahre dauern, bis sie mit einem Color auf dem Rücken in den Krieg zogen.

Salvatore Cazzetta genoss hohes Ansehen im kriminellen Milieu und verfügte über beste Kontakte zu der in Quebec sehr aktiven italienischen

Mafia. Zu einem guten Stück verdankten es die Mitglieder der Rock Machine seiner charismatischen Ausstrahlung, dass die folgenden Jahre relativ ruhig blieben und sie von den Hells Angels nicht weiter unter Druck gesetzt wurden. Dies änderte sich für die über 60 Mitglieder in den Chaptern Montreal und Quebec City im Jahr 1994 abrupt. Cazzetta wurde auf einer Pitbull-Farm verhaftet und wegen Verschwörung zur Einfuhr von elf Tonnen Kokain anklagt. Die Rock Machine wurde über Nacht führungslos und verlor ihren wichtigsten Mann. Das hatte Folgen.

Maurice »Mom« Boucher schien das Lennoxville-Massaker keine schlaflosen Nächte zu bereiten, im Gegenteil. Er trat dem Hells-Angels-Charter Montreal bei und stieg schnell in der Hierarchie auf. 1994 bekleidete er bereits das Amt des Präsidenten in Montreal. Die einigermaßen friedliche Koexistenz beider Gruppierungen war auch dem Respekt Bouchers vor Cazzetta geschuldet. Als der Italokanadier verhaftet wurde und im Staatsgefängnis jeglichen Einflusses auf die Geschehnisse beraubt war, nutzte Boucher diese Schwäche jedoch gnadenlos aus.

Die Schonfrist war zu Ende. Die Höllenengel zählten in der Region doppelt so viel Männer wie die Rock Machine, dazu konnten sie eine Vielzahl von Supporter-Clubs einsetzen und hatten außerdem ein globales Netzwerk im Rücken. Die Hells Angels in Quebec und Montreal rechneten deshalb auch nur mit geringem Widerstand dieser rein regionalen Gruppe. Dies war ein tödlicher Irrtum für alle Beteiligten, denn die Hells Angels stießen auf einen wahrlich ebenbürtigen Gegner.

Der erste Angriff der Höllenengel galt den Bars, die unter dem Einfluss der Rock Machine standen, sowie den dort tätigen Drogenhändlern. Boucher versuchte, die Betreiber und Händler mit Drohungen und Druck zu einem Übertritt zu zwingen. Als diese sich wehrten, floss Blut und ein Mann aus dem Dunstkreis der Rock Machine starb. Am 13. Juli 1994 erwischte es dann einen Supporter der Hells Angels. Der Hintergrund beider Morde war nicht sofort klar; es kursierten Gerüchte und Spekulationen in der Szene. Waren es normale kriminelle Täter und Opfer aus dem Drogenmilieu oder war jetzt der lang erwartete Krieg »Hells Angels versus Rock Machine« offen ausgebrochen?

Zwei Vollmitglieder der Rock Machine und ihre Frauen wollten dem aufziehenden Konflikt für eine Weile entkommen. Die beiden Pärchen buchten im Juli 1994 einen Sonnentrip an Mexikos Traumstrände. Es sollte ein verhängnisvoller Urlaub werden.

Die beiden Mitglieder der Rock Machine registrierten zwar mehrere Hells Angels unter den Flugpassagieren, brachten sie aber nicht mit sich in Verbindung, denn offiziell befanden sich die Parteien noch nicht miteinander im Krieg.

Tage vergingen und die Kanadier entspannten sich in ihrem mexikanischen Urlaubsort. Eventuelle anfängliche Sorgen schienen unbegründet. Ein Pärchen ging schick essen und besuchte erstmals ein Restaurant außerhalb der Hotelanlage. Sie saßen sich gegenüber und erfreuten sich an dem Hauptgericht, als ein Hells Angel das Restaurant betrat. Wortlos richtete er seine Pistole auf den Hinterkopf des Mannes und schoss. Er war auf der Stelle tot. Seine geschockte Frau wurde von umherfliegenden Blut- und Gehirnspritzern und Knochensplittern ihres Mannes getroffen. *Jetzt* hatte der Krieg begonnen. Der Schütze wurde noch vor Ort gefasst, aber nur ein Jahr in einem mexikanischen Gefängnis festgehalten. Danach wurde die Anklage fallen gelassen und er verließ Mexiko als freier Mann. Schmiergeldzahlungen in harten Dollars sollen die korrupten mexikanischen Behörden dazu veranlasst haben.

In Kanada stieg der Druck auf die Rock Machine, und viele Beobachter der Auseinandersetzung glaubten schon an ein Ende der führerlosen Gruppe. Doch dann erschien Fred Faucher auf dem Schlachtfeld. Er war schon in jungen Jahren wegen Vorbereitung eines Sprengstoffanschlags auf einen Supporter-Club der Angels, den Evil One, ins Gefängnis gekommen. Bei seiner Entlassung aus der Haft war er erst 24 Jahre alt. Dem ambitionierten Mitglied war schnell klar, dass die Rock Machine für diesen Krieg einen Verbündeten brauchte, der über einen ähnlichen internationalen Background verfügte wie die Hells Angels. Die Kanadier streckten die Fühler zu den amerikanischen Bandidos aus, doch dieser Versuch blieb erfolglos. Also flog Faucher kurzentschlossen nach Europa, wo gerade der skandinavische Rockerkrieg wütete.

Die europäischen Bandidos empfingen ihn deutlich freundlicher als ihre amerikanischen Brüder und akzeptierten ihn schnell als neuen

Verbündeten. Die Skandinavier nahmen die Rock Machine außerdem als möglichen Beitrittskandidaten in die Bandido Nation auf.

Der Krieg zwischen der Rock Machine und den Hells Angels tobte seit 1994 in der gesamten Provinz Quebec und darüber hinaus. Die Angels verschafften sich dabei den Ruf, die blutrünstigsten und brutalsten Einprozenter der Welt zu sein. Sie setzten in Quebec zwei Teams ein: ein »Baseball« und ein »Football Team«. Das Baseball-Team »überredete« nach Unabhängigkeit strebende Drogendealer so lange mit ihren Baseballschlägern, bis diese ihr Vorhaben aufgaben und die Seiten wechselten. Die Spezialitäten des Football-Teams waren Sprengstoffanschläge und Mord.

Einen großen Anteil an diesem Ruf hatte das Hells-Angels-Charter der Nomads in Montreal, das sich aus den gefürchtetsten und berüchtigtsten Bikern der Region gebildet hatte. Eine Eliteeinheit, die extra für den Bikerkrieg aufgestellt worden war.

Wenn heute alle Nomads-Charter der Hells Angels pauschal und weltweit als Eliteeinheiten bezeichnet werden, so liegt der Ursprung dieser Überinterpretation im legendären Ruf des Nomads-Charters aus Montreal.

Nomads-Charter gehören keinem lokalen Charter an und beschränken ihre Aktivitäten auch nicht auf eine Stadt oder ein Gebiet. Dadurch sind ihre Aktionen weder von der Polizei noch von verfeindeten Clubs vorauszuahnen. Genau dies hatte auch Maurice Boucher im Sinne, als er die Nomads Montreal gründete und diese Mitglieder rücksichtslos für Gewalttaten einsetzte. Die kanadischen Behörden bringen das Nomads-Charter mit unzähligen Morden, Sprengstoffanschlägen, Drogenhandel und blutigen Vergeltungsaktionen in Verbindung. So schätzte die kanadische Polizei den Profit des Nomads-Charters aus dem organisierten Drogenhandel innerhalb von zwei Jahren auf über 110 Millionen Dollar. Ein Polizeiinformant wusste den Behörden später zu berichten, dass es dieses Nomads-Charter war, das auf einer Versammlung der Hells Angels den entscheidenden Antrag stellte, die Konkurrenten der Rock Machine aus dem Drogenhandel zu drängen und zu beseitigen. Da erst erfolgte der Aufruf zum Krieg gegen die Rock Machine und ihre Verbündeten.

Die Rock Machine hatte im Laufe der folgenden Gemetzel den höheren Blutzoll zu beklagen. Ihr Mitgliederverzeichnis schien direkt von Gevatter Tod abgearbeitet zu werden.

Pierre Bastien wurde von unbekannten Tätern direkt vor den Augen seiner Tochter erschossen. Einen der Gründer der Rock Machine, Johnny Plescio, erwischte ein Heckenschütze durch das Fenster seines Hauses. 32 Mal feuerte der Schütze. Plescios Bruder Tony richteten die Mörder in einer McDonald's-Filiale hin, während dort gerade ein Kindergeburtstag gefeiert wurde.

Der Drogenhandel der Hells Angels hatte mittlerweile einen hohen Organisationgrad und eine weltumspannende Internationalität erreicht, wie das Geständnis des wegen Drogenschmuggels angeklagten Guy Lepage belegt. Der ehemalige Polizist bekannte sich schuldig, den Angels 1997 und 1998 dabei geholfen zu haben, 1,6 Tonnen Kokain von einem kolumbianischen Drogenkartell zu kaufen und per Schiff nach Florida zu schmuggeln. Der eigentliche Bestimmungsort der Fracht war Montreal. Mom Boucher beauftragte den Ex-Cop, nach Kolumbien zu fliegen und den Transport von fünf Lieferungen ähnlichen Umfangs zu überwachen. Das wären insgesamt acht Tonnen Kokain. Guy Lepage wurde 2001 verhaftet, an die amerikanischen Strafverfolgungsbehörden ausgeliefert und nur aufgrund seiner umfangreichen Aussagen zu lediglich zehn Jahren Haft verurteilt. Das FBI schätzte die Einnahmen der Hells Angels aus dem internationalen Drogenhandel im Jahr 2002 auf eine Milliarde Dollar pro Jahr.

Die kanadischen Polizeibehörden hatten einige Zeit benötigt, um sich auf die neuen Spieler in den kriminellen Milieus einzustellen. Unterstützt wurden sie von der Justizministerin der Provinz Quebec, die 13 zusätzliche Staatsanwälte einstellte.

Boucher, inzwischen Präsident des Nomads-Chapters residierte zu jener Zeit in einem malerischen Landhaus in einer Vorortidylle von Montreal. Seine offiziellen Geschäfte dirigierte er aus einem anonymen Bürogebäude, in dem eine ihm gehörende Klimaanlagen- und Kanalreinigungsfirma, ein Autohandel und eine Immobilieninvestmentfirma ihren Sitz hatten. Die perfekte Fassade eines erfolgreichen Geschäftsmannes.

Dem harten staatlichen Verfolgungsdruck ausgesetzt, stieg Mom eine perfide Idee in den Kopf. Er beabsichtigte, die bedingungslose Loyalität seiner Männer zu überprüfen, da er in seinem Netzwerk polizeiliche Informanten vermutete. Der Loyalitätsbeweis und die Lösung zur Bekämpfung seiner Paranoia sollte der Mord an jeweils einem Angehörigen der Justizbehörden sein. Eine solche Tat würde nach den strafverschärfenden Gesetzen der jüngsten Zeit unausweichlich eine lebenslange Freiheitsstrafe nach sich ziehen und – so Bouchers Logik – jegliche spätere Zusammenarbeit mit den Behörden verhindern. Die barbarische Forderung nach einem derartigen Treuebeweis läutete stattdessen das Ende von Moms brutaler Regentschaft ein.

Doch erst folgten tatsächlich zwei heimtückische Morde an Justizvollzugsbeamten im Juni 1997. Das erste Opfer, Diane Lavigne, wurde nach Dienstende in seinem privaten Pkw von einem Motorradfahrer erschossen. Der zweite Beamte, Pierre Rondeau, wurde in Ausübung seines Dienstes als Fahrer eines Anstaltsbusses in einen Hinterhalt gelockt und mit mehreren Schüssen getötet.

Justizbehörden und Öffentlichkeit waren wie paralysiert, als die Ermittlungen ergaben, dass keines der beiden Mordopfer in irgendeinem Zusammenhang mit den Hells Angels stand. Sie waren willkürliche Opfer, ausgesucht auf Basis von Bouchers Idee, die Justizbehörden und alle weiteren Strafverfolgungsbehörden einzuschüchtern und die eigenen Männer lebenslang an sich zu binden.

Doch Boucher, den einige Medien inzwischen auch den »John Gotti der Biker« nannten – Gotti war ein berühmter Boss der Cosa Nostra –, erzeugte nicht Angst und Einschüchterung bei den Behörden, sondern Entschlossenheit und Konsequenz. Die Anklagevertreter beschuldigten ihn 1998 erstmals, der Drahtzieher der beiden Morde gewesen zu sein. In einem ersten spektakulären Prozess wurde der Präsident der Nomads zwar vom Vorwurf der Anstiftung zum Mord freigesprochen, doch die Justizbehörden gaben nicht auf.

Der Kronzeuge Stéphane Gagné, der in beide Mordtaten verwickelt war, beschuldigte Boucher, der Auftraggeber der Morde gewesen zu sein und ihm nach Ausführung der Taten gratuliert zu haben. Im Hintergrund arbeiteten die Behörden derweil eifrig weiter und nutzten alle juristischen Finessen, um diesen Fall nicht zu den Akten legen zu müssen.

Auch an einer weiteren Front drohte dem als unantastbar geltenden Rockerführer erbitterter Widerstand. Kurz nachdem Faucher erfolgreich von seiner Reise zu den skandinavischen und deutschen Bandidos zurückgekehrt war, gab es einen Mordanschlag auf einen von Bouchers Nomads. Der Hauptverdächtige der Strafverfolgungsbehörden in diesem Fall war Fred Faucher, doch es ließen sich keine handfesten Beweise ermitteln.

Wie aus den Bikerkriegen in Nordeuropa bekannt, verweigerten auch hier alle Beteiligten eine Zusammenarbeit mit der Polizei. Die Polizei stieß auf eine Mauer des Schweigens und es gelang ihr nur mühsam und langsam, einen Einblick in die abgeschottete Gangwelt zu erlangen.

Als im September 1997 der Präsident der Rock Machine Quebec City zu einer Haftstrafe wegen Drogenhandels verurteilt wurde, war schnell geklärt, wer sein Nachfolger werden sollte – Fred Faucher. Als erste Amtshandlung intensivierte Faucher abermals die Bemühungen, einen freundschaftlichen Kontakt zu den amerikanischen Bandidos herzustellen.

Aus Rock Machine wird Bandidos MC Canada

Die amerikanischen Bandidos standen einer Aufnahme der Rock Machine zwar weiterhin skeptisch bis ablehnend gegenüber, aber die Mehrheit der australischen und europäischen Bandidos sympathisierten mit der Anfrage. So verwundert es nicht, dass der Präsident der australischen Bandidos nach Kanada flog, um die Verhandlungen über ein Patchover der Rock Machine zu forcieren. Doch die Bemühungen erstarben am 9. November 1997. Der australische El Presidente und zwei weitere Bandidos kamen bei einem Anschlag auf einen Nachtclub ums Leben.

Die vollständigen Hintergründe des dreifachen Mordes wurden nie aufgeklärt. Es kursierten aber Gerüchte in der Szene, dass zwischen dem amerikanischen El Presidente der Bandidos und den US-Hells-Angels ein Geheimabkommen existierte, welches besagte, dass kein mit dem Hells Angels MC verfeindeter Club Aufnahme in der Bandido Nation finden dürfe.

Der Versuch einer friedlichen Koexistenz von Hells Angels und Rock Machine war längst gescheitert. Doch jetzt hatten sich plötzlich die Vorzeichen geändert. Der Druck, den die weiteren kriminellen Syndikate und Organisationen Quebecs auf Mom Boucher und seine Hells Angels ausübten, endlich das barbarische, öffentliche und vor allem geschäftsschädigende Gemetzel zu stoppen, führte zum Erfolg.

Der Nomads-Präsident und Fred Faucher trafen sich im Restaurant »Bleu Marin« in der Montrealer Innenstadt. Ein Reporter des Magazins *Allo Police* hielt das 45-minütige Gespräch fotografisch fest. Die Verhandlungen endeten mit einem Friedensabkommen, das die beiden erbitterten Feinde mit einem Handschlag besiegelten. Ein brüchiger Frieden zwar, aber die eindringlichen Interventionen der italienischen, asiatischen und kolumbianischen Gruppierungen im organisierten Verbrechen in Kanada ließen den Bikern nur wenig Spielraum.

Der Friedensschluss führte auch zu Konsequenzen in der Club-Politik der US-Bandidos. Solange die Rock Machine mit den Angels im Krieg gewesen war, konnte sie von den Bandidos aufgrund des Geheimabkommens mit den Angels nicht aufgenommen werden. Dieses Hindernis war mit dem Friedensschluss nun aus dem Weg geräumt worden. Erzwungen oder nicht und wenn auch brüchig – offiziell herrschte Frieden.

Die rein amerikanische Absprache des Aufnahmeverbotes für aktuelle Feinde glich der Vereinbarung, die anlässlich eines geheimen Meetings im November 2000 in Dänemark zwischen den Präsidenten der europäischen, australischen und amerikanischen Bandidos zur Causa Rock Machine getroffen wurde. Ein Patchover der Machine kam erst nach einem Friedensschluss mit den Hells Angels in Betracht.

Die erstarkten europäischen Bandidos-Chapter, insbesondere die skandinavischen und deutschen Dependancen, aber auch die Jungs aus Down Under ließen jetzt keine Ruhe mehr. Im neuen Millennium konnte das amerikanische Präsidium diesem Drängen nicht weiter standhalten. Führende Mitglieder der Rock Machine reisten nach Deutschland, wo sie die entscheidende Zustimmung erhielten, nach jahrelangem Bemühen der Bandido Nation beitreten zu dürfen. Am 29. November 2000 stellten deutsche Bandidos auf einem internationalen Clubtreffen den Antrag, der Rock Machine ein offizielles Beitrittsgesuch zum Bandidos MC zu gestatten. Die Teilnehmer stimmten sofort über den Tagesordnungspunkt ab und nahmen den Antrag an. Der Rock Machine wurde feierlich der Status eines Probationary Clubs zugestanden. Jetzt fehlte nur noch der letzte Schritt, die Zustimmung der amerikanischen Führung der Bandidos.

Dieser Vorgang beweist, wie einflussreich deutsche Rocker schon im Jahr 2000 in den internationalen Organisationen der großen Clubs waren. Von diesen erstarkenden Kräften ahnten weder die deutsche Polizei noch die Öffentlichkeit etwas. Deutsche Rocker nahmen ohne jegliches Wissen deutscher Behörden unmittelbaren Einfluss auf den mörderischen Bikerkrieg in Kanada.

Der Konflikt nahm mit Aufnahme der Rock Machine am 1. Dezember 2000 endgültig globale Ausmaße an. 60 Vollmitglieder der Machine gehörten über Nacht zur Bandido Nation. Die Feierlichkeiten des Übertrittes wurden in Kingston, in der Provinz Ontario, durch eine Hundertschaft der kanadischen Polizei überwacht. Die Führung der Rock Machine spekulierte auf die Macht und die abschreckende Wirkung des weltweit agierenden Bandidos MC. Mit dieser Autorität in der Einprozenter-Welt würde sich auch der mächtige Hells Angels MC nicht anlegen, oder?

Bei den Bandidos sah man das ähnlich. Ihre Annahme, durch eine klare Positionierung in diesem Konflikt die Lage beruhigen zu können, gründete sich auf dem immer noch gültigen Waffenstillstand zwischen der Rock Machine und den Höllenengeln. Keine Seite hatte ihn offiziell gekündigt, also war er noch in Kraft, oder nicht?

Nur gute sechs Wochen, bis zum 18. Januar 2001, hielt diese Fehleinschätzung an. Die Aufnahme der Rock Machine sollte sich für mehr als 100 Personen als tödlicher Fehler herausstellen.

Ein Bandido des Chapters Montreal, Real »Tin Tin« Dupont, wurde in seinem Auto erschossen. Es war der erste Bandido, der im kanadischen Rockerkrieg umkam. Noch waren sich die Bandidos nicht sicher, ob die Hells Angels hinter diesem Attentat steckten oder ob ihr Bruder von einem unbeteiligten Kriminellen erschossen worden war.

Der nächste herbe Dämpfer ließ nicht lange auf sich warten. Das Chapter der Bandidos MC Toronto North wechselte die Seiten. Fast alle Mitglieder wollten im drohenden Krieg der Hells Angels gegen die Bandidos auf der Seite der Angels stehen. Doch die Bandidos wussten immer noch nicht, wer ihren Mann erschossen hatte.

Mitte Februar 2001 reist der Vizepräsident der kanadischen Bandidos mit einem Prospect in seinem Pontiac durch die bergige Landschaft um Mirabel. Nach einiger Zeit der Ungewissheit sind sie davon überzeugt, dass ihnen ein fremdes Auto folgt. Sie tippen auf eine der Sondereinheiten der Polizei gegen Bikerkriminalität, die mittlerweile in ganz Kanada gegründet wurden. Doch dann setzen die Verfolger zum Überholen an und durchsieben den Pontiac mit Salven aus einer Maschinenpistole. Mit einem waghalsigen Ausweichmanöver in den Gegenverkehr entkommen die beiden Bandidos ihren Angreifern. Scheiben gehen zu Bruch, der Wagen ist komplett durchlöchert, und der Vizepräsident erleidet einen qualvollen Bauchdurchschuss. Aber sie überleben.

30 Kilometer vom Tatort entfernt findet die Polizei später das ausgebrannte Autowrack der Täter und die Tatwaffe. Das professionelle Vorgehen nach der Tat bedeutet, dass die Angreifer keine Anfänger waren und sich mit den Methoden der Ermittlungsbehörden auskannten. Sie mussten auch über erhebliche Ressourcen verfügen, wenn sie sich des Wagens und der Waffe einfach so entledigen konnten, bevor man ihnen beides vor Gericht zuordnen kann. Nur eine schlagkräftige, gut organisierte Gruppe kommt für ein solches Vorgehen in Frage: der Hells Angels MC Canada.

Nun war auch für die Bandidos unzweifelhaft klar geworden, dass die Angels sich nicht an den vereinbarten Waffenstillstand hielten. Die Big Red Machine dachte nicht im Traum daran, Macht und Profite in Kanada einem Konkurrenten zu überlassen. Ob die Konkurrenz in der Rock Machine oder jetzt in den viel weiter verzweigten und mächtigeren Bandidos organisiert war, spielte für die Höllenengel offensichtlich keine Rolle. Der kanadische Rockerkrieg hatte den Bandidos MC erreicht.

Hells Angels vs. Bandidos, die kanadische Spielart

Ausgerechnet in diesem Moment wurden die Bandidos durch langjährige Haftstrafen einzelner Mitglieder geschwächt. Der Präsident des Chapters Quebec City, Fred Faucher, saß bereits wegen Drogenvergehen in Haft. Im Knast hatte er auch seinen Übertritt von der Rock Machine zu den Bandidos vollzogen. Dann kam eine weitere Anklage wegen mehrfachen Mordversuches an Mitgliedern der Hells Angels dazu. Um ein geringeres Strafmaß zu erhalten, bekannte er sich schuldig. Das Urteil lautete auf zwölf Jahre Haft. Seine Gefängnisstrafe musste Faucher in den Haftanstalten der Provinz Quebec absitzen. Dies war ein gefährlicher Ort für einen verurteilten Mörder von Höllenengeln, denn in den Gefängnissen wimmelte es nur so von inhaftierten Hells Angels.

Ein weiterer stadtbekannter Bandido des Chapters Quebec City erhielt im gleichen Strafverfahren wie Faucher neun Jahre Gefängnis. Und es setzte Schlag auf Schlag. Nur einen Tag später fand man einen Biker aus dem Umfeld der Bandidos von Montreal erschossen in seinem Wagen, abgestellt auf einer einsamen Landstraße in den Laurentians.

Kurz nach dem größten Bikertreffen Amerikas in Sturgis, South Dakota, mit 750 000 Besuchern und 500 000 Motorrädern drehten die Hells Angels an der Gewaltspirale in Kanada. Sie griffen eine Führungsperson des Bandidos MC Canada an, den El Secretario. Die Mörder folgten ihrem Opfer zu seinem Ferienhaus. Der Bandido sah seine Henker nahen und geriet in Panik, denn Frau und Kinder begleiteten ihn an diesem Tag. Sie wollten ein idyllisches Wochenende außerhalb der Stadt und fernab der Gewalt verbringen. Die Angels benutzten eine Maschinenpistole und einen Colt und jagten vor den Augen seiner Familie eine Kugel nach der anderen in den Körper des El Secretario. Die Familie hatte schon viel Leid und Tod gesehen, denn der Bandido und seine Frau waren das überlebende Pärchen aus jenem verhängnisvollen Mexikourlaub. Der Tod hatte sie doch noch eingeholt.

Die Bandidos sannen auf Rache. Sie suchten sich ein Anschlagsopfer in der Führungsregie der Hells Angels, ein Gründungsmitglied des elitären Nomads-Charters, einen guten Freund von Mom Boucher. Zwei Bandidos lockten ihn in einen Hinterhalt und erschossen ihn heimtückisch. Ein höher in der Hierarchie stehendes Ziel hätten sie kaum wählen können.

Der entscheidende Akteur des Attentats, ein Bandido des Chapters Montreal, saß 2004 bereits eine achtjährige Haftstrafe wegen Verabredung zu einem versuchten Mord ab, als ein Polizeispitzel ihn dieses Attentats bezichtigte. Dem Gericht reichte allein die Aussage dieses Informanten für einen Schuldspruch aus. Es stellte zusätzlich eine besondere Schwere der Tat fest. Das Urteil lautete lebenslanger Freiheitsentzug – ohne die Möglichkeit einer Begnadigung nach 25 Jahren Haft.

Beide Parteien steigerten sich in der Folge in einen wahren Blutrausch. Am 11. August erschoss ein Mann aus dem Umfeld der Bandidos einen Supporter der Hells Angels. Der Schütze wurde drei Monate später wegen dieser Tat verhaftet.

Am 17. August 2001 bediente ein hochrangiger Bandido zwei Kunden in seinem Gebrauchtwagenmarkt mitten im Stadtkern von Montreal. Als sich der 33-Jährige nach den Autopapieren umdrehte, schossen sie ihm in den Kopf.

Die Bandidos benötigten eine Zeit, um sich auf diese blutige Auseinandersetzung einzustellen und eine Taktik auszuarbeiten. Doch dann schlugen sie zurück.

Einen Monat lang jagte ein Brandanschlag den nächsten. Ziel waren Bars, die unter Kontrolle der Hells Angels standen und in denen viel Drogen und Geld umgesetzt wurden. Die Bandidos wollten den Drogenhandel der Angels stören, die daraus erzielten Geldflüsse stoppen und sie so an den Verhandlungstisch zwingen. Diese Taktik löste eine reißerische Presseberichterstattung über den Krieg im Milieu aus und zog 16 Festnahmen nach sich.

Die Hells Angels ärgerten sich zunehmend über ihre Darstellung in den Medien. Sie versuchten, die ausführliche Presseberichterstattung über ihre kriminellen Aktivitäten und den Rockerkrieg zu unterdrücken. Den stärksten Groll zog der Journalist Michel Auger vom *Journal de Montreal* auf sich. Er berichtete auf der Titelseite ausführlich über Ermittlungen gegen die Hells Angels. Sie verpassten ihm noch auf dem Gelände seines Verlages fünf Kugeln in den Rücken. Die Ärzte sprachen von einem Wunder, aber der Reporter überlebte.

Ironischerweise verdankte Maurice Boucher diesem Anschlag sein eigenes Leben. Ein bezahlter Auftragskiller der Rivalen lauerte schon in der Dunkelheit auf den Angel. Doch der Mordanschlag auf den Reporter hatte die Polizei aufgeschreckt und zu hektischer Polizeipräsenz in der Innenstadt veranlasst. Dem Killer war das zu heikel und er brach seinen Auftrag ab.

Der kanadische Geheimdienst berichtete von erneuten eindringlichen Interventionen anderer krimineller Organisationen Montreals bei den Hells Angels. Die italienischen, asiatischen und kolumbianischen Gruppierungen fürchteten aufgrund des anhaltenden Gemetzels eine weitere Gesetzesverschärfung, höhere Strafen für sämtliche der organisierten Kriminalität Beschuldigten und zunehmenden polizeilichen Ermittlungsdruck, der die eigenen Geschäfte behinderte.

Aber auch die Polizei forcierte ihr Vorgehen. Es traf die Eliteeinheit der Hells Angels, das von Mom Boucher gegründete Nomads-Charter in Montreal. Acht Hells Angels wurden von einer Spezialeinheit der Polizei im »Holiday Inn Crown Plaza« nahe Montreal verhaftet. Die Beamten stellten bei dieser Aktion eine Todesliste mit Namen und Bildern potenzieller Opfer sicher. Eines der Bilder zeigte den kanadischen Vizepräsidenten der Bandidos, der nur wenige Tage zuvor einen Mordanschlag mit einem Bauchdurchschuss überlebt hatte.

Der Krieg tobte und allen Anstrengungen der Angels zum Trotz setzten die Bandidos sich mehr und mehr in Kanada fest. Am 1. Dezember 2001 wurden 45 weitere Anwärter zu vollwertigen Mitgliedern ernannt. Die zuvor geschwächten Reihen der Bandido Nation füllten sich wieder.

Dann bezog ein dritter international agierender Einprozenter-Club, der Outlaws MC, in Kanada Stellung gegen die Höllenengel und wurde in den Krieg hineingezogen.

Ein hochrangiger Führer der Outlaws in Kanada, der Präsident des Chapters London (Kanada), wurde wegen vierfachen Mordversuchs gegen vier Unterstützer der Hells Angels verhaftet. Viele Mitglieder dieses Chapters traten nach der Tat aus ihrem Club aus und liefen zu den Hells Angels über. Entweder waren die Männer mit dem Anschlag ihres Präsidenten nicht einverstanden gewesen oder sie fürchteten die Rache der Hells Angels. Verbleibende Outlaws schlugen sich öffentlich, wie zuvor schon in Skandinavien, auf die Seite des Bandidos MC und demonstrierten auf einer Motorradteilebörse in Kanada Einigkeit und Stärke. Sie sendeten damit ein klares Signal an die Hells Angels: Die Outlaws und die Bandidos marschieren weiterhin zusammen.

Auch die Justiz blieb an den Höllenengeln dran. Der Generalstaatsanwalt hatte sich in die Ermittlungen gegen Maurice Boucher festgebissen und legte Beschwerde gegen den Freispruch in der Mordsache an den zwei Justizbeamten ein. Er begründete seinen Einspruch mit der unzureichenden Belehrung der Geschworenen über ihre Rechte und ihre Pflichten. Das hatte Erfolg. 1,5 Jahre verbrachte der als unantastbar geltende Rockerführer in Untersuchungshaft, bis am 5. Mai 2002 das Urteil gesprochen wurde. Ganz Kanada schien den Atem anzuhalten und nahm Anteil an dieser Verhandlung. Maurice Mom Boucher warf sich an diesem Tag in Schale. Sollte es sein letzter großer Auftritt werden?

Er betrat den frisch renovierten Gerichtssaal in einem eleganten schwarzen Rollkragenpullover, einer cremefarbenen Sportjacke und Fußfesseln aus Stahl. Die kanadischen Zeitungen hatten im Vorfeld über seinen Zustand spekuliert: Manche beschrieben ihn als depressiv, was angesichts einer Isolationshaft als einziger Häftling in einem extra geräumten Flügel eines Frauengefängnisses auch nicht verwundert hätte. Andere Journalisten bezeichneten ihn als unterernährt, da er sich aus Angst, vergiftet zu werden, ausschließlich von verpackten Kartoffelchips ernähre. Doch der gefürchtete John Gotti der Biker ließ sich nichts anmerken. Er setzte sein bewährtes Politikerlächeln auf und winkte seinen Anwälten – die besten, die es für Geld zu engagieren gab – und den Bikerbrüdern im Saal zu. Dann setzten ihn die Justizangestellten in einen kugelsicheren Glaskäfig, den die Wachen nur »das Aquarium« nannten.

Der Richter legte sich in diesem Verfahren mit seiner Meinung sehr früh und unmissverständlich fest. Ausschlaggebend war die Aussage von Stéphane Gangé, einem der überführten Täter, der seine Beteiligung an beiden Morden an den Justizangestellten zugegeben hatte.

Der Staatsanwalt hob in dem Prozess hervor, dass in einer streng hierarchisch aufgebauten Organisation wie dem Hells Angels MC nur der Präsident einen derartigen Mordauftrag hatte erteilen können. Dieser überzeugenden Argumentation hat sich übrigens bisher kein deutscher Staatsanwalt und kein deutsches Gericht in Prozessen gegen die Hells Angels oder die Bandidos angeschlossen, obwohl die Organisationsstrukturen der OMCGs hierzulande identisch sind.

In den Schlussworten des Plädoyers forderte der kanadische Staatsanwalt die Höchststrafe. Die Geschworenen benötigten elf Tage, bis auch sie sich einig waren: schuldig im Sinne der Anklage.

Der Richter setzte mit seinem Strafmaß einen Schlusspunkt unter Bouchers kriminelle Karriere: lebenslänglich ohne die Möglichkeit, nach 25 Jahren Haft entlassen zu werden.

Dieses Urteil besaß gegenüber der Öffentlichkeit und den Medien eine große symbolische Bedeutung: Niemand steht über dem Gesetz. Auch kein allseits gefürchteter Präsident der Hells Angels.

Tod und Gewalt blieben auch im Knast der stete Begleiter des einst so mächtigen Bosses. Noch im gleichen Jahr wurde Mom Boucher mit einem selbst gefertigten Messer angegriffen und verletzt. Er überlebte die Attacke, der Angreifer nicht. Zu Hilfe eilende Gefängnisinsassen töteten den Feind. Die Big House Crew, das Netzwerk inhaftierter Höllenengel, schützte ihren Anführer.

Nach den Morden an den beiden Justizbeamten im Jahr 1997 und dem blutigen Bandenkrieg auf Kanadas Straßen hatte die Police Association in einer Resolution die Wiedereinführung der Todesstrafe gefordert, ein Anliegen, das durchaus Unterstützung in der Öffentlichkeit fand.

Doch die Justizministerin wies die Forderung ab; auch barbarische Metzeleien unter Rockern sollten das zivilisierte Land nicht in altertümliche Vergeltungsweisen zurückfallen lassen.

Im Oktober 2000 ereignete sich in dem streng bewachten Hells-Angels-Clubhaus in Sorel, Provinz Quebec, ein entlarvendes Ereignis. In einer beispiellosen Aktion wurden 168 Mitglieder der Para Dice Riders, der Last Chance, der Loners, der Los Lobos und der Satan's Choice auf einen Schlag und ohne jegliche Phase der Anwärterschaft zu vollwertigen Mitgliedern des Hells Angels MC Canada ernannt. Außerdem zwangen die Höllenengel kleinere Clubs, sich dieser Annexion zu unterwerfen oder ihre Aktivitäten einzustellen.

Operation »Springtime«

Die Justiz hatte im Laufe der Bikerkriege ein scharfes Schwert in die Hand bekommen, das Sondergesetz C-95. Das neue Gesetz war die Folge eines tragischen Todesfalls. Vier Jahre zuvor starb im Laufe der Auseinandersetzungen zwischen den Angels und den damals noch als Rock Machine firmierenden Bikern der erst elf Jahre alte Daniel Desrochers.

Ein Drogenhändler, eigentlich ein kleiner Fisch, hatte sich mit den Hells Angels angelegt und hielt sich nicht an ihr Drogenhandelsmonopol in der Provinz. Als sich der Drogenhändler in Montreal in seinen Jeep setzte, zündete ein Unbekannter eine Autobombe und tötete den Aufsässigen. Ein Schrapnell der Bombe bohrte sich bei der Explosion in Kopf und Gehirn des Jungen, der gerade zufällig vorbeikam.

Unter großer Anteilnahme der kanadischen Bevölkerung rangen die Ärzte vier Tage und vier Nächte um Daniels junges Leben, doch sie verloren den Kampf.

Daniel blieb nicht das letzte unschuldige Opfer dieses Krieges. Ein Barbesitzer nördlich von Montreal weigerte sich, einem Supporter-Club der Hells Angels zu gestatten, in seinem Laden Drogen zu verkaufen. Sie prügelten ihn mit einem Baseballschläger zu Tode. Großes Entsetzen löste auch der Tod eines weiteren unbeteiligten Jugendlichen aus. Ein 17-jähriger Junge wartete vor einer Bar in Montreal, als eine verirrte Kugel ihn traf.

Die geschockte Öffentlichkeit ging auf die Barrikaden und forderte umgehend drakonische Konsequenzen, worauf das kanadische Parlament im April 1997 reagierte. Der öffentlichen Empörung folgte der Erlass eines Sondergesetzes, das es den Behörden ermöglichte, jemanden schon aufgrund des bloßen Verdachts der Mitgliedschaft in einer kriminellen Vereinigung zu verfolgen. Das Gesetz gab der Polizei auch umfangreiche Möglichkeiten zur elektronischen Überwachung von Organisationen und ihren Mitgliedern an die Hand. Es erlaubte zudem, Verdächtige auf unbestimmte Zeit zu inhaftieren. Des Weiteren erhielten Gerichte die Möglichkeit, deutlich härtere Strafen auszusprechen, und das Instrumentarium, um die immensen Geldströme aus dem Drogenhandel zu verfolgen und sie zu beschlagnahmen, wurde verbessert. Nicht zuletzt ermöglichte C-95 Mordanklagen in den Rockerkriegen, ohne dass ein individueller Schuldnachweis erforderlich war. Der Staat schlug zurück!

Viele kanadische Menschenrechtsorganisationen liefen Sturm gegen das Gesetz, weil sie befürchteten, dass die eklatanten Einschnitte in die Grundrechte auch gegen andere Personengruppen angewendet werden könnten. Doch die Politik zeigte sich unbeeindruckt, C-95 blieb, wie es war. Das Gesetz erwies sich denn auch als maßgeschneidert für die Bedürfnisse der »Wolverines«, einer 60-köpfigen Sondereinheit, die sich mit Spezialisten aus allen kriminalistischen Bereichen schon seit zwei Jahren mit nur einem Auftrag befasste: der Zerschlagung der Hells Angels.

Im Jahr 1998 begann die kanadische Justiz mit der Operation »Springtime« aufwendige Ermittlungen im Bikermilieu. Am 28. März 2001 wurde der Schlusspunkt unter diese groß angelegte Aktion gesetzt: Beinahe 2000 Polizisten vollzogen in mehreren Provinzen Kanadas den koordinierten Zugriff auf 77 Objekte der Hells Angels quer durch das Land.

Dem war eine mehr als vierjährige verdeckte Ermittlungsarbeit mit modernster Überwachungstechnik und dem Einsatz zahlreicher Informanten vorausgegangen. Die Behörden wussten, wo sie zuschlagen mussten und was sie zu suchen hatten. Die Razzien fanden in Clubhäusern der Hells Angels, in ihren Lokalen und Privatwohnungen statt. In einem ersten Angriff beschlagnahmten die Beamten eindrucksvolle Mengen an Geld und illegalen Gütern: zehn Kilogramm Kokain, 120 Kilogramm Marihuana, 2,7 Millionen US-Dollar und 8,6 Millionen kanadische Dollar (etwa sechs Millionen Euro) sowie 70 Schusswaffen. Außerdem zogen sie 28 Fahrzeuge und über 20 Gebäude, die sich im Besitz der Hells Angels befanden, ein. Die Behörden verhafteten gleichzeitig mehr als 150 Hells Angels und deren Unterstützer, allein 100 gingen ihnen im Großraum Quebec ins Netz. Die Haftbefehle warfen den Verdächtigen Drogenhandel, Verschwörung zum Mord und Bildung einer kriminellen Vereinigung vor. Bei nicht weniger als 117 der Inhaftierten lautete der Tatvorwurf Mord.

Die kanadische Zeitung *Gazette* schien den Hintergrund dieser erfolgreichen Aktion zu kennen und veröffentlichte zeitnah ihre Erkenntnisse. Die Behörden verfügten über zwei Informanten im Umkreis des Clubs. Den Hauptgewinn der Behörden stellte der ehemalige Sergeant at Arms des Charters Sherbrooke dar. Der Offizier der Hells Angels offenbarte den Justizbehörden sein gesamtes Wissen.

Die Polizei hoffte, alle Hells Angels der Provinz Quebec mit einem Schlag aus dem Verkehr gezogen zu haben. Selbst Verhaftungen in der Dominikanischen Republik und Frankreich resultierten aus der Arbeit der kanadischen Sonderkommission.

Den nächsten Schlag führte die Polizei in Calgary aus. In der Wirtschaftsmetropole, die an die Rocky Mountains grenzt und in der 1988 die Olympischen Winterspiele ausgerichtet wurden, nahm sie knapp 40 Hells Angels und Männer aus ihrem Umfeld fest, zusätzlich beschlagnahmten die Behörden elf Kilogramm Kokain und vier Kilogramm Marihuana.

Es folgte eine Reihe weiterer Razzien und Festnahmen im gesamten Land. Die Staatsgefängnisse füllten sich unaufhörlich, und das stellte die Justizbehörden vor neue, unerwartete Probleme. In ganz Kanada existierte kein Gerichtsgebäude, das die hohen Sicherheitsauflagen der bevorstehenden Mammutprozesse erfüllte. Dazu gesellten sich unlösbare sicherheitstaktische und logistische Probleme. Hunderte Gefangene mussten getrennt voneinander untergebracht werden, um Absprachen oder die Fortsetzung des Krieges in den Haftanstalten zu verhindern.

Ein juristischer Handel zwischen inhaftierten Höllenengeln und der Justiz brachte dann etwas Entspannung in die brenzlige Situation. 24 Beschuldigte legten gegenüber der Staatsanwaltschaft Teilgeständnisse ab, handelten einen Deal aus und erhielten mildere Strafen.

Trotzdem sah sich die Justiz vor das Problem gestellt, Dutzende Gefangene aus unterschiedlichsten Haftanstalten unter großem personellen Aufwand und Risiko durch halb Kanada transportieren zu müssen. Der Staat entschied sich deshalb für die große Lösung: Die Behörden erbauten 100 Meter neben der Haftanstalt Prison de Bordeux in Montreal einen Gerichtskomplex, der den neuesten Sicherheitsanforderungen gerecht wurde.

Im benachbarten Gefängnis ließ der kanadische Staat noch bis zum Jahr 1960 die meisten der insgesamt 710 vollstreckten Todesurteile durchführen. Es entwickelte sich die makabre Tradition, jede Hinrichtung sämtlichen Insassen mit einem Glockenspiel anzukündigen. Der Glockenschlag ertönte sieben Mal durch alle Mauern des Gefängnisses hindurch, wenn ein männlicher Delinquent zum Galgen geführt wurde. War es eine Frau, ertönten zehn Schläge.

In dieser alten Haftanstalt, erbaut von 1908 bis 1912, war bereits der Großteil der beschuldigten Rocker inhaftiert. Die andernorts Eingesperrten wurden nun dorthin überführt. Um Anschläge oder Befreiungsversuche zu unterbinden, wurden das Gerichtsgebäude und das Gefängnis mit einem 100 Meter langen Tunnel verbunden. Auch die Sicherheit der Geschworenen wurde berücksichtigt. Um ihre absolute Anonymität zu wahren, saßen sie hinter verspiegelten Scheiben. Diese Sicherheit hatte ihren Preis. Den kanadischen Steuerzahler kosteten die Maßnahmen 16,5 Millionen Dollar.

Viele Beschuldigte waren nach der langen Untersuchungshaft nun auch bereit auszupacken, gestanden einen Teil der ihnen vorgeworfenen Taten und handelten geringere Haftstrafen aus. Am häufigsten wurden Drogendelikte zugegeben.

Als im Frühjahr 2004 das juristische Endspiel der Operation »Springtime« eingeläutet wurde, waren noch 17 Hells Angels übrig. Diese verweigerten nach wie vor jegliche Kooperation mit den Behörden.

In dem Verfahren stellte sich dann heraus, dass bei den Hells Angels eine Kopfgeldliste existierte, die fast ausschließlich Mitglieder der Rock Machine betraf und später auf Männer der Bandidos ausgeweitet wurde: 25 000 Dollar gab es für den Mord an einem Supporter, 50 000 Dollar für einen Prospect und 100 000 Dollar für ein Vollmitglied der verhassten Rivalen. Finanzielle Mittel schienen kein Problem zu sein.

Im fortschreitenden Verfahren entschlossen sich sechs der Angeklagten, doch noch einen Deal mit den Justizbehörden einzugehen, und erhielten dafür mildere Haftstrafen zwischen drei und elf Jahren. Als schon niemand mehr damit rechnete, bekannten sich schließlich auch die verbliebenen Angeklagten folgender Taten schuldig: Mitgliedschaft in einer kriminellen Vereinigung, Anstiftung zum Mord und Drogenhandel. Vier Nomads erhielten 20, die restlichen 15 Jahre Gefängnis. Drei der Verurteilten wurde die Beteiligung an 13 weiteren Morden nachgewiesen, die nicht Gegenstand der Anklagen aus der Operation »Springtime« waren. Sie erhielten deswegen erhebliche zusätzliche Gefängnisstrafen.

Auch nach der erfolgreichen Operation »Springtime« setzten sich die Auseinandersetzungen zwischen Angels und Bandidos unbeeindruckt fort.

Den Hells Angels gingen allerdings zeitweise die Mitglieder und Prospects für weitere Anschläge gegen die Bandidos aus. Aufgrund dieser personellen Notlage bedienten sie sich auf dem freien Markt. Auf dem Highway 401 geriet der Berufsverbrecher und Auftragsmörder Daniel Lamer am 11. März 2002 in eine Polizeikontrolle. Er entschied sich, seinen Weg freizuschießen und starb im Kugelhagel von fünf Polizisten. Bei späteren Ermittlungen stellte sich heraus, dass ein mit den Hells Angels befreundeter Club, die Rockers, ihn für seinen nächsten Auftrag angeheuert hatten: die Ermordung des Präsidenten der kanadischen Bandidos. Doch auch die Gegenseite setzte solche Experten erbarmungslos für ihre Zwecke ein.

Auftragskiller Gerald Gallant – der nette Nachbar von nebenan

Anwohner schätzten ihren Nachbarn Gerald Gallant als einen ruhigen Bewohner des Stadtviertels und verlässliches Mitglied der Gemeinde. Das Haus hielt er genauso tadellos in Schuss wie seine Autos. Er wirkte unauffällig und normal, wenn er mit seinem Fahrrad durch die Kleinstadt Donnacona in der Provinz Quebec radelte. Er lebte offensichtlich Werte vor, die in der ländlichen Gegend Kanadas etwas zählten. Das einzig Ungewöhnliche an seinem Haus war eine Vielzahl von Überwachungskameras, aber diese Marotte verzieh man ihm gerne. Gallant lebte seit über 20 Jahren hier und als sein Doppelleben enttarnt wurde, fand sich kein Nachbar, der etwas Schlechtes über ihn zu berichten gewusst hätte.

Unter dem Deckmantel seiner gutbürgerlichen Fassade war Gerald Gallant nicht besonders wählerisch in Bezug auf seine Arbeit und seine Auftraggeber. Er stellte seine Dienste jedem zur Verfügung, der den Preis bezahlte – 12 000 Dollar pro Auftrag. Seine Profession pries er nicht in den gelben Seiten an und auch die Arbeitsagentur wäre wohl davor zurückgeschreckt, ihn zu vermitteln. Gallant war ein Auftragskiller, genauer gesagt war er *der* Auftragskiller des Quebecer Bikerkriegs, und er arbeitete gegen die Hells Angels.

Dabei war er bei Weitem nicht unfehlbar. Die BBC berichtete nach seiner Festnahme von einem seiner Irrtümer. Einen unbeteiligten Privatdetektiv kostete Gallants schlampige Vorbereitung sein Leben; er hatte die Wohnung des von Gallant gesuchten Opfers als Nachmieter bezogen. Gallant verwechselte ihn mit dem Gesuchten und erschoss den Detektiv. Auch die Sekretärin eines Kredithais mit Verbindungen zu den Hells Angels kreuzte unbeabsichtigt seinen Weg. Genau gesagt benutzte der Kredithai sie als lebenden Schutzschild, als er den Tod nahen sah. Gallant schoss, ohne eine Sekunde zu zögern. Er tötete den mit den Angels verbundenen Geldverleiher und verletzte die Sekretärin mit mehreren Kugeln.

Seine Arbeitsweise schien dem Film *Der Pate* entsprungen. Monsieur Gallant suchte eine Kirche auf, in der ihm ein Mittelsmann unauffällig einen kleinen Zettel mit einem Namen zusteckte. Das war es schon. Kein Gespräch? Kein Wieso? Kein Warum? Kein »Wer ist das«? Ein zerknüllter Zettel mit einem hingekritzelten Namen besiegelte das Schicksal und den Tod des Auserwählten. Gallant fragte nicht einmal nach einer etwaig vorhandenen Familie, sondern ging unverzüglich dem Job nach, den er bevorzugt in Bars und Restaurants ausführte.

Doch ausgerechnet in der gemächlichen Schweiz wurde seinem Treiben ein Ende bereitet. Gallant reiste mit dem polizeibekannten Kreditkartenbetrüger Daniel Forte bei den Eidgenossen ein, doch dessen gefälschte Karten lösten dieses Mal einen Alarm im Sicherheitssystem von American Express aus. Forte und Gallant wurden 2006 im Genfer »Excelsior Hotel« verhaftet und trotz ihrer falschen Pässe anhand eines DNA-Abgleichs identifiziert. Gegen Gallant war schon eine lebenslange Haftstrafe wegen des Mordes an einem Barbesitzer in Montreal ausgesprochen worden, sodass die Schweizer Behörden ihre kanadischen Kollegen informierten. Der Auftragskiller saß in der Falle und wurde nach Kanada überstellt.

Kurz nach den ersten Verhören durch die kanadischen Experten passierte etwas Unvorhergesehenes. Der 58-jährige Gallant gestand alle Morde, entschuldigte sich via Presseerklärung bei seinen Opfern und deren Hinterbliebenen, handelte mit seinem Geständnis aber gleichzeitig einen Deal aus. All sein Wissen über den Bikerkrieg und seine Hintermänner wollte er den Behörden im Gegenzug für ein milderes Urteil offenbaren. Und Gallant hatte wahrlich einiges anzubieten.

Die Justiz stellte ihm im Gegenzug ein Gnadengesuch nach 25 Jahren Haft in Aussicht. Gallant wäre dann, im Jahr 2031, 83 Jahre alt. Des

Weiteren beinhaltet die Vereinbarung ein Verbot, sein Leben im Buch-
oder Filmformat zu publizieren. Der Killer aus der Kleinstadt akzeptierte
die Bedingungen und packte aus.

Es stellte sich unter anderem heraus, dass er in jener Nacht, als das
Attentat auf den Gerichtsreporter des *Journal de Montreal* einen großen
Polizeieinsatz ausgelöst hatte, vorgehabt hatte, Mom Boucher zu töten.
Weil die Stadt von aufgeregten Polizisten gewimmelt hatte, hatte er den
Attentatsversuch abgebrochen.

Die umfangreiche Aussage Gallants über die Schwerkriminalität in
Kanada führte zu zehn Verhaftungen. Gallant selbst gestand 28 eigenhändig vollstreckte Morde und zwölf Mordversuche. Doch auch wenn der
Killer des Quebecer Bikerkriegs nun nicht mehr mordete, kam Kanada
trotzdem nicht zur Ruhe.

Kriegsende?

Am 14. März 2002 entbrannte in der Öffentlichkeit ein weiteres Mal
unbändige Wut, und ein Aufschrei der Empörung hallte durch Kanada.
Ein unbescholtener Bürger, Ehemann und zweifacher Familienvater, der
34-jährige Yves Albert, wurde beim Tanken von neun Kugeln durchsiebt.
Er hatte das Pech, dem damaligen Präsidenten des Bandidos-Chapters
Montreal wie ein Zwilling zu gleichen und fuhr auch noch das gleiche
Auto. Die Öffentlichkeit war wie zuvor beim tragischen Tod des elfjährigen
Daniel Desrochers zutiefst empört und geschockt. Es folgten Trauermär-
sche und die Aufforderung an die Politik und die kanadische Polizei, dem
Gemetzel endlich ein Ende zu bereiten.

Und es gab auch wieder einen Erfolg der Behörden ähnlich dem der
Operation »Springtime«, aber diesmal gegen die Bandidos.

Den Hells Angels war es noch nicht gelungen, ihre Reihen nach den
Aktionen der Strafverfolgungsbehörden wieder aufzufüllen, und die
Behörden wollten nun ganz besonders in Quebec verhindern, dass die
Bandidos das von den Angels hinterlassene Machtvakuum für sich nutz-
ten und handelten.

Ein Informant ermöglichte den Erfolg von Operation »Amigo«. Man
verhaftete 65 Mitglieder der Bandidos, beschlagnahmte acht Kilogramm
Kokain und 200 Kilogramm Haschisch und erhob Anklagen unter anderem

wegen Mitgliedschaft in einer kriminellen Vereinigung, Drogenhandels und Mordvorbereitungen gegen Mitglieder der Hells Angels. Gegen fast alle verhafteten Bandidos sprachen die Gerichte hohe Haftstrafen bis zu 16 Jahren aus, erstmals auch wegen der Mitgliedschaft in einer kriminellen Vereinigung.

Bei der juristischen Aufarbeitung erwartete den Bandidos MC der nächste Schock. Der El Secretario Kanadas, Eric »Ratkiller« Nadeau, stellte sich als langjähriger Polizeiinformant heraus – ein falscher Amigo.

Der Mann war als junger Bursche erst im Umfeld der Hells Angels aktiv gewesen, bevor er von der Rock Machine und dann den Bandidos angeworben worden war. Seit frühesten Tagen in dieser Vereinigung lieferte er den Behörden wichtige Beweise. Und das sollte nicht der einzige emotionale Rückschlag sein; die kanadischen Justizbehörden verfügten noch über drei weitere Spitzel in den brüderlichen Reihen der Bandidos.

Am 25. September nahmen sich die Behörden dann den Outlaws MC vor. Ihnen war es gelungen, einen verdeckten Ermittler in die Bikergang zu schleusen. Dieser sammelte dort unentdeckt zwei Jahre lang Beweise gegen die Outlaws. Am Ende zählten die Behörden 50 Festnahmen. Vielen der Verhafteten drohten hohe Schuldsprüche, auch aufgrund einer neuen Wunderwaffe der Justizbehörden, des Gesetzes C-24. Dieses neuerliche Gesetz war seit Januar 2002 in Kraft. Es ermöglichte einen Zuschlag von 14 Jahren Gefängnis für jede Haftstrafe, die gegen einen Täter aus einer kriminellen Vereinigung ausgesprochen wurde. Bei einem führenden Mitglied einer solchen Vereinigung war auch eine lebenslängliche Strafe möglich. Zudem wurde es kriminellen Vereinigungen gemäß C-24 verboten, neue Mitglieder anzuwerben.

Nach den erfolgreichen Aktionen der Justiz und Polizei gegen die Bandidos und die Outlaws erstarkten die Hells Angels wieder. Dadurch waren sie in der Lage, den geschwächten Rivalen restriktive Forderungen zu diktieren: die Auflösung aller Chapter der Bandidos in der Provinz Quebec. Die Bandidos durften außerdem keine Bemühungen für einen Fortbestand ihres Clubs in dieser Region unternehmen, auch nicht, wenn Dutzende ihrer Mitglieder gleichzeitig wieder entlassen würden. Dafür garantierten die Höllenengel für die Sicherheit ihrer einstigen Erzfeinde im Gefängnis und darüber hinaus. Die Rivalen hatten aufgrund der Übermacht der Hells Angels keine Wahl, sie akzeptierten zähneknirschend. Aufgrund dieser Vereinbarung gaben die Bandidos per Pressemitteilung bekannt, dass ihre drei Chapter in der Provinz Quebec aufgelöst wurden. Ein triumphaler Erfolg für die Big Red Machine. Der Quebecer Bikerkrieg war beendet, und es gab einen eindeutigen Sieger.

Das Chapter Toronto des Bandidos MC war der einzige örtliche Zusammenschluss, der den *guerre des motards* überlebte. Die europäischen und australischen Bandidos unterstützten die wenigen verbliebenen Brüder aus Toronto weiterhin mit Geld und aufmunterndem Zuspruch, doch aus Amerika gab es keine Hilfe mehr. Im Gegenteil, die Führung der US-Bandidos stellte sich offen gegen die Mitgliedschaft der Männer aus Toronto. So versanken die kanadischen Bandidos zunehmend aus der öffentlichen Wahrnehmung.

Dies änderte sich schlagartig am 8. April 2006.

Das Massaker von Shedden

Ein Farmer machte sich am Morgen des 8. April 2006 in dem Örtchen Shedden, Provinz Ontario, auf den Weg, um sein Feld zu bestellen. Verärgert registrierte er kurz nach der Ausfahrt des Highway 401, dass vier Fahrzeuge auf seinem Acker parkten: ein grauer Pontiac Grand Prix, ein grüner Chevrolet-Silverado-Abschleppwagen, ein silberner VW Golf und ein japanischer Geländewagen.

Als er sich dieser ungewöhnlichen Ansammlung näherte, wich sein Ärger jedoch purem Entsetzen. In den Wagen lagen die Leichen von acht erschossenen Männern.

Die Ontario Provincial Police Criminal Investigation (OPP) setzte ein Großaufgebot als Ermittlungsgruppe ein. Sie befürchtete ein neuerliches Aufflackern des mörderischen Rockerkrieges Hells Angels versus Bandidos. Die ersten Erkenntnisse alarmierten sie zusätzlich und ließen diese Theorie wahrscheinlich erscheinen. Die Polizei benötigte nur einen Tag, um die Identitäten der Opfer zu ermitteln. Die erschossenen Männer zwischen Ende 20 und 50 Jahren gehörten alle dem Bandidos MC Toronto an, sechs Vollmitglieder und zwei Prospects: George »Pony« Jesso, 52 Jahre alt, Luis »Porkchop« Raposo, 41, George »Crash« Kriarakis, 28, Francesco »Bam

Bam« Salerajno, 43, Paul »Big Paulie« Sinopoli, 30, Jamie »Goldberg« Flanz, 37, Michael »Little Mikey« Trotta, 31, und John »Boxer« Muscedere, 48. Muscedere galt den Behörden als El Presidente der verbliebenen Bandidos in Kanada.

Die reißerische Presseberichterstattung ließ nicht lange auf sich warten, und es erschienen Artikel mit Titeln wie »Blutiges Massaker schürt die Angst vor neuem Bikerkrieg«.

Die Hells Angels befürchteten erneute Repressionen durch die staatliche Ermittlungsarbeit und versendeten über ihre Internetseite eine Pressemitteilung: »Weder der Hells Angels MC noch eines seiner Mitglieder steht in irgendeiner Form mit den Morden von Shedden in Verbindung.«

Auch die polizeilichen Ermittlungen führten in eine andere Richtung und zu Wayne Kellestine, einem wegen Waffenbesitzes und Drogenhandels vorbestraften Mitglied der Bandidos. Kellestine, 56, war ein bekennender Rechtsextremist und Rassist; in den Rasen vor seiner Farm mähte er stets das Symbol der Naziherrschaft, ein Hakenkreuz.

Auf der Farm wurden drei weitere Männer und eine Frau festgenommen. Alle Verhafteten stammten aus dem Dunstkreis der Bandidos. Die Spuren der Tat wiesen eindringlich auf die Verhafteten als Täter hin, aber das Motiv blieb im Dunkeln. So entstand ein Dickicht von Gerüchten auf beiden Seiten, bei der Polizei und in der Bikerszene.

Das erste Gerücht war der tiefen Zerstrittenheit des kanadischen Ablegers mit den US-amerikanischen Bandidos geschuldet. Das Chapter Toronto wurde explizit von den skandinavischen und deutschen Bikern unterstützt, während der amerikanische El Presidente den kanadischen Bandidos erst kürzlich die Zugehörigkeit zur Bandido Nation entzogen hatte. Eine Entscheidung, mit der die europäischen, insbesondere die mächtig und einflussreich gewordenen deutschen Chapter und auch die australischen Bandidos nicht einverstanden waren, aber sie blieb bestehen.

So machten Spekulationen von einer amerikanischen Spur die Runde, die auch die Existenz eines vierköpfigen Exekutionskommandos der Bandidos aus Chicago vermuten ließen. Die US-Bandidos wollten sich angeblich endgültig des kanadischen Problems entledigen, das sie schon zu lange in Spannungen und einen verlustreichen Krieg mit den Hells Angels hineingezogen hatte, verfolgte der Konflikt sie doch bis in ihr Stammland USA.

In dieses Bild passt auch, dass die Beerdigung der getöteten Bandidos, ganz im Gegensatz zu den sonstigen Gepflogenheiten in der Bikerszene, in kleinem Rahmen abgehalten wurde. Es gab keinen Hunderte Maschinen langen Motorradkorso, keinen Massenauflauf und auch kein Meer aus Kränzen und Kondolenzbekundungen. US-amerikanische Bandidos entdeckte keiner der polizeilichen Beobachter bei den Trauerfeierlichkeiten, dafür aber vier australische und zwei deutsche Member. Sie halfen bei der Organisation der Beerdigungen und der Trauerarbeit, waren aber noch aus einem anderen Grund von weither eingeflogen. Sie suchten nach Antworten. Sie suchten die Täter.

In weiteren Versionen wurde das Massaker mit der Zerstrittenheit des Chapters begründet. Angeblich wurden die acht Opfer unter dem Vorwand eines Kirchgangs zu Kellestines Farm gelockt, um ihre Patches einzuziehen und sie aus dem Bandidos MC zu schmeißen. Hatten die Opfer etwa mit einem Übertritt zu den verhassten Hells Angels geliebäugelt? Oder war es umgekehrt so gewesen, dass die acht getöteten Biker Kellestine und die ihm verbundenen Männer aus dem Bandidos MC schmeißen wollten – ein Vorhaben, das dann eine Gewalteskalation auslöste, an dessen Ende Kellestine und seine Männer die acht Bandidos ermordeten? Für diese These spricht, dass Kellestines Männern intern unter anderem ein zu hoher Drogenkonsum vorgeworfen wurde, der sie zu unverlässlichen Bandidos und damit obendrein zu einem leichten Ziel für polizeiliche Ermittlungen hatte werden lassen. Zu allem Überfluss zahlten die Männer ihre monatlichen Mitgliedsbeiträge zur Bandido Nation nicht regelmäßig.

Dann stießen die Ermittler auf eine weitere Fährte, die Drogenspur. Wie erst später bekannt wurde, observierten Beamte des Drogendezernates drei der Getöteten schon seit Wochen. Auch in der Tatnacht verfolgten sie die Männer bis zu der verhängnisvollen Farm. Als diese dort eingetroffen waren, zogen die Ermittler sich ins Wochenende zurück, da sie dem Irrglauben aufsaßen, dass hier nur eine Party gefeiert werden würde. Eine tödliche Fehleinschätzung. Vielleicht wäre der Massenmord durch eine gewissenhaftere polizeiliche Arbeit zu verhindern gewesen.

Zu diesem Zeitpunkt wussten die Drogenfahnder noch nicht, dass der Bandidos-Prospect Jamie »Goldberg« Flanz bei seinem Job als Abschleppfahrer in einem abgestellten Wagen auf einen Zufallsfund gestoßen war. Sechs Kilogramm Kokain. Straßenverkaufswert circa 300 000 Dollar.

In der eng vernetzten Bikerwelt blieb dieser Fund nicht lange geheim und der wahre Besitzer meldete seine Ansprüche vehement an: die Hells Angels. Sie forderten vom El Presidente der US-Bandidos laut einem Polizeiinformanten ultimativ die Rückgabe der Drogen, Schadensersatz und die Bestrafung der Täter. Der mächtigste Bikerclub der Welt drohte unverhohlen mit globalen Vergeltungsaktionen, wenn seine Forderungen nicht erfüllt würden. Sollten sechs Kilogramm Kokain einen weltweiten Rockerkrieg auslösen?

Die Polizei entwickelte daraus die Theorie, dass die drei Bandidos, in deren Besitz sich das Kokain befunden haben soll, der Drogen beraubt und erschossen wurden. Die fünf weiteren Opfer seien später auf der Farm erschienen und zwecks Verschleierung der Tat eiskalt ermordet worden.

Die Ermittler folgten dieser Drogenspur bis ins 1500 Kilometer entlegene Winnipeg in der Provinz Manitoba. Dort nahm ein SWAT-Einsatzteam drei weitere Männer fest und klagte sie ebenfalls des achtfachen Mordes an; es waren zwei Vollmitglieder des Bandidos MC und ein Prospect: Dwight Mushey, 36, und Michael »Taz« Sandham, 36, der Prospect war Marcello Aravena, 30. Sandham galt den Behörden als Präsident des Bandidos-Chapters Winnipeg und war ein Ex-Cop.

Bereits im Jahr 2002 war Sandham wegen seiner engen Verbindungen zum Bandidos MC vom Dienst suspendiert worden und trat anschließend, um dem Disziplinarverfahren zuvorzukommen, aus dem Polizeidienst aus. Seine ehemaligen Kollegen bescheinigten Sandham, bis dato ein beliebter und respektierter Polizist gewesen zu sein, frei von jeglichen Vorstrafen.

Die Gerichtsverhandlungen wurden unter schwersten Sicherheitsvorkehrungen abgehalten. Selbst die Rechtsanwälte und Richter wurden durchsucht und mussten eine Metalldetektorschleuse passieren. Das Gericht stand vor ernsten Problemen, genügend Geschworene zu finden. Eine Vielzahl potenzieller Kandidaten schob gesundheitliche Probleme oder Unabkömmlichkeit von der Arbeit vor; niemand riss sich um eine Teilnahme an diesem mörderischen Gerichtsmarathon.

Die genauen Motive der Tat ließen sich auch vor Gericht nur schwer rekonstruieren. Der achtfache Mord schien sowohl interne Streitigkeiten und Rivalitäten, den sechs Kilogramm Kokain sowie grundlegend verschiedenen Meinungen zum Kokainhandel und -konsum geschuldet zu sein. Auch Antisemitismus dürfte eine Rolle gespielt haben; einer der Getöteten, der Bandidos-Prospect Goldberg, war Jude, während der beschuldigte Kellestine für seinen Judenhass bekannt und berüchtigt war. Der hohe Methamphetamin- und Kokainkonsum vieler Beteiligter dürfte ein Übriges zum Zustandekommen des Massakers getan haben. Alles in allem eine wahrlich tödliche Mixtur.

Fest steht, dass die Mitglieder des Chapters Toronto durch die Ansetzung eines Kirchgangs zur Besprechung des Kokaindeals auf Kellestines Farm gelockt worden waren. Dort überwältigten und entwaffneten die Mörder ihre einstigen Brüder. Anschließend führten sie jeden einzeln aus der Scheune und schossen ihm in den Kopf, ein acht Mal wiederholtes Hinrichtungsszenario.

In dem Verfahren spielten die Aussagen und geheime Tonbandaufnahmen eines Kronzeugen die entscheidende Rolle. Über den Polizeiinformanten in der Bandido Nation und dessen Identität ist nur wenig veröffentlicht worden. Er wird in allen Akten lediglich mit dem Kürzel »MH« geführt. Der Spitzel und dreifache Vater soll als Bauarbeiter gearbeitet haben, bis er sich im Sommer 2005 auf der Suche nach Freundschaft und wegen der gemeinsamen Motorradfahrten den Bandidos angeschlossen hatte.

MH beschuldigte in seiner Aussage den Präsidenten des Bandidos-Chapters Winnipeg, Michael Sandham, in die USA gereist zu sein und dort Instruktionen bezüglich des Toronto-Chapters erhalten zu haben. Für die interne Säuberungsaktion und die Morde sei Kellestine das Amt des El Presidente in Kanada und die Erlaubnis, ein eigenes Chapter in Ontario gründen zu dürfen, versprochen worden.

Die Jury des Superior Court in Ontario verurteilte folgende Personen aus der Welt der Bandidos wegen Mordes ersten Grades zu lebenslanger Haft: Wayne »Weiner« Kellestine, 56, Michael »Taz« Sandham, 36, Dwight Mushey, 36, Frank Mather, 36, Marcelo Aravena, 33, und Brett »Bull« Gardiner, 25.

Das Strafmaß betrug in diesen Fällen automatisch 25 Jahre Freiheitsstrafe – ohne die Möglichkeit einer Bewährung vor Ablauf dieser Frist. Eric Niessen, 45, und seine Frau Kerry Morris, 47, wurden der Mittäterschaft angeklagt und ebenfalls zu Haftstrafen verurteilt.

Die Hintergründe – ob etwa die interne Säuberungs- und Bestrafungsaktion auf Druck der Hells Angels auf die US-Führung der Bandidos ausgeführt wurde – konnten nicht aufgeklärt werden. Die kanadischen Behörden legten auch keinen besonderen Eifer an den Tag, diese Spur weiter zu verfolgen. Sie beließen es bei örtlichen Ermittlungen und vernachlässigten die internationale Dimension des Massakers.

Das endgültige Ende des Bandidos MC Canada war damit besiegelt. Sie hatten sich zum Schluss buchstäblich selbst ausgelöscht. Der verbliebene Teil der kanadischen Bandidos wanderte zur Hälfte lebenslänglich hinter Gitter, der andere Teil auf den Friedhof. Heutzutage verfügt die Bandido Nation über kein einziges Chapter mehr in ganz Kanada.

Und auch in ihrem Ursprungsland Amerika mussten die Bandidos ungefähr zur gleichen Zeit eine herbe Niederlage einstecken. Der weltweite El Presidente aller Bandidos wurde am 9. Juni 2005 mit insgesamt 21 Mitgliedern seines MC verhaftet, darunter drei weitere Mitglieder des Präsidiums. Die US-Justizbehörden klagten den 52-jährigen George Wegers wegen Schutzgelderpressung, Zeugenbeeinflussung und Hehlerei von Fahrzeugen und Fahrzeugteilen an. Der oberste Bandido handelte wie so viele andere einen Deal mit den Strafverfolgungsbehörden aus: Haftverkürzung gegen ein Teilgeständnis. Das Urteil lautete auf nur 20 Monate Gefängnis, dafür bestätigte El Presidente in seinem Geständnis, dass sich der Bandidos MC unter anderem durch Schutzgelderpressung finanziert.

Kanada – die aktuelle Lage

Salvatore und Giovanni Cazzetta, die maßgeblichen Gründer der Rock Machine, traten im Jahr 2006 dem Hells Angels MC bei. Der Bandidos MC Canada hörte im Herbst 2007 auf zu existieren. Einige verbliebene Ex-Bandidos schworen dem Leben als Einprozenter ab, andere beteiligten sich an der Wiederbelebung der Rock Machine, die zurzeit erneut mit fünf Chaptern in Kanada vertreten ist. Weiterhin gründeten sich 24 Chapter in Amerika, Australien, Schweden, im Kosovo, in der Schweiz, in Indonesien und Deutschland. Weder die fünf deutschen Chapter, die als Nomads North, South, East, West und Germany Westside bezeichnet werden, noch die kanadischen Biker sind bisher mit Gewalttaten in Erscheinung getreten.

Der staatliche Feldzug gegen den Rockerkrieg in Kanada war nicht billig: Die Kosten für den Gerichtsneubau, die lange Inhaftierung der Beschuldigten, die geschaffenen Sonderkommissionen und zusätzlichen Planstellen für Staatsanwälte und Spezialeinheiten summierten sich auf über 100 Millionen Dollar.

Die Kämpfe zwischen Hells Angels und Bandidos hatten eine unglaubliche Anzahl von Toten und einen enormen Blutzoll auf den Straßen Kanadas gefordert. Es waren Gemetzel, die wohl nur mit dem Blutbad von New Yorker Mafiafamilien vergleichbar sind, das die Mobster auf dem Höhepunkt ihrer Macht in den Straßenschluchten des Big Apple anrichteten.

Im kanadischen Rockerkrieg wurden über 200 Menschen getötet, darunter Unschuldige wie der elfjährige Daniel Desrochers und der 34-jährige Familienvater Yves Albert. Die Polizei dokumentierte 124 weitere Mordanschläge, 130 Brandstiftungen und 84 Sprengstoffanschläge. Neun Personen gelten noch immer als vermisst. Niemand rechnet damit, sie lebend wiederzufinden.

Die juristische Aufarbeitung hält bis heute an. Im März 2012 ging den Behörden ein weiterer dicker Fisch ins Netz, der Hells Angel Michel Smith, 49, genannt »l'animal« – »das Tier«. Die kanadische Polizei beschuldigt den 1,72 Meter großen und 95 Kilogramm schweren Biker der Beteiligung an 22 Morden, des Drogenhandels und -schmuggels sowie der Mitgliedschaft in einer kriminellen Vereinigung. Smith war seit Jahren vor den kanadischen Behörden auf der Flucht, die in ihm einen führenden Akteur im Rockerkrieg Hells Angels vs. Rock Machine sahen. Nach einem Hinweis wurde der mutmaßliche 22-fache Mörder in dem Touristenort Playa Coronado in Panama aufgespürt und verhaftet. »L'animal« ist zurzeit in einem mittelamerikanischen Gefängnis inhaftiert und wartet auf seine Auslieferung nach Kanada.

Das Hells Angels Nomads Charter und sein Präsident Maurice Boucher verschwanden in den Haftanstalten des Landes wie viele weitere Höllenengel. Doch die Bruderschaft benötigte nur bis zum Jahr 2006, um ihre Reihen wieder aufzufüllen. Die Rekrutierungszahlen überflügelten schon bald die Mannstärke der Hells Angels vor der Operation »Springtime«.

Infolge dieser neuerlichen aggressiven Mitgliederrekrutierung ist Kanada mit über 500 Hells Angels eines der mitgliederstärksten Länder im internationalen rot-weißen Netzwerk geworden. Allein im Großraum Toronto zählt die Bruderschaft über 100 Mitglieder; dieser Ballungsraum verfügt damit über eine der höchsten Dichten an Höllenengeln weltweit.

Der Staat stoppte seine Bemühungen gegen die Hells Angels keineswegs, sondern profitiert nach wie vor von Sondergesetzen, umfangreichen Lauschangriffen und verdeckten Ermittlern in seinem Kampf gegen die organisierte Kriminalität. Regelmäßige Durchsuchungen, Festnahmen und Verurteilungen stören die Höllenengel bei ihren Geschäften. Doch mögen sie auch unangenehm sein und Geld kosten, so stellen die Maßnahmen bisher keine existenzielle Bedrohung für die Höllenengel dar. Der Hells Angels MC hat den Krieg siegreich ausgefochten und ist letztlich gestärkt aus ihm hervorgegangen. Kein Einprozenter-Club konnte sich in Nordamerika mehr mit ihm messen. Sie waren nun die Nr. 1 und Kanada war unumstößlich Hells-Angels-Land geworden.

Aber was ist mit dem Rest der Welt?

Haben die blutigen Konflikte der Neunziger und Anfang des neuen Jahrtausends, haben Siege und Niederlagen auf den verfeindeten Seiten weitere Auseinandersetzungen ausgelöst?

Waren die vielen Toten, die verlorenen Territorialkämpfe und der Verlust von Macht und Millionen-Dollar-Einnahmen aus illegalen Geschäften das Saatgut für weitere Kriege?

Schließlich führten auch in der Welt der Biker benutzte Begrifflichkeiten wie Respekt und Ehre und das vorherrschende Machogebaren zu einer weiteren Belastung der betroffenen Subkultur. Wie sollten sich demnächst Hells Angels und Bandidos auch nur halbwegs auf Augenhöhe begegnen und miteinander umgehen, nach all den Verlusten und Demütigungen und den zahllosen Toten? Nach Beendigung des Krieges in Kanada hatte der Konflikt seine globale Dimension keineswegs verloren. Im Gegenteil, es entstand neuer Zündstoff.

Außerdem vergifteten die internationalen Auseinandersetzungen die Atmosphäre in dem Land, in dem in den vergangenen zehn Jahren ein rapides Mitgliederwachstum und eine zügellose Expansionspolitik sämtliche Landesteile erfasst hatten. Einem Land, das die bedeutend angewachsenen Hells-Angels-Charter und die in großer Zahl neu gegründeten Bandidos-Chapter zu einer starken Bastion in den internationalen Netzwerken der OMCGs hatte werden lassen: Deutschland.

Barg die weltweite Konfrontation der Bruderschaften die Gefahr, in Deutschland einen Flächenbrand auszulösen?

8. KAPITEL

Hells Angels vs. Bandidos, Teil III: Deutschland – der Krieg beginnt

Aggressive Expansionen

Das Auftreten des Bandidos MC in Kanada, das in einem Fiasko und mit einer demütigenden Niederlage endete, verursachte eine Verschärfung der globalen Spannungen zwischen den beiden größten Einprozenter-Vereinigungen der Welt.

Gerade die deutschen Hells Angels, die mit dem Patchover von 16 Chaptern des Bones MC plötzlich weite Teile des Landes dominierten, mussten wütend zur Kenntnis nehmen, dass die deutschen Bandidos auch bei der internationalen Expansion der Bandido Nation eine entscheidende Rolle gespielt hatten. Den Übertritt aller 16 Chapter der (gelben) Ghostrider's in den Bandidos Motorcycle Club und die Aufnahme weiterer regional starker MCs empfanden sie nicht als Herstellung einer Balance zwischen den größten Einprozenter-Clubs der Welt in Deutschland, sondern als offene Herausforderung. Die Hells Angels hatten immer noch nicht verwunden, dass es dem Bandidos MC gelungen war, sich auf dem europäischen Kontinent zu etablieren. Trotz des Mordanschlags auf das erste europäische Bandidos-Chapter in Marseille und des grausamen Blutvergießens in Skandinavien leistete die Bandido Nation der mächtigsten Bruderschaft der Biker in Europa erbitterten Widerstand.

Der Hells Angels Motorcycle Club war Anfang des Jahres 2000 mit über 150 Chartern in 21 Ländern aktiv. Und eines fällt besonders auf: Das Zentrum der Bruderschaft verlagerte sich nach 50 Jahren US-Dominanz immer augenfälliger und schneller nach Europa.

Von den 21 Ländern, in denen der geflügelte Totenkopf zu dieser Zeit seinen Machtanspruch behauptete, befand sich die Mehrzahl auf dem europäischen Kontinent: die Schweiz, Großbritannien, Österreich, Niederlande, Dänemark, Frankreich, Deutschland, Norwegen, Schweden, Italien, Finnland, Liechtenstein, Spanien und Belgien.

Von den damals 154 Chartern waren 67 in Europa, wobei der Schwerpunkt mit 21 Chartern in Deutschland und 16 Chartern in Skandinavien lag. Von diesen 67 europäischen Chartern wurden allein 55 in den 90er-Jahren gegründet.

Doch wer meinte, die 90er würden als das europäische Jahrzehnt in die Hells-Angels-Historie einkehren, täuschte sich. Im ersten Jahrzehnt des 21. Jahrhunderts rauschte eine noch größere, nicht für möglich gehaltene Expansionswelle der Big Red Machine durch Europa und dort insbesondere durch Deutschland. Die vormals eher regional geprägte Clublandschaft litt unter dieser aggressiven Expansionspolitik am schwersten und wurde von einer rot-weißen Lawine überrollt, begraben und schließlich komplett neu geordnet. Kleinere, regional vertretene Clubs mit einem oder zwei Chaptern wurden übernommen oder zur Aufgabe gezwungen. So verfügte der Hells Angels MC Germany keine zehn Jahre später über 48 Charter in Deutschland.

Wie würden die Höllenengel mit dieser Machtfülle umgehen? Würden sie es bei ihrem Status als wichtigster und mächtigster Club in der Bikerwelt belassen oder würden sie ihre Autorität auf zerstörerische Weise einsetzen? Würden die Hells Angels den erstbesten Vorfall zum Anlass nehmen, um gewaltsam gegen Konkurrenten in Deutschland vorzugehen?

Auch die anderen bedeutenden Einprozenter der Welt, der Bandidos MC und der Outlaws MC, gaben sich nicht mit dem Status quo in Deutschland zufrieden und erlebten eine nicht für möglich gehaltene Ausbreitungswelle in der Republik.

Verschärft wurde die Situation zusätzlich durch eine deutsche Besonderheit, den Gremium MC. Dieser 1972 in Mannheim gegründete Club, der besonders im Südwesten des Landes stark vertreten war, schloss sich keiner der global agierenden Bruderschaften an, sondern wählte den beschwerlichen Weg der kompletten Eigenständigkeit. Selbst nach dem Eintritt der ehemals autarken deutschen Clubs Bones und Ghostrider's in die internationale Szene bewahrte der Gremium MC seine Unabhängigkeit. Im Jahr 2012 verfügt er über 72 deutsche Voll- und sechs Prospect-Chapter und zusätzliche 68 Auslands-Chapter, wobei der Fokus dort auf Polen, Italien und Spanien liegt.

Vier große Clubs in Deutschland, die die Polizeibehörden sämtlich den Outlaw Motorcycle Gangs (OMCGs) zurechnen, verlangten alle nach ihrem Anteil an der zu verteilenden Beute und nach Beachtung der in der Bikerwelt propagierten Begrifflichkeiten Respekt und Ehre.

In Deutschland standen alle Zeichen auf Krieg.

Die Hamburger Höllenengel verhielten sich seit dem Verbot ruhiger und geschickter. Sie vermieden unbotmäßige Publicity und kontraproduktive mediale Inszenierungen. Sie organisierten sich neu und blieben im Hintergrund. Bald erhielten sie Unterstützung von den benachbarten Brüdern aus Hannover, die unter Führung ihres Präsidenten Frank Hanebuth nach mehr Macht und Geld strebten. Nachdem die niedersächsischen Rocker das hannoversche Rotlichtviertel Steintor übernommen hatten, galt ihr zweiter Griff dem größten und sicherlich profitabelsten Rotlichtviertel Deutschlands, dem Hamburger Kiez. Ein folgenreicher Entschluss.

Es gelang dieser Gruppe, sich in mehreren Laufhäusern festzusetzen und hohe Profite aus der Prostitution zu erwirtschaften. Doch dann unterlief »Strähnchen-Matthias« der klassische Zuhälterfehler: Er verprügelte eine Prostituierte und verletzte sie schwer. Die Frau wandte sich an die Polizei und packte aus. Auch Karin S., 42, Kellnerin und Freundin des Hells Angels Norbert »Schlachter« S., 34, wählte am Ende eines dreijährigen Martyriums diesen Ausweg. Das Leid begann, als sie sich im Sommer 1997 in Norbert S. verliebte. Später berichtete sie den Behörden von Drogengeschäften im Kilobereich mit Kokain, Amphetamin und Haschisch, die ihr Freund mit dem Hamburger Sergeant at Arms der Höllenengel, Holger »Holli« L., 40, getätigt haben soll. Dies bedeutete für den Schlachter einen monatlichen Umsatz von 50 000 bis 90 000 Mark. Damit hatte Karin S. kein Problem, allerdings bald schon mit den Drogen selbst. Karin und Norbert griffen selber immer häufiger zu Kokain, wobei Norbert auch Crack konsumiert haben soll.

Karin akzeptierte den Drogenhandel, der sie ja auch selbst versorgte. Dass Norbert sie mit seiner Exfreundin betrog und dass er an der Vergewaltigung einer Frau beteiligt war, der anschließend gewaltsam ein Schmetterling auf den Hintern tätowiert wurde, nahm sie auch noch hin.

Im Szene-Jargon wird dieses Gefügigmachen von Frauen, um sie anschließend auf den Strich zu schicken, »einreiten« genannt. Auch das war noch kein Trennungsgrund für Karin.

Doch ein Mensch hält nur eine begrenzte Menge von Leid und Demütigungen aus. Im Juni 1999 sollte Karin ihren Freund und weitere Hells Angels aus Hamburg und Kiel am Flughafen abholen; man war auf einem Trip nach Brasilien gewesen. Was sie dann sah, war zu viel für sie. Ihr Freund und Lebensgefährte, so hatte es sich Karin bis hierhin immer noch eingeredet, schlenderte vergnügt mit einer brasilianischen Prostituierten Arm in Arm aus dem Terminal. Karin trennte sich daraufhin von ihrem Freund und drohte ihm und dem Club in ihrer Wut und Verzweiflung mit der Polizei. Ab diesem Zeitpunkt war sie ständigen Einschüchterungen, Morddrohungen und Gewalttätigkeiten ausgesetzt.

Als sie den Schlachter wieder zu einem seiner gewalttätigen »Hausbesuche« nahen sah, übergoss sie ihren mit blauen Flecken übersäten Körper und den Kopf, aus dem die Haare ihr schon büschelweise ausgerissen worden waren, mit Spiritus und zündete sich auf dem Balkon ihrer Penthousewohnung an. Als ihr Pullover Feuer fing und die Haare brannten, lief sie halb nackt und schreiend ins Treppenhaus und konnte gerettet werden. Erst in einer Nervenklinik kam sie zur Besinnung und fasste einen folgenschweren Entschluss. Karin S. entschied sich, ihr Wissen der Polizei zu offenbaren, und lieferte den Behörden tiefe Einblicke in die Organisationsstrukturen und die kriminellen Geschäfte der Hells-Angels-Mitglieder. Die ehemalige Rockergefährtin lebt heute im Zeugenschutzprogramm der Polizei an einem unbekannten Ort in Europa. Selbst ihre Tochter darf sie nur an wenigen Tagen im Jahr unter Polizeischutz sehen.

Norbert S. warfen die Hells Angels vor, seine Freundin nicht unter Kontrolle gehabt zu haben. Nachdem er mit einem »out in bad standing« versehen worden war und man zudem ein Kopfgeld in Höhe von 100 000 Mark auf ihn ausgeschrieben hatte, flüchtete er nach Südamerika. Dort machten ihn deutsche Zielfahnder ausfindig, nahmen ihn fest und ließen ihn vor ein deutsches Gericht überführen. Auch Norbert S. entschloss sich daraufhin zu einer Zusammenarbeit mit den Behörden und wanderte ins Zeugenschutzprogramm der Polizei, wo sich seine Spuren bis heute verlieren.

Die Hamburger Staatsanwaltschaft ermittelte in Zusammenarbeit mit Polizeibeamten der Abteilung Organisierte Kriminalität unter der Leitung von Manfred Q. penibel und umfangreich, bevor sie im November 2000 zuschlug. 400 Polizisten durchsuchten 29 Freudenhäuser, darunter die Großbordelle »Pascha« und »Laufhaus« auf der Reeperbahn, sowie Wohnungen und Firmensitze in ganz Norddeutschland. Die Razzia dehnte sich vom Schwerpunkt Hamburg über Schleswig-Holstein, Niedersachsen und Mecklenburg-Vorpommern bis nach Baden-Württemberg aus.

Vier der Festgenommenen rechnet die Polizei den Hells Angels zu. Neben Frank Hanebuth selbst waren das Hans-Peter S., 44, Frank W., 36, und Michael F., 48. Des Weiteren inhaftierten die Polizeikräfte Strähnchen-Matthias S., 39, und Hans-Peter »Pit« K., 46. Zwei der Festnahmen führten spanische Polizeieinheiten auf Mallorca durch, wo Mitglieder der Allianz aus Höllenengeln und anderen Zuhältern Beteiligungen an einem Bordell und einer Kneipe hielten.

Die einjährigen Ermittlungen der Kriminalpolizei ergaben, dass die Bande über 100 Prostituierte kontrollierte, von denen einige regelrecht von den Zuhältern eingekauft worden waren. Alle Prostituierten waren einem strengen Reglement unterworfen, das ihnen unter anderem vorschrieb, wie sie ihre Arbeit zu verrichten hatten. Auch den Jahresumsatz der Zuhälterbande konnten die Experten klar beziffern: nicht weniger als 37,2 Millionen D-Mark.

Die Polizei nahm 38 ausländische Prostituierte wegen illegaler Arbeitsaufnahme fest und begann damit, die kriminell erworbenen Vermögenswerte zu beschlagnahmen. Sie stellten fünf Harley-Davidsons, eine Yamaha, acht Autos und in Hannover den Lamborghini Hanebuths sicher. Auch die Tageskasse der Bordelle wurde gefunden, 300 000 DM in bar.

Für den Exboxer war diese Festnahme doppelt ärgerlich, da der Boss der Hannoveraner eine Woche später als Festredner auf einer Party mit über 1000 Gästen fest eingeplant war. Der Grund der opulenten Feierlichkeiten: ein Jahr Vereinigung des Bones MC mit dem Hells Angels MC.

Es fällt auf, dass die Ermittler in Hamburg für ihr entschlossenes polizeiliches Vorgehen und die umfassenden Beschlagnahmungen nur ein Jahr benötigten. Vergleichbare Erfolge konnte die Hannoveraner Polizei auch nach zehn Jahren umtriebigster krimineller Aktivitäten der Bones und Hells Angels in ihrer Stadt nicht aufweisen.

Das Polizeipräsidium der niedersächsischen Landeshauptstadt muss sich den Vorwurf gefallen lassen, dass es die Gruppierungen zu lange als Ordnungsfaktor im Rotlichtgewerbe geduldet hat. Die ungestört gewachsenen Strukturen und Vertragsgeflechte bei Immobilien, Teilhaberschaften und Pachtverträgen im Milieu und der angrenzenden Gastronomie scheinen polizeiliche Ermittlungen jetzt nicht mehr durchdringen zu können.

In der folgenden Gerichtsverhandlung plädierte der Staatsanwalt für eine Haftstrafe gegen Frank Hanebuth und den Einzug von 1,7 Millionen Mark illegaler Profite aus der Prostitution. Er bezeichnete den Präsidenten der Hannoveraner Hells Angels als eine Art »Unternehmensberater« auf dem Hamburger Kiez.

Das Mammutverfahren – es war geplant, 469 Zeugen, darunter 200 Prostituierte, zu laden – sprengte jeden Rahmen und so entschloss sich die Justiz erneut, einem Deal zuzustimmen. Das Entgegenkommen rechnete sich wieder einmal für die Angeklagten. Strähnchen-Matthias erhielt nur vier Jahre und acht Monate Haft und ein weiterer Höllenengel zwei Jahre Gefängnis.

Die Beweise gegen Hanebuth reichten aber wieder nicht aus; sein Anwalt, Götz v. F., handelte einen Deal aus. Gegen eine Geldzahlung an die Staatskasse wurde das Verfahren in der Hansestadt eingestellt.

Das Ermittlungsverfahren in Hamburg wegen Bildung einer kriminellen Vereinigung, Zuhälterei und Menschenhandel hatte Präsident Hanebuth beinahe völlig unbeschadet überstanden. Doch dann holte seine gewalttätige Vergangenheit den »Steintorkönig« wieder einmal ein.

Im Jahr 1999 hatte der ehemalige Profiboxer bei internen Streitigkeiten ein Mitglied aus dem eigenen Charter mit Schlägen gegen Kopf und Gesicht lebensgefährlich verletzt. Nur der robusten körperlichen Konstitution des Opfers, eines ehemaligen Bodybuilding- und Karatechampions, war es zu verdanken, dass es die zahlreichen Frakturen im Gesicht überlebte. Das Gericht belehrte Hanebuth, dass er nur knapp einer Verurteilung wegen versuchten Totschlages entgangen sei. Trotz des strafmildernden Umstandes, dass Hanebuth bereits 13 000 Euro Schmerzensgeld an das Opfer überwiesen hatte, sprach das Gericht ein hartes Urteil. Es verhängte gegen den bis dahin als unantastbar geltenden Rockerführer eine 3,5-jährige Freiheitsstrafe.

Seine Regentschaft im Steintorviertel beeinträchtigte die Haftzeit jedoch nicht im Geringsten. Alles war bestens organisiert und lief wie geschmiert weiter. Vorfälle im Revier regelten die Höllenengel nach wie vor unter sich.

So beispielsweise, als 2003 zwei Türsteher der Securityfirma des Präsidenten einen Gast vor einem Club im Vergnügungsviertel Hannovers abwiesen. Der zog eine Schusswaffe und bestätigte damit die negative Einschätzung der Security, die er durch mehrere Schüsse verletzte. Höllenengel, von denen es nachts auf der Vergnügungsmeile nur so wimmelt, nahmen die Verfolgung auf, stellten den Mann, überwältigten ihn und übergaben ihn der Polizei. Nicht ohne ihn vorher auf schmerzhafteste Weise zu bestrafen. Schwer verletzt und übel zugerichtet überließen sie ihn den Beamten.

Dafür hielten sich die beteiligten Angels bei der folgenden Gerichtsverhandlung gegen den Schützen auffällig zurück und belasteten ihn nicht. Der Vorfall belegt einmal mehr, dass die Hells Angels ihre eigene Gerichtsbarkeit leben.

Angebote, die man nicht ablehnen kann

Das Perfide an der Macht eines Einprozenter-Clubs sind die Auswirkungen auf die Betroffenen, die in seinen Herrschaftsbereich fallen. Der gewalttätige Ruf der Angels allein sorgt dafür, dass die meisten Geschäftspartner entsprechend eingeschüchtert sind und ihnen großen Respekt erweisen. Allen Beteiligten an Geschäften mit den Höllenbikern ist bewusst, dass die nicht eine Sekunde vor Gewaltanwendung zurückschrecken würden. Diese Erkenntnis pflastert weltweit den blutigen Weg der Bruderschaft. Dabei können völlig unterschiedliche Gruppen in die Abhängigkeit der Biker geraten.

Prostituierte, denen von einem auf den anderen Tag die Tagesmiete für ein Zimmer in einem Laufhaus oder einem abgestellten Wohnmobil um 30

Prozent erhöht wird. Kleindealer, die plötzlich eine höhere Abgabe zu entrichten haben. Zufällige Zeugen einer Straftat, denen Gedächtnisschwund angeraten wird. Gastronomen und Diskothekenbetreiber, denen erst eine neue Securityfirma wärmstens ans Herz gelegt wird, damit es in ihren Läden keinen Ärger gibt, und dann geraten wird, ihre Angebotspalette doch unbedingt durch Getränke oder Zigaretten der Hells-Angels-Hausmarke zu erweitern.

Wenn eine Gruppierung keine Gewalt mehr androhen, geschweige denn ausüben muss und ihr bei letzten Zweifeln Andeutungen ausreichen, hat sie den Gipfel ihrer Wirkungsmacht erreicht.

Diese Angebote finden in einer juristischen Grauzone statt, deren Interpretationsmöglichkeiten gewieften Rechtsanwälten meist genügend Spielräume vor Gericht bieten, sollte sich einmal ein Adressat tatsächlich trauen, diesen Vorgang anzuzeigen. Während der Staatsanwalt von Nötigung, Zuhälterei und räuberischer Erpressung spricht, lamentiert der hoch bezahlte Advokat über eine Missdeutung des Gesprächs und eine Vorverurteilung seines Mandanten.

2004 half Dominic G., 35, auch kein hoch bezahlter Rechtsbeistand; das Gericht verurteilte ihn wegen erpresserischen Menschenraubes und räuberischer Erpressung im Rotlichtmilieu zu 6,5 Jahren Haft.

Dominic G. ist Vollmitglied des Hannoveraner Charters des Hells Angels MC. Wie bei allen anderen rechtskräftigen Verurteilungen innerhalb der Angels-Welt distanziert sich der Club in keiner Weise von seinem Mitglied oder der Tat. Selbst bei schwersten Gewalttaten, bei Totschlag, Mord oder Drogenhandel, warten Opfer vergeblich auf eine Entschuldigung oder die Übernahme der moralischen Verantwortung. Die Straftaten werden als Einzeltat ausgewiesen und als unvereinbar mit den Statuten des Clubs bezeichnet. Das war's.

Welche Vereinigung wäre aber auch so töricht, Mord, Drogenhandel, Gewalt und die Förderung der Prostitution explizit als Geschäftsmodell in ihre Statuten zu schreiben? Doch der inhaftierte Bruder wird nicht nur nicht rausgeworfen, sondern von einer weiteren Organisationseinheit der Hells Angels aufgefangen: von der »Big House Crew«. Diese kümmert sich sogar mittels einer eigenen Homepage um inhaftierte Mitglieder, vermittelt Briefkontakte inklusive einer Fotogalerie und ruft zur Unterstützung der Gefangenen durch Spenden und den Kauf von Support-Bekleidung auf. Andere in Deutschland aktive OMCGs verfahren mit Straftaten und inhaftierten Mitgliedern auf identische Weise.

Autobombe und Hinrichtung in Karlsruhe

Gewalttätigkeiten bei Revierkämpfen und der Verteilung von Profiten aus Prostitution und weiteren illegalen Aktivitäten finden nicht nur unter den verfeindeten Rockerclubs statt. Auch andere Organisationen und Syndikate im Milieu sind bereit, sich Macht und Geld rücksichtslos anzueignen. Wenn es geht, wird in Verhandlungen eine Koexistenz vereinbart, doch nicht alle kriminellen Gemeinschaften schrecken davor zurück, einen offenen Kampf mit den Hells Angels auszutragen.

Einmal geriet Helmut »Miko« M., 42, Präsident des 40-köpfigen Hells-Angels-Charters Karlsruhe, mit einer Gruppierung aus Serbien und Montenegro aneinander. Miko war eine stadtbekannte Größe im Rotlichtmilieu Karlsruhes und betrieb unter anderem ein Bordell. Der Präsident war aktiver Kampfsportler und erkämpfte sich als Ultimate Fighter einen Namen. Seinen Werdegang begleiten viele Körperverletzungsdelikte, und schon mit 21 Jahren trat er eine siebenjährige Freiheitsstrafe wegen versuchten Totschlags an. Im Milieu war er dafür bekannt, seine Geschäftsinteressen rigoros durchzusetzen.

Miko M. war nach Polizeiangaben der maßgebliche Akteur bei der Umgestaltung einer Diskothek in ein Großbordell. Eine Prostituierte sagte nach einem Selbstmordversuch aus, dass ihr vor der Schicht jeweils Tabletten verabreicht wurden, »um in Stimmung zu kommen«, und dass dort Minderjährige zur Prostitution gezwungen würden. Bei der folgenden Razzia waren in dem Etablissement nicht weniger als 183 Personen anwesend.

Der Boss der Karlsruher Angels war gut etabliert im Milieu. Trotzdem wagte es jemand, ihn herauszufordern.

Die Auseinandersetzung begann, als Miko wegen Streitigkeiten um eine Prostituierte und eine Corvette über den jugoslawischen Kopf einer ebenfalls im Milieu agierenden Bande ein »Stadtverbot« aussprach. Das ließen die Brüder Dejan J., 23, und Dragutin J., 24, nicht auf sich sitzen.

Dem Verbot Folge zu leisten, hätte ihre umfangreichen Tätigkeiten in der Prostituiertenszene zwangsläufig beendet und herbe finanzielle Verluste nach sich gezogen. Die Brüder beschlossen, sich zu wehren. Sprengstoff schien ein probates Mittel zu sein.

Im Dezember 2003 scheiterte ein Attentat mit etwa 500 Gramm Plastiksprengstoff auf Miko M. aufgrund eines Wackelkontaktes im Zündmechanismus. Davon abgesehen waren die Täter sehr professionell vorgegangen. Der montenegrinische Staatsbürger Boris C. wurde später der Mittäterschaft angeklagt und gestand vor Gericht seine Beteiligung an dem Mordkomplott. Sein Tatbeitrag bestand darin, den Bombenbauer vom Flughafen abzuholen und ihn zum Tatort zu chauffieren. Dort brachte dieser die Bombe unter dem Pkw des Hells-Angels-Präsidenten per Magnethaftung an und wurde danach umgehend von seinem Fahrer zurück zum Flughafen gefahren, von wo aus er Deutschland mit dem ersten Flieger wieder verließ.

Miko und die Hells Angels verweigerten trotz des Mordanschlages eine Zusammenarbeit mit der eigens gegründeten polizeilichen Sonderkommission »Magnet«. So blieben die Hintermänner der Tat weiterhin im Dunkeln und beschlossen dort, einen neuen Anlauf zu unternehmen. Das Schweigegelübde und die Verweigerung jeglicher Zusammenarbeit mit den Behörden in der Welt der Hells Angels, egal ob als Täter oder Opfer, sollten dieses Mal tödliche Folgen haben.

Beim zweiten Versuch wollten sich die jugoslawischen Gangster nicht auf Technik verlassen und heuerten einen versierten Schützen als Auftragskiller an. Der spazierte am 9. Januar 2004 am helllichten Tag in das »Café Ciao« am Passagenhof in Karlsruhe und schoss dem Führungsmitglied der Hells Angels mit einer Pistole der serbischen Marke »Cverna Zastava« aus nächster Nähe in den Kopf. Bereits der erste Schuss war tödlich.

Ungeachtet des Attentats auf ihren Präsidenten verweigerten die Hells Angels in Karlsruhe weiterhin die Zusammenarbeit mit der Polizei. Der Leiter der eingesetzten Soko, Roger Westermann, kommentierte diese Verweigerung mit den Worten »in der Szene herrscht das Gesetz des Schweigens«.

Der Vizepräsident des Charters Karlsruhe, Jürgen »Lupo« K., 47, beklagte unterdessen in einem Interview, dass er bei seiner Zeugenvernehmung von der Polizei aufgefordert worden sei, eine DNA-Probe abzugeben, um zuverlässig seine Unschuld beweisen zu können. Dieses Prozedere habe kein Vertrauen in die Objektivität der Polizei in ihm geweckt.

Der Aufschrei in ganz Deutschland, besonders in Karlsruhe, war groß. Presse, Polizei und Bevölkerung wähnten sich bis dato in der beschaulichen Fächerstadt abseits der aus den Großstädten bekannten Verteilungskämpfe und Auftragsmorde. Für die Stadt, in der Bundesverfassungsgericht, Bundesgerichtshof und der Generalbundesanwalt residieren, war eine öffentliche Hinrichtung nach Mafiaart etwas Neues.

Die Homepage der Hells Angels erreichten unterdessen Beileidsbekundungen aus der ganzen Welt. Die Polizei bereitete sich in den folgenden Tagen auf die Trauerfeierlichkeiten, aber ebenso auf Vergeltungsaktionen mit einem Großaufgebot vor. Am folgenden Sonntag war ein Trauerkorso des Charters Karlsruhe angekündigt, am 22. Januar fand die offizielle Trauerfeier statt. In Karlsruhe liefen 2000 Mitglieder der Hells Angels und Sympathisanten aus ganz Deutschland, Europa und sogar den USA auf. Der Motorradkorso und die polizeilichen Absperrungen legten fast einen Tag lang einen Großteil der Stadt lahm.

Dem Ehrenkodex der Rocker gemäß blieb es bei den Trauerfeierlichkeiten absolut friedlich. Während die Songs »It's my life« von Bon Jovi und »Engel« von Rammstein auf dem abgesperrten Vorplatz der Kirche des Hauptfriedhofs erklangen, kämpfte so manch harter Rocker mit seinen Emotionen.

Nach akribischen Ermittlungen der 40-köpfigen Sonderkommission – allein das Abarbeiten von 400 Spuren verursachte 47 000 Arbeitsstunden und kostete den Steuerzahler zwei Millionen Euro – fiel der Verdacht auf die zwei Männer der serbisch-montenegrinischen Gruppe, Dejan und Dragutin J. Beide waren der Polizei aus der Karlsruher Rotlichtszene bekannt.

Sie wurden als Auftraggeber des Mordes angeklagt. Den ersten Gerichtstag verfolgten ein Großaufgebot an Polizeikräften und 30 Hells Angels.

Dem Gericht gelang es, durch zahlreiche Zeugenaussagen den genauen Verlauf des Konflikts zu rekonstruieren. Dejan J. spannte einem Freund von Miko eine Prostituierte aus und zog mit ihr zusammen. Die in der Szene übliche Abstandszahlung verweigerte er jedoch. Obendrein nahm die Frau auch noch die gemeinsame Corvette mit und verkaufte den Wagen mit Dejan J. für 11 500 Euro. Der doppelt gedemütigte Expartner wandte sich an seinen Freund Miko M., der daraufhin das Stadtverbot über Dejan J. verhängte und so die tödliche Kettenreaktion auslöste. Die Erkenntnis erfahrener Ermittler, um einen Mord aufzuklären, »folge dem Sperma oder dem Geld«, traf in diesem Fall doppelt zu.

Die Gruppe vom Balkan hatte sich durch diesen kaltblütigen Mord gehörig Respekt im Milieu verschafft. Sie schreckte auch nicht davor zurück, weitere Hells Angels zu bedrohen. Vor Gericht wurde bekannt, dass die Mörder nach der Tat den Freundeskreis von Miko massiv terrorisierten und einschüchterten. Einige Handys erreichte folgende SMS: »Euer Gott ist tot. Falscher Glaube wird bestraft.«

Dejan und Dragutin J. verurteilte das Landgericht Karlsruhe im Mai 2005 zu lebenslanger Haft und stellte eine besondere Schwere der Schuld fest, die eine Freilassung der beiden Hauptangeklagten nach 15 Jahren Haft verhindert. Die zwei montenegrinischen Staatsbürger, die Brüder Boris und Tomica C., wurden wegen ihrer Tatbeteiligung zu sieben Jahren und sechs Monaten beziehungsweise zwei Jahren und sechs Monaten Haft verurteilt. Im Gegensatz zu den Brüdern J. waren deren Cousins im Verfahren geständig.

Dem Todesschützen gelang zunächst die Flucht in seine Heimat. Der 28-jährige Täter, nach dem mit internationalem Haftbefehl gefahndet wurde, ging den Ermittlern nach 3,5 Jahren im Juli 2007 in Montenegro ins Netz.

Bremen – die Hells Angels greifen an

Norddeutschland reklamierten die Hells Angels im Jahr 1999 seit weit über zwei Jahrzehnten als ureigenstes Territorium. Den Grundstein legte bereits 1973 die Hamburger Niederlassung, damals das erste Charter der Bruderschaft in Deutschland. Doch trotz des schon beschriebenen Verbots der als Verein organisierten Gruppe, das sich jedoch lediglich auf das Tragen des Schriftzuges »Hells Angels« und des Deathhead bezog, agierte die Big Red Machine unter der Bezeichnung Harbour City wieder ganz offen in der Hansestadt. Die Höllenengel dominierten weiterhin einen Teil der umsatzstärksten Amüsiermeile der Republik. Ein wenig weiter südwärts beherrscht das mitgliederstärkste und mächtigste Charter Deutschlands, Hannover, ganz Niedersachsen und sogar Teile NRWs wie eine uneinnehmbare Festung. Die dritte Säule des Herrschaftsanspruchs in Norddeutschland stellt das am 15. Januar 1999 gegründete Bremer Charter West Side dar, die fünftälteste Dependance in Deutschland.

Die Stellung der Hells Angels war in diesen Gegenden so dominant, dass sie trotz bewusst forcierter Expansion nicht jeden Bewerber aufnahmen. Ein neuer Bewerber muss gemäß den Statuten einvernehmlich von allen Mitgliedern angenommen werden. Viele sich zu Höherem berufen fühlende Rocker wurden abgelehnt und so jäh auf den Boden der Tatsachen geholt. Einige der verprellten Männer gründeten wie schon in Skandinavien eigene Clubs oder heuerten direkt bei der Konkurrenz an.

Einer dieser Männer soll der Dachdecker Heino B., 47, gewesen sein. Die Absage der Bremer Hells Angels muss ihn tief gekränkt haben. Aber wie sagt der Volksmund so passend: »Man sieht sich immer zweimal im Leben.« In der eng vernetzten Welt der Bikersubkultur ist ein zweites Aufeinandertreffen geradezu unvermeidbar.

Fortan engagierte sich Heino B. bei dem ebenfalls 1999 in Bremen gegründeten Blazes MC, der den Bandidos nahestand. Die Sympathien bestanden jedoch nur in der Hansestadt selbst, die anderen Chapter des Blazes MC fahren bis heute selbstständig und mit eigenem Color durchs Land.

Die Bremer Hells Angels verdankten ihre Schlagkraft wesentlich dem Patchover des Free Eagles MC Bremen, der zu diesem Zeitpunkt die Bremer Bikerszene beherrschte. Entgegen ihrer Bremer Rockerfreunde schlossen sich drei andere Chapter der Free Eagles 2001 der Bandido Nation an. Die verbliebenen 13 Chapter des Free Eagles MC Germany haben nach wie vor hauptsächlich im Nordwesten der Republik ihren Sitz. In der sich rasant und fundamental ändernden deutschen Clublandschaft bildeten sich Fronten mitten durch jahrelang bestehende Motorradclubs.

In der Nacht des 13. Februar 2000 erreichten die ersten handfesten Vorboten des weltweiten Rockerkrieges zwischen Hells Angels und Bandidos

Deutschland, genauer gesagt Bremen. 20 Rocker griffen mit Baseballschlägern und Messern bewaffnet eine Kneipe und deren Wirt Heino B. im Bremer Steintor an. Neun Männer aus dem Umfeld der Bremer Blazes wurden schwer verletzt, einer entging nach einem Nierenstich nur knapp dem Tod.

Da keiner der Verletzten mit der Polizei sprach, blieb der schwerwiegende Angriff ohne juristische Konsequenzen. Die Behörden ermittelten zwar mehrere Männer der Bremer Hells Angels als Tatverdächtige, da aber keines der Opfer eine Zeugenaussage machte, konnten Polizei und Justiz keine weiteren Maßnahmen ergreifen.

Einen Tag vor dem geplanten Patchover des Bremer Blazes MC zur Bandido Nation erfolgte ein weiterer Gewaltakt. Mit dem Schlachtruf »Tatütata – Rot-Weiß ist da« griffen am Abend des 11. Januars 2002 acht Hells Angels drei Mitglieder der Blazes mit Baseballschlägern, Eisenstangen und einer Axt an. Eines der Opfer verdankte nur einer geistesgegenwärtigen Reaktion sein Überleben; es wich einem kräftigen Axthieb gegen seinen Kopf gerade eben noch aus. Der Schädel wurde nicht getroffen, jedoch durchtrennte die Axt das Ohr. Die ermittelnden Landeskriminalämter Niedersachsen und Bremen benannten die Angels-Prospects Tobias K., Frank M. und Thorsten S. als dringend tatverdächtig, doch wieder schwiegen alle Beteiligten und es wurde niemand angeklagt oder verurteilt.

2003 und 2004 verurteilte das Landgericht Oldenburg die drei Prospects jedoch in einem anderen Verfahren zu jeweils zehn beziehungsweise 6,5 Jahren Haft wegen erpresserischen Menschenraubs, schwerer räuberischer Erpressung und gefährlicher Körperverletzung. Die »ungewöhnlich brutalen Taten«, so der zuständige Staatsanwalt, standen im Zusammenhang mit den Tätigkeiten der Verurteilten im Rotlichtmilieu. In diesem Zusammenhang wurde ein vierter Hells Angel des Charters Hannover zu einer ebenfalls hohen Haftstrafe verurteilt. Tobias K. soll heute, er ist wieder auf freiem Fuß, als Betriebsleiter eines Bordells fungieren. Dessen Eigentümer, drei Hells Angels, sind zurzeit entweder inhaftiert oder auf der Flucht vor dem Gesetz. Tobias K. ist auch kein Prospect mehr, sondern Vollmitglied des Hells Angels MC West Side.

Anders als die Hells Angels, die sich bei der Mitgliederwerbung das Vorrecht herausnahmen, nur die geeignetsten Kandidaten aufzunehmen, musste der Bandidos MC, um sein Wachstum zu forcieren, andere Schwerpunkte bei der Rekrutierung setzen. So glückte dem bei den Angels abgewiesenen Heino B. nicht nur die Aufnahme bei den Bandidos, er avancierte auch in kürzester Zeit zum Präsidenten des neuen Chapters. Dieser wurde mitten im Bremer Machtbereich der Angels gegründet, obwohl die dort herrschende Atmosphäre durch mehrere Attacken unmissverständlich als feindlich ausgewiesen worden war. Kurze Zeit später folgte ein weiteres Chapter des Fat Mexican im ostfriesischen Leer. Schon vorher hatten sich die Bandidos mit einem Chapter in Oldenburg festgesetzt. Ehemalige Mitglieder des Gremium MC hatten es ins Leben gerufen, nachdem sie wegen interner Streitigkeiten mit dem Segen des allmächtigen Siebenerrates (der höchsten Instanz innerhalb der Gremium-MC-Welt) zwangsweise aus der Gremium-Gemeinschaft entfernt worden waren.

Die Ausdehnung der Bandido Nation in Norddeutschland, wo mit den Angels und dem Gremium MC bereits zwei große Einprozenter-Clubs stark vertreten waren, sollte nicht folgenlos bleiben. Bei den Gebietsansprüchen der OMCGs geht es nach Aussage des Sprechers des niedersächsischen Landeskriminalamtes, Lothar Zierke, vor allem um die Durchsetzung wirtschaftlicher Interessen in der Türsteher- und Securityszene und im Rotlichtmilieu. Die Hells Angels entschieden sich, ihr Geschäftsmodell auch in Deutschland mit allen Mitteln zu verteidigen: »taking care of business.«

Die Lage im nördlichen Niedersachsen spitzte sich zu. Im Anschluss an den »Kindergeburtstag für Männer«, die zum ersten Mal stattfindenden Harley Days in Hamburg, regelten am 5. Juli 2003 die großen OMCGs ihre Angelegenheiten rund um Territorialansprüche, Macht und Vorrangstellung auf unmissverständliche Weise. Sie verfielen einer Kommunikationsform, die sich nun auch in Deutschland immer eingehender in der Welt der Einprozenter-Clubs etablierte: brutaler Gewalt.

Auf der Camping- und Freizeitanlage in Bingum nahe Leer treffen zum Ausklang der Harley Days nach und nach immer mehr Biker ein. Die Presse wird später berichten, dass dort rund 40 Mitglieder aus den drei größten und mächtigsten Bikerclubs in Deutschland aneinandergeraten. Auf der einen Seite stehen Männer der Hells Angels und des Gremium MC, die zu dieser Zeit noch ein freundschaftlicher Verbund eint, auf der anderen Seite Bandidos der frisch gegründeten Chapter Leer und Bremen. Der Präsident des Bandidos MC Bremen, Heino B., ist ebenfalls an der folgenden Auseinandersetzung beteiligt. Als sich die sprichwörtlichen Nebel lichten, liegen zwei Schwerverletzte auf dem Schlachtfeld: Ein Bandido trägt eine üble Messerwunde am Hals davon und Heino B. liegt an einen Zaun gestützt da. Seine Verletzungen sind nicht sofort ersichtlich.

Die beiden kommen ins Krankenhaus, wo sie aber stoisch die Zähne zusammenbeißen. Die Omertà der Rocker droht tragische Züge anzunehmen. Erst bei der Versorgung einer Platzwunde am Kopf entdecken die Ärzte zufällig einen lebensbedrohlichen Messerstich im Bauch des Bremer Präsidenten. Heino B. hatte der Polizei und den Ärzten den lebensgefährlichen Messerangriff verheimlichen wollen.

Die Staatsanwaltschaft Aurich ermittelt unverzüglich wegen versuchten Totschlags, gefährlicher Körperverletzung und schweren Landfriedensbruchs gegen mutmaßliche Täter aus den Gremium-Chaptern Jever, Cloppenburg und Vechta sowie gegen Hells Angels des Bremer Charters West Side. 2004 werden die erfolglosen Ermittlungen eingestellt und die Akten geschlossen. Alle Beteiligten, selbst die lebensgefährlich Verletzten, verweigern erneut jegliche Zusammenarbeit. Die Täter bleiben wie so oft straffrei, es kommt nicht einmal zu einem Gerichtsverfahren.

Das Bandidos-Chapter Leer verschwand nach dieser blutigen Auseinandersetzung so schnell, wie es gegründet worden war, und löste sich auf. Die Hells Angels wurden für das gewaltsame Vorgehen gegen die Konkurrenz somit doppelt belohnt. Sie mussten keinerlei juristische Konsequenzen fürchten und ein verhasster Rivale löste ein Chapter im rot-weißen Machtbereich auf. Die Gewalttaten bewiesen Wirksamkeit und so verwunderte es nicht, dass ihnen viele weitere brutale Attacken und Auseinandersetzungen folgten.

Heino B. empfand nichts als Hass gegen den Club, dem er vor ein paar Jahren noch unbedingt hatte angehören wollen. Kurz darauf explodierte eine Handgranate im Bremer »Angels Place«; es wurde zwar niemand verletzt, aber das Clubhaus benötigte eine Generalüberholung. Das Werk des Bandido-Präsidenten?

Die Höllenengel hielten sich jedenfalls nicht allzu lange mit Spekulationen auf. Nach der Bandidos-Gründung auf ihrem Territorium, dem provozierenden Verhalten von B. und einem Granatenanschlag war das Maß für sie voll.

Wie die Historie der Hells Angels lehrt, wird die nun folgende Reaktion der Bremer Hells Angels keine isolierte Handlung eines einzigen Charters gewesen sein. Vielmehr ist davon auszugehen, dass die wichtigsten Angels-Präsidenten Deutschlands in die Entscheidung über eine angemessene Vergeltungshandlung involviert waren. Vielleicht wurde das Vorgehen sogar international abgestimmt. Eines muss nämlich allen Beteiligten klar gewesen sein: Danach würde es kein Zurück mehr geben, denn dann würde in Deutschland offiziell Krieg herrschen.

Nach generalstabsmäßigen Planungen – der Sergeant at Arms des Charters West Side ließ den Bremer Bandido Heino B. schon seit einem Jahr von Hangarounds und Prospects observieren – trafen sich unter konspirativen Umständen 15 Mitglieder der Hells Angels Bremen in einem Rohbau in Delmenhorst, um es den »Tacos«, so der abschätzige Name der Angels für die Bandidos, zu zeigen.

Die Bremer Hells Angels schienen durch die Straffreiheit der vergangenen Jahre der Fehleinschätzung aufgesessen zu sein, sie könnten tun und lassen, was sie wollten. Gegner und Opfer schwiegen und Polizei und Landeskriminalämtern war es nicht gelungen, ein probates Mittel gegen die neue Kriminalitätsform in Deutschland zu finden. Den Höllenengeln konnte einfach nichts etwas anhaben, so schien es. Sie sollten sich irren.

Unter dem 15-köpfigen Kommando, das sich in Delmenhorst zusammenfand, war auch der Hangaround Thomas P. Er war nach einer Mitgliedschaft im Gremium MC Jever und der Ernennung zum Security Chief Nord, einer Einsatzgruppe für alle Eventualitäten, aus eigenem Antrieb zum Umfeld der Bremer Hells Angels gestoßen. Dort begehrte der 1,85 Meter große und kräftige Mann die Vollmitgliedschaft im rot-weißen Netzwerk.

Thomas P. stammte aus zerrütteten Familienverhältnissen. Die Mutter war Alkoholikerin und Prostituierte, der Vater verstarb bereits früh. P. war als Zeitsoldat bei der Bundeswehr gewesen, bevor er aufgrund von Gewalttaten in der Kaserne und nach einer Verurteilung wegen Zuhälterei aus dem Dienst entlassen wurde. Während der folgenden zwei Jahre arbeitete er als Türsteher und handelte sich dabei nicht weniger als 70 Anzeigen wegen Körperverletzung ein. Ein Psychiater attestierte ihm obendrein eine »aggressive Verhaltensstörung mit fehlender Selbststeuerung«. Außerdem hatte er ein Suchtproblem. P. bezeichnete sich selbst als Alkoholiker, später, während seiner Zeit bei den Angels, kamen eine schwere Medikamenten- und Kokainabhängigkeit hinzu.

Er wurde Rocker, fand aber nach eigenen Angaben beim Gremium MC nicht die kameradschaftliche Familie, die er sich erhofft hatte, und verließ den Club wieder. Andere Quellen berichten davon, dass er rausgeschmissen wurde. P. bewarb sich beim Hells Angels Charter West Side um Aufnahme. Die wurde ihm gewährt, er musste jedoch wieder auf der untersten Stufe der Rockerhierarchie beginnen, als Hangaround. Was nun kommen sollte, war eine gute Gelegenheit, sich zu bewähren, vielleicht aufzusteigen.

Das Rachekommando der Hells Angels setzte sich am Nachmittag des 22. März 2006 mit zwei Kleinbussen, einem weißen Mercedes-Lieferwagen und einem schwarzen Mercedes Vito, in Bewegung. Die nötige Ausstattung – 15 Sturmhauben und Axtstiele, die zu Schlagstöcken umfunktioniert worden waren, sowie Funksprechgeräte für eine abgeschottete Kommunikation – lag wie besprochen am Sammelpunkt bereit. Sämtliche Handys waren ausgeschaltet worden, um keine verräterischen Einwahldaten zu verursachen, und blieben auf Befehl in Delmenhorst zurück.

In unmittelbarer Nachbarschaft des Clubhauses der Bandidos im Gewerbegebiet Stuhr-Brinkum bei Bremen bezog die Gruppe in einer Autowerkstatt Stellung. Nach späterer Aussage von Thomas P. hatte der Sergeant at Arms der Bremer Hells Angels, Marcel S., den Werkstattbesitzer seit geraumer Zeit massiv eingeschüchtert, sodass dieser seinen Firmensitz für die kriminelle Aktion zur Verfügung stellte. Sämtliche Angestellten waren eigens früher in den Feierabend geschickt worden. Der Sergeant at Arms war auch persönlich vor Ort und forderte die ihm unterstellten Männer auf, »ordentlich hinzulangen«.

Dass ein so hoher Offizier eine solche Bestrafungsaktion persönlich leitete, war äußerst ungewöhnlich für die Höllenengel. Normalerweise bedienten sie sich für so etwas ihres unerschöpflichen Reservoirs an Supportern, Hangarounds und Prospects, um altgedienten Mitgliedern eine Gefängnisstrafe auf jeden Fall zu ersparen.

Ist die Teilnahme eines der ranghöchsten Angels-Offiziere Norddeutschlands nicht ein weiteres klares Indiz dafür, dass die ganze Aktion einer zentralen Steuerung unterlag?

Die Gruppe legt die Sturmhauben an und wartet. Wo bleiben ihre erbitterten Rivalen?

Da meldet ein außerhalb postierter Beobachtungsposten den ersten Taco. Die Bandidos trudeln nichts ahnend einzeln in ihrem Clubhaus ein. Sechs bis acht Hells Angels überrumpeln den ersten Ankömmling und schlagen ihn mit ihren Axtstielen zu Boden. Dann wird er schnell in die Werkstatt gezogen und dort mit Kabelbindern an Armen und Beinen gefesselt. Mund und Augen werden mit Panzertapeband verklebt und dann entlädt sich beispiellose Gewalt auf das Opfer. Die Höllenengel schlagen mit Axtstielen wild auf den gefesselten Bandido ein und misshandeln ihn zusätzlich durch Tritte und Schläge auf Kopf, Rumpf, Arme und Beine. So werden sie es mit allen machen; einige der so bearbeiteten Bandidos erleiden erhebliche Kopfverletzungen. Dann erfolgt aus der Gruppe der Befehl: »Brecht ihm die Beine! Los, brecht ihm seine Scheißbeine!« Auch dieser Befehl wird ausgeführt.

Fünf weitere Bandidos kommen nacheinander an und die vermummten Racheengel wiederholen zuverlässig wie ein Uhrwerk ihre Vorgehensweise. Insgesamt sechs Mal brechen an diesem Tag wehrlose Knochen, platzen Wunden auf.

Der Zweite, dem dieses Martyrium widerfährt, ist Heino B., ehemaliger Angels-Anwärter und jetziger Präsident des Feindes. Als sie mit ihm fertig sind, schmeißen sie den Geknebelten wie einen alten Müllsack auf den ersten, ebenso schwer verletzten Bandido.

Während der weiteren Folterungen reden die Angels gemäß ihren Anweisungen so gut wie gar nicht miteinander, sondern konzentrieren sich ganz darauf, ihre Opfer völlig fertigzumachen.

Dann lassen die Schläger die gefesselten, geknebelten und immer noch mit Panzertape geblendeten sowie zum Teil schwerstverletzten Bandidos hilflos zurück. Bevor das Vergeltungskommando seine Rivalen sich selbst überlässt, nehmen die 15 Männer ihnen noch alles ab, was den Schriftzug der Bandidos oder den Fat Mexican trägt: T-Shirts, Club-Aufnäher, Gürtel. Einen der Bandidos führen die Hells Angels dann mit dem Messer am Hals ins Clubhaus und zwingen ihn, den Safe zu öffnen. Es fallen ihnen aber nur einige Kutten, weitere Clubinsignien und Kleingeld in die Hände. Die Angels zerschlagen noch eben Einrichtung und Inventar mit ihren Axtstielen und schleppen den Bandido zu seinen Leidensgenossen zurück. Dann sind sie weg. Zur Verschleierung der Tat werden anschließend die Sturmhauben und die Axtstiele verbrannt.

Die Marter für die Gepeinigten endet erst nach Stunden.

Der erste Polizeinotruf erreicht die zuständige Polizeidienststelle um 19.26 Uhr. Die eintreffenden Streifenwagen finden sechs stark blutende männliche Personen vor dem Clubhaus der Bandidos. Die schwer verletzten Männer sind teilweise nicht mehr ansprechbar.

Nur einen Monat später, im April 2006, sprach das Bremer Bandidos-Chapter beim deutschen Präsidium des Bandidos MC im Münsteraner Clubhaus vor. Die Bremer Bandidos hatten für ein Leben genügend Prügel eingesteckt und äußerten den Wunsch, aus der Bandido Nation auszutreten. Die deutsche Club-Führung billigte den Austritt, klassifizierte den Status der Männer aber augenblicklich als »bad standing«. Dies beinhaltete die Abgabe sämtlicher mit dem Color oder dem Namen versehener Bekleidungsstücke und Devotionalien und bedeutete auch, dass alle in Bezug zu den Bandidos stehenden Tätowierungen entfernt oder überstochen werden mussten. Der Vollzug musste umgehend durch Fotos belegt werden.

Heino B., selbst schwer verletztes Opfer dieser Attacke, war das einzige Bremer Member, das in der Bandido Nation verbleiben wollte, aller Attacken der Angels gegen ihn zum Trotz. Das Präsidium stimmte dem zu, degradierte B. jedoch zum einfachen Mitglied. Sein Chapter existierte nicht mehr.

Verrat in der Bruderschaft

Die Landeskriminalämter und Polizeibehörden kamen in ihren Ermittlungen zu dem vernichtenden Angriff auf die Bandidos keinen Schritt voran. Die schwer verletzten Bandidos schwiegen wieder einmal. Die dringend verdächtigen Bremer Hells Angels schwiegen sowieso, und es meldete sich weder ein unbeteiligter Zeuge, noch ergaben die Auswertungen von Handys oder Überwachungskameras (Tankstellen, Verkehrslenkung, lokale Geschäfte) in der Gegend etwas Brauchbares. Die Akte des Überfalls war schon auf dem Weg zur Ablage der ungelösten Fälle, als sich Kommissar Zufall meldete.

Im Dezember 2007 folgte im Leben des Thomas P. mal wieder eine Kehrtwende. Nach seiner Teilnahme an dem brutalen Überfall wurde er zwar vom Hangaround zum Prospect befördert. Er blieb aber weiterhin unzufrieden mit seinem Standing im Hells-Angels-Charter West Side. Monatelange Fron- und Drecksarbeiten hinter der Theke im »Angels Place«, kostspielige Taxifahrten für betrunkene Member und schikanöse Behandlungen verärgerten ihn nachhaltig. Auch der monatliche Mitgliedsbeitrag von 130 Euro machte dem chronisch klammen Rocker schwer zu schaffen.

Seine Brüder schienen nicht unter finanziellen Problemen zu leiden. Ganz im Gegenteil war Geld, das hatte Thomas P. beim Wechsel vom Gremium MC zu den Höllenengeln sofort festgestellt, in der Welt des Hells Angels MC kein Problem. Und auch mit dem Drogengebrauch schienen sie es nicht so genau zu nehmen. Thomas P. bezichtigte später zehn bis 15 Mitglieder der West Side, im Widerspruch zu den penibel gehüteten World Rules der Hells Angels Kokain konsumiert und damit gehandelt zu haben.

Im Mai 2007 hieß es für Thomas P. dann doch noch »Welcome to the family«, und er wurde zum offiziellen Member des Bremer Charters ernannt. Das änderte an seiner negativen Grundeinstellung gegenüber den Brüdern allerdings nichts. Sie verfestigte sich im Gegenteil noch. Die Lage spitzte sich zu, als er zugedröhnt mit Kokain und Alkohol auf einer Party ein Member aus Heilbronn angriff und verletzte.

Die Sanktionen des Clubs folgten umgehend und Thomas P. wurde nach nur zwei Monaten Vollmitgliedschaft rausgeschmissen. Nachdem sie ihm alle Clubutensilien weggenommen hatten, sprach der Sergeant at Arms noch ein Sprech- und Arbeitsverbot für den gesamten Bremer Raum aus. Niemand im Umland würde ihm einen Türsteher- oder Securityjob in Gastronomie oder Rotlichtmilieu geben. Auch seine Freundin verlor ihren Job beim Ordnungsdienst im Stadion von Werder Bremen, der von einer Sicherheitsfirma besorgt wurde, die angeblich den Red Devils, dem wichtigsten Supporter-Club der Angels, nahestand.

Die einstige Bewunderung für die 81er schlug bei Thomas P. endgültig in blanken Hass um. Trotzdem kann man seinen nächsten Schritt mit normalem Menschenverstand schwer nachvollziehen. Der von den Hells Angels Verstoßene kontaktierte den Bandidos MC und tat seine Absicht kund, das Bandidos-Chapter in Bremen neu zu beleben. Die ersten Gespräche fanden telefonisch statt, wobei klar wurde, dass Thomas P. und den Bandidos MC eine gewalttätige Vergangenheit verband. Thomas P. bestätigte, dass er an dem brutalen Überfall auf die Bremer Bandidos teilgenommen hatte, und gab eine weitere gewalttätige Attacke gegen Heino B. zu. Die Bandidos teilten ihm mit, dass sie diesen Umstand erst mit der nationalen Führung besprechen müssten. In weiteren Handygesprächen und SMS wurde die Angelegenheit relativ offen unter den Bandidos diskutiert.

Was keiner der redseligen Biker ahnte: Gegen Osnabrücker Bandidos lief ein polizeiliches Ermittlungsverfahren wegen »Vorbereitung eines Explosions- oder Strahlungsverbrechens gem. § 310, Abs. 1 StGB«. Jedes Telefonat und jede SMS landete in Abhörprotokollen der Polizei, und aus heiterem Himmel verfügten die Bremer Kollegen plötzlich über eine heiße Spur in dem schon zu den Akten gelegten Gewaltverbrechen.

Um 14.42 Uhr am 15. April 2008 bremsten Beamte des mobilen Einsatzkommandos den Ford Scorpio von Thomas P. aus, zertrümmerten die Seitenscheibe seiner Fahrertür mit einem Hammer und zerrten ihn mit vorgehaltener Pistole aus dem Auto. Festnahme!

Die Vernehmungen führte ein erfahrener Beamter des Landeskriminalamtes Niedersachsen, Abteilung Organisierte Kriminalität. Er brach den Widerstandswillen des Ex-Angels, indem er ihm mit einer mindestens fünf Jahre währenden Haftstrafe drohte, die P. durch Kooperation mit der Justiz gegen die Aufnahme ins Zeugenschutzprogramm und ein neues Leben eintauschen konnte. Zuckerbrot und Peitsche lieferten wieder einmal das gewünschte Resultat eines polizeilichen Verhöres. Ob allein die abgehörten Gesprächsmitschnitte vor Gericht für eine rechtskräftige Verurteilung ausgereicht hätten, ist mehr als zweifelhaft, aber das spielt nun keine Rolle mehr.

Thomas P. stellte sich als Kronzeuge gegen die Bremer Hells Angels zur Verfügung und offenbarte den Beamten die Planungen und den eigentlichen Tatablauf und benannte die weiteren 14 an der Tat beteiligten Hells Angels.

Nach dieser Aussage, zwei Jahre nach dem Überfall auf die Bandidos, endete für acht Mitglieder des Hells Angels Charters West Side die Rückfahrt vom Euro Run in einer Arrestzelle. Das Hannoveraner Charter von Frank Hanebuth hatte das diesjährige europäische Clubtreffen mit über 2000 Hells Angels aus ganz Europa und allen Teilen der Welt am Steinhuder Meer ausgerichtet. Kronzeuge Thomas P. beschuldigte die Festgenommenen, Teil der maskierten Gruppe gewesen zu sein, die den Überfall auf die Bremer Bandidos begangen hatte. In einer koordinierten Aktion der Landeskriminalämter Niedersachsen und Bremen erfolgte die Festsetzung der Männer durch mehrere Spezialeinsatzkommandos der Polizei auf der A 27 in der Nähe von Walsrode. Nach längerer Observation leiteten Polizisten die Hells Angels von der Autobahn auf einen abgesperrten Parkplatz um und ließen sie dort durch schwer bewaffnete Spezialeinheiten festnehmen.

Gleichzeitig durchsuchten Einsatzkräfte der Abteilung Organisierte Kriminalität fünf Privatwohnungen und einen Geschäftsraum der Rocker in Bremen. Die Polizei stellte dabei Betäubungsmittel, Hieb- und Stichwaffen sowie mehrere Schusswaffen sicher, die zum Teil einem Einbruch in einem Waffengeschäft in Ostwestfalen zugeordnet werden konnten. Am Abend folgte die Festnahme noch eines Hells Angels.

Aus Sicherheits- und Platzgründen wurde die im Dezember 2008 folgende Gerichtsverhandlung zum Landgericht Hannover ausgelagert. Die 14 Beschuldigten wurden bestens von 17 Rechtsanwälten vertreten. Die brauchten sie auch, sieht das Gesetz für ein derartiges Verbrechen doch eine Höchststrafe von 15 Jahren vor.

Die Beschuldigten im Alter zwischen 32 und 47 Jahren, durchweg kräftige, stämmige Männer, saßen mit Hals-Tätowierungen, langen Bärten und kahl geschorenen Schädeln oder langen Pferdeschwänzen auf der Anklagebank. Den höchsten Sicherheitsvorkehrungen entsprechend wurden die Rocker in Hand- und Fußfesseln vorgeführt. Die in neun unterschiedlichen Gefängnissen Niedersachsens Inhaftierten gaben folgende Beschäftigungen zu Protokoll: Lagerist, Schlosser, Auslieferungsfahrer oder Arbeitslosigkeit. Nach Informationen einer Journalistin betrieben die meisten aber – zum Teil sogar gemeinsam – Bordelle.

Immer wieder blickten die Angeklagten hasserfüllt in Richtung des Kronzeugen der Anklage, Thomas P. Wenn Blicke töten könnten ...

Die Hells Angels verweigerten wie immer jegliche Aussage. Auch die misshandelten Bandidos hielten sich nach wie vor an das Gesetz des Schweigens.

Der Kronzeuge bestätigte seine ursprüngliche Aussage und belastete seine ehemaligen Brüder schwer. Er weigerte sich jedoch, seine Anschuldigungen vor Gericht ein weiteres Mal explizit und von Angesicht zu Angesicht vor den angeklagten Hells Angels zu wiederholen. Er verwies auf eine bereits vor einem Richter getätigte Aussage, die in den aktuellen Prozess eingeführt werden konnte.

Doch der Umstand des schweigenden Kronzeugen führte am nächsten Tag zu einer spektakulären Prozesswendung. Das für drei Monate angesetzte Mammutverfahren endete bereits am zweiten Tag mit einem Deal zwischen Richter, Staatsanwaltschaft, Verteidigern und Angeklagten. Die Hells Angels bekannten sich mit knappen Worten der gefährlichen Körperverletzung schuldig und das Gericht erhielt im Gegenzug den gravierendsten Vorwurf des schweren Raubes nicht mehr aufrecht. Eine Verurteilung nach dem entsprechenden § 250 StGB hätte im vorliegenden Fall eine Mindeststrafe nicht unter fünf Jahren Haft bedeutet. Richter Jürgen S. erklärte jedoch unter zustimmendem Getöse der anwesenden Höllenengel, dass keine Bereicherungsabsicht bestanden habe, als die Angels den Bandidos ihre Kutten und Abzeichen wegnahmen. Schließlich beabsichtige, so S., kein Angel, demnächst mit einem Abzeichen der Bandidos auf seiner Kutte durch die Weltgeschichte zu rollen. Auf den von Oberstaatsanwalt Hansjürgen S. zu Anfang der Verhandlung eingebrachten Vorwurf, die Hells Angels beabsichtigten mit dem Überfall auf die Bandidos, im Bremer Raum Konkurrenz auszuschalten, ging der Vorsitzende Richter nicht mehr ein.

Unter Berücksichtigung der sechs Monate währenden Untersuchungshaft wegen Verdunklungsgefahr sprach das Landgericht Hannover folgende Urteile: Der 37-jährige Rädelsführer der brutalen Attacke, der Sergeant at Arms Marcel S. erhielt zwei Jahre und zehn Monate Haft. Aufgrund diverser Vorstrafen und eines Verstoßes gegen Bewährungsauflagen wegen räuberischer Erpressung erhielt ein Hells Angel zwei Jahre und acht Monate Haft und ein weiterer wurde für zwei Jahre und sechs Monate ins Gefängnis geschickt. Die verbleibenden elf Biker, die zum Prozessauftakt noch unter schwersten Sicherheitsvorkehrungen vorgeführt worden waren, erhielten lediglich Bewährungsstrafen und konnten das Gerichtsgebäude sofort nach der Urteilsverkündung als freie Männer verlassen.

Thomas P. und seine Freundin leben heute im Zeugenschutzprogramm des LKA. Er behauptet, die Hells Angels hätten ein Kopfgeld von 500 000 Euro auf ihn ausgesetzt.

Anzumerken bleibt, dass der Vorsitzende Richter Jürgen S. die Tragweite dieses Verfahrens im Dezember 2008 nicht erkannt hat oder erkennen wollte. Nach beinahe zehn Jahren Gewalt im Umfeld der Bremer Hells Angels mit mehreren lebensgefährlich Verletzten und einem brutalen Territorialkrieg verglich er den heimtückischen Überfall und die schweren Misshandlungen mit einer »Schützenfestschlägerei«. Der »Rockerkrieg« werde »zu heiß gekocht« und der Konflikt der Hells Angels und der Bandidos gleiche dem zwischen »Cowboy und Indianer«. Sogar ein Angel hätte das nicht besser formulieren können.

Ein offensichtlich überforderter Jurist unterlässt es in dem einzigen Verfahren, das überhaupt in den letzten Jahren zustande gekommen ist, klare Worte und ein abschreckendes Urteil zu sprechen. Dabei bekam er alle Zutaten auf dem Silbertablett serviert. Vergleicht man zum Beispiel spätere Rechtspositionen des Verwaltungsgerichtshofs Baden-Württemberg in einem ähnlich gelagerten Fall (eine Auseinandersetzung der Hells Angels mit der Türstehervereinigung United Tribuns, siehe Kapitel 10) mit der Prozessführung von Jürgen S., werden die juristischen Versäumnisse erschreckend deutlich.

Der VGH wertete die Teilnahme eines ranghohen Funktionärs als definitiven Beweis für die gewaltsame Durchsetzung territorialer Gebietsansprüche und die Tat damit im Gesamten als Vereinsaktivität. Auch das szenetypische Verhalten des Hells Angels MC rund um Tat und Täter wertete der VGH gegen den Verein, denn weder gab es eine Distanzierung, noch wurden gar Täter aus dem Verein ausgeschlossen. Im Gegenteil, die Angeklagten wurden von ihren Brüdern im Gerichtssaal unterstützt und einige der an dem brutalen Überfall Beteiligten sogar in der Vereinshierarchie befördert, etwa Tom P., der zum Prospect ernannt wurde. Der Rädelsführer dieser Tat, Marcel S., erhielt die höchsten Weihen und stieg später zum Präsidenten des Charters West Side auf. Ein solches Verhalten, so der VGH, deutet auf die kriminelle Ausrichtung des Vereins als Ganzes und wird an zentraler Stelle in dem Verbotsverfahren gegen die Pforzheimer Hells Angels angeführt, das im späteren Verlauf des Buches noch ausführlich erläutert wird.

Mit eine derartigen Argumentation wären hohe Haftstrafen möglich gewesen und auch ein Vereinsverbot hätte sich allein mit diesem Überfall wasserdicht begründen lassen. Doch wie schon zuvor beim Erstarken des Hannoveraner Charters beobachteten das niedersächsische und Bremer Innenministerium und die Justizbehörden das Treiben der norddeutschen Hells Angels eher teilnahmslos. Eine zweite Gelegenheit, dieses mächtige Charter zu zerschlagen, sollten die Behörden nicht mehr erhalten. Dabei wäre durch eine konsequente juristische Ahndung und ein Verbot die Situation vielleicht nicht weiter eskaliert und ein Leben gerettet worden.

»Expect No Mercy.« Der erste Tote im deutschen Krieg

Am 23. Mai 2007 gegen 8.28 Uhr fuhren Heino B., ehemaliger Präsident der Bremer Bandidos und nach dem Überfall und der Auflösung seines Chapters zum einfachen Mitglied des Bandidos MC Osnabrück degradiert, und Thomas »Addi« K., 36, ebenfalls Mitglied des Bandidos MC Osnabrück, zum Firmengelände einer Harley-Davidson-Werkstatt in Ibbenbüren-Laggenbeck.

Ob die deutsche Bandidos-Führung dem von den 81ern so Gedemütigten einen Auftrag erteilte, ist zurzeit reine Spekulation. Doch wenn sich etwas gezeigt hat in der Historie der OMCGs, dann ist es der

Umstand, dass in dieser Welt alles streng reglementiert ist. Das fängt an bei dem Motorrad, das man fahren darf, geht über die Anwesenheitspflicht bei wöchentlichen Meetings, die Vorschriften über die Zeitabläufe vom Anwärter bis zum Vollmitglied und die Tattoo-Regeln, die nach genau festgelegten Zeitspannen bestimmen, welche Körperteile tätowiert werden dürfen, und reicht bis zu den Vorgaben über erlaubten und verbotenen Drogenkonsum innerhalb des Clubs. Das angeblich so freie Leben in einem der großen weltweiten Clubs selbst ernannter Gesetzloser ist auf überraschende Weise überreglementiert.

Dass die Tat, die Heino B. als Nächstes begehen wird, die isolierte Tat eines hasserfüllten Einzelgängers darstellt, ist nach jetzigem Kenntnisstand auszuschließen. In ähnlich gelagerten Fällen in den USA, Kanada oder Skandinavien wurde später festgestellt, dass viele dieser Taten auf der allerobersten Ebene besprochen und beschlossen worden waren.

Dem Auszubildenden Christian M. fallen die beiden Männer auf, weil sie mehrmals am Firmengebäude vorbeifahren, aber er denkt sich nichts dabei. Wie sollte er auch auf die Idee kommen, dass hier gerade ein Mord ausbaldowert wird. Als sich der Chef des Lehrlings, Robert K., dann allein im Büro befindet, verlässt einer der Männer seinen Van und betritt das Büro. Dort feuert der Schütze mit einer schallgedämpften Pistole auf den in seinem Bürostuhl sitzenden Firmenchef. Das erste Geschoss durchschlägt den Unterarm von Robert K. Dieser versucht noch zu fliehen, doch vier Schüsse lassen ihn bald zusammenbrechen; die Blutspur zieht sich über 30 Meter vom Büro bis in die Werkstatt. Der Vorsitzende Richter wertet diese Vorgehensweise später strafverschärfend als »feigen Schuss in den Rücken«.

Der dritte Treffer ist der tödliche. Das Geschoss dringt links durch den oberen Rücken in den Körper ein, durchschlägt die Rippen und den Herzbeutel und zerfetzt die Aorta, bevor das Projektil durch den Brustkorb wieder austritt. Bei seinem Sturz zieht K. sich noch eine schwerwiegende Kopfverletzung zu, bevor er, in einer Blutlache liegend, auf dem Boden seiner Motorradfirma kollabiert und stirbt. Anschließend stürmt der Todesschütze in den schwarzen Van zurück, in dem sein Komplize mit laufendem Motor wartet.

Robert K., 47, war langjähriges Mitglied und Offizier (Road Captain) des Hells Angels MC West Side. Der Bremer Angel und Motorradmechaniker entwickelte und produzierte in seiner Werkstatt Edelstahllenker und Auspuffanlagen. Robert K. war ein geschätztes Mitglied der Bikerszene und als Pilot eines Dragsters, eines Beschleunigungsmotorrades mit langem Schweif, das von Motoren mit bis zu einigen Tausend PS Leistung angetrieben wird, beliebt und anerkannt.

Sein Lebensmittelpunkt, die Harley-Werkstatt in Ibbenbüren, und sein Bremer Hells-Angels-Charter trennten knapp 140 Kilometer. 2001 hatte sich in nur 22 Kilometer Entfernung zu Ibbenbüren durch das Patchover des dortigen Chapters der Free Eagles das Chapter Bandidos MC Osnabrück gegründet. Die Werkstatt von K., seine ganze Existenz, lag seitdem mitten im Feindesland.

Robert K., Vater zweier fünf und sieben Jahre alter Söhne, war nicht verdächtig, an dem Bremer Überfall oder sonst einer Auseinandersetzung im Bikermilieu beteiligt gewesen zu sein. Es scheinen ihm lediglich die räumliche Nähe zum Osnabrücker Bandidos-Chapter und das dadurch einfache Ausspähen seiner täglichen Gepflogenheiten sowie die kurzen Fluchtwege zum Verhängnis geworden zu sein.

Die Überwachungskamera einer benachbarten Druckerei filmte das Fluchtfahrzeug, einen schwarzen Kia Carnival mit einem auffälligen verchromten Rammschutz an der Front. Die Polizei benötigte nur einige Tage, um dieser Spur erfolgreich zu folgen und den Halter des mutmaßlichen Tatfahrzeugs ausfindig zu machen. Der Van gehörte der Ehefrau von Heino B. Vor der Beschlagnahmung durch die Polizei legten Unbekannte fünf Tage nach der Tat Feuer in dem Familienauto, um Spuren zu beseitigen. In der Wohnung von Heino B. stellten Ermittler bei der folgenden Hausdurchsuchung Patronen sicher, die aus derselben Tagesproduktion einer tschechischen Firma stammten wie die am Tatort aufgefundenen Hülsen.

Als weitere Indizienbeweise verweist die Staatsanwaltschaft auf den grauen Golf von Thomas K., der unmittelbar nach der Tat in einer Ringfahndung polizeilich registriert worden war. Dies widersprach der Aussage seiner Freundin, die zu Protokoll gegeben hatte, dass sie zur Tatzeit gemeinsam beim Frühstück zu Hause gesessen hätten.

Heino B. hatte sich für den Tattag extra bei seiner Arbeitsstätte freige-
nommen. Sein Handy loggte sich zur Tatzeit in mehrere Funkzellen im
Raum Ibbenbüren ein. Auch das Mobiltelefon von Thomas K. hatte sich
zum Zeitpunkt des Mordes exakt in die Funkzelle des Tatortes eingewählt.

Unmittelbar nach der Tat durchsuchten Spezialeinheiten der Polizei
fünf weitere Wohnungen und Häuser von Bandidos im Münsterland
und beschlagnahmten eine Maschinenpistole, zwei Pumpguns, zwei
Handgranaten, eine Machete und mehrere Kampfmesser.

Die juristische Ahndung, von den Medien zum »Rockerprozess« hochge-
jazzt, folgte ab dem 17. Dezember 2007 vor dem Landgericht in Münster
und bescherte der beschaulichen Studentenstadt regelmäßig Ausnahme-
zustände.

Polizeihubschrauber umkreisten die Stadt, und Polizisten mit
Maschinenpistolen und schusssicheren Westen patrouillierten in den
Straßen. Die Einheiten sperrten den gesamten Gerichtsbezirk hermetisch ab und selbst Panzerfahrzeuge standen für alle Eventualitäten an
den Zufahrtsstraßen bereit. Die Aufmärsche der jeweiligen Rockerheere
schien Münster in zwei unterschiedliche Farbmeere zu tauchen, Rot-Weiß
und Rot-Gold. Die Polizei hatte ihnen unterschiedliche Anfahrtsrouten
vorgeschrieben und die Behörden achteten auch darauf, dass voneinander getrennte Parkplätze in ausreichender Größe zur Verfügung standen.
Der Gerichtssaal wurde mit einer doppelten Sicherheitsschleuse geschützt
und im Saal trennte eine menschliche Barriere aus Polizeibeamten die
beiden verschiedenfarbigen Lager. Es waren mehr als 600 Einsatzkräfte
der Polizei vonnöten, um einen reibungslosen Ablauf des Mordprozesses
sicherzustellen.

Und doch konnte das massive Polizeiaufgebot eine direkte Konfrontation
der jeweils über 300 verfeindeten Rocker nicht völlig verhindern. Teilweise
mit Ketten bewaffnete Bandidos stürzten sich aus einem voll besetzten Bus
an einer roten Ampel auf einen Van, in dem sich sechs Hells Angels aus
Frankfurt befanden. Der Anführer dieser Attacke soll ein Bandido aus Berlin gewesen sein, ein gewisser Kadir P. Es entstand eine Massenschlägerei,
die erst ein Großaufgebot der Polizei beenden konnte, das 79 Bandidos

und 17 Hells Angels festnahm und in die eigens eingerichtete Gefangenensammelstelle im Polizeipräsidium Münster verfrachtete.

Die Bandidos Heino B., 48, und Thomas »Addi« K., 36, wurden wegen gemeinschaftlichen Mordes an dem Ibbenbürener Motorradmechaniker und Offizier des Bremer Hells-Angels-Charters West Side, Robert K., angeklagt. Nach Aussage des einzigen Augenzeugen in Tatortnähe, des Auszubildenden Christian M., und dessen Personenbeschreibung war die Staatsanwaltschaft überzeugt, dass Thomas K. der Todesschütze war. Heino B. wurde von der Staatsanwaltschaft der dilettantischen Planung des Mordes beschuldigt. Beide Angeklagten verweigerten jegliche Aussage vor Gericht. Diese Strategie behielten sie bis zum Ende des Mordprozesses bei, der damit zu einem reinen Indizienprozess wurde. Die Bandidos bekannten zwar vor Gericht nicht ihre Schuld, sie leugneten die ihnen vorgeworfene Tat jedoch auch nicht.

Zur Urteilsverkündung standen sich statt der von der Polizei erwarteten 1000 Rocker 400 Hells Angels und 50 Bandidos gegenüber, die mit Harley-Davidsons, Pkws und Reisebussen auf getrennten Anfahrtsrouten das Gerichtsgebäude erreicht hatten. Für vier Bandidos war die Anreise bereits vorzeitig beendet worden, da Polizisten an einem Kontrollposten »gefährliche Gegenstände« in ihrem Wagen auffanden und die Männer festnahmen.

Der kleine Gerichtssaal 023 des Münsteraner Gerichts erlaubte zur Urteilsverkündung nur Abordnungen von jeweils 30 Mann den Zutritt, wobei die beiden Seiten von Spezialeinheiten der Polizei getrennt wurden.

Aufgrund der Indizien sprach die zweite große Strafkammer unter Führung des Vorsitzenden Richters Michael S. am 10. Juni 2008 beide Bandidos des gemeinschaftlichen Mordes für schuldig und verurteilte sie zu lebenslanger Haft.

Nach der rechtskräftigen Verurteilung beider Männer wird bald ein neues Patch ihre Kutte zieren: »Expect No Mercy« – »Erwarte keine Gnade«. Diese Auszeichnung verleiht der Bandidos Motorcycle Club weltweit an Mitglieder, die im Namen oder für den Namen des Clubs einen Gegner getötet oder schwer verletzt haben. Sie ist das Gegenstück zum »Filthy Few«-Abzeichen des Hells Angels MC, das jedoch nach Angaben des FBI ausschließlich dafür verliehen wird, einen Mord für die Bruderschaft begangen zu haben.

Der Bandidos MC Germany nahm immer mehr Männer immer schneller auf. Durch die aggressive Rekrutierung wuchs der Club zu dieser Zeit schneller als der Hells Angels MC Germany und befeuerte die Rivalität so noch mehr. Die Rekrutierung von Thomas P. bei den Hells Angels und Heino B. bei den Bandidos scheint exemplarisch zu sein für die Auswüchse und Folgen der immer aggressiveren Expansionspolitik beider MCs in Deutschland. Ein Hells Angel wird anlässlich der Urteilsverkündung wie folgt zitiert: »Das passiert, wenn solche Idioten wie Heino in Bikerclubs aufgenommen werden. Deshalb sind die Bandidos das eigentliche Problem. Die nehmen inzwischen jeden Schrott auf. Aber Schrott bleibt Schrott.«

Doch diesen Vorwurf hätte er seinem eigenen Club genauso ins Fahrtenbuch schreiben können. Schnelle, überhastete Gründungen in Gebieten und Städten, die noch kein Rivale besetzt hat, und eine Expansion um jeden Preis forderten jetzt ihren Tribut auf beiden Seiten des Konfliktes zwischen Deathhead und Fat Mexican. Der Tod von Robert K. sollte nicht der letzte Blutzoll bleiben, den diese Vorgehensweise einforderte.

Festzustellen bleibt außerdem, dass Polizei, Staatsanwaltschaften und Gerichte die beiden Taten, den brutalen Überfall auf die Bremer Bandidos und den heimtückischen Mord an dem Bremer Hells Angel, in keinen größeren Zusammenhang setzten. Weder stellten sie einen bundesweiten noch den internationalen Kontext des weltweiten Rockerkrieges dar, ferner unterließen sie es, sich mit den Befehlsstrukturen zu befassen, die innerhalb beider Organisationen zu herrschen scheinen.

Der Bandidos MC geht mit der Existenz eines deutschen, europäischen, amerikanischen, australischen und weltweiten Präsidiums erstaunlich offen um. Sie machen hohe Ränge im deutschen und europäischen Präsidium durch entsprechende Aufnäher öffentlich: National, Europe, Presidente, Vice Presidente. Das sollte auch für ermittelnde Behörden ersichtlich sein. Der Gremium MC verfährt mit seiner Befehlsstruktur, dem allmächtigen Siebenerrat, genauso. Dieser Rat besteht aus den Präsidenten der sieben mächtigsten Chapter der mittlerweile über 140 Niederlassungen und wird ganz offen auf der eigenen Homepage benannt. Zurzeit stellen die Chapter Mannheim, Karlsruhe, Konstanz, Ludwigsburg, Köln, München und Pforzheim diesen Führungszirkel.

Der Hells Angels MC hält es mit der Transparenz seiner Befehlsstrukturen anders. So wird die Existenz einer gesamtdeutschen Führung vehement bestritten. Polizeiexperten sind lediglich die im Geheimen und quartalsweise stattfindenden Germany Meetings der Präsidenten aller deutschen Charter bekannt. Diese Kommission von über 50 Männern ist nach Ansicht der Ermittler aber zu groß und zu schwerfällig, um die schnellen, durchaus auch strafrechtlich relevanten Entscheidungen zu fällen. Der ehemalige Vizepräsident des Kasseler Charters, der Aussteiger Ulrich Detrois, unterstellt in seiner Biografie dem mächtigen Hannoveraner Präsidenten Frank Hanebuth, den Posten eines offiziellen deutschen Präsidenten der Hells Angels eigens für sich neu schaffen zu wollen. Bisher ist es dazu jedoch offiziell nicht gekommen.

Mit der Materie vertraute Polizeiermittler gehen von einer Abstimmung der wichtigsten Charter-Präsidenten Deutschlands in allen entscheidenden Fragen der Bruderschaft aus; insbesondere, wenn es um Leben und Tod geht. Egal ob von Experten, Aussteigern oder Kronzeugen genannt: Der Name Frank Hanebuth fällt in diesem Zusammenhang immer. Der Hannoveraner Präsident aber bestreitet gerade in jüngster Zeit energisch, über solche Befehlsgewalt zu verfügen.

Bis jetzt ist es den Ermittlern weder gelungen, das vermutete oberste Entscheidungsgremium zu identifizieren, noch, in dessen Kommunikationskanäle einzudringen. Wenn diese bundesweite deutsche Führung wirklich existiert, dient ihre Verschleierung einzig und allein taktischen und juristischen Erwägungen. Die offizielle Eigenständigkeit jedes einzelnen Charters in Deutschland und der ganzen Welt erschwert jegliches polizeiliche und juristische Einschreiten enorm. Die bereits ausgesprochenen Verbotsverfügungen in Deutschland gegen die als Vereine organisierten Charter und der damit einhergehende Einzug des Vermögens betreffen somit lediglich einzelne örtliche Niederlassungen. Der gerichtsfeste Nachweis einer zentralen Steuerung aller deutschen Hells Angels ist deutschen Behörden bis jetzt nicht gelungen.

Kanadische Behörden sind ihren deutschen Kollegen in dieser Hinsicht einen großen Schritt voraus. Der kanadische Generalstaatsanwalt und der zuständige Richter in Kanada begründeten die lebenslange Haftstrafe gegen Maurice Mom Boucher auch mit seiner Machtstellung und der daraus resultierenden Befehlsgewalt innerhalb des Hells Angels MC Canada. Das Gericht folgte der Argumentationsführung der Staatsanwaltschaft in seinem Urteilsspruch vom 5. Mai 2002 und stellte fest, dass der weiter vorn beschriebene Mordauftrag an den beiden Justizbeamten in einer streng hierarchisch aufgebauten Organisation wie dem Hells Angels MC nur vom Präsidenten erteilt werden konnte. Dies bestätigte auch der Todesschütze Stéphane Gagné, der den Präsidenten beschuldigte, der Drahtzieher der Morde gewesen zu sein.

Die lebenslange Freiheitsstrafe für Boucher wurde erst durch diese Argumentation ermöglicht.

Zu einer ähnlich fundierten Argumentationskette sehen sich deutsche Behörden, Staatsanwaltschaften und Gerichte zurzeit anscheinend noch nicht in der Lage.

Hells Angels MC vs. Outlaws MC

Die Hells Angels waren aber nicht nur mit dem Gremium MC und den Bandidos in Auseinandersetzungen um die Vorherrschaft in der Rockerszene verstrickt. Auch der Outlaws MC operierte schon seit Jahren in Deutschland.

Im Juni 2009 verletzte ein Mitglied der Outlaws einen Angel bei einer Schlägerei. Dieser beschloss, sich für die Abreibung zu rächen, und lauerte mit zwei weiteren Brüdern Mitgliedern des verfeindeten Clubs auf. Dass dieser Vergeltungsaktion der 45-jährige Präsident des Outlaws MC Donnersberg zum Opfer fiel, war mehr oder minder willkürlich. Das Rächertrio tötete den Rocker in der Nähe von Stetten im Donnersbergkreis, knapp 40 Kilometer nördlich von Kaiserslautern. Spätabends auf der Landstraße 386 stoppten die Mörder das Motorrad des Outlaws und erstachen diesen.

Ab dem 22. Dezember 2009 standen die zwei Hells Angels, Danny A., 30, und Marcus S., 44, vor dem Landgericht Kaiserslautern. Sie waren angeklagt, an dem Mord beteiligt gewesen zu sein. Der hauptbeschuldigte Angel Björn S., 29, entzog sich diesem Verfahren vorerst durch Flucht.

Um im Rahmen des Prozesses vor dem Landgericht Kaiserslautern befürchtete Auseinandersetzungen von rund 1000 Rockern der verfeindeten Clubs zu verhindern, setzte das Innenministerium Polizeikräfte im Hundertschaftsrahmen in Marsch. Im weiten Kreis um Kaiserslautern wurden polizeiliche Kontrollstellen eingerichtet, in denen die anreisenden Rocker schon Kilometer vor dem Gerichtsgebäude überprüft wurden. Besucher, die das Gebäude betraten, wurden penibel nach Waffen durchsucht und mussten selbst ihre Schuhe ausziehen. Sogar der Gerichtspräsident konnte sich diesem Prozedere nicht entziehen.

Im Mai 2010 sprach das Landgericht Kaiserslautern sein Urteil. Das Gericht begründete seinen eher milden Spruch damit, dass den Rockern bei ihrer Attacke keine Mordabsichten nachgewiesen werden konnten und die Kammer »nicht davon ausgeht, dass es sich hier um einen von langer Hand geplanten Mordanschlag handelte«. So verurteilte das Gericht Danny A. lediglich wegen Körperverletzung mit Todesfolge zu 7,5 Jahren Haft. Gegen Marcus S. sprach das Gericht nur eine vierjährige Haftstrafe wegen Beihilfe aus. Nach Überzeugung des Gerichtes hatte der dritte, noch flüchtige Hells Angel dem Outlaw-Präsidenten die tödlichen Messerverletzungen zugefügt.

Der flüchtige Haupttäter Björn S., ein Prospect des Angels-Charters Mannheim, stellte sich knapp 2,5 Jahre nach der Tat völlig überraschend den Behörden. Der mit internationalem Haftbefehl gesuchte Rocker marschierte am 29.11.2011 gehen elf Uhr vormittags in das deutsche Konsulat in Palma auf Mallorca und gab an, sein »Leben auf der Flucht beenden« zu wollen. In Anwesenheit von Zielfahndern des LKA wurde er vorerst der spanischen Polizei übergeben.

Am 5. Juni 2012 begann der Mordprozess unter wiederum strengsten Sicherheitsvorkehrungen vor dem Landgericht Kaiserslautern. Die Verhandlung begann mit einem Paukenschlag. Björn S. brach nicht nur das als sakrosankt geltende Schweigegelübde der Rocker, er gestand völlig überraschend auch die tödlichen Stiche auf den Präsidenten der Outlaws. Er habe dem Rivalen eine Lektion verpassen wollen, eine Tötungsabsicht stritt er jedoch ab. Während des Kampfes habe er vermutet, dass sein

Gegner eine Waffe ziehen wollte, und habe dem zuvorkommen wollen, auch wenn ihm klar gewesen sei, dass dies den Tod des anderen nach sich ziehen konnte. Der Staatsanwalt unterstellte jedoch ein weiteres Motiv für die Tat: Björn S. habe damit gerechnet, dadurch in der Hierarchie der Hells Angels aufzusteigen. Das Urteil erging am 12.7.2012. Landgericht und Staatsanwaltschaft einigten sich auf eine zwölfjährige Haftstrafe wegen Totschlags plus Schmerzensgeld in Höhe von 7000 Euro inklusive Zinsen an die Tochter des Opfers. Zum einen sah das Gericht das Mordmerkmal der Heimtücke nicht als erwiesen an, zum anderen konnte es auch die angebliche Notwehrsituation nicht ausschließen.

An dieser oft vergessenen Front des weltweiten Rockerkrieges, Hells Angels vs. Outlaws MC, wurde auch in den europäischen Nachbarländern mit unverminderter Härte weitergekämpft. Im Mai 2011 bargen belgische Polizisten einen Lieferwagen aus dem Zuid-Willemsvaat-Kanal nahe der Stadt Maasmechelen. Offensichtlich hatten Unbekannte beabsichtigt, den Wagen in dem Kanal verschwinden zu lassen. Der führte jedoch zu wenig Wasser, sodass das Vorhaben scheiterte.

Augenzeugen hatten die Polizei auf ein Geschehen rund um das Bikerlokal des Outlaws MC aufmerksam gemacht. Zuerst vernahmen Zeugen des Nachts Schüsse, Spaziergänger beobachteten später einen Mann, der den besagten Lieferwagen in den Kanal schieben und versenken wollte. Der Van wies mehrere Einschusslöcher auf, als Polizisten ihn aus dem Kanal zogen. In seinem Inneren machten die Beamten einen schrecklichen Fund: Im Kofferraum und auf dem Vordersitz lagen drei erschossene Mitglieder des Outlaws MC. Alle drei arbeiteten in dem Bikerlokal der Outlaws. Der Tatort befindet sich im deutsch-niederländisch-belgischen Grenzgebiet, lediglich 30 Kilometer von der offenen deutschen Grenze entfernt. Die Ermittlungen führten die Mordkommission zu den Höllenengeln. Fast ein Jahr nach der Tat wurden drei des Mordes Verdächtige verhaftet. Ein 45-jähriges Angels-Mitglied entzog sich jedoch der irdischen Justiz und beging am 2. Juni 2012 in der belgischen Haftanstalt Hasselt Selbstmord.

9. KAPITEL

Berlin, Hauptstadt der Rocker

Jahrzehntelang lag Berlin als Insel von eher symbolischer Bedeutung inmitten der DDR und war schon in verkehrstechnischer Hinsicht nicht unbedingt ein attraktives Ziel für Biker. Das endete mit der Wiedervereinigung und so wendeten sich auch die Biker der immer wichtiger werdenden neuen Bundeshauptstadt zu. Nach den Kämpfen in Norddeutschland entwickelte der bundesweite Rockerkrieg bald auch in Berlin eine besondere Dynamik und brutale Schärfe.

Schon am 3. Februar 1990, die Mauer war nicht einmal ein Vierteljahr verschwunden, hatte sich der Hells Angels MC Berlin gegründet und ist damit, nach Stuttgart, das zweitälteste noch existierende Charter in Deutschland. Den Kern dieser Truppe bildete der Phoenix MC Berlin, den 1973 knapp 20 Biker ins Leben gerufen hatten. Die viel besungenen Kreuzberger Nächte lebte dieser MC exzessiv und mitunter schlagkräftig aus. Bis in den Film *Christiane F. – Wir Kinder vom Bahnhof Zoo* schafften es die Veteranen der Berliner Bikersubkultur. Eine ihrer Schlägereien auf einem AC/DC-Konzert wurde kurzerhand in das im Film gezeigte Konzert von David Bowie hineingeschnitten und ist damit Teil dieses deutschen Klassikers der Filmgeschichte. Mitte der 80er-Jahre flog eine Berliner Abordnung des Phoenix MC zum Hells Angels MC California und nahm direkten Kontakt zu den amerikanischen Ur-Angels auf. 1987 erfolgte der offizielle Auftritt als Prospect-Charter der rot-weißen Bruderschaft, drei Jahre später erhielten die Berliner Rocker den vollen Segen aus Amerika. Seitdem fährt der Deathhead der »Bad City Crew«, wie das Berliner Charter auch genannt wird, durch die Straßen der fast 3,5 Millionen Einwohner zählenden Metropole.

Die Entstehung des Hells Angels MC Berlin bedeutete wieder einmal einschneidende Veränderungen in der deutschen Einprozenter-Szene. Während die Phoenix-Rocker trotz ihrer Dominanz in der Berliner Szene drei Jahre als Prospect-Charter verbringen mussten, wurden 13 Jahre später die Mitglieder des Bones MC über Nacht zu Vollmitgliedern ernannt.

Die aggressive Expansionspolitik der OMCGs überrollte traditionelle Verhaltensmuster der Motorradclubs in Deutschland immer wieder.

Am 31. Oktober 2000 erweiterte das Berliner Nomads-Charter die rot-weiße Repräsentanz in der Hauptstadt. Die Dominanz dieses Charters reicht weit über die Berliner Stadtgrenzen hinaus bis in große Teile Ostdeutschlands und hängt auch mit der Person des Präsidenten, André S., 47, zusammen. Der ehemalige Hooligan des BFC Dynamo saß wegen Fußballrowdytums bereits einige Zeit im Stasi-Knast Hohenschönhausen, bevor er den Machtbereich der Nomads beständig zu vergrößern begann.

Zu diesen beiden Chartern stieß dann im Oktober 2009 das auch innerhalb der Hells Angels schwer umstrittene Charter Berlin City, das überwiegend aus schwerkriminellen türkisch- und arabischstämmigen Mitgliedern besteht. Nicht zuletzt deswegen wurde dieses Charter zuerst offiziell nicht dem MC Germany zugeordnet, sondern im Hells Angels Nomads MC Turkey angesiedelt. Das Clubhaus liegt allerdings in der Residenzstraße, im schwer umkämpften Stadtteil Reinickendorf, und alle Mitglieder sind Berliner Herkunft und haben in der deutschen Hauptstadt ihren Lebensmittelpunkt. Erst nach einiger Zeit wurde das Charter letztendlich doch der Organisationseinheit Hells Angels MC Germany zugeordnet.

Auch die Gründung der Charter Cottbus am 2. Juni 2007, Potsdam am 21. Dezember 2008 und Frankfurt (Oder) am 3. Oktober 2011 wirkte sich durch die räumliche Nähe und persönliche Verflechtungen auf die Kräfteverhältnisse in der Hauptstadt aus.

Der zentrale Treffpunkt des Hells Angels MC in Berlin liegt neben dem Schloss Charlottenburg und ist nur über eine Treppe erreichbar, die von Prospects und Hangarounds rund um die Uhr streng bewacht wird. Eine weitere Machtbastion stellt der östliche Stadtteil Hohenschönhausen dar.

Zur Streitmacht gehört schließlich noch der Red Devils MC Berlin, ein Chapter des wichtigsten Supporter-Clubs der Angels weltweit, auf dessen Homepage 24 breitschultrige, martialische Männer posieren, die ihre Gesichter hinter Sturmhauben verstecken.

Jederzeit können die Berliner Höllenengel auf weitere umfangreiche personelle Ressourcen zurückgreifen. Männer fürs Grobe haben sich in den Zusammenschlüssen »Brigade 81« in Berlin organisiert. Diese Organisation umfasst drei Einheiten: Eastside, East District und Coepenick. Die Brigade 81 verfügt auch über ein eigenes Clubhaus in der Gärtnerstraße, das in dem von den Höllenengeln dominierten Stadtteil Hohenschönhausen liegt. Man benötigt weder einen Führerschein noch ein eigenes Motorrad, um Mitglied in der Brigade 81 zu werden. Die für den Kampf um Berlin angeworbenen Männer agieren ganz offen in den Strukturen einer Straßengang und unternehmen nicht einmal den Versuch, sich als normaler Motorradclub auszugeben. Gleichzeitig dienen sie den Berliner Hells Angels als unerschöpfliches Rekrutierungsreservoir.

Die Berliner Angels gehen überhaupt offensiv mit der Öffentlichkeit um und treten dabei nicht nur angsteinflößend auf, sondern haben ihre PR gelernt. Die Events, die sie ins Leben riefen, etwa der City Run und die Tattoo Convention, haben sich zu festen Größen in der Berliner Szene etabliert und erfreuen sich jedes Jahr eines größeren Besucherzuspruchs.

Die relative Ruhe in der Bikerszene Berlins in den 90er-Jahren war einfach dem Umstand geschuldet, dass die Hells Angels im Berliner Raum konkurrenzlos waren und sich ungestört ums Business kümmern konnten. Dies änderte sich mit der Jahrtausendwende auf gravierende Weise. Der Herausforderer war einmal mehr die Bandido Nation. Der Fat Mexican drang in den nördlichen Teil der Hauptstadt ein und setzte sich außerdem im umliegenden Brandenburg, mitten in von Höllenengeln beanspruchtem Territorium, fest. Das Berliner Monopol der Angels war in Gefahr.

2001 kam es zum Patchover des Berliner Dragons MC, der fortan als Bandidos MC Berlin City auftrat. Nur zwei Wochen später gründete sich bereits das zweite Berliner Chapter: Bandidos East Gate, und bis November 2011 kamen vier weitere Berliner Bandidos-Chapter dazu: South, Midtown, Moabit und South Central.

Die Bandidos sind in der Hauptstadt besonders in Reinickendorf und Weißensee präsent. Außerdem verfügen sie zusätzlich über 20 Supporter-Clubs, die mit den Farben Rot und Gold offen ihre Position bekennen; mit Calavera, Malos, Chicanos, Bulldogs und La Onda sind hier nur die größten genannt. Abgerundet wird die Streitmacht vom Nachwuchs der Bandidos, dem X-Team Berlin.

Die hochexplosive Gesamtlage in der Hauptstadt verstärken noch weitere mächtige Rockerclubs: Drei Chapter des Gremium MC – Darkside, Berlin und Schwerin Eastside einschließlich ihrer Supporter-Clubs – und auch der Outlaws MC Berlin sind an der Spree aktiv. Außerdem existiert eine starke Repräsentanz des in Berlin gegründeten Born to be Wild MC einschließlich seines Supporter-Clubs Wild Vikings MC. Abgerundet wird die große Berliner Bikerszene von dem 1976 dort gegründeten Rolling Wheels MC mit zahlreichen Chaptern und eigenen Supporter-Clubs im Dark Division MC. Dazu gab es zwischenzeitlich noch die Neugründung des Mongols MC Berlin, deren Brisanz schon an anderer Stelle geschildert wurde.

Alle diese MCs sollten in der Hauptstadt bald um einen einflussreichen Platz in der Bikerhierarchie kämpfen. Speziell den Bandidos und Hells Angels wirft das Landeskriminalamt Berlin vor, den brutal geführten Kampf um die Vorherrschaft auf die kriminellen Geschäftsfelder Prostitution, Drogen- und Waffenhandel ausgedehnt zu haben. Die Lage verschärfte sich zusätzlich durch den Umstand, dass der Hells Angels MC zahlreiche Rechtsradikale und gewalttätige Hooligans rekrutierte, während die Reihen der Bandidos mit Türken und Arabern aufgefüllt wurden.

Explosiver könnte es wohl nur bei einem Barbecue auf dem Vesuv zugehen.

Der Krieg erreicht Berlin-Brandenburg

Die Indira-Gandhi-Straße in Berlin-Hohenschönhausen wurde im Jahr 2007 zum Schauplatz eines Zusammenstoßes zwischen Höllenengeln und einem Bandido. Dieser Stadtteil wird seit Langem von den Hells Angels als ihr Territorium angesehen.

Unter den später fünf angeklagten Hells Angels befanden sich auch der ehemalige Vizepräsident des Berliner Nomads-Charters, Holger »Hocko« B., 47, und ein weiterer Offizier des Charters, Kassenwart Rayk F., 39. Der fast zwei Meter große Rayk F. war deutscher Vizemeister im Karate und wurde bereits 2006 vom Amtsgericht Eberswalde in Brandenburg wegen unerlaubten Waffenbesitzes zu einer Haftstrafe von mehr als einem Jahr verurteilt, die das Gericht jedoch zur Bewährung aussetzte. Zwei Jahre später trat er erneut strafrechtlich in Erscheinung, als er bei einer Razzia des Berliner Clubhauses zwei Polizisten angriff und verletzte. Die Auseinandersetzung ist heute noch auf YouTube dokumentiert. Durch diesen Angriff auf Polizisten dürfte sich Rayk F. das Abzeichen »Dequiallo« auf seiner Kutte erkämpft haben. Mit diesem Patch zeichnet der Hells Angels MC Mitglieder für eine Schlägerei mit Polizisten aus.

Am 21. Mai 2007 treffen Rayk F. und vier weitere Angels zufällig an einer roten Ampel einen Bandido samt Kutte und Harley. Der unbeteiligte Zeuge Guido S. filmte das Geschehen mit seiner Handykamera. Der Umstand, dass ein verfeindeter Bandido mit dem Fat Mexican auf dem Rücken mit seinem Motorrad durch den Stadtteil Hohenschönhausen fuhr, scheint neben der erbitterten Rivalität beider Clubs der Hauptauslöser für die folgende Attacke gewesen zu sein.

Die verwackelten Bilder belegen, dass Rayk F. mit einem Fußtritt eine Schlägerei begann. In den Händen der verfeindeten Rocker befanden sich Schlagstock und Krummdolch. Die erste Streifenwagenbesatzung, die vor Ort eintraf, wusste sich nicht anders zu helfen, als einen Warnschuss in die Luft zu feuern, um die verbissen miteinander kämpfenden Kontrahenten zu trennen. Auch die anderen vier Hells Angels beteiligten sich mittlerweile an der Auseinandersetzung und bedrohten und traten den Rivalen. Erst ein Großaufgebot von 19 heraneilenden Polizeifahrzeugen konnte die brenzlige Situation entschärfen.

Die Attacke vom Mai 2007 auf der Indira-Gandhi-Straße erlebte im November 2008 ihr juristisches Nachspiel im Amtsgericht Tiergarten. Vor Gericht lehnten die Hells Angels jegliche Aussage ab, der angegriffene Bandido erschien trotz Zeugenladung nicht zum Prozess und der Zeuge Guido S., 30, der das Geschehen gefilmt hatte, erlitt im Hochsicherheitssaal B129 des Gerichtsgebäudes einen umfassenden Gedächtnisverlust. Er konnte sich an nichts mehr erinnern.

Gleichwohl verschoben sich die Machtverhältnisse in der Hauptstadt langsam zugunsten des Bandidos MC. Das lag hauptsächlich an den Rekrutierungsmethoden der Rot-Goldenen. In Bezug auf ihre Aufnahmekriterien waren sie schon lange nicht mehr streng und setzten auf Masse statt Klasse.

Die sich zuspitzende Situation an der Spree spürte die Führungsriege der Berliner Angels immer häufiger schmerzhaft am eigenen Leib. Noch vor einigen Jahren wäre es undenkbar gewesen, dass Bandidos mächtige Angels direkt angegriffen hätten. Der Respekt und auch die Furcht vor der drohenden Vergeltung der Höllenengel verboten das. Dieser Respekt vor dem Feind war nun offensichtlich nicht mehr vorhanden.

Die nächste Attacke galt Rayk F. Der vorbestrafte Vater einer Tochter wurde von Unbekannten angegriffen und zusammengeschlagen. Die Täter vermutete die Polizei im Umfeld der Bandidos. Die Hells Angels äußerten sich nicht zu diesem Vorfall. Neben der üblichen Verschwiegenheit der Szene nahmen LKA-Experten auch an, dass die Angels weitere Publicity vermeiden wollten, um nicht öffentlich den Eindruck zu erwecken, dass sie in Berlin erheblich an Renommee verloren hätten.

Im Februar 2008 verließen Bernd B., Vizepräsident des Hells-Angels-No-mads-Charters, und ein weiteres Mitglied das neue Clubhaus am Spandauer Damm. Bevor sie ihr Auto erreichten, wurden sie von mindestens zwei Männern mit Messern und Baseballschlägern angegriffen. Bernd B. attackierten die Angreifer mit einem Baseballschläger und fügten ihm zahlreiche schwere Prellungen zu. Dem anderen Höllenengel trennten die Täter mit einem tiefen, kraftvollen Schnitt beinahe den linken Unterarm vom Körper ab.

Polizei und Staatsanwaltschaft erfuhren von dem Überfall nur, weil eine behördlich installierte Überwachungskamera den Bereich um das Clubhaus ständig filmte. Die Betroffenen verständigten die Polizei natürlich nicht, niemand stellte sich als Zeuge zur Verfügung oder erstattete Anzeige. So stand den Ermittlern einzig die Kameraaufzeichnung zur Verfügung, um die Täter zu überführen.

Die Polizei verdächtigte den Bandido Dennis W. und den Vizepräsidenten des Chapters El Centro, Kadir P., doch die Kamera hatte nur einen Teil des gewalttätigen Angriffes erfasst, den anderen Teil verschluckte die Nacht. An diesem Punkt setzten die Rechtsanwälte von Kadir P. an, der unbestritten am Tatort gefilmt worden war. Der ihm zuerst zugerechnete Messerangriff inklusive der Beinaheamputation des Arms eines Angels war auf den Filmaufnahmen jedoch nicht zu sehen. Somit gelang es der Staatsanwaltschaft nicht, ihm diese Attacke nachzuweisen. Erstaunlich offen erklärte Kadir P. dem Gericht das Ausmaß seiner Befehlsgewalt als Vizepräsident des Chapters El Centro über die ihm unterstellten Bandidos: »Der Vorwurf, den man mir machen kann, ist der, dass ich die Täter nicht zurückgepfiffen habe, was ich durchaus hätte tun können.«

Die verletzten Hells Angels verweigerten jede Zusammenarbeit mit der Polizei – und nicht nur das. Sie beseitigten Spuren, indem sie ihren Wagen einer gründlichen Reinigung unterzogen. Die beiden Bandidos kamen glimpflich davon. Dennis W. konnte eine direkte Tatbeteiligung trotz großer Übereinstimmung mit einem der gefilmten Täter nicht nachgewiesen werden. Das Gericht sprach ihn frei. Kadir P. erhielt lediglich eine Verurteilung wegen Beihilfe zu einer gefährlichen Körperverletzung. Die Haftstrafe von einem Jahr wurde zur Bewährung ausgesetzt.

Berliner und Potsdamer Aktivitäten der Hells Angels überschneiden sich räumlich wie personell, was bei einer Entfernung von lediglich 30 Kilometern auch nicht verwundert. Ein Beispiel dafür ist das Mitglied Florian G., 24, das dem Nomads-Charter Berlin angehörte und besonders im Potsdamer Raum kriminellen Aktivitäten nachging. Er schien ein Fan der Verfilmung von *Der Pate* zu sein. Als nämlich der Betreiber eines Tattoostudios in Beelitz seiner Schutzgeldforderung nicht unverzüglich nachkam, legte der Hells Angel ein von einer Koppel gestohlenes Schaf mit durchschnittener Kehle vor die Eingangstür seines Wohnhauses. Das Landgericht verurteilte ihn im Dezember 2012 zu einer Haftstrafe von vier Jahren und sechs Monaten. Trotz der Haftstrafe blieb Florian G. offensichtlich vorerst auf freiem Fuß, denn im März 2012 verurteilte ihn dasselbe Landgericht zu einer weiteren Haftstrafe von drei Jahren. Diesmal hatte er einen Mann in Neuseddin zur Zahlung von 400 Euro gezwungen und ihm gedroht, er würde ihn andernfalls zusammenschlagen. Da sein Opfer über kein Geld verfügte, stahl Florian G. ihm sein Handy. Das Landgericht sprach in seinem Urteil von versuchter räuberischer Erpressung in Tateinheit mit schwerem Raub.

Ob Florian G. auch anwesend war, als Polizeieinheiten in der Nacht des 17. Juli 2008 einen Schlägertrupp der Angels in Berlin-Mitte stoppten, ist nicht bekannt; fest steht aber, dass ein Teil des Trupps aus Potsdam und Umgebung stammte. In dieser Nacht konnte die Polizei ein Gemetzel nur durch

Zufall verhindern. Zivilbeamte observierten die als Höllenengel-Treffpunkt bekannte Tabledancebar »Gold Club«, um Haftbefehle wegen schwerer Körperverletzung gegen vier Männer aus dem Zuhältermilieu zu vollstrecken.

Um 0.40 Uhr entdeckten die Observationskräfte eine Gruppe von etwa 50 Mann, die sich zum Teil mit weißen Theatermasken ähnlich der Masken aus dem Musical *Phantom der Oper* vermummt hatten. Eilig alarmierten, starken Polizeikräften gelang es, diese Gruppierung zu stoppen und 34 Männer festzunehmen.

Die Ermittler rechneten das mit Schlagringen, Quarzsand-Handschuhen, Schlag- und Teleskopstöcken bewaffnete Rollkommando der Brigade 81 zu. Diese überall in Deutschland neu aufgestellten Gruppen sind laut einem szenekundigen Staatsanwalt eigens dafür da, die Drecksarbeit für die Hells Angels zu erledigen. In puncto Gewaltbereitschaft und Brutalität erheben sie selbst den Anspruch, noch härter als die regulären Hells-Angels-Charter zu operieren.

Die Festgenommenen stammten überwiegend aus der Türsteher- und Hooliganszene Berlins und Mecklenburg-Vorpommerns. Darunter befand sich auch der Vizepräsident des Angels-Charters Potsdam, Christopher R., der bei Fußballkrawallen anlässlich der Weltmeisterschaft 1998 in Frankreich den französischen Polizisten Daniel Nivel ins Koma geprügelt hatte. Nach sechs Wochen erwachte der Polizist, ist jedoch aufgrund von massiven Kopfverletzungen für den Rest seines Lebens schwer behindert. Videos und Bilder der Prügelszene gingen damals um die ganze Welt.

Die Örtlichkeit, in der das Rollkommando der 81er gestoppt wurde, grenzt an den Stadtteil Reinickendorf. Dieses Viertel ist eine der Bastionen des Bandidos MC in der Hauptstadt. Ihnen galt nach Ansicht der Berliner Polizei die geplante Attacke der Brigadisten. Es ging anscheinend wieder um geschäftliche Interessen im Rotlichtmilieu.

Die Polizeiermittler brachten später in Erfahrung, dass eine Machtdemonstration von 60 Bandidos einige Tage zuvor im Umfeld der Tabledancebar den Aufmarsch ausgelöst hatte. Das Säbelrasseln der Bandidos hatten die Hells Angels wohl als nicht hinzunehmende Provokation und direkten Angriff auf ihre Interessen im Rotlichtmilieu gewertet. Auffallend ist, dass hauptsächlich die Männer der Brigade 81 aus dem nordöstlichen Umland den Angriffstrupp stellten.

Gegen die Festgenommenen ermittelte die Berliner Staatsanwaltschaft
wegen Verdachts des schweren Landfriedensbruchs, der Bildung bewaffneter Gruppen sowie Verstößen gegen das Waffen- und Betäubungsmittelgesetz. In jener Nacht war es nur einem glücklichen Zufall zu verdanken,
dass die Polizei die drohende Gewalt unterbinden konnte. Aufgrund des
Schweigegesetzes in der Szene ist sowieso davon auszugehen, dass nur ein
Bruchteil der tatsächlichen Auseinandersetzungen bekannt wird, von der
Aufklärung ganz zu schweigen.

Manchmal klappt das allerdings schon, wie ein Beispiel vom 6. Dezember
2008 zeigt. An diesem Tag schlugen Mitglieder des Chicanos MC, eines
als äußerst hart und gewalttätig geltenden Supporter-Clubs der Bandidos,
in der Eberswalder Diskothek »Omega« einen Berliner Hells Angel aus
den Reihen der Nomads brutal zusammen. Die Antwort erfolgte am 5.
Juni 2009; an diesem Tag demolierten unbekannte Täter das Clubhaus
des Chicanos MC im brandenburgischen Ludwigsfelde und zerschlugen
das komplette Inventar. Mehrere Member der Chicanos wurden schwer
verprügelt, einige erlitten Schädelverletzungen und Frakturen der Ellbo-
gen. Die Angreifer gehörten nach Aussage von Brandenburger Ermittlern
zur Brigade 81, einer recht jungen Truppe mit einem Durchschnittsalter
von 25 Jahren.

Doch die Chicanos erlitten nicht nur Prügel. In Eberswalde, etwa 50
Kilometer nordöstlich von Berlin, entdeckte ein Passant am 17. Juli 2009
zufällig einen silbern glitzernden Gegenstand unter dem schwarzen BMW
des Präsidenten des Chicanos MC Barnim. Das Objekt entpuppte sich als
selbst gebauter Sprengsatz. Die Bombe war scharf, detonierte jedoch nicht.

Am 24. August 2009 schaltete sich der brandenburgische Innenminister Jörg Schönbohm (CDU) in den Rockerkrieg ein. Im Gegensatz zum
Berliner Innensenator war er nicht gewillt, das brutale Handeln der Rocker weiter zu dulden. Er verfügte die Zwangsauflösung des Chicanos MC
Barnim, um dessen gewalttätigen Treiben im Berliner Umland ein Ende zu
setzen. Das war das erste Verbot eines Rockerclubs in Brandenburg. Das
Potsdamer Innenministerium setzte 260 Polizisten in Marsch, die das Clubhaus in Eberswalde und rund 20 Wohnungen im Landkreis Barnim, dem
Potsdamer Raum und in Berlin durchsuchten. Bei den 14 polizeibekannten

Membern der Chicanos wurden unter anderem Pistolen, Samuraischwerter, Schlagringe, verschiedene Unterlagen und mehr als 10 000 Euro Bargeld beschlagnahmt. Das Innenministerium wirft ihnen eine Reihe schwerer Körperverletzungsdelikte, Drogen- und illegalen Waffenbesitz sowie Verstöße gegen das Kriegswaffenkontrollgesetz vor. Gegen sieben Chicanos und vier weitere Personen wird außerdem aufgrund der Auseinandersetzungen mit den Hells Angels wegen des Verdachts des schweren Landfriedensbruchs ermittelt. Einige Chicanos reichten am 7. September des gleichen Jahres vor dem Oberverwaltungsgericht Berlin-Brandenburg fristgerecht eine Anfechtungsklage gegen die Verbotsverfügung ein. Das höchstwahrscheinlich langjährige Verfahren ist noch anhängig.

Der Berliner Präsident der Hells-Angels-Nomads, André S., und sein engster Kreis galten den LKA-Ermittlern als härteste Truppe innerhalb der Berliner Dependance. Genau diese Gruppe geriet knapp zwei Monate vor der brandenburgischen Verbotsverfügung ins Visier der Bandidos und ihrer Supporter.

Eine Abordnung der Angels besuchte am 21. Juni 2009 den Ort Wriezen, die »Hauptstadt des Oderbruchs«, um auf dem dortigen Hafenfest einige »Mädchen anzumachen«. Es dauerte nicht lange und es entwickelte sich ein Scharmützel mit dem dortigen Sicherheitspersonal.

Einer der beteiligten Türsteher war Robert C., 19, der auch Road Captain der Chicanos Barnim war. Robert C. alarmierte nach dem Streit mit den Berliner Höllenengeln per Rundruf in das nahe gelegene Berlin mehrere Bandidos. Das war um ein Uhr in der Nacht.

Durch die Auswertung von Handydaten und zahlreichen SMS-Mitteilungen gelang es der Polizei, den weiteren Ablauf dieser Nacht weitgehend zu rekonstruieren.

Robert C. verfolgt die in drei Autos durch das brandenburgische Land fahrenden Hells Angels auf ihrer Rückfahrt nach Berlin und informiert Berliner Bandidos dabei fortlaufend über den Aufenthaltsort der Rivalen. Die Polizei kann bei den folgenden Ermittlungen unter anderem Sepher N., Erhan A. und Christopher H. als Mitglieder eines eilig aufgestellten Kommandos der Bandidos identifizieren.

Das Netz zieht sich zu. Bald sind fünf Autos in der Nacht unterwegs, um die drei Wagen der Angels zu stoppen. Sämtliche Insassen der Verfolgerfahrzeuge stehen mit dem Bandidos MC in irgendeiner Art von Verbindung, wie sich später herausstellt.

Die Angels bemerken, dass sie verfolgt werden, und beschleunigen ihre Wagen, einen alten S-Klasse-Mercedes, einen Opel Corsa und einen Kia Sephia. Eine wilde Verfolgungsjagd beginnt. Dann ist es im brandenburgischen Finowfurt so weit. Der Mercedes des ranghöchsten Angels André S. wird gerammt, die beiden anderen Fahrzeuge der Höllenengel ausgebremst und eingekeilt. Besonders die Angels im Kia, Paul H., 23, Danilo B., 26, Sebastian W., 27, und Enrico K., 26, sitzen in dem nun rangierunfähigen Auto regelrecht in der Falle.

Da öffnen sich die Türen der Verfolgerautos. Es ist 2.40 Uhr, als die mit Sturmhauben vermummten und mit einer Axt, mit Macheten, Messern und Baseballschlägern bewaffneten Bandidos auf die eingekesselten Angels losstürmen. Die Höllenengel verriegeln die Türen und verbarrikadieren sich in ihren eingeklemmten Autos.

Die Bandidos zertrümmern die Fensterscheibe des Kia und knocken den Fahrer Danilo B. mit einem gezielten Fußtritt aus. Doch sie sind noch nicht fertig mit ihrem hilflosen Gegner. Danilo B. trägt eine Fraktur der rechten Kniescheibe und des linken Unterschenkels davon. Zusätzlich wird der Schwerverletzte durch Messerstiche in beide Beine und den linken Arm verwundet. Sebastian W., der sich auf der Rückbank befindet, stechen die Angreifer in den Hals und die Brust. Enrico K., Mitglied der Brigade 81, trifft es noch bedeutend schlimmer. Durch massive Machetenhiebe wird ihm fast das Bein vom Körper gehackt. Es ist ein kleines Wunder, dass es den Ärzten im Unfallkrankenhaus Marzahn gelingt, das Bein noch zu retten.

Der Berliner Präsident der Hells-Angels-Nomads, André S., entkommt dem Kriegsschauplatz, bevor die Polizei eintrifft. Er kann es dennoch nicht vermeiden, ebenfalls das Marzahner Krankenhaus aufzusuchen: In seinem Rücken steckt eine abgebrochene Messerklinge des Feindes. Als die Polizei verständigt wird, erklärt er seine Verletzungen mit einem Verkehrsunfall, doch darüber können die Beamten nur müde lächeln. Ein Messer im Rücken ist etwas anderes als das übliche Schleudertrauma; die Kampfesspuren sind eindeutig. Nach einer notärztlichen Versorgung verlässt der Rockerpräsident gegen den Willen des Arztes das Krankenhaus. Gemäß des Schweigegesetzes der Biker macht er gegenüber der Polizei keinerlei Angaben. Trotzdem gelingt es den Beamten, sich langsam in das Geschehene einzuarbeiten.

Die Angreifer achteten zwar darauf, ihre Handys im direkten Umfeld des Tatorts auszuschalten, um den Ermittlern keine Ansatzpunkte zur Identifizierung zu liefern, doch Erhan A. passierte ein weit schlimmeres Missgeschick. Er verlor ein Schriftstück am Tatort. Passenderweise bestätigte das DIN-A4-Blatt seinen Dauerauftrag über 100 Euro an die Justizkasse Berlin. Den Polizeibehörden war bekannt, dass Erhan A. sein Unwesen im Umfeld des Bandidos MC El Centro trieb.

Des Weiteren stellte die Polizei im Inneren des Kia eine 34 Zentimeter lange, blutverschmierte Machete sicher. Ein DNA-Abgleich ergab einen Treffer: Spuren von Christoph H., Mitglied des Bandidos MC. Auch die Aussagen eines V-Mannes aus der Szene bestätigten den Ermittlern, dass es sich bei den Tätern um die ins Visier genommenen Verdächtigen handelte: Männer aus dem Umfeld des Chapters El Centro und des inzwischen zum Präsidenten aufgestiegenen Kadir P. Es folgten Razzien im Clubhaus und in Privatwohnungen, bei denen die Polizei Macheten, Messer, Baseballschläger, ein Samuraischwert, Drogen und Anabolika sicherstellte.

Am 4. Januar 2012, erst 2,5 Jahre später, begann gegen zwei der Beschuldigten dieses Gewaltexzesses der Prozess, der unter schärfsten Sicherheitsvorkehrungen der Polizei am Landgericht in Frankfurt (Oder) stattfand. Wie sich sofort herausstellte, war diese Zeitspanne in der sich rasant verändernden deutschen Rockerszene eine halbe Ewigkeit. Denn die Clubführung hatte aus taktischen Erwägungen inzwischen entschieden, die ehemaligen Todfeinde zu Brüdern zu machen. Täter und Opfer waren auf einmal gemeinsam bei den Berliner Hells Angels aktiv. Die beiden angeklagten 28-Jährigen gehörten als Chicanos zum Tatzeitpunkt noch einem Bandidos-Supporter-Club an. Inzwischen galt einer der beiden, Christopher H., Polizeiexperten als Mitglied der Führungsriege des Hells-Angels-Charters Berlin City. Und dieses Charter wird von Kadir P., dem ehemaligen Präsidenten des Bandidos-Chapters El Centro, geleitet.

Die Anklage konnte auf diese Wendungen keine Rücksicht nehmen. Sie lautete weiter auf versuchten Totschlag und gefährliche Körperverletzung von Bandido-Supportern an Hells Angels.

Und so lief es wie immer: Alle schwiegen. Dass das Opfer, das bei diesem Angriff beinahe sein Bein verloren hatte, ein Mitglied der Brigade 81, der Aufforderung des Gerichtes, eine umfassende Aussage zu machen, um diese schweren Taten aufzuklären, nicht nachkam, ja diese nur mit einem Achselzucken kommentierte, kam bei dem Vorsitzenden Richter Matthias F. besonders schlecht an. Er ließ den Mann noch im Gerichtssaal verhaften und in Beugehaft stecken. Zwei weitere Opfer kamen mit ihrer Aussageverweigerung vor Gericht durch, da sie zu Protokoll gaben, sich damit selbst belasten zu müssen.

Lediglich ein ehemaliges Mitglied der Brigade 81 sagte aus. Der 30-jährige Arbeitslose gab an, dass er nach seinen lebensgefährlichen Verletzungen durch Stiche in den Hals und Brustbereich nichts mehr mit Rockerclubs zu tun haben wolle. Er bestätigte die Verfolgungsjagd, das Rammen der Fahrzeuge und den Angriff durch bewaffnete Täter. Zu diesen konnte er allerdings keine weiteren Angaben machen, da sie vermummt gewesen seien. Er begründete den brutalen Übergriff mit anhaltenden Revierkämpfen der Hells Angels und der Bandidos in der Gegend um Eberswalde.

Am 23. Januar 2012 sprach der Richter Matthias F. sein Urteil gegen die Beschuldigten Christopher H. und Sepher F. Es glich einem Paukenschlag und führte zu Jubelszenen im Gerichtssaal: Freispruch aus Mangel an Beweisen.

Das Verfahren litt nicht nur unter dem Schweigegesetz in der Rockerszene, sondern auch darunter, dass beinahe jeder Protagonist jener Nacht in der Zwischenzeit Mitglied des Hells Angels MC geworden war, denn zahlreiche Mitglieder des Chapters El Centro von Kadir P. waren über Nacht zu den Höllenengeln übergetreten. Dass die Angreifer dem mächtigen Präsidenten der Nomads schwere Verletzungen zugefügt hatten, blockierte das Patchover nicht. Die taktischen Erwägungen der Angels-Führung angesichts einer sich abzeichnenden Niederlage im Berliner Rockerkrieg wogen anscheinend schwerer als alle persönlichen Empfindlichkeiten der verletzten Hells Angels. »Taking care of Business« konnte auch auf ein fast abgetrenntes Bein und ein Messer im Rücken eines Präsidenten keine Rücksicht nehmen.

Das Gericht begründete seine Freisprüche schweren Herzens damit, dass an dem auf Sepher F. zugelassenen Opel zwar Glassplitter und Lackpartikel von den verfolgten Autos sichergestellt wurden, der Opel jedoch einige Kilometer vom eigentlichen Tatort entfernt aufgefunden wurde. Auch die DNA-Spur von Christopher H. an der blutverschmierten Machete reichte dem Richter nicht aus. Schließlich soll die Machete aus dem Clubhaus der damaligen Bandidos gestammt haben. Dort könne sie der 28-Jährige »vielleicht irgendwann in den Händen« gehabt haben. Die Handys von Sepher N. und Christopher N. wurden zwar seit geraumer Zeit wegen des Verdachts des Drogenhandels überwacht, aber die erhobenen Daten brachten keine neuen Erkenntnisse, da die Beschuldigten sie in der Tatnacht ausgeschaltet hatten. Die restlichen Indizien reichten dem Richter für einen Schuldspruch nicht aus, trotz eines eindringlichen Plädoyers des Staatsanwaltes, der vor sizilianischen Verhältnissen warnte und eine langjährige Haftstrafe wegen versuchten Totschlags forderte. Der Richter blieb bei seinen Freisprüchen. Christopher H., mittlerweile ein führendes Mitglied der Berliner Hells Angels, verließ den Gerichtssaal als freier Mann und wurde standesgemäß von einem Mercedes S-Klasse abgeholt.

Im Sommer 2009, am 14. August, wurde der ehemalige Hells Angel Michael B., 33, vor seiner Haustür im Berliner Stadtteil Hohenschönhausen auf offener Straße erschossen. Die Täter sind bis heute nicht ermittelt worden, ebenso wenig die exakten Motive für diesen Mord. Berliner Polizisten sind sich aber sicher, dass die Täter in den Reihen der einstigen Brüder zu finden sind. Nach Gerüchten aus der Szene und den Erkenntnissen der Polizei stand der Ermordete unmittelbar vor einem Wechsel von den Hells Angels zum Bandidos MC. Wenn das stimmt, hatte er mit seinem persönlichen Patchover das eigene Todesurteil unterschrieben.

Die Rekonstruktion der Tat liest sich wie die Szenerie eines düsteren Cop-Thrillers aus Hollywood, der vor der Kulisse der am Horizont aufragenden Plattenbauten Ostberlins spielt. Gegen Mitternacht schreckten Anwohner durch Schüsse in der Nachbarschaft aus dem Schlaf. Sie sahen noch, wie ein schwarzer Van mit quietschenden Reifen vom Tatort flüchtete. Auf dem Asphalt blieb Michael B. blutend zurück. Der Kampfsportler schleppte sich schwer verletzt weiter, bevor er zu Boden sackte, durchbohrt von Kugeln ebenso wie von Klingen. Die Reanimationsversuche des alarmierten Notarztes blieben ohne Erfolg.

Der Arzt stellte eine Reihe von lebensgefährlichen Verletzungen fest, so war zum Beispiel die Schlagader im Oberschenkel durchtrennt worden. Tödlich war aber laut Obduktion eine Schusswunde in der Brust. Die Hinrichtung geschah im Stadtteil Hohenschönhausen – im Territorium der Höllenengel. Michael B. war zwei Jahre zuvor noch strafrechtlich wegen Bedrohung eines Bandidos aufgefallen. Da gehörte er noch zur Brigade 81, den berüchtigten Männern fürs Grobe. Die sechsmonatige Freiheitsstrafe setzte das Amtsgericht Tiergarten zur Bewährung aus.

Die Landeskriminalämter von Berlin und Brandenburg sahen sich mit dem »ersten Rockertoten der letzten Jahre« in ihren schlimmsten Befürchtungen bestätigt. Der Krieg zwischen den Bikern nahm neue Dimensionen an. Sämtliche Polizeidienststellen Berlins verstärkten nach dem Mord ihre Präsenz in der Rockerszene und versuchten, den Ermittlungsdruck gegen die Hells Angels und die Bandidos hoch zu halten.

Mehrere Verdachtsmomente führten die Mordermittler zu dem 30-jährigen Hells Angel Oliver G. Der mutmaßliche Mörder und das Opfer kannten sich seit Jahren und saßen schon einmal gemeinsam auf der Anklagebank eines Berliner Gerichts. Die Staatsanwaltschaft hatte sie damals wegen eines brutalen Angriffs auf einen Bandido angeklagt. Der Beschuldigte G. lebte als arbeitsloser Gerüstbauer in Eberswalde. Nach den Todesschüssen entzog er sich der Vollstreckung eines Haftbefehls wegen illegalen Waffenbesitzes durch Flucht. Elf Monate lebte er im Untergrund, die Ermittler vermuteten ihn in Südspanien, dann stellte er sich braun gebrannt den Berliner Behörden. Diese steckten den Rocker in Untersuchungshaft, wo er jegliche Aussage verweigerte. Dem zuständigen Richter reichten die vorgelegten Beweise für eine längere U-Haft jedoch nicht aus, sodass er den mutmaßlichen Mörder auf freien Fuß setzte. Im Moment sieht es nicht danach aus, dass die Staatsanwaltschaft Berlin dazu in der Lage ist, Mordanklage gegen den vermeintlichen Todesengel von Hohenschönhausen zu erheben.

Cottbus, knapp 100 Kilometer südöstlich von Berlin gelegen, wurde zum nächsten Schauplatz des Bikerkrieges. Der 25-jährige Bandido Andre S. spazierte mit seiner 22-jährigen Ehefrau und ihrem erst elf Wochen alten Sohn durch die Cottbusser Innenstadt. Noch kurze Zeit zuvor wäre es undenkbar gewesen, dass Rocker ihre Feinde vor den Augen der Familie angriffen und dabei sogar Frau und Kinder attackierten. Dieses skrupellose Vorgehen verbot die Bikerehre, und selbst in den blutigen kanadischen und skandinavischen Kriegen hielten sich fast alle Beteiligten an diesen Kodex. Nicht so an diesem Tag in Cottbus.

Eine Gruppe Hells Angels griff den jungen Familienvater an, und auch die Frau wurde geschlagen. Die Angreifer drohten, Frau und Baby zu töten, doch Andre S. trug eine Waffe. Er zog seine Pistole und schoss fünfmal auf die Angreifer. Den Angel Robert H. trafen zwei Geschosse in den Oberkörper und nur eine Notoperation konnte sein Leben retten. Der Bandido wurde später zu einer Haftstrafe von 3,5 Jahren verurteilt.

Die Hells Angels mussten nicht nur einen immer aggressiver agierenden Bandidos MC abwehren, auch Auseinandersetzungen in den eigenen Reihen verursachten Verletzte und zogen polizeiliche Ermittlungen nach sich. Bereits 2009 war der ehemalige Präsident des Hells Angels MC Nomads, Holger »Hocko« B., 47, aus der rot-weißen Bruderschaft ausgeschlossen worden. Seine ehemaligen Brüder warfen ihm vor, sich an Geld aus der Vereinskasse bereichert zu haben. Er wurde nicht nur ausgeschlossen, sondern auch mit dem Status »out in bad standing« versehen. Selbst sein »Filthy Few«-Patch, das Abzeichen, das seinen Träger als Mörder für die Bruderschaft auszeichnet, reichte nicht, den Makel des »bad standing« auszugleichen. Dieses Urteil stellt die schlimmste Art des Ausschlusses dar und erklärt den Betroffenen praktisch für vogelfrei. Nach Angaben von Aussteigern verpflichtet ein Ausschluss dieser Art die Höllenengel regelrecht dazu, gegen den Exbruder vorzugehen.

Am 17. Mai 2011 folgte die Vergeltung für die angeblichen finanziellen Unregelmäßigkeiten. Östlich von Berlin, im märkischen Oderland bei Altlandsberg griffen unbekannte Täter Hocko an, stachen den ehemaligen Präsidenten mit einem Messer nieder und verletzten ihn lebensgefährlich. Dem 50-Jährigen gelang es trotz mehrerer Stiche in Beine und Rücken, einen Bekannten per Handy zu alarmieren, der ihn neben seinem Auto liegend vorfand. Das LKA Brandenburg übernahm die Ermittlungen wegen versuchten Mordes, doch Hocko schwieg zu den Umständen der Tat.

Am 22. Februar 2012 durchsuchten Spezialeinheiten die Wohnungen der Hells Angels Danilo B. und Christian M. Die beiden Höllenengel, der aktuelle Präsident des Berliner Nomads-Charters, André S., und zwei weitere Rocker standen im Verdacht der Staatsanwaltschaft Frankfurt (Oder), an der Attacke auf Hocko beteiligt gewesen zu sein. Der Tatvorwurf lautete auf Mordversuch. Alle Beteiligten schwiegen. Wie immer.

Bandidos gewinnen immer mehr Schlachten in Berlin

Die Ermittler im Bereich Rockerkriminalität der LKAs Berlin und Brandenburg sahen den Bandidos MC zu diesem Zeitpunkt als eindeutigen Gewinner des Berliner Rockerkrieges an. In puncto Gewaltbereitschaft, Brutalität und Mitgliedergewinnung hatten die Hells Angels in der Hauptstadt ihrem Feind nichts mehr entgegenzusetzen. Berliner Ermittler beobachteten schon seit geraumer Zeit, dass die sechs Berliner Bandidos-Chapter einschließlich ihrer Supporter-Clubs ihre Aufnahmekriterien immer weiter abschwächten. Das trug Früchte und befeuerte die Expansionsbestrebungen nachhaltig.

Dabei war es besonders die Rekrutierung immer größerer Zahlen krimineller Ausländer, die meist weder ein Motorrad noch eine entsprechende Fahrerlaubnis besaßen, die zur Verschärfung der Situation in Berlin beitrug. Die Angels gerieten immer weiter in die Defensive und waren nicht mehr in der Lage, brutalste Angriffe auf ihre Führungskräfte mit der sonstigen Schlagkraft zu vergelten. Nur dadurch, dass sie einige brutale Exempel statuierten, konnten sie verhindern, in Berlin gänzlich den Boden unter den Füßen zu verlieren.

In dieser Kategorie verorteten die Ermittler auch den Mord an Michael B. vor dessen Wechsel zu den Bandidos. Da die Angels mit ihrer Rekrutierung weit hinterherhinkten, beabsichtigten sie, die eigenen Reihen mit aller Gewalt fest geschlossen zu halten. Die Stoßrichtung des Mordes galt weniger dem Bandidos MC als vielmehr den eigenen Mitgliedern: Wer übertritt, ist tot!

Die Berliner Polizei war kaum noch in der Lage, die ausufernden Rocker-aktivitäten in der Hauptstadt adäquat zu verfolgen oder gar strafrecht-lich zu ahnden. Der Berliner Chef der Gewerkschaft der Polizei, Eberhard Sch., äußerte sich frustriert: »Die Rocker verpflichten ständig Nachwuchs, bei uns gibt es einen Personalstopp. Wer da am Ende den längeren Atem hat, ist doch klar.«

In den Polizeibehörden der Hauptstadt stellten sich die Beamten darauf ein, dass die unterlegenen Berliner Hells Angels tatkräftige Unterstützung von Höllenengeln aus anderen Teilen der Republik erhalten würden. Die Hauptstadt war zu prestigeträchtig, als dass sich die Rot-Weißen hier eine Niederlage gegen die Bandidos erlauben konnten. Die Experten der LKAs rechneten mit Aktionen von kampferprobten Bremer und Hannoveraner Höllenengeln in Berlin, um in dem Konflikt eine Wendung zu erzwingen.

Doch die kamen nicht.

Die mächtigen und zum Teil wohlhabend gewordenen deutschen An-gels der ersten Stunde scheuten anscheinend den blutigen Krieg im aktu-ellen Epizentrum der Rockergewalt.

Erschwerend kam hinzu, dass immer mehr Hells Angels entweder eine Haftstrafe absitzen mussten oder sich auf Bewährung befanden. Im Bremer Charter West Side fiel allein die Hälfte der Mitglieder aus diesen Gründen als Verstärkung im Berliner Rockerkrieg aus. Wegen des brutalen Überfalles auf den Bandidos MC Bremen saßen drei Angels immer noch eine Haftstrafe ab und elf weitere waren mit scharfen Bewährungsauflagen belegt worden.

Kadir P. – Übertritt oder Verrat?

Der gewiefte Taktiker und Deutschlands mächtigster Hells-Angels-Präsi-dent Frank Hanebuth aus Hannover – Insider bezeichnen ihn mittlerweile sogar als inoffiziellen Europa-Chef der Bruderschaft – fand eine pragmati-sche Lösung für das Berliner Problem. Diese stand in fundamentalem Widerspruch zum Ehrenkodex der Bruderschaft, der es untersagte, Mit-glieder von verfeindeten Clubs aufzunehmen. Hanebuths Schachzug war daher selbst in den Reihen der Angels sehr umstritten, aber das Murren der Basis störte die Führung anscheinend nicht. Das verdeutlicht, wie brisant die Situation für die Hells Angels in Berlin geworden ist.

Anfang Februar 2010 schraubten die Mitglieder des Bandidos MC El Centro – das Chapter bestand fast ausschließlich aus Mitgliedern großer türkisch-arabischer Familienclans, die tief im organisierten Verbrechen verstrickt sind – den Fat Mexican von ihrem Clubhaus in der Residenzstraße ab und vollzogen den sofortigen Übertritt zum Hells Angels MC. Am Tag danach sicherten starke Polizeikräfte neuralgische Punkte der Stadt, die in direktem Bezug zu den Hells Angels Berlin und dem Bandidos MC standen, und sperrten ganze Straßenzüge ab. Die Aktivitäten der Bikergangs bestimmten wieder einmal die Agenda der Behörden.

75 Männer sollen ihrem Boss Kadir P. zu den Hells Angels gefolgt sein: 15 Vollmitglieder und 60 Unterstützer. Um diesen Vorgang genauer einzuordnen, hilft ein Blick in die Geschichte des Clubs: Der Wechsel eines kompletten Chapters der Bandidos zu den Hells Angels mitten im Krieg ist weltweit einzigartig.

Die ehemaligen Bandidos verfügten nach Angaben von LKA-Ermittlern überwiegend nicht über einen Führerschein, geschweige denn über ein eigenes Motorrad, aber dies schien einer Aufnahme im Hells Angels Motorcycle Club neuerdings nicht im Wege zu stehen, auch wenn die anders lautende, von Sonny Barger publizierte Regel zum notwendigen Besitz eines Bikes nie abgeschafft worden ist. Hatte sich die Situation in Deutschland mittlerweile so zugespitzt, dass sämtliche angeblich sakrosankten World Rules der Bruderschaft außer Acht gelassen werden durften? Oder sieht man hier nur einen weiteren Beleg dafür, wie weit sich die deutschen Hells Angels von den Gründungsidealen der amerikanischen Brüder entfernt haben?

Die neue Konstellation in Berlin wurde aber auch dadurch belastet, dass ansonsten typische Charakteristika der Mitglieder im globalen rot-weißen Netzwerk erhalten blieben: männlich, weiß und oft national eingestellt. Die Zusammensetzung der Mitglieder war im Wesentlichen die gleiche wie in den USA, wo man einen größeren Anteil farbiger oder hispanischer Mitglieder auch heute noch vergeblich sucht. Die weißen Männer blieben unter sich.

»No niggers in the club« und Hakenkreuze

In seiner Biografie bestätigt der ehemalige Vizepräsident des Hells Angels MC Kassel, Ulrich Detrois, auch eine wenig schmeichelhafte Regel in den geheimen World Rules der Hells Angels, die lauten soll: »No niggers in the club.«

Selbst wenn man die erbitterten Rassenkonflikte im Süden der USA in den 60er-Jahren berücksichtigt – in diesem Zeitraum soll ein großer Teil der Regeln in Kalifornien aufgestellt worden sein –, lässt die nach wie vor bestehende Regelung den Club als einen hermetisch abgeschlossenen und rassistischen Bund weißer Männer erscheinen.

Wehrmachtsstahlhelme, Hakenkreuze, SS-Runen, Eiserne Kreuze waren und sind häufig benutzte Symbole in Bikerkreisen. Sonny Barger löste diesen Nazikult im Hells Angels Motorcycle Club nach eigener Aussage Ende der 50er-Jahre selbst – unbeabsichtigt – mit aus. Barger war auf der Suche nach einem Gürtel mit Koppelschloss, als ihm ein Bekannter einen Gürtel schenkte, den ihm sein Vater von den Schlachtfeldern Europas mitgebracht hatte. Die Koppel war die eines deutschen Landsers – mit eingeprägtem Reichsadler, der ein Hakenkreuz in den Krallen trägt, und der deutschen Inschrift »Gott mit uns«. Sonny Barger bezeichnet das »Hakenkreuztragen« als reine Provokation gegen das spießige Establishment. Eine politische Aussage oder Gesinnung wollte er damit keineswegs zum Ausdruck bringen.

Wie dem auch sei – das Hakenkreuz und weitere Symbole des Dritten Reiches fanden Einzug in die Bikersubkultur und verbreiteten sich rasch, entweder als Abzeichen auf der Kutte oder am Motorrad, und nicht selten prangte das Symbol des nationalsozialistischen Deutschlands als Tätowierung auf den muskulösen Körpern weißer Biker.

Bis zu einer internationalen Abstimmung auf Antrag deutscher Höllenengel über die Verwendung des Hakenkreuzes im Hells Angels MC im Jahr 1997 wurden im »Filthy Few«-Patch zusätzlich die SS-Runen verwendet. Sonny Barger trägt nach eigenen Angaben bis heute die SS-Blitze als Tätowierung auf seinem Rücken, dementiert jedoch, damit zeigen zu wollen, dass er für den Club gemordet hat. Die globale Bikerführung sprach sich schließlich für den deutschen Antrag und gegen das weitere Tragen und Verwenden von Hakenkreuzen, SS-Runen und anderen Nazisymbolen im Club aus. Denn die deutsche Besonderheit des Volksverhetzungsparagrafen 130 StGB führte in der Vergangenheit zu vielen Konflikten mit der Justiz. Und wenn Hells Angels aus anderen Teilen der Welt ihre Brüder in Deutschland besuchten und ein Hakenkreuz trugen, heizte das die ohnehin negative Presseberichterstattung noch weiter an. Die Annahme des Antrags beweist einmal mehr den hohen internationalen Organisationsgrad des rot-weißen Netzwerks: Die USA halten ein international bindendes Referendum ab, um vergleichsweise geringe Probleme in Deutschland zu lösen. Wie eng würde die Abstimmung dann erst bei essenziellen Fragen der Bruderschaft sein? Wenn es um Krieg oder Frieden ginge? Um Mord und Drogenhandel? Oder um die Frage, wie tief der Club selbst in kriminelle Machenschaften von Mitgliedern involviert werden darf?

Trotz der Rücksichtnahme auf die deutschen Charter und eines selbst auferlegten Verbots von Hakenkreuz und SS-Runen erfreuen sich beide Symbole als Tätowierungen in der weltweiten Bikerszene ungebrochener Beliebtheit. So ließ sich der kahl rasierte Brandon »Taz« Kent, Mitglied des Hells Angels MC San Diego, mit nacktem Oberkörper in Bodybuilderpose von dem Undercover-Agenten Alex Caine fotografieren. Sein gesamter Brustkorb, Arme und Hals sind von Tätowierungen bedeckt. Auf dem Bauch prangt ein großes Hakenkreuz und darunter der Schriftzug »White pride« (»weißer Stolz«). Das Argument, dass sich erwachsene Männer im 21. Jahrhundert allein deswegen fußballgroße Hakenkreuze in die Haut stechen lassen, um die Gesellschaft zu provozieren, erscheint wenig glaubwürdig. Des Weiteren behauptet der Ex-Hells-Angel Ulrich Detrois, dass es im Club durchaus rassistische und nationalsozialistische Tendenzen gebe. Auch der Verfassungsschutz berichtet über Rechts-Rock-Konzerte, die Aktivisten regelmäßig in den Clubhäusern der großen MCs abhalten. Vonseiten der Rocker wird dies lediglich mit den Mieteinnahmen und Getränkeverkäufen begründet.

Einen weiteren Beleg für die These erbrachte eine Großrazzia der spanischen Guardia Civil beim Hells Angels MC Spain in Barcelona, Valencia, Málaga, Madrid und Las Palmas, bei dem es um Drogen- und Waffenhandel sowie Erpressung ging. Die spanischen Behörden bezeichneten die Organisationsform der Biker als illegale Vereinigung mit paramilitärischen

Strukturen und internationalen Verbindungen. Bei den Durchsuchungen fielen den Behörden Kriegswaffen und Munition, kugelsichere Westen, ein Kilo Kokain und 200 000 Euro in bar in die Hände. Zusätzlich stellten die spanischen Behörden umfangreiche Neonaziliteratur und einschlägige Symbole sowie im Clubhaus des später verbotenen Charters Barcelona eine Hakenkreuzfahne sicher.

Personelle Verbindungen und Sympathien der Höllenengel zur rechten Szene bestehen offensichtlich. Umso mehr zeigt sich, wie hoffnungslos sich die Lage für die Angels in Berlin dargestellt haben muss, dass sie Kadir P. und seine Truppen aufgenommen haben.

Berliner LKA-Experten bescheinigen dem ehemaligen Bandido-Präsidenten Kadir P., gut im Geschäft zu sein, unter anderem auf dem Straßenstrich der Hauptstadt sowie mit drei Gastronomieobjekten, die ihm zugerechnet werden. Die Truppe um Kadir P. charakterisieren die Ermittler als hochgradig aggressiv, unberechenbar und schwer zu steuern. Außerdem werfen sie ihr vor, die Strukturen für einen florierenden Drogenhandel zu benutzen.

Am 2. Februar 2010 kam es zu einem Treffen zwischen Kadir P. und führenden Hells Angels in Hannover-Linden. Einmal mehr fielen die wichtigsten Entscheidungen der Bruderschaft in der niedersächsischen Landeshauptstadt. Vorausgegangen war unter anderem eine Schlägerei zwischen den El-Centro-Rockern und dem Bruder-Chapter Bandidos Southside. Kadir P. scheint damit und mit weiteren gewalttätigen Eskapaden die Berliner Führung der Bandidos nachhaltig gegen sich aufgebracht zu haben. Die angespannte Situation im feindlichen Lager nutzten Frank Hanebuth und seine Mannen. Sie machten Kadir P. offensichtlich ein Angebot, das er nicht ablehnen konnte und wollte.

Die Formalitäten des Übertritts wurden am 4. Februar 2010 im Clubhaus der Potsdamer Hells Angels unter persönlicher Anwesenheit des mächtigsten Rockerpräsidenten Deutschlands vollzogen. Die Polizei stellte bei Vorkontrollen die Personalien von rund 70 Personen fest.

Die Machtverhältnisse in Berlin wurden über Nacht auf den Kopf gestellt. Durch eine massive Rekrutierung gerade unter Türken und Arabern hatte der Bandidos MC den ewigen rot-weißen Rivalen lange übertrumpft.

Dieser schlug nun mit der An- und Abwerbung des berüchtigtsten und gefährlichsten Chapters des Fat Mexican in Berlin zurück.

Doch zu welchem Preis?

Eine Zahl geht gerüchteweise seitdem durch die Szene: Es ist von 250 000 Euro Handgeld die Rede, das Kadir P. den Übertritt in die Big Red Machine schmackhaft gemacht haben soll.

Die Aufnahme der ehemaligen Feinde, die in vorherigen Konflikten mehrere Brüder aus Berlin schwer verletzt hatten, sorgte bei den zuständigen Polizeidienststellen und den Presseberichterstattern für ungläubige Reaktionen. Hanebuth selbst sah sich gezwungen, öffentlich Stellung zu nehmen. Anlässlich eines Interviews von *Spiegel TV* sah er sich genötigt, das Rekrutierungsprozedere auf entsprechende Fragen hin zu rechtfertigen: »Ich finde, dass sie gut passen. Ich find' die Jungs in Ordnung.« Des Weiteren wird er mit den Worten zitiert: »Wir wollen keinen weiteren Konflikt. Die Auseinandersetzungen nützten keiner der beiden Seiten.« Das Handgeld für Kadir P. dementierte er aber bei diesem Anlass.

Der Präsident der Hells-Angels-Nomads, André S., den eben diese ehemaligen Bandidos angegriffen und schwer verletzt hatten, wirkte nicht begeistert, als der Reporter ihm folgendes Statement abrang: »Ich befürworte den Übertritt.« Dem Ex-Hooligan schreiben LKA-Experten eine Nähe zu deutsch-nationalem Gedankengut zu. In seiner Kneipe »Germanenhof« in Hohenschönhausen verkehrten Hells Angels einträchtig mit Hooligans und Männern aus dem rechtsextremen Spektrum, so die Erkenntnisse der Polizei. Doch André S. ordnete sich offensichtlich den Vorgaben Hanebuths unter, als dessen enger Vertrauter der Berliner Nomads-Präsident gilt.

Doch die neuen Brüder sollen nicht bei allen Hells Angels widerspruchslos willkommen gewesen sein. Die Aufnahme über Nacht, ohne eine Prospect-Phase, soll erhebliche Unruhe und Misstöne verursacht haben.

Der Hells Angels MC Germany scheint mit diesem taktischen Winkelzug seine Grenzen überschritten zu haben. Am ehesten beschreibt der Begriff »Überdehnung« die Lage der Organisation. Ein Wachsen auf Teufel komm raus stellt selbst für den strategischen Machtgewinn in der

Hauptstadt der Rocker einen hohen Preis dar. Dies gilt insbesondere unter Berücksichtigung der eigenen Vergangenheit und in Hinsicht auf das kriminelle Vorleben der Neumitglieder und deren kulturellen Hintergrund. Die zahlreichen Hooligans und weiteren Mitglieder der Angels mit einer Vergangenheit in der militanten Neonaziszene auf der einen und die türkisch-arabischen Neubrüder auf der anderen Seite kann man sich auf dem nächsten Deutschlandtreffen der Rot-Weißen nur schwerlich beim vertrauten Smalltalk vorstellen.

Aber es blieb so, wie die Führungsriege entschieden hatte. Kadir P. und seine Männer wechselten zum Hells Angels MC. Die Mitglieder des ehemaligen Bandidos-Chapters El Centro wurden über Nacht vollwertige Höllenengel und gründeten das Charter Berlin City, das seitdem regelmäßig für schlechte Presseschlagzeilen sorgt.

Wie umstritten und offensichtlich negativ angesehen das neue Charter in der deutschen Welt der Hells Angels ist, beweist ein weiterer Punkt. Die Berliner Rocker wurden nicht sofort Mitglied im Hells Angels MC Germany, sondern zuerst in den Hells Angels MC Turkey ausgegliedert. Anscheinend war eine enge Zusammenarbeit mit der Basis der deutschen Biker nicht gewollt, und unerwünschte Kontakte bei Pflichtterminen wie Präsidententreffen, Runs und offiziellen Feiern wurden auf diese Weise erschwert. So viel Nähe und reales Miteinander wollte und konnte die Führung der Angels den normalen Mitgliedern dann wohl doch nicht zumuten. Erst nach einiger Zeit wurde das Charter Berlin City doch noch im deutschen Organigramm der Hells Angels angesiedelt.

Dieser Bund scheint alles Mögliche, aber wahrlich keine Liebesheirat gewesen zu sein. Er diente lediglich der Erhöhung der eigenen Schlagkraft angesichts einer drohenden Niederlage im Berliner Rockerkrieg mit den Bandidos.

»Taking care of business« – der Sicherung eigener Geschäftsinteressen und dem Wiedererlangen der Vormachtstellung bei der Förderung der Prostitution, bei Drogen-, Waffen- und Menschenhandel und in der Türsteher- und Securityszene wurden wieder einmal alle persönlichen Empfindlichkeiten untergeordnet.

Die Polizei stellte sich nach diesem einmaligen Seitenwechsel auf brutalste Racheakte des Bandidos MC ein und erwartete schlimme Szenarien.

Über eines waren sich die LKA-Experten einig: Die neuen Brüder waren einzig rekrutiert worden, um verloren gegangenes Terrain von den Bandidos zurückzuerobern.

Genau das taten sie jetzt. Die Situation in Berlin verschärfte sich weiter.

Erste Opfer des sich verstärkenden Konflikts wurden zwei Ex-Bandidos. Nur einen Monat nach dem Trikotwechsel, im März 2010, griffen vier Bandidos ihre ehemaligen Brüder in einem Club der Hells Angels in Berlin-Weißensee an. Sie attackierten einen 27-Jährigen mit Messern und Baseballschlägern, stachen ihn nieder und fügten ihm eine schmerzhafte Schädelprellung sowie eine Platzwunde am Kopf zu. Die Verletzungen mussten stationär im Krankenhaus behandelt werden. Sein Begleiter musste eine Vorahnung gehabt haben, dass er sich an diesem Tag in einem Kriegsgebiet aufhalten würde; er trug eine schusssichere Weste unter der Kleidung. Die Weste stoppte einen potenziell tödlichen Messerstich in den Brustkorb. Er zog sich lediglich einige Schnittwunden an der Hand zu, die vermutlich von Abwehrversuchen stammten. Der Staatsanwaltschaft Berlin gelang es, die vier Angreifer im Alter von 20 bis 28 Jahren zu ermitteln. Sie wurden wegen gemeinschaftlich versuchten Totschlags sowie Körperverletzung angeklagt.

Bevor das frisch rekrutierte Charter der Höllenengel in den kriegerischen Konflikt in Berlin eingreifen konnte, bekamen die Neu-Angels unerwarteten Besuch. Unter Federführung des LKA Berlin stürmten 200 Polizeibeamte, darunter zwei mobile Einsatzkommandos und ein Spezialeinsatzkommando, 24 Privatwohnungen von Mitgliedern des Hells Angels MC Berlin City. Der Schwerpunkt der Durchsuchungsaktionen lag in den Westberliner Stadtteilen Wedding und Kreuzberg. Der Tatvorwurf auf den Durchsuchungsbefehlen lautete »gewerbsmäßiger und bandenmäßiger Handel« mit Drogen und Anabolika. Die Polizisten nahmen 15 Männer fest und beschlagnahmten Drogen, Bargeld in fünfstelliger Höhe, Hieb- und Stichwaffen sowie Computer. Drei der Verhafteten wurden wegen Handels mit Kokain in Untersuchungshaft genommen.

Nur zwei Wochen später konnte wiederum ein Großaufgebot der Polizei eine erste größere Konfrontation verhindern. Sie stoppten am Abend des

Rosenmontags eine 30-köpfige Streitmacht von Mitgliedern der Bandidos, kurz bevor diese das Vereinsheim der Abtrünnigen an der Residenzstraße erreichen konnte. Dieser Einsatz sollte den Behörden einen ersten Vorgeschmack von der explosiven Lage in der Hauptstadt liefern. Der Bandidos MC brannte geradezu auf Rache an den Verrätern. Der Übertritt Kadir P.s hatte sie auch auf einer persönlichen Ebene getroffen.

Der Konflikt eskalierte fortlaufend. Am 10. September 2011 konnten nur starke Berliner Polizeikräfte, darunter zwei Einsatzhundertschaften und Experten des LKA, eine direkte Konfrontation unterbinden. Das Stammlokal der Männer um Kadir P. liegt nur 200 Meter vom Clubhaus des nächsten Bandidos-Chapters entfernt. Es gelang den Polizisten, beide Gruppierungen auf dem Winterfeldplatz in Berlin-Schöneberg zu trennen und zahlreiche Hieb- und Stichwaffen zu beschlagnahmen.

Ein zwischenzeitlich öffentlichkeitswirksam inszenierter Waffenstillstand zwischen dem Hells Angels MC und dem Bandidos MC (siehe Kapitel 10, »Der angebliche Friedensschluss von Hannover«), der Politik, Bevölkerung und Polizeibehörden beschwichtigen sollte, reichte offensichtlich nicht bis nach Berlin.

Es folgte eine Brandstiftung in einem den Hells Angels zugerechneten Lokal und eine Schlägerei zwischen Kadir P.s Männern und Bandidos an der Boxhagener Straße in Friedrichshain.

Die Berliner Behörden erhöhten daraufhin den polizeilichen Druck gegen die gewalttätigen Gruppierungen. In der Nacht des 27. September 2011 stürmten schwer bewaffnete Spezialeinsatzkommandos das zweite Mal innerhalb einer Woche das Vereinsheim der Höllenengel an der Residenzstraße. Alle anwesenden Personen wurden überprüft und polizeilich registriert. Die Einsatzkräfte beschlagnahmten mehrere Messer und eine Axt. Zwei Personen erlitten bei der Durchsuchungsaktion leichte Verletzungen.

Es fallen wieder Schüsse in Berlin

Am Donnerstagabend, den 6. Oktober 2011, fielen Schüsse auf ein Tattoogeschäft und einen Laden für Szeneklamotten in dem vom Bandidos MC dominierten Stadtteil Reinickendorf. Beide Geschäftslokale rechnen Berliner Ermittler dem Umfeld des Bandidos MC zu.

Ein Fahrradfahrer zog im Vorbeifahren gegen 18.25 Uhr eine Waffe und schoss auf die Schaufensterfronten beider Geschäfte. Mehrere Projektile durchschlugen die Scheiben.

Die Polizei warf dem unbekannten Schützen vor, billigend in Kauf genommen zu haben, Unbeteiligte durch die Schüsse zu verletzen oder zu töten. Der Verdacht der Beamten fiel sofort auf Kadir P. und seine Männer.

Um Racheaktionen oder weitere Angriffe im Keim zu unterbinden, startete die Berliner Polizei einen Großeinsatz und postierte starke Einsatzkräfte vor den Clubhäusern der Hells Angels und des Bandidos MC.

Kadir P. stand am 28. Oktober 2011 wieder einmal vor dem Berliner Schwurgericht. Der 27-Jährige wurde bereits im Alter von zwölf Jahren durch eine Körperverletzung und Beleidigung strafrechtlich auffällig. Mittlerweile wurde er in 46 Verfahren der deutschen Justiz als Beschuldigter geführt. Das Berliner Gericht warf dem Angeklagten dieses Mal vor, im August 2007 (damals noch als Bandido) dem Hells Angel Dirk F. vor seiner Wohnung in Berlin-Mitte aufgelauert zu haben, mit einem Messer dreimal in dessen Oberschenkel gestochen und ihm dann die Kutte geraubt zu haben. Die Trophäe des Raubs brachte Kadir P. nach Erkenntnissen der Polizei umgehend zum Deutschland-Präsidenten und Vize-Europa-Chef der Bandidos, Peter M., ins Ruhrgebiet. Auf dem Gelände einer Duisburger Tankstelle soll es zur Übergabe der Kriegsbeute gekommen sein, dokumentiert von den Überwachungskameras der Tankstelle. Berliner Ermittler gehen davon aus, dass Kadir P. mit dieser Attacke sein Standing bei den Bandidos erhöhen wollte und womöglich zusätzlich das Patch »Expect No Mercy« im Auge gehabt hatte. Das Opfer war schwer verletzt; es benötigte zwei Operationen an dem lädierten Bein.

Der Anschlag auf Dirk F. war nicht der einzige Gegenstand des Verfahrens Ende Oktober 2011. Ebenso wurde ein Angriff Kadir P.s auf einen Türsteher verhandelt, der nur knapp einem Stich gegen den Hals ausweichen konnte. Pikanterweise handelte es sich bei dem Opfer Oliver A. um einen Polizeibeamten. Als weiteren Anklagepunkt brachte das Gericht eine Auseinandersetzung vom Juni desselben Jahres ein. In einer McDonald's-Filiale soll Kadir P. sich durch die Blicke zweier Bauarbeiter auf seine Freundin provoziert gefühlt haben. Kadir P. rannte zu seinem Mercedes und soll sich, nun mit einer Machete und einem Messer bewaffnet, auf die beiden Bauarbeiter gestürzt haben. Diese ergriffen jedoch die Flucht und entkamen unverletzt. Die Angegriffenen erstatteten gegen den berühmt-berüchtigten Kadir P. keine Strafanzeige. Das tat jedoch aus öffentlichem Interesse die Berliner Staatsanwaltschaft.

Vorwürfen der Presse gegen die Berliner Gerichtsbarkeit, vier Jahre verstrichen haben zu lassen, bevor sie die angeklagten Taten ahndeten, begegnete ein Gerichtssprecher mit dem Verweis auf die heillose Überlastung aller Berliner Gerichte. Das jetzige Verfahren sollte sich im weiteren Verlauf außerdem als komplettes Fiasko erweisen.

Der verletzte Türsteher und Polizist Oliver A. sollte zum Schutz seiner Privatsphäre durch das LKA Berlin geladen werden, damit seine Privatadresse nicht in der Prozessakte veröffentlicht würde. Die Justiz wollte mit dieser Maßnahme erreichen, dass Kadir P. nicht über seinen Rechtsanwalt an die sensiblen Daten gelangen konnte. Das Berliner Gericht versäumte es jedoch, darauf zu achten, und lud das Opfer ganz normal vor. Oliver A. schickte zur ersten Ladung ein Attest und berichtete im Vorfeld der Verhandlung, dass Unbekannte ihm dringend davon abgeraten hätten, gegen Kadir P. auszusagen. Bei einer weiteren Ladung erschien er letztendlich doch persönlich vor Gericht, konnte sich aber trotz mehrerer Nachfragen an nichts mehr erinnern. Auch den Inhalt seiner ursprünglichen Aussage und das in den Protokollen festgehaltene Zitat »... stach mit einem Messer Richtung Hals« konnte oder wollte er vor Gericht nicht mehr wiederholen. Die beiden Bauarbeiter aus dem Fast-Food-Laden machten ebenfalls keine belastenden Angaben vor Gericht und selbstverständlich verweigerte auch der durch Messerstiche verletzte und seiner geliebten Kutte beraubte Hells Angel Dirk F. jegliche Aussage vor dem Richter.

Während der Angeklagte mit kahl rasiertem Schädel, Brille, lässiger Jeans und einem schwarzen Hemd von Ralph Lauren äußerlich cool dem Vortrag des Gerichtes folgte, echauffierte sich sein Berliner Staranwalt, der auch schon Erich Honecker verteidigt hatte, über die behaupteten Ängste der Zeugen und wies jegliche Beteiligung seines Mandanten an deren angeblicher Einschüchterung entschieden zurück. Pünktlich zum besinnlichen Weihnachtsfest erfolgte im Dezember 2011 das Urteil des Berliner Landgerichtes gegen Kadir P.: Freispruch in allen Anklagepunkten.

Berlin kam nicht mehr zur Ruhe. In der Nacht des 4. November 2011 folgte der nächste Angriff auf die Bandidos. Ziel eines Schusswaffenanschlags war das Clubhaus in der Quickborner Straße, mitten in dem vom Bandidos MC beanspruchten Stadtteil Reinickendorf. Zeugen beobachteten zwei dunkel gekleidete Männer, die in der Freitagnacht mehrere Schüsse auf das Clubhaus abgaben. Obwohl sich zur Tatzeit zwei Personen in dem Gebäude aufhielten, wurde niemand verletzt. Die Täter konnten nicht ermittelt werden.

In der gleichen Nacht durchsuchten 100 Polizisten das Clubhaus des Bandidos MC in Berlin-Weißensee, nachdem sie Hinweise auf eine geplante Racheaktion der Bandidos erlangt hatten. Einer der 21 überprüften Männer erlitt bei der Razzia eine Platzwunde. Die Beamten stellten ein umfangreiches Waffenarsenal sicher: 17 Macheten, elf Messer, diverse Baseballschläger und Axtstiele, drei Handbeile und Morgensterne und eine Schleuder mit 100 Stahlkugeln.

Auch im neuen Jahr setzte sich der kriegerische Konflikt fort. 2012 begann, wie das letzte Jahr geendet hatte. Bei einem Schusswaffenanschlag am 4. Januar auf das Clubhaus des Bandidos MC Berlin East Gate durchschlugen mehrere Projektile das Eingangstor.

In der Nacht zum 9. Januar 2012 schleuderten Unbekannte gegen 22.30 Uhr zwei Brandsätze gegen das Clubhaus des Harami MC in der Koloniestraße im Stadtteil Wedding. Der Harami MC Berlin ist ein Unterstützerclub des Bandidos MC. Einem Clubmitglied gelang es, das Feuer zu löschen, bevor ein größerer Schaden entstand. Noch in der gleichen Nacht überprüften Polizisten zwölf Hells Angels in einem nahegelegenen Lokal in der Residenzstraße, jedoch ohne Erfolg. Die weiteren Ermittlungen führte das Fachkommissariat beim Landeskriminalamt Berlin. Bereits am 10. Oktober 2011 war das gleiche Vereinsheim Ziel einer identischen Attacke geworden. Am 12. Januar 2012 sprangen dann drei Hells Angels aus ihrem Wagen an der Residenzstraße und stachen einen Bandido nieder, der die Straße entlangging.

Der Polizeipräsident Dieter Glietsch und das LKA Berlin bilanzierten auf einer Pressekonferenz durchaus beeindruckende Zahlen der Behörde. In den Jahren 2004 bis 2011 wurden in Berlin 1532 Ermittlungsverfahren gegen Angehörige der Rockerszene eingeleitet. Daraus resultierten 524 Festnahmen, die häufig von einem Spezialeinsatzkommando durchgesetzt werden mussten. Die Berliner Gerichte sprachen Gefängnisstrafen mit einer Gesamtdauer von 387 Jahren gegen Angehörige des städtischen Rockermilieus aus. Die Behörden zogen Rauschgift, Bargeld und Vermögenswerte im Wert von deutlich über einer Million Euro ein.

Trotz dieser nachweisbaren Erfolge gegen die ausufernde Rockerkriminalität und die damit im Zusammenhang stehenden Gewalttaten scheinen die Bemühungen der Polizeibehörden gegen diese Akteure der organisierten Kriminalität weitgehend wirkungslos zu bleiben. Den 17 aktiven Rockerclubs in Berlin rechnen Polizeiexperten bis zu 1000 Personen zu. Die Bandbreite ihrer kriminellen Taten umfasst Raub, Erpressung, Rauschgifthandel, Brandstiftung, bandenmäßige Hehlerei, Verstöße gegen das Waffengesetz und allgemein Straftaten im Bereich der organisierten Kriminalität im Rotlichtmilieu.

Wie massiv der Rockerkonflikt in Berlin im Jahr 2012 weiterhin ausgetragen wird, belegt eine Verkehrskontrolle im Stadtteil Wedding. Dort stoppte eine Polizeistreife einen Wagen wegen einer Verkehrsordnungswidrigkeit und überprüfte den 33-jährigen Fahrer. Zuerst fielen den Beamten im Inneren des Fahrzeuges mehrere Utensilien auf, die sie den Hells Angels zurechneten. Daraufhin durchsuchten sie den Fahrer und wurden in seinem Hosenbund und seinen Hosentaschen fündig. Sie fanden drei scharfe Schusswaffen und drei aufmunitionierte Magazine. Im Wagen selbst stießen die Polizisten außerdem auf eine Maschinenpistole und einen Schalldämpfer. Der Höllenengel wurde auf der Stelle festgenommen und einem Richter vorgeführt, der einen Haftbefehl wegen des Verdachts eines Verstoßes gegen das Waffengesetz erließ. Der 33-Jährige verweigerte jegliche Aussage zur Sache.

Höllische Berliner auf Europatour

Die Berliner Hells Angels schienen nicht zuletzt durch den höchst umstrittenen Übertritt von Kadir P. und seinen Mannen erst einmal gestärkt aus dem Rockerkrieg der Hauptstadt hervorgegangen zu sein. Jedenfalls so gestärkt, dass sie anscheinend auf den schlagkräftigen Vizepräsidenten des Potsdamer Charters, Christopher R., 32, verzichten konnten. Dieser wurde nämlich im März 2010 Vizepräsident des neu gegründeten Hells-Angels-Charters auf Mallorca, unweit der Partymeile Ballermann. Der Expansionsdrang deutscher Hells Angels machte nicht vor der spanischen Landesgrenze halt. Bereits seit einiger Zeit werden ihnen am Ballermann drei Bordelle, ein Restaurant, eine Bar sowie eine gut laufende Agentur, die Go-go-Girls an zahlreiche Diskotheken vermittelt, zugerechnet.

Christopher R. war, wie geschildert, an der Prügelattacke von Lens 1998 beteiligt, für die er 1999 vom Essener Landgericht zu drei Jahren und sechs Monaten Haft verurteilt wurde. R. stammt aus der besonders gewaltbereiten Hooliganszene des Ostberliner DDR-Serienmeisters BFC Dynamo, der auch aufgrund seines Ehrenvorsitzenden Erich Mielke oft als »Stasiclub« bezeichnet wurde. Des Weiteren wird er mit den schlagkräftigen Hooligans in Verbindung gebracht, die in den 90er-Jahren die Ostberliner Türsteherszene dominierten.

Das Engagement der Höllenengel auf Mallorca, wo sich eine der umsatzstärksten Vergnügungsmeilen Europas befindet, wurde nicht von jedem Protagonisten in der Szene mit Begeisterung aufgenommen. Ganz im Gegenteil entschied sich eine Gruppe offensichtlich, dies nicht widerspruchslos hinzunehmen: der Gremium MC. Dieser deutsche Club verfügte nämlich schon länger über eine Dependance auf der beliebten Urlauberinsel. Im August 2010 spitzte sich die Lage zu.

In der Nacht zum Mittwoch, den 11. August 2010, eskalierte die Situation am Ballermann. Eigens eingeflogene deutsche Hells Angels und Männer des Gremium MC lieferten sich mitten in der Touristenhochburg El Arenal eine Massenschlägerei. Die Auseinandersetzung mit bis zu 40 Rockern zog sich durch die ganze Nacht bis in die frühen Morgenstunden hin. Augenzeugen berichteten später von filmreifen Szenen. »Auf der Straße waren Blutlachen«, hieß es, und man erzählte von Hells Angels, die von einem Lieferwagen angefahren wurden. Während der erbitterten Schlägerei, die in der Nähe einer Diskothek begonnen hatte, sollen Baseballschläger, Äxte, Messer, Ketten, Samuraischwerter sowie mit Billardkugeln ausgestopfte Socken und Feuerwaffen eingesetzt worden sein.

Die überforderte spanische Polizei musste erst ein Großkontingent der Orts- und Nationalpolizei sowie ein Sonderkommando zum Einsatz bringen, um die Ausschreitungen in der Touristenhochburg zu beenden. Den Einsatzkräften gelang es, 19 überwiegend deutsche Rocker des Gremium MC zwischen 30 und 52 Jahren festzunehmen und im Polizeihauptquartier von Palma festzusetzen.

Am Ende des gleichen Jahres stoppte die Guardia Civil einen Mercedes mit Christopher R. als einzigem Insassen. Die Polizisten beschlagnahmten eine Pistole, eine Machete und einen Schlagring. R. gab lediglich zu Protokoll, sich diesen Wagen geliehen und von den Waffen nichts gewusst zu haben. Die spanische Polizei stellte weiterhin fest, dass der deutsch-mallorquinische Vizepräsident der Hells Angels zahlreiche Prellungen im Gesicht und am gesamten Körper aufwies. Offensichtlich war er gerade verprügelt worden und machte sich nun schwer bewaffnet auf den Weg, um Rache zu nehmen. Wegen des Verdachts des illegalen Waffenbesitzes führten ihn die Beamten der Guardia Civil noch am selben Abend dem Haftrichter vor.

Der augenblickliche Status des Charters auf Mallorca wird als »frozen« bezeichnet. Die Aktivitäten auf der Insel ruhen, was an internen Querelen der deutschen Rocker mit ihren spanischen Brüdern liegen soll.

Doch nicht nur nach Spanien griff die knöcherne Hand der Berliner Hells Angels. Als Nächstes geriet Österreich in das Visier ihres Interesses. Das Salzburger Landeskriminalamt bescheinigte den sechs Chartern Tyrol, Vorarlberg, Nomads, Vienna, Styria und Carinthia noch bis vor Kurzem, sich ziemlich ruhig verhalten zu haben. Mit der Ruhe im Rockermilieu der Alpenrepublik war es allerdings vorbei, als Mitglieder des Berliner Nomads-Charters in der Mozartstadt Salzburg ein Kampfsportzentrum, das Fight Gym »House of Pain«, und ein Erotiklokal eröffneten. Die Übernahme eines Salzburger Bordells scheiterte vorerst. Zu diesen Aktivitäten der Berliner Höllenengel liegen noch keine Stellungnahmen von ihren Brüdern in Österreich vor. Ein martialisch aussehender Glatzkopf mit Tätowierungen sprach ganz offen über den Grund, aus dem Berliner Hells Angels in das österreichische Rotlichtmilieu eingestiegen sind – Gewinnoptimierung: »In deutschen Bordellen kostet die halbe Stunde 40 Euro, in Österreich 120 bis 160.«

Im Juli 2012 stellte sich bei einem großen Ermittlungsverfahren gegen eine türkischstämmige Dealerbande in Innsbruck heraus, von wem diese ihr Kokain bezog – es war der Sergeant at Arms der Tiroler Hells Angels. Von den zwölf Beschuldigten kamen vier in Untersuchungshaft, wo der höllische Sicherheitschef und mutmaßliche Kopf des Drogenringes ein Teilgeständnis ablegte und den Handel mit 2,5 Kilogramm Kokain zugab. Die Polizei berichtete weiter, dass mehrere Angels beim Schuldeneintreiben bei Drogensüchtigen mit äußerst brutalen Methoden vorgegangen sind.

Eskalation an der Spree

Im Jahr 2012 ist die Situation im Berliner Rockermilieu nach Meinung von Polizeiexperten völlig außer Kontrolle geraten. Ein Spezialist für Rockerkriminalität des LKA wird mit folgenden Worten zitiert. »Bei einem Aufeinandertreffen von Angehörigen oder Supportern des Hells Angels MC und des Bandidos MC ist mit sofortigen körperlichen Auseinandersetzungen unter Einsatz von Hieb- und Stichwaffen zu rechnen. Im Einzelfall ist der Einsatz scharfer Schusswaffen einzukalkulieren.« Die Experten sollten recht behalten. Besonders das Charter Berlin City der Hells Angels unter Kadir P. wird in der aktuellen Gefährdungsbewertung dafür verantwortlich gemacht. Auch berichteten Polizisten von gezielten Beleidigungen und Einschüchterungen gegen einschreitende Beamte, die diese offensichtlich von zukünftigen Maßnahmen gegen Mitglieder des Charters abhalten sollen.

Beispielhaft ist dafür ein Vorfall vom 15. Februar 2012, der sich wieder einmal in der Nähe des Clubhauses an der Residenzstraße ereignete. Selbst nachdem sich zwei Zivilbeamte als Polizisten ausgewiesen hatten, wurden sie von einer 25 Mann starken Gruppe der türkischen Rocker beleidigt und bedroht. Erst die Alarmierung von Einheiten der Bereitschaftspolizei konnte die Situation entschärfen.

Die Gewalttaten in Berlin häuften sich in jüngster Vergangenheit mit einer beängstigenden Schnelligkeit. Am 2. März 2012 lieferte sich ein Hells Angel mit einem Armdurchschuss selbst ins Rudolf-Virchow-Krankenhaus ein. Zu den Hintergründen des Vorfalls verweigerte er jede Aussage. Nur zwei Tage später wurde ein Supporter der 81er auf dem U-Bahnhof Alexanderplatz durch einen Messerstich in die Leber schwer verletzt. Am 15. März wurde das Vereinshaus des Bandidos MC South Side an der Streustraße beschossen. Hells Angels des Berlin-City-Charters wurden am 24. März erneut straffällig. Sie verfolgten ein Auto, bremsten einen Pizzaboten und dessen Sohn in Wedding aus, zertrümmerten die Scheiben des Autos und versuchten, den Sohn des Boten zu erstechen, bevor den beiden die Flucht glückte. Der Pizzabote und sein Sohn wurden nur zufällig Opfer dieser lebensgefährlichen Attacke – die Höllenengel hatten sie schlicht verwechselt. Rocker des gleichen Clubs verfolgten am 6. April eine Zivilstreife und unternahmen mehrere Rammmanöver. Am 23. April kam es dann wieder zu einer direkten Konfrontation der beiden großen Clubs: In Reinickendorf gingen Hells Angels und Bandidos mit Macheten und Messern aufeinander los. Ein Mann wurde dabei niedergestochen, weitere Verletzte flüchteten vom Kampfplatz, bevor die Polizei eintraf. Nur einen Tag später attackierten Bandidos im Bereich Tiergarten einen Wagen der Angels. Das Clubhaus des Unterstützungsclubs »La Onda« der Bandidos wurde in der gleichen Nacht Ziel mehrerer Salven aus einer Maschinenpistole. Polizisten zählten 34 Ein- und Durchschüsse an der Tür und in der Außenfassade. Verletzte oder Tote waren nicht zu beklagen. Der Monat April endete mit einer Polizeikontrolle von Kadir P. in Friedrichshain. Dort beleidigte er die Polizisten als »Inzestkinder und Hurensöhne« und drohte einem Beamten: »Wir sehen uns noch mal privat.«

Die Polizisten fertigten eine Anzeige gegen den Rockerpräsidenten. Intern bemängeln viele Polizisten eine zu geringe Unterstützung der Polizeiführung im Rahmen dieser gezielten Einschüchterungskampagne und mangelnde Konsequenz in der Bekämpfung der kriminellen Aktivitäten der Rocker in der Hauptstadt. Es ist wahrlich nicht nachzuvollziehen, warum der Innensenator noch kein Charter und Chapter in Berlin verboten hat. Seine Länderkollegen sprachen schon bei einer weit geringeren Häufung von schweren Straftaten umfangreiche Verbote aus. Das zögerliche Verhalten der Berliner Politik- und Polizeiführung ist objektiv nicht zu erklären.

10. KAPITEL
2010, die Ereignisse überschlagen sich

Der Hells Angels Motorcycle Club war in Norddeutschland seit der Gründung der Charter North End am 13. April 1990 (knapp 30 Kilometer nördlich von Hamburg) und Kiel am 17. September 1994 die absolute Nummer 1 in Schleswig-Holstein. Diese, nach Stuttgart und Berlin, dritt- und viertältesten Charter Deutschlands untermauerten den unangefochtenen Machtanspruch der Hells Angels beinahe zwei Dekaden lang. Am 6. Juni 2008 wurde außerdem ein Charter in Flensburg gegründet, am 16. Januar 2010 eines in der Hansestadt Lübeck.

Doch zu dieser Zeit, rund zehn Jahre nach der Jahrtausendwende, ließ sich der Bandidos MC von der Dominanz der Höllenengel nicht mehr abschrecken. Dank seiner aggressiven Mitgliederrekrutierung wuchs und expandierte er stetig selbst. Die Gründung neuer Chapter und Supporter-Clubs (allein drei Chapter des Chicanos MC in Kiel, Rendsburg und Neumünster) im hohen Norden forderte die Hells Angels heraus und eröffnete eine weitere Frontlinie im deutschlandweiten Krieg beider Clubs.

Der Rockerkrieg verlagerte sich nun auf die Autobahn, exakter formuliert auf die A7. Dort rammte Stefan R., 36 und Präsident des Hells Angels MC Flensburg, am 12. September 2009 mit seinem Audi A8 ein 24-jähriges Mitglied des Bandidos MC, das auf seinem Motorrad unterwegs war. Da der Rocker Thomas K. bei der ersten Attacke der schweren Limousine nicht stürzte, folgte ein zweiter Angriff. Hierbei erlitt der Bandido lebensgefährliche Verletzungen. Nach einem langen stationären Genesungsprozess leidet Thomas K. noch heute an einem ärztlich attestierten Drop-Arm-Syndrom, einer Quasilähmung seines linken Armes.

Die Staatsanwaltschaft Flensburg verhängte im Januar 2010 Untersuchungshaft gegen Stefan R. wegen versuchten Totschlags und gefährlichen Eingriffs in den Straßenverkehr. Die Justizbehörde berief sich bei der Anklageerhebung auf umfangreiche kriminalistische Ermittlungsergebnisse und eine eindeutige Identifizierung des Wagens als Tatfahrzeug.

Das Urteil gegen Stefan R. wurde im April 2011 gesprochen. Das Landgericht Flensburg verhängte eine vierjährige Haftstrafe. Der Vorsitzende Richter sah eine Tötungsabsicht vor Gericht als nicht bewiesen an, obwohl der Angeklagte »die Absicht hatte, die Bandidos und das Opfer zu maßregeln«. Strafverschärfend wertete das Landgericht die vielen einschlägigen Vorstrafen von Stefan R. und den Umstand, dass der Angeklagte zur Tatzeit noch unter Bewährung stand.

Mit dieser Tat und dem Urteil sollte auch das Ende des Hells-Angels-Chapters Flensburg besiegelt sein, was damals aber noch niemand ahnte.

Wie hochgerüstet die Mitglieder der verfeindeten Clubs mittlerweile waren und auf welche Waffenarsenale sie zurückgreifen konnten, wurde kurz nach der Autobahnattacke erschreckend deutlich.

Im November 2009 stießen Polizeieinheiten in einer Flensburger Kfz-Werkstatt auf das bis damals größte Waffendepot, welches das Landeskriminalamt der Rockerszene jemals zugerechnet hatte: Maschinenpistolen, Pumpguns, Schrotflinten, Revolver, Munition und sprengstoffähnliche Substanzen. Der Inhaber der Werkstatt wurde vorläufig festgenommen und war dem LKA Schleswig-Holstein als Waffenlieferant für die Höllenengel bekannt. Diese Erkenntnis wurde auch dadurch belegt, dass Kriminaltechniker in dem Waffenlager die DNA-Spuren und Fingerabdrücke mehrerer Flensburger Angels sicherten. Eine Erklärung, wozu ein Zusammenschluss von Männern, der vorgibt, ein Motorradclub zu sein, sich ein derartiges Waffenarsenal zulegt, blieb der Club schuldig.

Der Leiter der Abteilung Organisierte Kriminalität des LKA in Kiel, Detlev Zawadzki, beschrieb die Waffen als einsatzbereit und mengenmäßig ausreichend, um jederzeit in einen Krieg ziehen zu können. Und genau das passierte jetzt in immer kürzeren Abständen.

Zunächst reichten jedoch Klingen: Im März 2010 griffen unbekannte Täter den 21-jährigen Sohn eines Bandidos-Prospects an. Als dieser in Kiel ein Fitnessstudio verließ, wurde er auf offener Straße durch mehrere Messerstiche schwer verletzt. Seinem 20 Jahre alten Begleiter fügten die Angreifer weitere, wenn auch leichtere Verletzungen zu. Vor dem Krankenhaus rottete sich eine Gruppe von Bandidos zusammen. Ein Großaufgebot der Polizei nahm vorläufig neun von ihnen fest, um Racheaktionen vorzubeugen. Unter den Inhaftierten befand sich auch Ralf B., 46, Präsident des Bandidos MC Neumünster.

Gleichzeitig kümmerten sich die Behörden um die wahrscheinlichen Angreifer: Starke Polizeikräfte durchsuchten Treffpunkte und Lokalitäten, die die Behörden mit den verdächtigten Hells Angels in Verbindung brachten.

Das juristische Nachspiel der Messerattacke fand am Landgericht Kiel statt. Dort wurden drei Hells Angels angeklagt, die beiden irrtümlich für Bandidos-Member gehaltenen jungen Männer mit Messerstichen verletzt zu haben. Die Aussage eines Kriminalbeamten vor Gericht, Ralf B. hätte nach der Tat sinngemäß geäußert, um die Täter kümmere man sich selbst, dementierte der Bandidos-Präsident in diesem Zusammenhang.

Die Lage in Norddeutschland eskalierte da schon längst in immer kürzeren Abständen. Erst eine Woche vor der Verhandlung hatten unbekannte Täter auf das private Wohnhaus des Chefs der Kieler Hells Angels geschossen. Und bereits zwei Monate zuvor, am 13. Januar 2010, waren Männer aus dem Milieu der Hells Angels Opfer einer Messerattacke in einem Subway-Schnellrestaurant in Neumünster geworden. Vor Gericht wichen die verletzten Rocker aus. Genaue Angaben zu ihren Angreifern oder gar deren Identität machten sie nicht.

Die Polizei schaute dem barbarischen Treiben der beiden weltweit mächtigsten Rockerclubs in Norddeutschland relativ hilflos zu. Sie zweifelt allerdings nicht daran, dass die Auseinandersetzungen sich um die Vorherrschaft im kriminellen Milieu drehten.

Nachdem sich die Polizei im hohen Norden langsam von dem Schock dieser Gewaltexzesse erholt hatte, fing das Innenministerium in Schleswig-Holstein an, seinen Fokus auf diesen neuen Bereich der Kriminalität zu legen. Beim LKA wurde die Soko »Rocker« eingerichtet und die Ermittler stürzten sich in die Arbeit. Es dauerte Monate, bis sie sich in die Szene eingearbeitet hatten und die unterschiedlichen Charter, Chapter, Supporter-Clubs, Brigaden, Legionen und X-Teams identifiziert und zugeordnet waren. Nach langwierigen Ermittlungen waren die Ermittler in der Lage, die gewalttätigsten und gefährlichsten Akteure zu benennen und dem Innenministerium Vorschläge zur Zerschlagung dieser Gruppierungen zu machen.

Als Ersten traf es Peter B., 37, Vizepräsident des Bandidos MC Neumünster, Ex-NPD-Funktionär und polizeibekanntes Mitglied der militanten Neonaziszene Norddeutschlands. Die Polizei warf ihm vor, an einer Messerattacke gegen einen Red Devil beteiligt gewesen zu sein, und ließ ein schwer bewaffnetes Spezialeinsatzkommando frühmorgens am 27. April 2010 in seine Wohnung eindringen und ihn noch in seinem Bett festnehmen.

Um sieben Uhr morgens am 29. April 2010 folgte der zweite Schlag. 300 Polizeibeamte und ein Spezialeinsatzkommando rückten aus, um das Angels-Charter Flensburg und das Bandidos-Chapter in Neumünster einer Razzia zu unterziehen. Gegen beide Clubs hatte der Innenminister Klaus Schlie für den gleichen Tag eine Verbotsverfügung erlassen. Mit der groß angelegten morgendlichen Durchsuchungsaktion und dem Einzug von sämtlichem Vereinsvermögen, darunter die Guthaben von 28 Bankkonten, setzten die Polizeibehörden das Vereinsverbot mit sofortiger Wirkung durch. Durchsucht wurden zehn Wohnungen von Club-Mitgliedern und die beiden Clubhäuser. Die Polizeibeamten beschlagnahmten diverse Hieb- und Stichwaffen sowie zwei Pistolenmagazine und 50 Schuss Munition. Auch die Kutten der polizeilich bekannten zwölf Hells Angels und 17 Bandidos wurden den verblüfften Rockern bei der Übergabe der Verbotsverfügung von der Polizei abgenommen. Der Deathhead und der Fat Mexican wanderten in die Asservatenkammer.

Weil die Flensburger Hells Angels gegen die Verbotsverfügung klagten, kam es im Juni 2012 zur juristischen Klärung der Rockeraktivitäten in Norddeutschland. Erst jetzt stellte sich heraus, wie kontraproduktiv der Autobahnangriff des Flensburger Angels-Chefs Stefan R. auf den Bandido Thomas K. knapp drei Jahre zuvor gewesen war.

Allein diese Straftat des Charter-Präsidenten reichte dem Oberverwaltungsgericht (OVG) Schleswig aus, das ausgesprochene Vereinsverbot gegen den Hells Angels MC Flensburg letztinstanzlich, im Juni 2012, zu bestätigen. Ein persönliches Motiv für die Tat sei nicht erkennbar, somit sei der Angriff als Vereinsaktivität zu werten, so das Gericht. Die Straftaten der Mitglieder, besonders die des Präsidenten, seien dem Verein zuzuordnen und prägten dessen Ziele. Da dem Täter noch Monate nach der Tat Rückhalt durch den Club geboten wurde und man dort eine Aussagestrategie entwickelt hatte, wertete das Gericht auch den späteren Vereinsaustritt des Präsidenten als strategisch motiviert, um eine verbesserte Ausgangsposition im anstehenden Verfahren zu erreichen. Auch die Existenz eines »Defense Fund«, mit dem verurteilte Mitglieder und deren Familien unterstützt werden, wertete der Vertreter des Innenministeriums nachteilig für den Verein, da er ein System darstelle, das zur Begehung von Straftaten ermutige. Das Waffenlager »paramilitärischer Dimensionen« in einer Kfz-Werkstatt belege den Willen der Hells Angels, für die Durchsetzung ihrer Ziele eine Infrastruktur außerhalb der staatlichen Ordnung zu schaffen.

Den Teil des Verbotsbescheids, der dem Verein einen Verstoß gegen die verfassungsmäßige Ordnung vorwarf, hob das Oberverwaltungsgericht als nicht nachgewiesen auf. Doch das war für die Angels nur ein Teilerfolg ohne jegliche Auswirkungen auf das Gesamtergebnis. Das offizielle Ende des Flensburger Charters war besiegelt, denn das Gericht ließ keine Revision gegen seine Entscheidung zu.

Die Bandidos haben vor dem OVG Klage gegen das Verbot des Chapters Neumünster eingereicht, die Verhandlung ist noch nicht terminiert. Der ehemalige Präsident Ralf B. wählte einen neuen Weg, um sich den deutschen Strafverfolgungsbehörden zu entziehen. Ihn zog es weiter nördlich über die offene Grenze des Schengen-Raumes nach Dänemark, wo er Mitglied eines dänischen Chapters der Bandido Nation wurde.

Während der Presseberichterstattung über das Verbot meldete sich eine Flensburger Gastwirtin, die angab, von den Hells Angels Türsteher aufgenötigt bekommen zu haben, deren überhöhte Kosten monatliche Schutzgeldzahlungen von bis zu 3000 Euro verschleiern sollten. Insgesamt habe sie eine sechsstellige Summe bezahlt. Außerdem seien diese fünf Jahre für sie sehr demütigend gewesen, da sich die Rocker, auch aus anderen Städten, regelmäßig bei ihr getroffen und die Nacht zum Tag gemacht hätten. Bezahlt hätten sie ihre Gelage nie. Bis zu dem Zeitpunkt, als die Selbstständige in finanzielle Schwierigkeiten kam und die Krankenversicherung für ihre Familie nicht mehr bezahlen konnte, habe sie aus Angst alles erduldet. Dann jedoch kündigte sie den Türstehern, sprach Hausverbote aus und ging zur Polizei. An Ostern 2011 zündeten Unbekannte ihr Privathaus an, im Januar 2012 brannte ihr Auto. Die Brandstifter sind bis heute nicht ermittelt, der Schaden beläuft sich auf 80 000 Euro. Auch aus diesen

Gründen sei ihr Betrieb in die Insolvenz geraten, so die Frau. Durch das Verbotsverfahren sah sie sich ermutigt, ihre Erlebnisse mit den Rockern publik zu machen und so weitere Betroffene zu veranlassen, den gleichen Schritt zu wagen.

Der Innenminister erhoffte sich einen psychologischen Effekt durch die Verbotsverfügung: »Das tut diesen Leuten weh, weil der martialische Auftritt wesentlicher Inhalt ihres kranken Verständnisses von Stolz und Macht ist«, so Minister Schlie.

Nach dem Verbot des Hamburger Charters mittels des Vereinsgesetzes im Jahr 1986 und des Düsseldorfer Charters durch Erlass des Innenministeriums NRW im Jahr 2001 war Flensburg die dritte Niederlassung der Big Red Machine in Deutschland, die einer Verbotsverfügung unterworfen wurde. Es sollte nicht das letzte Charter bleiben.

Einen Großteil ihrer Drecksarbeit in Norddeutschland hatten die Hells Angels, wie berichtet, seit einiger Zeit ausgelagert. In einigen Gebieten nannten sich diese Organisationseinheiten Brigade 81. In Schleswig-Holstein, insbesondere in Kiel, trieben die Männer fürs Grobe unter der Bezeichnung »Legion 81« ihr Unwesen. Nach zahlreichen Gewalttaten vergaben örtliche Medien eine zusätzliche Bezeichnung für die Männer der Legion 81 – sie nannten die Gruppe »die Todesschwadron der Hells Angels«.

Am 11. Mai 2011 stürmten ein Spezialeinsatzkommando und weitere Sondereinheiten der Polizei um sechs Uhr morgens 13 Wohnungen von Mitgliedern der Legion 81 in Kiel und Umgebung. Das Landeskriminalamt Schleswig-Holstein warf dem bulligen und selbst unter seinen eigenen Leuten extrem gefürchteten 39-jährigen Anführer Steffen R. unter anderem vor, eine regelrechte Schreckensherrschaft über seine Männer errichtet zu haben. Ausstiegewillige Legionäre soll er mit brutalen Methoden und körperlicher Gewalt dazu gezwungen haben, in der Gruppierung zu verbleiben. Als sich ein Legionär selbst davon nicht abschrecken ließ und trotz aller Drohungen aus der Legion 81 ausstieg, soll R. nach Aussage des LKA eine »Todesschwadron« aus seinen Männern aufgestellt haben. Ihr Auftrag: Findet und tötet den Verräter. Ob das auch geschah, ist unbekannt.

Die Behörden warfen den Männern der Legion 81 vor, fortlaufend an Schießereien und Schlägereien im Rocker- und Rotlichtmilieu beteiligt zu sein und zudem Menschenhandel, Erpressung und die Förderung der Prostitution zu betreiben. Das kriminelle Treiben des Anführers endete nach der Razzia vorerst im Gefängnis. Zusätzlich beschlagnahmten die Einsatzkräfte zahlreiche Schusswaffen. Ein hoher Vertreter des LKA begründete das Vorgehen der Behörden vor zahlreichen Pressevertretern wie folgt: »Zusammen mit der Staatsanwaltschaft setzten wir mit diesem Schlag die Null-Toleranz-Strategie im Kampf gegen kriminelle Motorradgruppen und ihre Unterstützer fort.«

Der Staat nahm nun immer häufiger und in kürzeren Abständen die neuartigen polizeilichen Herausforderungen an.

Steffen R. sollte nur ein Jahr später im bundesweiten Fokus von Polizei, Medien und Hells Angels stehen, aber seine neue Rolle war für niemanden vorherzusehen (siehe Kapitel 12, »Der Boss der Bosse«).

Das Ruhrgebiet brennt

Im größten Ballungsraum Deutschlands mit über fünf Millionen Einwohnern, dem Ruhrgebiet, stand die erbitterte Rivalität zwischen den Hells Angels und dem Bandidos MC unter veränderten Vorzeichen. Andernorts war der Konflikt meist in einem von den Höllenengeln dominierten Gebiet eskaliert, als Bandidos sich dort ansiedelten und die Angels deren aggressive Expansion auf das von ihnen reklamierte Territorium abzuwehren versuchten, etwa in Berlin, Norddeutschland und in Bremen. Als der Bones MC 1999 im Hells Angels MC Germany aufging, verfügte hingegen keiner der beiden Clubs auch nur über eine einzige Zweigstelle im Ruhrgebiet.

Seit dem Patchover der gelben Ghostrider's im November 1999 dominierte die Bandido Nation schlagartig mit sieben Chaptern das Ruhrgebiet: Dortmund, Duisburg, Bochum, Dinslaken, Essen, Wuppertal und das mächtige Gründungs-Chapter Gelsenkirchen mit der Führungsfigur Leslav »Les« H. Die ebenfalls ehemaligen Ghostrider's-Chapter Aachen und Köln und die drei im Jahr 2001 übertretenden Chapter des Free Eagles MC (Münster, Osnabrück und Hamm) untermauerten scheinbar unumstößlich die Vorrangstellung der Bandidos im Westen der Republik. Im Ruhrgebiet und dessen Umland rekrutierten Bandidos ein Chapter nach dem anderen: Bochum East, Dortmund Steelside, Herne, Herne East,

Kleve, Leverkusen, Leverkusen City, Menden, Mülheim an der Ruhr, Oberhausen, Recklinghausen, Siegen, Steinfurt und Unna.

Dieser Streitmacht schlossen sich nach und nach über drei Dutzend Supporter-Clubs allein im Ruhrgebiet an, beispielsweise die MCs Caballeros, Chicanos, Diablos, Escuderos, Gringos, Guerrilleros, Iron Dragons, La Honra, Los Aliados, Vatos Locos, um nur ein paar zu nennen. Zusätzlich rekrutierten acht größere Bandidos-Chapter im Pott noch Männer für ihre unmittelbaren Nachwuchsorganisationen, die X-Teams. Im Ruhrgebiet verfügte der Bandidos MC nun über eine wahrlich beeindruckende Streitmacht. Insgesamt 80 Chapter, Supporter-Clubs oder X-Teams standen für allen erdenklichen Ärger Gewehr bei Fuß. Die Dominanz des Bandidos MC im Ruhrgebiet belegt auch ein Blick auf die zur Verfügung stehenden Supporter-Clubs. Von den über 111 offiziell Farbe bekennenden Unterstützergruppen der Bandido Nation befinden sich knapp 40 im Ruhrgebiet. Von den deutschlandweit 61 Chaptern der Red Devils (Stand Juli 2012) befindet sich kein einziges im Ruhrgebiet. Der »Pott« war unumstritten Bandidos-Land.

Nach dem gescheiterten Versuch mit einem Düsseldorfer Charter begann der Hells Angels MC Germany, am 6. November 2002 wieder offiziell am Rande des Ruhrgebiets Fuß zu fassen. Das neue Charter Midland, das in Solingen residierte, soll maßgeblich von Ex-Mitgliedern der 2001 verbotenen Düsseldorfer Ortsgruppe gegründet worden sein. Das Hells-Angels-Charter Gummersbach in rund 80 Kilometer Entfernung zum Ruhrgebiet wurde am 22. Februar 2003 in das rot-weiße Netzwerk aufgenommen. Noch 20 Kilometer weiter gründete sich genau fünf Jahre später, am 22. Februar 2008, das Charter Siegen. Das Charter Bielefeld untermauerte ab dem 6. Juni 2008 die dominante Stellung des Hannoveraner Charters und erweiterte den Machtbereich seines Präsidenten Frank Hanebuth gen Westen. Die beiden mächtigsten Blöcke der OMCGs in Deutschland, ja sogar europaweit, und ihre beiden über die A2 verbundenen Frontstädte – Bielefeld und Hamm, wo ein Chapter der Bandidos sitzt – trennten jetzt keine 80 Kilometer mehr.

Am 4. Oktober 2008 kam das Hells-Angels-Charter Cologne neu dazu, sodass nun auch die südliche Seite des Ruhrgebiets mit einem Charter besetzt war. Die Kölner Member zogen durch ihr sehr aggressives und gewalttätiges Auftreten von Beginn an eine Vielzahl von polizeilichen Ermittlungen und Maßnahmen auf sich. Es folgten am 14. Juli 2011 weitere Charter in Leverkusen sowie Krefeld und Düren auf der Westseite des Ruhrgebiets. Am 8. August 2011 unternahm man dann einen nächsten Schritt in das Gebiet der Bandidos, das Hells-Angels-Charter West County begann in Nordhorn, im Norden des Potts, seine Aktivitäten. Die Gründung erfolgte fast zeitgleich mit jener des neuen Bandidos-Chapters im münsterländischen Steinfurt, nur 40 Kilometer von Nordhorn entfernt

Die Rocker- und Clubdichte im und um das Ruhrgebiet nahm bedenkliche Ausmaße an, was eine friedliche Koexistenz beider Gruppierungen unmöglich erscheinen ließ. Die Mitglieder beider Clubs standen sich buchstäblich auf den Füßen und kämpften zum Teil als Türsteher, Wirtschafter, Zuhälter und Bordell- und Barbesitzer um die gleichen Profite in der Security- und Rotlichtszene. Der Hells Angels MC war in Deutschland zu dominant und zu machtbesessen, um den größten Ballungsraum der Nation einfach seinem Rivalen zu überlassen. Die Lage im Ruhrgebiet spitzte sich zu.

Am 8. Oktober 2009 fuhr der 31-jährige türkischstämmige Kampfsportprofi Timur »Timo« A., ein Mitglied des Hells-Angels-Charters Midland in Solingen, in seinem schneeweißen Mercedes CLK ins Duisburger Rotlichtviertel. Dort stoppte er an einer roten Ampel direkt vor dem Clubhaus des Bandidos MC. Das Vordringen des Hells Angels in Feindesland blieb nicht lange unentdeckt. Rudi Heinz »Eschli« E., 32, Mitglied des Bandidos MC Recklinghausen und ein Ex-Hooligan, Türsteher, Geldeintreiber, Zuhälter und Bordellbesitzer, erkannte ihn sofort. Die beiden im Rocker- und Rotlichtmilieu aktiven Männer verband neben der Mitgliedschaft in rivalisierenden Clubs seit Langem auch eine erbitterte Feindschaft. Jetzt erhielt diese zusätzliche Nahrung, denn Eschli soll Timo die Freundin ausgespannt haben. Andere Quellen bezeichnen die Frau als Prostituierte, die zuerst für den Hells Angel anschaffte und seit Neuestem für den Bandido auf den Strich ging. Diese Umstände bildeten eine tödliche Mixtur.

Kaum hat er dessen Eintreffen bemerkt, stürmt der Bandido aus dem »Fat Mexican« zum Mercedes des Angels. Eschli unterstreicht sein bedrohliches Verhalten mit der Aufforderung: »Komm raus, du Sau!« Darauf zieht Timur A. eine scharfe Pistole, die Eschli jedoch nicht abschreckt, sondern seine Aggressivität nur noch steigert: »Na, komm! Mach! Schieß doch! Komm raus!«

Das sind die letzten überlieferten Worte des Bandidos. Timo verlässt seinen Wagen und eröffnet das Feuer. Vier Schüsse hallen durch die Duisburger Amüsiermeile und Eschli sinkt mit einem Kopftreffer zu Boden. Ein Projektil schlägt hinter dem linken Ohr ein und löst eine starke Blutung aus. Eine 22-jährige Augenzeugin und ihr 29 Jahre alter Freund, ein Krankentransportfahrer, sowie weitere Anwesende versuchen noch, erste Hilfe zu leisten und die Wunde abzudrücken. Doch schnell stellen sie fest, dass ihre Bemühungen vergebens sind. »Überall lief Blut heraus – aus dem Mund und aus der Nase«, so die junge Frau in einer späteren Aussage.

Eschli war Mitglied der städtischen Hooligantruppe von Schalke 04, der sogenannten Gelsen-Szene. Diese stand in dem Ruf, am Höhepunkt der deutschen Hooliganbewegung in den 80er- und 90er-Jahren eine der schlagkräftigsten Gruppen gewesen zu sein. Über die Gelsen-Szene soll Eschli auch den ersten Kontakt zu den Bandidos bekommen haben.

Die Polizei sperrte den Tatort ab und sicherte unter den fassungslosen Blicken der herbeiströmenden Bandidos die vorhandenen Spuren. Später legten Bandidos erste Kränze für ihren ermordeten Bruder nieder.

Die Polizei bestätigte schnell, dass das Motiv des Mordes an dem Bandido und ehemaligen deutschen Hooligan in der Tat die Freundin gewesen war, die Eschli dem türkischen Kampfsportprofi Timo ausgespannt hatte.

Die Beerdigung fand am 18. Oktober 2009 statt und wurde unter großer Anteilnahme der Bandido Nation abgehalten. Über 1500 Rocker, Freunde und Angehörige aus ganz Europa versammelten sich auf dem Friedhof in Gelsenkirchen. Rund 400 Bandidos fuhren mit ihren Harleys und 100 Pkws in einem riesigen Konvoi die knapp 30 Kilometer von Duisburg nach Gelsenkirchen. Unter den Trauergästen war auch eine 250 Mann starke Abordnung von Eschlis ehemaligen Kampfgefährten aus der Gelsen-Szene samt einem schwarzen Banner, das den Namen ihrer Gruppierung trug. Die Trauerfeier wurde wegen des großen Andrangs ins Freie übertragen. Während einige Rocker mit den Tränen kämpften, schallte ein Lied der Böhsen Onkelz über den Friedhof: »Nur die Besten sterben jung«. Die Bilder der Beerdigung von »Eschli 1%« wurden als Kurzfilm zusammengeschnitten, mit Musik unterlegt und stehen auf YouTube.

Der Großeinsatz der Polizei zum Schutz der Beerdigung und der Trauergäste vor Vergeltungsaktionen wurde auf große Teile NRWs ausgeweitet und kostete den Steuerzahler 600 000 Euro. Aber wie auf dem gesamten Globus üblich, herrschte am Beerdigungstag absolute Ruhe. Die Biker trauerten friedlich um ihren ermordeten Bruder. Für Rache und blutige Vergeltungsaktionen sollten sich in den nächsten Tagen noch genügend Gelegenheiten ergeben.

Einen Tag nach der Tat stellte sich der Todesschütze Timur A. der Polizei und wurde bis zum Prozess in Untersuchungshaft genommen. Am 30. August 2010 verkündete das Duisburger Schwurgericht sein Urteil gegen den Solinger Hells Angel: elf Jahre Haft wegen Totschlags. Den fünfmonatigen Gerichtsmarathon verfolgte der Todesschütze meist mit versteinerter Miene und in T-Shirts des Charters Hannover gekleidet, die den Blick auf den Schriftzug »Hells Angels«, der auf seinen Unterarmen prangte, und den Deathhead freigaben. Seine letzten Worte, bevor ihn die Justizbeamten aus dem Saal in die Haftanstalt führten, richtete er an die Brüder im Gerichtssaal: »AFFA«, das Glaubensbekenntnis der Höllenengel in Kurzform. Es steht für »Angels Forever – Forever Angels«.

Zur Zeit des Verhandlungsmarathons und des Urteilspruchs machte sich anscheinend noch niemand in der Führungshierarchie der Hells Angels darüber Gedanken, wie dem Club als Ganzem die moralische und wahrscheinlich auch finanzielle Unterstützung des Todesschützen ausgelegt werden könnte. Dazu gehörte auch die rege Teilnahme von Clubmitgliedern an allen Verhandlungstagen, jeweils in voller Clubmontur. Mit einschlägigen Kutten, Sweat- und T-Shirts bekleidet, saßen die muskulösen Biker auf den Besucherbänken im Gerichtssaal. Der Hells Angels MC distanzierte sich öffentlich weder von der Tat noch vom Täter. Ein solcher Schritt wäre auch mit dem Ehrbegriff der Rocker, die ihre Clubmitglieder als Brüder bezeichnen und den Club als Ganzes als ihre Familie ansehen, schwerlich in Einklang zu bringen gewesen. Diesen Ehr- und Familienbegriff werten die ersten deutschen Gerichte mittlerweile gar nicht mehr positiv für die Hells Angels. Ganz im Gegenteil. Erste Rechtspositionen sprechen angesichts dieses Verhaltens von Strukturen krimineller Vereinigungen und der Möglichkeit, hierdurch die Zugehörigkeit zur organisierten Kriminalität belegen zu können. So formulierte es etwa der Verwaltungsgerichtshof Baden-Württemberg im Januar 2012. Anlässlich der juristischen Überprüfung eines Charter-Verbots legte das Gericht dem Verein als Ganzem diese Verfahrensweise zur Last und begründete auch damit die Rechtmäßigkeit einer Verbotsverfügung. Das Gericht sprach in einem ähnlichen Fall von einer Solidarisierung des Hells Angels MC mit Tat und Täter, sodass die Einzeltat eines Mitgliedes dem Club als Ganzem angelastet werden kann.

Der Werdegang Eschlis wie auch der Timos zeigt einmal mehr das veränderte Rekrutierungsverhalten von Hells Angels und Bandidos in den letzten Jahren. Die neuen Mitglieder hatten ihre Wurzeln mehrheitlich nicht mehr in der Bikerszene. Männer aus dem professionellen Kampfsport, kriminelle Migranten und Mitglieder gewalttätiger Hooligan-Gruppierungen bildeten nun das Reservoir, aus dem die Männer fürs Grobe stammten, die einzig zur Durchsetzung von Machtansprüchen in den Rotlichtmilieus deutscher Großstädte rekrutiert wurden.

Eine besondere Affinität zum Motorradfahren schien schon lange keine Voraussetzung mehr zu sein, um ein deutscher Hells Angel oder Bandido zu werden. Dieser Ursprungsgedanke und der lieb gewonnene Easy-Rider-Mythos der ersten amerikanischen Hells Angels schien Deutschland endgültig verlassen zu haben. Auch wenn es solche Motorradromantiker unter den deutschen Brüdern noch gab und gibt – genauso wie natürlich nicht jeder Hells Angel zwangsläufig kriminell ist –, müssen sie sich doch folgende Fragen gefallen lassen: Wo waren sie, als ihre Clubs immer kriminellere Mitglieder aufnahmen? Warum haben sie nicht ihre Stimme erhoben und sich darüber beschwert, dass diese Mitglieder den Vereinsnamen zur persönlichen Bereicherung im Rotlichtmilieu benutzten? Es sind weder interne Diskussionen darüber bekannt, noch wurden größere Austrittszahlen von Mitgliedern publik, die derart ihre Ablehnung bekundet hätten. Und niemand konnte mehr die Augen davor verschließen, wo die

Reise jetzt hinging. Die geschäftlichen Hardliner hatten sich schon Jahre zuvor im Club durchgesetzt. Mitgehangen – mitgefangen, diese Redensart scheint die augenblickliche Situation in den großen Clubs trefflich widerzuspiegeln.

Die Folgen der beschriebenen Gewalttaten müssen nicht nur die direkt Betroffenen ausbaden. Das Prinzip »One for all – all for one« verbindet deren Schicksal untrennbar mit dem ihres jeweiligen Clubs. Um ihr Gesicht, ihre Ehre und den Respekt in dieser Subkultur nicht zu verlieren, waren die Clubs regelrecht verpflichtet, immer wieder Rache zu nehmen, egal wie sie zu Gewaltaktionen des Einzelnen stehen mochten. Das löste wiederum die Kettenreaktion einer nie enden wollenden Gewaltspirale aus: Auge um Auge, Zahn um Zahn. Die Geister, die sie riefen, wurden die mächtigsten deutschen Clubs nicht mehr los.

Zwei Wochen nach der Beerdigung Eschlis, in der Samstagnacht des 31. Oktobers 2009, löste der von Timur angezettelte Konflikt eine aus polizeilicher Sicht nicht vorstellbare Eskalation der Gewalt im gesamten Ruhrgebiet aus. Die Polizeibehörden des größten Ballungsraumes Deutschlands wurden von der entfesselten Rockergewalt schlichtweg überrollt.

Nach dem Ende der Trauerzeit sammelten sich an diesem letzten Oktoberabend des Jahres bis zu 40 Bandidos in ihrem Stammlokal, dem »Fat Mexican« an der Charlottenstraße in Duisburg. Gegen 21.10 Uhr setzte sich das Vergeltungskommando in Marsch. Sein Ziel war ein Eros Center in der Julius-Leber-Straße, nur wenige Hundert Meter entfernt. Das Laufhaus sollte von den Hells Angels übernommen worden sein, die so ihre Rotlichtgeschäfte auf Duisburg ausweiteten. Eine nicht zu duldende Provokation, die den Mord an Eschli noch schlimmer erscheinen ließ. Schließlich reklamierte der Bandidos MC das gesamte Ruhrgebiet als sein Territorium.

Doch die Hells Angels hatten Wind von dem bevorstehenden Angriff bekommen. Noch auf der Charlottenstraße stellte sich dem Mob der Bandidos ein 50 Mann starker Trupp Höllenengel, bewaffnet mit Schlagstöcken, entgegen. Später war zu erfahren, dass zufällig zur selben Zeit in nur 70 Kilometer Entfernung in Köln eine Party der Angels stattfand. Diese Rocker wurden schnellstens nach Duisburg gefahren, um dort die Geschäftsinteressen der rot-weißen Bruderschaft handfest zu verteidigen.

Die Bandidos griffen an und es entwickelte sich eine brutale Massenschlägerei, aus der die Hells Angels als Sieger hervorgingen. Sie setzten nun
den zurückgedrängten Gegnern bis in den »Fat Mexican« nach, stürmten
das Lokal des verhassten Feindes, griffen die dortigen Gäste und Bandidos
an und zertrümmerten mit ihren Schlagstöcken die Fensterscheiben und
Teile der Inneneinrichtung. Viele Hells Angels sollen bei dem Sturm auf
das Lokal auch schwere Verletzungen erlitten haben. Ein Bandido berichtet darüber in einem Onlineportal: »Dieser Überfall ging voll in die Hose.
Viele Angler wurden verletzt, aber sie fuhren mit ihren Wunden nicht in
die Klinik. In der ersten Etage lagen Steine an jedem Fenster. Als die Angler den Laden stürmten, wurden von oben die Steine geschmissen, wie
früher bei einer Belagerung.«

Die Polizei war zum Objektschutz nur mit zwei Streifenwagen vor Ort
erschienen und konnte die Auseinandersetzung von bis zu 100 aufeinander einprügelnden Rockern nur als teilnahmsloser Zuschauer begleiten.
Eilig hinzubeorderte Polizeieinheiten kamen zu spät. Die Höllenengel verschwanden in Kleinbussen so unbemerkt, wie sie gekommen waren. Allen
gelang die Flucht, kein einziger Rocker wurde nach dieser Massenschlägerei verhaftet. Auch erstattete niemand eine Anzeige und kein Mensch
machte eine Aussage. Kein Verletzter suchte ein Krankenhaus auf. Die
mächtigsten Clubs der Welt regelten ihre Angelegenheiten wieder einmal
untereinander.

Und die Nacht war noch nicht vorüber.

Die Antwort des Bandidos MC ließ nicht lange auf sich warten. Vom
»Angels Place« in Solingen, 50 Kilometer vom Duisburger Rotlichtviertel
entfernt, hatte die Polizei erst vor wenigen Tagen schwer bewaffnete Polizeikräfte abgezogen, die diesen Treffpunkt überwacht hatten, da dort der
Todesschütze Timur A. Mitglied war und ist. Die überlastete Polizei des
Ruhrgebietes, deren Beamte Hunderte Überstunden vor sich her schoben,
war nicht in der Lage, die Stellung länger zu halten.

Der Präsident des Hells Angels MC Midland berichtete später, dass gegen 1.50 Uhr ein Kleinwagen angerast kam, aus dem zwei unmaskierte
Männer sprangen, die sechsmal mit einer Pistole feuerten und eine Handgranate durch ein offenes Fenster im Obergeschoss warfen. Die Handgranate explodierte jedoch nicht. Wie durch ein Wunder wurde niemand

verletzt. Im Obergeschoss des »Angels Place« sollten nach Angaben der Polizei Hells Angels mit ihren Familien wohnen, darunter der Präsident des Charters mit seinem dreijährigen Sohn, der aber in der Tatnacht nicht zu Hause schlief. Direkt nach den Todesschüssen von Duisburg habe er, so der Hells-Angels-Präsident, mehrfach Morddrohungen erhalten.

Knapp ein Jahr später, kurz nach einem öffentlich inszenierten Friedensschluss, räumten die Hells Angels Midland ihr Domizil. Ob dieser Rückzug aus der Nähe einer Bandidos-Bastion Teil einer geheimen Absprache zwischen Präsidenten beider Clubs war, ist nicht bekannt. Es würde jedoch in das weltweite Vorgehensprofil passen. Das Charter Midland verlagerte sein Clubhaus ins zehn Kilometer entfernte Langenfeld, wo man, wie zuvor, in die Räumlichkeiten einer ehemaligen Gaststätte zog, die »Gypsy-Klause«.

Die Hells Angels im Ruhrgebiet benötigten nur wenige Stunden, um auf den nächtlichen Schusswaffen- und Handgranatenangriff zu reagieren. Sie wählten das keine 20 Kilometer vom Duisburger »Fat Mexican« entfernte Clubhaus des Bandidos MC Essen im Stadtteil Borbeck aus. Unbekannte Täter beschossen das Vereinsheim. Mehrere Projektile durchschlugen die Fensterscheiben des Gebäudes, jedoch ohne jemanden zu verletzen, da sich zum Tatzeitpunkt niemand in dem Haus befand.

Das Innenministerium NRW erweiterte nach dieser ereignisreichen Nacht die Soko »Rockerkriminalität« im Ruhrgebiet, die beim Polizeipräsidium Münster zentral angesiedelt wurde und bis heute sämtliche Daten bezüglich aller OMCGs, die in Nordrhein-Westfalen operieren, sammelt, auswertet und archiviert. Die Soko war bereits zwei Jahre zuvor ins Leben gerufen worden, nach dem Mord an dem Hells Angel Robert K. durch den Bandido Heino B. in Ibbenbüren.

Der angebliche Friedensschluss von Hannover

Die Titelseiten von Zeitungen und Magazinen berichteten schon seit Ende 2009 plakativ und zum Teil sensationslüstern über den in Deutschland tobenden Rockerkrieg zwischen den Hells Angels und den Bandidos. Morde – Hinrichtungen, gleich ausgeführt –, Autobomben, Handgranaten, Schusswaffenanschläge, Messerattacken und brutale Massenschlägereien auf den Straßen der Republik wurden bis ins Detail ausgeschlachtet. Kämpfe um Anteile im Rotlichtmilieu, bei der Prostitution und beim Drogen-, Waffen- und Menschenhandel lieferten brisanten Stoff für unzählige Artikel, Reportagen und Dokumentationen.

Die Presse und eine besorgte Öffentlichkeit setzten Polizei und Politik immer stärker unter Druck, entschiedener gegen diese relativ neue Art der Rockerkriminalität vorzugehen. Der juristische Gegenwind durch den öffentlich aufgebauten Druck blies immer rauer in der Welt der Outlawbiker. Razzien in Vereinshäusern und privaten Wohnungen nahmen genauso zu wie Anklagen gegen Mitglieder beider Clubs und daraufhin verhängte Haftstrafen. Am 26. Mai 2010, nur einen Tag vor der in Hamburg halbjährlich stattfindenden Innenministerkonferenz aller 16 Bundesländer zuzüglich des Bundesinnenministers, luden Hells Angels und Bandidos die Journalisten der ganzen Republik zu einer Pressekonferenz nach Hannover.

In den repräsentativen Kanzleiräumen Götz von F.s, in einer weißen Villa an der feinen Adenauerallee gelegen – bis zum 1. September 2009 war Bundeskanzler a. D. Gerhard Schröder dieser Kanzlei in einer Bürogemeinschaft verbunden –, hielten der Vizepräsident des Bandidos MC Europe, Peter M., und Deutschlands mächtigster Hells Angel Frank Hanebuth Hof und verkündeten der Presse wichtige Neuigkeiten. Unter Blitzlichtgewitter und den Augen von Dutzenden Fernsehkameras verkündeten beide Parteien abwechselnd einen Vier-Punkte-Plan und einen dadurch ermöglichten Friedensschluss der beiden verfeindeten Clubs.

Diese vier Punkte stellten anscheinend den kleinsten gemeinsamen Nenner dar, auf den sich die beiden mächtigsten und gefährlichsten OMCGs nach achtwöchigen Verhandlungen einigen konnten:

1. Hells Angels gehen nicht in die Städte der Bandidos und umgekehrt.
2. Beide Clubs nehmen keine Member oder Ex-Member des jeweiligen anderen Clubs auf.
3. Keine Neugründungen von Chartern und Chaptern beider Clubs im folgenden Jahr.
4. Nach Ablauf dieses Jahres werden Neugründungen nur nach Absprachen beider Clubs durchgeführt. Es ist geplant, regelmäßige

Gespräche zu führen, um Probleme zu verhindern. Probleme sollen regional gelöst werden.

Ob es neben diesen veröffentlichten Absprachen weitere, geheime Vereinbarungen gab, die sich explizit auf die hochexplosive Situation in Berlin, Norddeutschland, Bremen und dem Ruhrgebiet bezogen, ist nicht bekannt. Aus der 60-jährigen Geschichte des Hells Angels MC lässt sich eine derartige Vermutung aber mit großer Sicherheit ableiten. Wie so oft bei taktischen Vertragsverhandlungen waren die Punkte, über die sich beide Parteien augenscheinlich nicht einigen konnten, aufschlussreicher als die Ergebnisse, auf die sich die Öffentlichkeit begierig stürzte.

Die Clubs schienen erstens nicht übereingekommen zu sein, öffentlich zu bekennen, dass sie auf Rache für die Morde von Bremen (Ibbenbüren), Berlin und Duisburg verzichten. Genauso wurde zweitens Vergeltung für Dutzende brutale Attacken und lebensgefährliche Verletzungen, die den jeweiligen Gegnern mit Äxten, Macheten, Messern und Baseballschlägern zugefügt wurden, nicht in Abrede gestellt. Drittens konnte man sich auch nicht darauf einigen, ein paar der umstrittenen Neugründungen in den Machtbereichen des jeweils anderen Clubs, welche die schweren Kämpfe, Morde und Attacken zum Teil erst ausgelöst hatten, rückgängig zu machen. Schließlich verloren die beiden Rockerführer auch kein Wort über die lukrativen Geschäfte vieler Mitglieder im Rotlichtmilieu und im Drogen-, Waffen- und Menschenhandel. Dass die Clubs zukünftig bereit gewesen wären, auf profitable Einnahmen aus diesen Bereichen zu verzichten, nur um öffentlich einen friedfertigeren Eindruck zu hinterlassen, kann ausgeschlossen werden.

In dem Vier-Punkte-Plan wurde über all diese seit einer Dekade blutig umstrittenen Themen kein Wort verloren. Entweder existiert darüber eine zusätzliche Geheimvereinbarung oder es wurde schlicht und einfach keine Einigung erzielt.

Nach dem Hannoveraner Shakehands folgten in weiteren Kriegsgebieten Gespräche zwischen hochrangigen Anführern der Hells Angels und der Bandidos, so beispielsweise im norddeutschen Neumünster. Diese »Feinjustierung« vor Ort, so der Präsident des Bandidos MC Neumünster, Ralf B., 46, habe einer Koexistenz beider Gruppen im Norden gedient.

Der Friedensschluss von Hannover schien allein den Zweck zu verfolgen, die nun zu Aktionen entschlossenen Innenminister zu besänftigen, auf deren Agenda ein bundesweites Verbot beider Clubs stand. In der ersten Zeit nach dem Mai 2010 gab es tatsächlich weniger gewalttätige Auseinandersetzungen. Trotzdem wurde der Kampf in gewissen Regionen weiterhin erbittert ausgefochten, und es waren Verletzte und andere Opfer zu beklagen. Ein einfaches nachbarschaftliches Leben und Arbeiten waren der Big Red Machine und dem Fat Mexican nicht möglich, dafür war zu viel Blut vergossen worden. Auch ein Handschlag der Bosse konnte daran nichts ändern. In den besonders umkämpften Gebieten und Städten sannen Mitglieder beider Clubs auf Rache. Der weltweite Konflikt hatte in Deutschland längst eine persönliche Ebene erreicht und konnte nicht einfach auf Knopfdruck für beendet erklärt werden. Etwa in Berlin, wo der Krieg trotz eines offiziell geltenden Friedensvertrages keine Pause machte.

Doch die Hannoveraner Inszenierung zeigte auf den zweiten Blick noch etwas ganz deutlich, und zwar die beiden unumstrittenen Führungspositionen innerhalb der deutschen OMCGs.

Hannover erwies sich wieder einmal als die alles beherrschende Bastion der deutschen Hells Angels, an der Spitze der allgewaltige Präsident Frank Hanebuth. Er konnte sogar durchsetzen, dass der Gipfel nicht an einem neutralen Ort abgehalten wurde, sondern dass der ewige Rivale sich in seinen Machtbereich begeben musste, in die Höhle des Löwen.

Auch die Machtverhältnisse innerhalb des Bandidos MC Germany wurden klar sichtbar. Verhandlungsführer der Rot-Goldenen war der Gelsenkirchener Deutschland-Chef und europäische Vizepräsident der Bandido Nation, Peter M. An seiner Seite Leslav H., der zweite Mann bei den deutschen Bandidos und die unumstrittene Führungsfigur des wichtigen Gelsenkirchener Chapters. Er hatte schon die (gelben) Ghostrider's in Gelsenkirchen gegründet und war mit einem harten Kern von Männern seit den 70er-Jahren aktiv.

Beide Bruderschaften erweckten mit der Veranstaltung in Hannover einen Eindruck, den sie eigentlich unter allen Umständen vermeiden wollten. Es wurde nur allzu deutlich, dass ihre jeweiligen Organisationen eine bundesweit einheitliche Struktur besaßen. An der Spitze allmächtige Präsidenten, die ohne jegliche Probleme und Widersprüche einen deutschland-weiten Friedensschluss durchsetzen und öffentlich verkünden konnten. Beim genaueren Hinsehen ruft das die RICO-Anklagen in den USA in Erinnerung. Könnte die hierarchische Organisation der beiden Gruppen auch für die deutsche Justiz als Ansatz dienen?

Waren sich die Rockerführer ihrer Sache zu sicher geworden? Nahmen sie die Ermittlungen beinahe sämtlicher deutscher Behörden gegen einzelne Charter, Chapter und Mitglieder nicht ernst genug?

Aber das juristische Glück der Vergangenheit, das zahlreiche Verfahrens-einstellungen und strafmildernde Deals mit dem Staatsapparat erbracht hatte, blieb ihnen weitgehend treu. Die Inszenierung wurde weder von der Presse noch von der Polizei effektiv hinterfragt. Man schoss sich lediglich kritisch auf den Showcharakter der Veranstaltung ein und versäumte es, die Hintergründe auszuleuchten.

Der medienwirksam inszenierte Friedenschluss erwies sich letztlich als Placebo für die besorgte Öffentlichkeit und milderte den stetig anwach-senden Ermittlungsdruck aller Polizeibehörden etwas ab.

Nach einem Jahr des förmlichen Waffenstillstands und einer kurzen Verlängerung dieser Frist um einen Monat sollte nach Aussagen beider Präsidenten eine weitere Vereinbarung getroffen werden, um die friedliche Koexistenz von Hells Angels und Bandidos in Deutschland langfristig zu gewährleisten. Doch dazu kam es nicht. Beide Seiten konnten oder woll-ten sich nicht auf eine neue Vereinbarung einigen. Der Waffenstillstand lief im Sommer 2011 aus und der Krieg der OMCGs auf Deutschlands Straßen begann erneut.

SEK vs. Hells Angels

Gegen den 43-jährigen Hells Angel Karl-Heinz »Kalli« B., einen früh-verrenteten Konditormeister aus dem rheinland-pfälzischen Anhausen, und weitere Mitglieder seines Charters ermittelte die Staatsanwaltschaft Koblenz wegen Auseinandersetzungen im Rotlichtmilieu. Insgesamt wurden elf Mitglieder der Bikergang angeklagt. Kalli wurde explizit der versuchten räuberischen Erpressung eines Fitnessstudiobesitzers be-schuldigt. Da der Hells Angel nach polizeilichen Erkenntnissen legal im

Besitz einer scharfen Schusswaffe war, forderte der örtliche Polizeiführer zur Unterstützung der Hausdurchsuchung ein Spezialeinsatzkommando an.

Das SEK beginnt am frühen Morgen des 17. März 2010 seine Durchsuchungsaktion. Wie immer bei ihren Einsätzen sind die martialisch auftretenden und mit Sturmhauben vermummten Elitepolizisten schwer bewaffnet. Beim Aufbrechen der Wohnungstür erwacht Karl-Heinz B., greift sich eine Waffe und steigt die Treppe des zweigeschossigen Wohnhauses herab. Laut später gemachten Angaben vermutet er in den schwarz gekleideten Angreifern Mitglieder des verfeindeten Bandidos MC. Trotz einer Warnung – »Verpisst euch!« – versuchen die Männer weiter, seine Haustür aufzubrechen. Sie geben sich nicht als Polizisten zu erkennen. Der Hells Angel hebt die großkalibrige Waffe und schießt gezielt durch die geschlossene Tür seines Hauses auf die Angreifer. Karl-Heinz B. feuert zweimal aus nur 2,5 Metern Entfernung.

Die Polizisten des SEK tragen in jener Nacht wie immer ihre schusssicheren Westen. Eines der Projektile hämmert jedoch durch die Eingangstür und schlägt seitlich am linken Oberarm oberhalb der Schutzweste des Polizisten Manuel K. in den Brustkorb des Beamten ein und bohrt sich tief in den Körper. Dort verursacht die Kugel so schwere Verletzungen, dass der 42 Jahre alte Hauptkommissar noch vor Ort verblutet. Der letzte Fall eines im Dienst getöteten Polizisten in Rheinland-Pfalz liegt da 25 Jahre zurück. Der Hells Angel und seine Lebensgefährtin lassen sich nach dem Schusswechsel widerstandslos festnehmen.

Der geschockte Oberstaatsanwalt Horst Hund kündigt einen Haftbefehl wegen Mordes gegen den Todesschützen an und begründet den Vorwurf mit den Merkmalen der Heimtücke und der versuchten Verdeckung einer weiteren Straftat, was für den Tatbestand Mord ausreicht.

Das Landgericht Koblenz verurteilte den Hells Angel in der folgenden Verhandlung jedoch nur zu 8,5 Jahren Haft wegen Totschlags. Aber es kam noch besser für Kalli. Im November 2011 hob der Bundesgerichtshof in letzter Instanz überraschenderweise den Schuldspruch auf. Es sprach den Rocker wegen irrtümlicher Notwehr frei und entließ ihn sofort aus der Haft. Der BGH folgte der Argumentation der Verteidigung und begründete seinen Freispruch wie folgt: Der Todesschütze »erblickte von dem Treppenabsatz aus durch die Teilverglasung der Haustür eine Gestalt, konnte diese aber nicht als Polizisten erkennen«. Das Bundesgericht fand keine Beweise, um die Bedrohungssituation für den Hells Angel zu widerlegen. Insbesondere der Umstand, dass die Beamten sich auch nach der Warnung durch den späteren Schützen nicht zu erkennen gaben, ließ die irrtümliche Annahme einer gerechtfertigten Notwehr entstehen. Nach gängiger Rechtsprechung berechtigte dies den Hells Angel, wie bei einer tatsächlichen Notwehrsituation zu handeln. Auch dass er keinen Warnschuss abfeuerte, legten die BGH-Richter nicht gegen ihn aus. Es sei ihm »nicht zuzumuten« gewesen, durch einen Warnschuss seine »Kampf-Position« zu verraten und dadurch einen taktischen Nachteil zu erleiden. Die Verkettung tragischer Umstände könne nicht gegen den Angeklagten ausgelegt werden.

Ein Aufschrei ging durch die Reihen der Politiker, Polizeiführer und Gewerkschaftsvertreter der Polizei, aber der Freispruch blieb bestehen. Die höchste Instanz der Bundesrepublik Deutschland hatte ihr Urteil gesprochen.

Hells Angels MC Frankfurt

Wie bereits geschildert, wurde der Bones MC 1968 in Frankfurt von einem halben Dutzend GIs gegründet. Aus dieser Frankfurter Urzelle entwickelte sich der seinerzeit mächtigste MC in Deutschland, der dann im November 1999 im weltweiten Netzwerk der Big Red Machine aufging.

Die Frankfurter Hells Angels, organisiert in den zwei Chartern Frankfurt und Westend, schafften es zu agieren, ohne jeden Monat eine sensationsträchtige Schlagzeile zu produzieren. Die hessischen Behörden sehen aber besonders im Frankfurter Charter Westend mit dem Präsidenten Walter »Schnitzel-Walter« B. einen der mächtigsten Akteure im profitablen Rotlichtmilieu der Bankenmetropole. Besonders die Reihe von Bordellen um den Hauptbahnhof rechnen die Ermittler eindeutig den Hells Angels zu, wobei sich die Geschäfte der Höllenengel in den letzten Jahren bis hin zu großen Immobiliendeals ausgedehnt haben sollen. Ausgangspunkt ihrer Aktivitäten ist das Clubhaus in der Mainzer Landstraße. Die Frankfurter Höllenengel gelten nach dem Hannoveraner Charter als eine der einflussreichsten und mächtigsten Vereinigungen im gesamten rot-weißen Netzwerk Deutschlands.

Im Jahr 2010 war es dann mit der medialen Unauffälligkeit vorbei. Schon 2009 hatte es Ermittlungen wegen eines Schusswaffenanschlags in Usingen gegeben. Ein 45-jähriger Hells Angel soll dort Opfer einer clubinternen Bestrafungsaktion geworden sein. Im Jahr darauf häuften sich Schlagzeilen über Straftaten von Angels-Mitgliedern, die eine Vielzahl von polizeilichen Maßnahmen nach sich zogen.

Der erste Anlass für einen polizeilichen Großeinsatz erscheint in der rustikalen Welt der Motorradclubs fast banal. Männer aus den mitgliederstarken Rhein-Main-Chartern Frankfurt, Darmstadt und Mannheim (alles ehemalige Bones MCs) sollen im Juni des Jahres eine Grillparty des eher unbedeutenden Black Souls MC in der hessischen Provinz, etwa zehn Kilometer von Darmstadt entfernt, überfallen und bei der folgenden Schlägerei acht Kontrahenten verletzt haben. Das Umfeld der Angels äußerte sich in dem Sinne, dass man auf gar keinen Fall von einem Überfall sprechen könne, da man angeblich zu dem Barbecue eingeladen war. Die genauen Hintergründe des Angriffs sind bis heute nicht abschließend geklärt.

Diese Attacke der 81er löste jedoch im November des gleichen Jahres einen imposanten Großeinsatz der Polizei aus. Die Staatsmacht setzte neben regulären Polizeieinheiten auch die GSG 9 und sämtliche Spezialeinsatzkommandos der Länder in Marsch; insgesamt 2000 Polizisten. Diese stürmten 50 Objekte, die die Ermittler den Hells Angels zurechneten: Bordelle, Wohnungen, Häuser und Lokale. Die Polizeieinheiten beschlagnahmten 17 Pistolen, 500 Schuss Munition sowie über 100 Messer, Äxte, Macheten und andere Schlagwerkzeuge. Den Präsidenten der Mannheimer Angels und einen seiner Männer ließ die Darmstädter Staatsanwaltschaft wegen schweren Raubes und gefährlicher Körperverletzung verhaften.

Des Weiteren führte die Polizei ein groß angelegtes Ermittlungsverfahren gegen zwei Frankfurter Hells Angels durch. Die Staatsanwaltschaft beschuldigte die beiden Männer, einen schwunghaften Drogenhandel mit Amphetaminen und kiloweise Marihuana betrieben zu haben. So folgte am Freitag, den 10. Dezember 2010, erneut ein Großeinsatz gegen die

Hells Angels im Rhein-Main-Gebiet. 1100 Polizeibeamte stürmten 27 Gebäude der Rot-Weißen.

Im Zuge dieser Großrazzia wurden auch die Privatwohnungen und Dienstzimmer von fünf hessischen Polizeibeamten durchsucht. Sie standen in dem Verdacht, als Informanten Dienstgeheimnisse und interne Informationen an die Angels verkauft zu haben. Besondere Brisanz lag in der Personalie eines 50-Jährigen, der beim hessischen LKA die Position des Ersten Kriminalhauptkommissars bekleidete und dort eine Ermittlungsabteilung leitete. Gegen zwei Polizisten eines Frankfurter Reviers, zwei Oberkommissare im Alter von 33 und 36 Jahren, wurde zusätzlich zum Geheimnisverrat noch wegen Verstoßes gegen das Betäubungsmittelgesetz ermittelt. Eine 34-jährige Kollegin gestand sofort nach ihrer Festnahme, dass sie mit Drogen gehandelt hatte, und wurde von Untersuchungshaft verschont. Einer ihrer Abnehmer soll ein 51-jähriger Kollege gewesen sein. Die Beamten wurden mit sofortiger Wirkung vom Dienst suspendiert.

Am 30. September 2011 verbot dann der hessische Innenminister Boris Rhein die zwei Frankfurter Hells-Angels-Charter Westend und Frankfurt. Das Besondere an diesem Verbotsverfahren ist die Begründung des Innenministeriums. Im Gegensatz zu den bisher ausgesprochenen Verboten gegen die Hells-Angels-Charter Hamburg (eingeschränktes Verbot 1986), Düsseldorf (2001), Flensburg (2010) und Pforzheim (2011) wurden keine spektakulären Gewalttaten oder andere schwerwiegende Kapitalverbrechen eines Führungsmitgliedes angeführt. Dieses Verbot resultierte aus akribischer Ermittlungsarbeit der Polizeibehörden, die Erkenntnisse und Daten zu den umfangreichen kriminellen Werdegängen der bis zu 90 Männer beider Charter zusammengetragen hatten. Innenminister Rhein resümierte die polizeilichen Feststellungen folgendermaßen: »Sie bestehen keineswegs nur aus harmlosen Motorradfahrern, viele Mitglieder sind wegen Gewalt-, Drogen- oder Waffendelikten polizeibekannt.« Auch verfügte ein großer Anteil der untersuchten Hells Angels über kein eigenes Motorrad oder keinen gültigen Motorradführerschein. Der Zweck ihres Clubs konnte also kaum im gemeinsamen Motorradfahren bestehen. Stattdessen unterstellten die Ermittler den Versuch, in Frankfurt kriminelle Macht zu erlangen, als »Hilfestellung zur Begehung von Straftaten«. Die Aussagen Rheins gipfelten in der auf die Höllenengel bezogenen Feststellung: »Das ist lupenrein organisiertes Verbrechen.« Mit dieser Begründung wurde das Vereinsvermögen beschlagnahmt, der Deathhead an den Clubhäusern abgeschraubt und seine weitere öffentliche Verwendung verboten. Auch die Gründung einer eventuellen Ersatzorganisation wurde untersagt. 150 Polizisten setzten das Verbot durch, darunter 45 Beamte eines SEKs, die die Clubhäuser durchsuchten und sämtliche Hells-Angels-Devotionalien sicherstellten. Das Innenministerium Hessen beendete damit vorerst die Frankfurter Dominanz in vier Jahrzehnten Bikersubkultur in Deutschland.

Es ist nicht davon auszugehen, dass sich die Behörden darüber bewusst waren, wie schwer sie den Hells Angels MC Germany mit dieser Verbotsverfügung trafen. Die Frankfurter Biker galten auch als das Gegenstück zum lauten Hannoveraner Charter und dessen Präsident Frank Hanebuth. Sie hatten es geschafft, eines der profitabelsten Rotlichtviertel Deutschlands zu kontrollieren, ohne dabei regelmäßig in den Fokus der Presse und der Polizei zu geraten. Angels-Präsident Walter B. veranstaltete keine Interviewaudienzen via *Bild* oder *Spiegel TV*, um Territorialansprüche wie »Der Kiez gehört uns« zu erheben. Auch aus der medialen Großinszenierung des Hannoveraner Friedensgipfels hatte sich das mächtige Charter am Main herausgehalten, was man durchaus als Kritik am Kurs Hanebuths werten kann.

Man hätte also annehmen können, dass die Zustände im Vergnügungsviertel der Bankenmetropole so geordnet waren, dass Politik und Behörden sich damit hätten arrangieren können, wie sie das im »lauten« Hannover jahrelang getan hatten. Auch das häufig genannte Argument, dass ausländische Banden, die am Main schon immer stark vertreten waren, von einer Zerschlagung der Höllenengel profitieren würden, trifft durchaus auf die Frankfurter Verhältnisse zu. Ein derart pragmatischer Ansatz findet selbst unter Polizisten Zustimmung, wie in meinem Buch *Inside Polizei* beschrieben wird. So überrascht es doch, dass die Verbote ausgesprochen wurden, vor allem, da sie sich in der Begründung von den bisher erfolgten deutlich unterschieden. Hells Angels und diverse Rockerportale im Internet führten dieses auf Profilierungswünsche des Innenministers zurück, den sie beschuldigten, sich als Hardliner für den Wahlkampf um den Posten des Frankfurter Oberbürgermeisters empfehlen zu wollen. Das ließ Rhein natürlich umgehend dementieren.

Die in den Verbotsverfügungen aufgelisteten Straftaten hatten zu 15 Gerichtsurteilen gegen zehn von 38 Clubmitgliedern geführt. Der gravierendste Vorwurf ist der des Totschlags gegen einen Frankfurter Hells Angel, der im Jahr 2006 bei einer Schlägerei den Türsteher einer Diskothek mit einem Messer erstochen hatte und deswegen zu einer Haftstrafe von 9,5 Jahren verurteilt worden war.

Durch die beiden Frankfurter Charter-Verbote auf der Basis polizeilicher Kleinarbeit eröffnet sich vielen deutschen Polizeidienststellen ein vollkommen neuer Ansatz zur Bekämpfung aller mittlerweile 52 Charter des Hells Angels MC in Deutschland.

So kommt der folgenden juristischen Auseinandersetzung über die Frankfurter Charter-Verbote eine bundesweite Bedeutung zu, die einem Musterprozess gleicht. Die Hells Angels klagen vor dem zuständigen Verwaltungsgericht gegen das Verbot ihrer beiden Dependancen. Der Ausgang dieses sicherlich langjährigen juristischen Verfahrens durch wahrscheinlich alle Rechtsinstanzen wird einen großen Einfluss auf den weiteren Weg des Hells Angels MC Germany haben. Falls das Verbot letztinstanzlich bestätigt werden sollte, ist es wohl nur eine Frage der Zeit, bis Innenminister weiterer Bundesländer Verbote mit derselben Begründung aussprechen, was eine Neuordnung der Rockerszene nach sich zöge.

Die Basis der bisher ausgesprochenen Verbote gegen insgesamt sechs Charter des Hells Angels MC Germany bildet der Paragraf 3 des Vereinsgesetzes. Danach kann ein Verein verboten werden, »wenn seine Zwecke oder seine Tätigkeit den Strafgesetzen zuwiderlaufen« oder wenn »er sich gegen die verfassungsmäßige Ordnung oder den Gedanken der Völkerverständigung richtet«. Die beiden letzten Punkte kann man vernachlässigen, da sich bisher noch kein Gericht dieser Argumentation eines Innenministers angeschlossen hat.

Die Frankfurter Angels engagierten den renommierten Verwaltungsrechtler Michael K. von der Kanzlei westendLaw und reichten Klage vor dem Hessischen Verwaltungsgerichtshof ein. In der 66 Seiten umfassenden Klageschrift verweist der Jurist auf zahlreiche Ungereimtheiten in der Verbotsverfügung des Innenministers: Nicht jedes Charter-Mitglied sei automatisch ein Schwerverbrecher. Dies widerspreche der Aktenlage, denn nur ein Drittel der Mitglieder sei polizeibekannt, davon die meisten nur wegen Bagatelldelikten. Lediglich ein »Totschlag« sei unter den aufgeführten Straftaten von größerer Bedeutung. Zudem weise die Ermittlungsakte größere geschwärzte Passagen auf, die verfahrensrechtlich aber von großer Relevanz sein könnten. Auch der angeführte Überfall auf den Black Souls MC stelle sich wegen der expliziten Einladung der Angels ganz anders da. Zudem seien weder die veröffentlichen Mitgliederzahlen korrekt noch die Behauptung, dass nur 14 Prozent der Mitglieder des verbotenen Charters über einen Motorradführerschein verfügten. Zum Schluss schrieb der erfahrene Verwaltungsjurist noch einen weiteren Vorwurf in seine Klageschrift: Teile der Frankfurter Verbotsverfügung scheinen aus älteren Verfügungen anderer Bundesländer einfach abgeschrieben worden zu sein.

Dass die Frankfurter Verbote tatsächlich auf wackligen Füßen stehen, zeigt ein Vergleich mit den Urteilsbegründungen der bisher verhandelten Klagen gegen Charterverbote. Der schwerwiegendste Punkt ist ein Totschlag aus dem Jahr 2006. Das Kapitalverbrechen lag zum Zeitpunkt der Verbotsverfügung aber schon über fünf Jahre zurück. Wenn diese Tat nun als entscheidend angeführt wird, wird sich das Innenministerium fünf Jahre anhaltende Untätigkeit vorwerfen lassen müssen. Auch müsste der Totschlag an einem Türsteher eindeutig als Vereinsaktivität gewertet werden können. Diesbezügliche Anhaltspunkte wie das Tragen des Colors, die Mittäterschaft weiterer Angels, ein nachweislicher Befehl der Clubführung oder ein Zusammenhang mit Herrschaftskämpfen im Türstehermilieu wurden aber nicht aufgeführt. Liegen sie also gar nicht vor? Damit dürfte das Verwaltungsgericht große Schwierigkeiten haben, diesen Totschlag als Vereinsaktivität zu werten.

In einigen Innenministerien ist anscheinend der Eindruck entstanden, dass Vereinsverbote gegen Hells Angels ein Allheilmittel und verwaltungsrechtliche Selbstläufer sind. Diese Verbote ersetzen aber nicht die normale Polizeiarbeit, denn sie müssen hieb- und stichfest begründet werden.

Anwalt Michael K. sind bei der Aktensichtung weitere formale Ungereimtheiten aufgefallen. So ist er im Besitz eines vertraulichen Konzeptpapiers zur Polizeistrategie gegen Rockerclubs. Darin werden Polizeibehörden bundesweit angehalten, ihre Ermittlungen zu intensivieren, um Charter oder Chapter durch das jeweilige Innenministerium verbieten lassen zu können. Das wäre jedoch, so der Anwalt, eine Kompetenzüberschreitung der Polizei, die den Auftrag habe, Tatbestände objektiv zu sichern und nicht Vorgänge zu bewerten. Eine derartige Bewertung der Sachlage müsste in Eigenregie durch das Innenministerium erfolgen, dies sei im Rahmen der Frankfurter Verbote aber nicht geschehen. Das Ministerium habe einfach Schlussfolgerungen der Polizei übernommen, die diese aber gar nicht hätte treffen dürfen. Auch sei es versäumt worden, eine eigene Abwägung vorzunehmen, die das Vereinsgesetz für eine Verbotsverfügung vorschreibt. Sollte sich diese Sichtweise vor Gericht durchsetzen, wären die beiden Verbotsverfügungen gescheitert und die Blamage für Boris Rhein komplett, nachdem er die Wahl zum Frankfurter Oberbürgermeister bereits sensationell deutlich verloren hat.

Aus Hells Angels Hamburg wird Harbour City

Man sollte nicht dem Reflex verfallen, ein bundesweites Verbot als ultimative Lösung aller Probleme mit den Hells Angels anzusehen und zu glauben, dass sie dadurch zwangsläufig aus allen Rotlichtvierteln der Republik vertrieben würden. Die Erfahrungen und Realitäten in Deutschlands größtem und sicherlich auch profitabelstem Rotlichtviertel, der Hamburger Reeperbahn, sprechen eine andere Sprache. Man muss dabei allerdings berücksichtigen, dass das 1983 ausgesprochene und 1988 letztinstanzlich bestätigte Verbot gegen das Hamburger Charter nicht aufgrund von Verstößen gegen Strafgesetze durchgesetzt wurde, sondern sich lediglich auf Verstöße gegen das Vereinsgesetz bezieht. Die Hells Angels sind deswegen in Hamburg auch nicht verboten, wie häufig irrtümlich berichtet wird. Es ist ihnen lediglich untersagt, ihre Kutte zu tragen, den Hamburger Namenszug und Deathhead zu benutzen, da sie unter Verwendung dieser Symbole Angst und Schrecken bei der Bevölkerung verbreitet hätten, so die damaligen Verwaltungsrichter.

Die Hells Angels in der Hansestadt agierten infolge dieser Auflagen weniger in der Öffentlichkeit, betrieben ihre umfangreichen Aktivitäten auf dem Kiez im Verborgenen aber weitgehend weiter. Am 5. Februar 2005 wurde dann das neue Hamburger Hells-Angels-Charter Harbour City ins Leben gerufen, das offiziell in Schwerin registriert ist, was nach dem schwachen Verbot auf Basis des Vereinsgesetzes rechtlich nicht zu beanstanden ist. Machtdemonstrationen von Hunderten röhrenden Harleys, die im Motorradkorso durch Hamburg brettern und die Öffentlichkeit verschrecken, fanden jedoch nicht statt. Ebenso vermieden es die Angels, auffällige Luxuslimousinen direkt vor den von ihnen kontrollierten Bars, Lokalen und Bordellen zu parken. Man hatte aus den Fehlern der Vergangenheit gelernt; protziges Gehabe würde nur polizeiliche Ermittlungen und eine negative Presseberichterstattung nach sich ziehen. »Taking care of business« ließ sie auf den ersten Blick quasi unsichtbar werden. Denn eines war ihnen mittlerweile klar geworden: Wenn die Kanonen donnern, ist kein Geld zu verdienen. Und allein darum geht es.

Der im Folgenden geschilderte Vorgang hat seinen Ursprung im Jahr 2007 auf der Hamburger Reeperbahn, erlebte seinen kriminellen Höhepunkt aber erst im Mai 2011. Er veranschaulicht einmal mehr die heutige Rekrutierungspraxis eines Teiles des Hells Angels MC Germany.

Ein Hamburger Zuhälter, Mahmut »Memo« S., war auf dem Kiez gut im Geschäft. Bis zu sieben Prostituierte schafften für ihn an. Durch Bodybuilding und Anabolika schuf er sich einen robusten Körper, um sich im rauen Geschäftsklima des Hamburger Rotlichtmilieus durchsetzen zu können. Genau diesen zur Waffe trainierten Körper setzte er bei einem Konflikt auf grobe Weise ein. Ein konkurrierender Lude, der Mitglied bei den Hells Angels Harbour City war, versuchte, ihm eine seiner Frauen abzuwerben, verweigerte jedoch die fällige und im Milieu übliche Ablösezahlung. Mahmut S. verabreichte seinem Kontrahenten eine derbe Abreibung. Nach dem Regelwerk der Hells Angels – »One for all – all for one« – hätte nun der gesamte Club über Memo herfallen und den Bruder rächen müssen. Doch einer der mächtigsten Hells Angel auf dem Kiez, Hans-Peter »Pit« K., 56, hatte anscheinend andere Pläne mit dem erfolgreichen und schlagfertigen Zuhälter.

Pit K. war den Hamburger Ermittlern schon seit geraumer Zeit als bundesweit bestens vernetzter Akteur in der kriminellen Szene der Hansestadt bekannt. Als die Hamburger Staatsanwaltschaft im Sommer 2000 eine große Zuhälterbande wegen Mitgliedschaft in einer kriminellen Vereinigung angeklagt hatte, war er einer der Hauptbeschuldigten. Er wurde in diesem Prozess 2001 zu einer Haftstrafe von vier Jahren und acht Monaten verurteilt. Ein weiterer Beschuldigter in diesem Verfahren war Frank Hanebuth. Die Hamburger Staatsanwaltschaft ordnet Pit K. ein bekanntes Bordell am Hammer Deich zu und hält ihn für einen der größten Waffen- und Drogenhändler im Netzwerk der Hells Angels. Pit K. suchte nach der Auseinandersetzung im Milieu Mahmut S. auf, so seine Aussage, und machte ihm ein Angebot, das er nicht ablehnen konnte. Anstatt ihm eine Tracht Prügel zu verpassen, warb er ihn für die Hells Angels an. Innerhalb kurzer Zeit durchlief Memo alle Stufen einer Angels-Karriere: vom Hangaround zum Prospect bis hin zum Vollmitglied. Memo sagte später aus, dass Pit ihm 2008 einen weiteren Vorschlag unterbreitet habe: die Ausdehnung seines Zuhältergeschäftes von der hart umkämpften Reeperbahn ins beschaulichere München.

Die rund 35 Mitglieder der Münchner Hells Angels waren nach Aussage von Rudolf Wagner vom Münchner Kommissariat Organisierte Kriminalität »eher im gediegenen Alter, unternehmen Harley-Ausflüge und wollen ihren Frieden haben«. Verbindungen in die Rotlicht- und Drogenszene sind dennoch offensichtlich. Außerdem gab es auch dort neuere, jüngere Mitglieder, die bereit waren, sich den Hamburgern anzuschließen, um es unter allen Umständen zu Geld und Wohlstand zu bringen.

Die geschäftliche Vergößerung sollte sich für alle Beteiligten als Sechser im Lotto erweisen, jedenfalls vorerst. Memo beschrieb München als »Paradies«, in dem für Frauen das Doppelte gezahlt werde und »das Gramm Koks für 115 Euro über den Tisch geht. In Hamburg kriegst du höchstens 50 dafür.« Seine Vorgehensweise bestand darin, Frauen ein halbes Jahr in Hamburg »einzureiten«, dabei ihren Willen zu brechen und sie dann in München anschaffen zu lassen.

Den gewalterprobten Hamburger Zuhältern hatte die Münchner Rotlichtszene nichts entgegenzusetzen. Die Connection aus zwölf Hamburgern und zehn Münchner Hells Angels um deren Vizepräsidenten »Michi« drängte örtliche Konkurrenten zur Seite und soll sich durch die Ausbeutung der Frauen eine goldene Nase verdient haben. Dank zahlreicher Messen, dem Oktoberfest und einfliegenden Scheichs als hochpotenten Kunden scheffelten die Zuhälter so viel Kohle, dass Memo bald drei Wohnungen, drei Autos und eine Harley-Davidson, Modell Knight Rider, sein Eigen nannte.

Die Connection expandierte weiter und geriet so in eine Auseinandersetzung mit einem Duisburger Großzuhälter. Der in der Szene als besonders brutal geltende Rotlichtkönig scheute in diesem Konflikt nicht davor zurück, Auftragskiller aus Exjugoslawien anreisen zu lassen. Dem in Revierkämpfen mehrfach verletzten Memo verpassten die Duisburger ein Loch in die Hand, Größe: neun Millimeter. Auch wegen dieser Auseinandersetzung soll Pit K. ein umfangreiches Waffenarsenal gehortet haben.

Eine Frau, die von den Hamburgern gepeinigt und ausgebeutet worden war, offenbarte schließlich ihr gesamtes Wissen der Polizei und schilderte aus der Sicherheit des Zeugenschutzprogramms heraus Strukturen und Verflechtungen im Rotlichtmilieu, ständige Drohungen und ein skrupelloses System brutaler Unterdrückung.

Memo ist mittlerweile einer der wenigen Männer, die ihren Entschluss, bei den Hells Angels auszusteigen, auch umgesetzt haben. Seither sind nicht nur Polizei, Staatsanwaltschaft und Gerichte hinter ihm her, sondern auch seine ehemaligen Brüder, denn Memo packte unangenehme Interna aus. In seiner im *Hamburger Abendblatt* abgedruckten Lebensbeichte sagte er beispielsweise, bei den Höllenengeln »zahlen die soliden Mitglieder 15 Prozent ihres Monatslohns in die Vereinskasse, die kriminellen 25 Prozent«. Da der Verein seinen Mitgliedern keine Rechenschaft über den Verbleib der Gelder ablegt, geht Memo von folgendem Vorgehen aus: »Die Chefs stecken sich das Geld schön in die eigene Tasche.«

Die Angels sahen sich veranlasst, die Anschuldigungen des Mahmut S. zu dementieren, und bestreiten heute eine Verbindung zwischen Memo und den Hells Angels. Die Stellungnahme eines »PR-Team 81« wurde am 20. Juli 2011, zwei Tage nach Erscheinen des Artikels, in einem Rockerportal online gestellt.

Die Staatsanwaltschaft Augsburg führte die Zeugenaussage der ehemaligen Prostituierten und umfassende polizeiliche Ermittlungen in einem Großverfahren zusammen und klagte die Zuhältergruppe aus Hamburger und Münchner Hells Angels unter anderem wegen Bildung einer kriminellen Vereinigung, Menschenhandel, ausbeuterischer Zuhälterei, Körperverletzung und einer Vielzahl weiterer Straftaten an.

270 Polizeibeamte, darunter Spezialeinsatzkräfte des Polizeipräsidiums München und Kräfte des Mobilen Einsatzkommandos aus Hamburg,

bereiteten unter größter Geheimhaltung einen Zugriff am 10. Mai 2011 vor. Gegen fünf Uhr morgens stürmten und durchsuchten sie 17 Objekte in München, Oberbayern und Hamburg. Insgesamt 13 Beschuldigte aus dem Rotlicht- und Angels-Milieu waren von der Staatsanwaltschaft Augsburg vorab konkret benannt worden. Gegen sechs der beschuldigten Männer zwischen 26 und 56 Jahren mit deutscher, türkischer, italienischer und serbischer Nationalität reichte die Beweislage zu diesem Zeitpunkt schon aus, um Haftbefehle zu vollstrecken. In München betraf dies unter anderem den ranghohen Angels-Vizepräsidenten Michi, der auch als Initiator des rund 25 Mann starken Nachwuchs- und Supporter-Zusammenschlusses »Regiment 81 München« gilt. Michi war bereits im März 2010 festgenommen worden, nachdem er zunächst untergetaucht war, um sich der Verbüßung einer Reststrafe wegen eines Kokaindeals aus dem Jahr 2001 zu entziehen.

In Hamburg traf das polizeiliche Vorgehen besonders Pit K. Der Polizei war bekannt, dass K. im Besitz von Waffen war. Schwer bewaffnete Männer des MEK Hamburg stürmten deshalb ein halbes Dutzend Wohnungen, in denen sie den gefährlichen Hells Angel vermuteten, sowie sein Bordell am Hammer Deich. Im beschaulichen Harsefeld (Kreis Stade) gelang es ihnen dann, Pit im Haus seiner Freundin festzunehmen. Sie beschlagnahmten bei dem Rockerführer eine abgesägte doppelläufige Schrotflinte, eine Glock-Pistole neun Millimeter und eine durchgeladene Walter-PPK. In Siek, Schleswig-Holstein, rissen die MEK-Kräfte Jasar L., 30, aus seinem Bett und stellten eine Pistole Kaliber 7.65 samt Munition und 8000 Euro in bar sicher. Bei weiteren Durchsuchungen fand die Polizei zudem Kokain und Amphetamin. Pit K., Michi, Jasar L. und drei weitere Beschuldigte kamen in Untersuchungshaft. Die weiteren Angeklagten, darunter auch Mahmut S., wurden im Anschluss an eine erkennungsdienstliche Behandlung vorerst wieder auf freien Fuß gesetzt. Mittlerweile wurden die Untersuchungen gegen fünf Beschuldigte eingestellt, die verbliebenen Verfahren werden von mehreren Staatsanwaltschaften dezentral fortgeführt, was darauf schließen lässt, dass sich die Beschuldigungen hinsichtlich der Bildung einer kriminellen Vereinigung nicht beweisen lassen.

Inzwischen agierten in Hamburg drei Charter der Angels: North End, Harbor City und Southport, denen auch die Kontrolle des Straßenstriches an der Süderstraße nachgesagt wird. Ab dem März 2012 reichte es den Hamburger Hells Angels offensichtlich nicht mehr aus, verborgen vor der Außenwelt ihren Geschäften auf der Reeperbahn nachzugehen. Sie wollten nun ganz offen mit ihren Harbor-City-Kutten auftreten. Offiziell war es ihnen verwaltungsrechtlich immer noch untersagt, den Schriftzug »Hells Angels Hamburg« in Verbindung mit dem Deathhead in der Hansestadt zu tragen. Die Ämter bezogen das Verbot auch auf die Kutte des neuen Charters Harbor City, denn die Assoziation mit der Hafenstadt Hamburg bedeute eine zu große Verwechslungsgefahr, so die geltende Behördenmeinung.

Die Hells Angels suchten ihr Heil in der Offensive. Der 48-jährige Thomas K., genannt »Stuttgart-Tom«, ließ sich in seiner Harbor-City-Kutte vor dem Wahrzeichen der Stadt Hamburg, dem Michel, fotografieren. Die Höllenengel und die Barockkirche, die dem Erzengel Gabriel, dem Bezwinger Satans, geweiht ist – eine wahrlich unheilige Allianz.

Die Fotos wurden der Polizei zugesandt, die umgehend Ermittlungen wegen »Verstoßes gegen das Vereinsgesetz« aufnahm. So erzwangen die Hamburger Hells Angels eine endgültige juristische Klärung bezüglich des Kuttentragens in ihrer Stadt.

Es war in dieser Sache bereits das dritte Verfahren, das die Hells Angels in kürzester Zeit provozierten. Zwei Prozesse hatten sie bereits vor Hamburger Amtsgerichten gewonnen. Es ist abzusehen, dass die Hamburger Hells Angels alle Mittel ausschöpfen werden, um ihren Herrschaftsanspruch auf der Reeperbahn auch wieder offen signalisieren zu können. An Geld wird dieser Gang durch die Instanzen sicherlich nicht scheitern. Der Bodybuilder Stuttgart-Tom erschien mit zwei Rechtsanwälten vor dem Amtsgericht und setzte sich nach seinem juristischen Sieg mit einem breiten Grinsen in seinen amerikanischen Geländewagen der Marke Hummer.

United Tribuns vs. Hells Angels Pforzheim

In Süddeutschland trat in den letzten Jahren die Türstehervereinigung United Tribuns äußerst dominant und aggressiv auf. Den Tribunen wurden auch Kontakte zu den Bikern des Mongols MC Germany nachgesagt.

Sie bezeichnen sich selbst als Bruderschaft und Interessenvertretung in der Türsteherszene. Die Kontakte und Aktivitäten dieser Gruppierung reichen nach Erkenntnissen von Polizeiermittlern jedoch bis weit ins Rotlichtmilieu. Die Polizei ordnet dieser Vereinigung, die multikulturell geprägt und in Süddeutschland mit bis zu 350 Männer vertreten ist, mehrere Bordelle zu und beschuldigt sie der Zuhälterei. Weiterhin bescheinigt ihnen die Polizei, ähnliche Hierarchien wie in Rockergruppierungen aufzuweisen und ein dementsprechendes Auftreten zu pflegen. Am 27. November 2010 eskalierte die Lage zwischen Hells Angels und Tribuns, als die 81er laut Polizeibericht in Pforzheim angriffen.

Türsteher der Tribuns lassen ihre mitunter gewalttätige Nachtschicht traditionell bei einem Plausch unter Kollegen ausklingen. In dieser Nacht trafen sich sieben von ihnen auf dem Parkplatz eines Supermarktes, als ein etwa 30-köpfiges Kommando der Höllenengel sie angriff. In einer erbitterten Auseinandersetzung brachten die Beteiligten Schusswaffen, Macheten und Baseballschläger zum Einsatz. Die per Notruf alarmierte Polizei beschlagnahmte Waffen, nahm insgesamt 27 Männer fest und sicherte Spuren, die den Einsatz von scharfen Schusswaffen bewiesen.

Drei Hells Angels wurden schwer verletzt, darunter ein 31-Jähriger lebensgefährlich durch einen Messerstich in den Bauch. Ein weiterer Rocker erlitt durch einen Schlag eine schwere Kopfverletzung, und ein 25-jähriger Höllenengel wurde durch eine Machete verletzt. Die Hells Angels ihrerseits fügten zwei Tribuns mit Machetenhieben schwere Kopfverletzungen zu.

Einem Großteil der Höllenengel gelang zunächst die Flucht vom Kampfplatz. Sie zogen sich in ihr Vereinshaus zurück, was sich als zweifacher schwerer Fehler herausstellen sollte. Erstens saßen sie in der Falle und konnten dort von einem Spezialeinsatzkommando der Polizei kurze Zeit später überwältigt und festgenommen werden. Zweitens hatten sie damit aber auch der Staatsanwaltschaft und dem Innenministerium in die Hände gespielt. Diese konnten den Überfall als Handeln für den Verein interpretieren, da die Gruppe anschließend auf Vereinsbesitz geflüchtet war. Handeln also, das durch Vereinsorgane angeordnet war, um die Vormachtstellung der Tribuns in der Türsteherszene zu brechen. Es sollte keine acht Monate dauern und die 15 polizeibekannten Vollmitglieder des Charters Borderland (Pforzheim) konnten diese Argumentation Schwarz auf Weiß nachlesen.

Das Pforzheimer Charter der Hells Angels sollte für den blutigen Machtkampf in der Türsteherszene Baden-Württembergs einen hohen Preis bezahlen. Als Vorboten der folgenschweren Konsequenzen bahnten sich nur zwei Wochen später SEK-Polizisten mit Eisenrammen und Maschinenpistolen im Anschlag ihren Weg in 28 Objekte des Hells Angels MC. Die Razzia mit 900 Polizisten, mehreren Spezialeinsatzkommandos und acht Staatsanwälten vor Ort fand zeitgleich in drei Bundesländern statt: Baden-Württemberg, Rheinland-Pfalz und Bayern. Anlass der Großrazzia waren die Aufklärung des Überfalls vom 27. November, die Sorge um eine Eskalation dieses Konflikts und der Versuch, einen Mordkomplott von Hells Angels gegen zwei Mitglieder der United Tribuns, die Gebrüder R., zu verhindern.

Die Polizei war sich auch sicher, inzwischen die zwei Schützen vom Supermarktplatz benennen zu können. Der Vizepräsident der Angels, Danny K., 35, wurde beschuldigt, mit einem Revolver Kaliber .38 Special gezielt auf Mitglieder der United Tribuns gefeuert zu haben. Der zweite Beschuldigte war der Hells Angel Marcus K., 25, der Bruder von Danny K. Ihm warf die Staatsanwaltschaft vor, mit einer Schreckschusswaffe gefeuert zu haben. Gegen die Gebrüder K. erging Haftbefehl wegen versuchten Mordes. Eine persönliche Note erhielt die blutige Auseinandersetzung durch Dannys Biografie. Der Vizepräsident der Hells Angels soll früher selbst Mitglied der United Tribuns gewesen sein.

Auch die United Tribuns gerieten wegen der brutalen Auseinandersetzung ins Visier der Polizei. Am 2. Februar 2011 setzte der Staat 500 Polizisten und Angehörige von Spezialeinsatzkommandos in Marsch, um das staatliche Gewaltmonopol durchzusetzen. Sie durchsuchten 18 Wohnungen und Objekte, wo ihnen eine scharfe Maschinenpistole samt Munition und Schalldämpfer, Hieb- und Stichwaffen, Betäubungsmittel und die Ausweispapiere junger Frauen in die Hände fielen. Sieben United Tribuns wurden vorläufig festgenommen. Die gefundene Maschinenpistole handelte ihnen den zusätzlichen Anklagepunkt eines Verstoßes gegen das Kriegswaffenkontrollgesetz ein.

Die bundesweite Aufmerksamkeit und die staatsanwaltschaftlichen Ermittlungen, die dieser Konflikt des relativ unbedeutenden und jungen Pforzheimer Charters – die Aufnahme ins Netzwerk erfolgte erst am 7. September 2008 – auslöste, soll zu großer Verärgerung innerhalb der deutschen Hells Angels geführt haben. Mächtige Charter wie Hannover mit dem Taktiker Frank Hanebuth an der Spitze schienen zu ahnen, was dieser Konflikt bewirken konnte. Doch die schlimmsten Befürchtungen der Angels sollten noch übertroffen werden.

Für die Pforzheimer Höllenengel war es mit der Razzia noch lange nicht vorbei. Der eigentliche staatliche Gegenschlag folgte erst am 10. Juni 2011. Das Landesinnenministerium in Stuttgart verbot an diesem Tag das rund 15 Mann starke Charter Borderland und die Unterstützervereinigung Commando 81 Borderland. Als Begründung für die Verbotsverfügung, der monatelange Ermittlungen der Polizeidirektion Pforzheim vorausgingen, wurde hauptsächlich der Konflikt mit den United Tribuns angeführt. Rund 400 Polizisten, darunter schwer bewaffnete Spezialeinheiten aus acht verschiedenen Bundesländern, setzten das Vereinsverbot am frühen Freitagmorgen in Form einer Großrazzia durch. Die Einheiten durchsuchten das Clubhaus, 20 Wohnungen von bekannten Hells Angels und selbst zwei Gefängniszellen bereits inhaftierter Mitglieder. Dabei wurden zahlreiche Waffen konfisziert – darunter drei scharfe Schusswaffen, für die das betreffende Member jedoch über die erforderliche Waffenbesitzkarte verfügte. Weiterhin beschlagnahmten die Beamten Drogen, Anabolika, drei Molotow-Cocktails, Computer, Vereinsunterlagen, Kutten und 18 000 Euro in bar, sperrten bei sieben unterschiedlichen Banken 13 Konten und zogen das Vereinsvermögen ein. Die sichergestellten Gegenstände präsentierten die beteiligten Behörden bei einer Pressekonferenz, die als Filmbeitrag einer regionalen Zeitung im Internet nach wie vor betrachtet werden kann.

In einem ersten Urteil beschied der Verwaltungsgerichtshof Baden-Württemberg am 7. Dezember 2011 die Razzia gegen die Pforzheimer Höllenengel als rechtmäßig. In einem von den Hells Angels angestrengten Eilverfahren gegen den Sofortvollzug des Verbots hat der VGH außerdem auch den gesamten Verbotsvorgang als »voraussichtlich rechtmäßig« eingestuft. Damit äußerten die Richter ihre Rechtsposition vor dem eigentlichen Hauptverfahren deutlich. Der Verwaltungsgerichtshof begründete seine Position gewissenhaft und ausführlich. Die Argumentationskette zeichnet ein weiteres Mal ein kriminelles Gesamtbild der Hells Angels in Deutschland – ein Eindruck, den die rot-weiße Bruderschaft in ihrem über 30-jährigen Bestehen in der Republik stets bestritt. Der VGH schloss sich weitgehend der Begründung des Stuttgarter Innenministeriums an, das Zweck und Tätigkeit des Charters Borderland nicht im gemeinsamen Motorradfahren, sondern in kriminellen Handlungen sieht. Das beinhaltet den Anspruch einer monopolartigen Stellung in bestimmten kriminellen und wirtschaftlichen Bereichen, etwa dem Rotlicht- und Türstehermilieu. Zudem verdichteten sich Anhaltspunkte für Drogenhandel. Ebenso folgte der VGH der Argumentation, dass nicht nur Straftaten von Vollmitgliedern, sondern auch Taten von Prospects und Supportern anzurechnen seien sowie außerdem die Männer fürs Grobe vom Commando 81 Borderland als Teilorganisation der Hells Angels zu betrachten seien. Sofern strafrechtlich relevante Taten dieser Männer einen Vereinsbezug aufweisen, spreche nichts dagegen, diese in dem laufenden Verbotsverfahren mit zu berücksichtigen. In seiner Begründung bezeichnet der VGH das Commando 81 Borderland als eine spezielle Kampfabteilung und Teilorganisation des Clubs, die von den Hells Angels überwacht und gesteuert wird. Die in der Verbotsverfügung aufgeführten schweren Straftaten umfassen unter anderem einen versuchten schweren Raub in Tateinheit mit gefährlicher Körperverletzung als Auftragsstraftat der zwei Hells Angels H. B. und G. S. am 21. August 2009. Das Gericht bezieht sich dabei auf die Erkenntnis der Polizei, dass der Vizepräsident des Charters, Danny K., beide Vollmitglieder wegen der Straftat in das Clubhaus einbestellt hatte. Die Polizei und der VGH Baden-Württemberg werten die Tathandlungen daher als Anordnung von Vereinsorganen, die dem Verbotsverfahren als Beweis zuzurechnen ist.

Auch eine gefährliche Körperverletzung des Vizepräsidenten Danny K. mit Unterstützung von mindestens vier weiteren Clubmitgliedern, begangen am 4. Oktober 2009, stufte das Gericht als Vereinshandlung ein, da die Männer als Vereinigung aufgetreten seien und so ihre einschüchternde

Wirkung erhöht hätten. Erschwerend komme hinzu, dass der Hells Angels MC Borderland die Straftat seines Vizepräsidenten nachträglich decke, da er ihm Rückhalt und Hilfestellung als Verein und durch einzelne Mitglieder angeboten habe.

Weiterhin wurde eine versuchte räuberische Erpressung vom Mai 2010 angeführt, für die bereits drei Männer des Commando 81 rechtskräftig verurteilt waren. Während der versuchten Schutzgelderpressung wurde das Opfer mit massiven Repressalien und körperlichen Übergriffen bedroht und durch den Hells-Angels-Hintergrund der Täter zusätzlich unter Druck gesetzt. Im Laufe es Übergriffs sei auch die Bemerkung gefallen, dass das Geld »für den Club« sei. Wieder bewertete das Gericht auch das Verhalten des Hells Angels MC nach der Tat. Der Verein habe sich weder von der Straftat noch von den Tätern distanziert; im Gegenteil unterstützte er die Täter im folgenden Strafverfahren und belohnte den Haupttäter sogar. Er wurde von der Unterstützungsgruppe Commando 81 zum Prospect befördert.

Die geschilderte Auseinandersetzung mit den United Tribuns vom 27. November 2010 wurde ebenfalls zur Verbotsbegründung herangezogen. Die Auseinandersetzung an sich, der damit verbundene Landfriedensbruch und der unerlaubte Waffenbesitz wurden als Vereinsaktivitäten gewertet. Das Landgericht Karlsruhe klagte am 28. Oktober 2011 neun beschuldigte Hells Angels und Unterstützer wegen diverser Strafverstöße an. Auch der Umstand, dass der an der Tat maßgeblich beteiligte und dafür zu drei Jahren und drei Monaten verurteilte Vizepräsident nach wie vor dieselbe Führungsposition bekleide wie vorher, deute laut dem Gericht klar auf eine von Vereinsorganen angeordnete Tat hin – ebenso wie die Flucht der Täter in das Vereinsheim und deren spätere Unterstützung durch den Club im Strafverfahren.

Des Weiteren wird eine Clubsitzung der Pforzheimer Hells Angels zwei Tage nach dem Tribuns-Zwischenfall angeführt, während der Clubmitglieder den Beschluss gefasst hätten, zwei Mitglieder der United Tribuns zu töten. Selbst die Einstellung dieses Ermittlungsverfahrens wegen Schwierigkeiten bei den individuellen Schuldnachweisen spricht nach VGH-Sicht nicht gegen eine Heranziehung des Mordkomplottes in das Verbotsverfahren.

Die Gefährlichkeit des Vereins werde schließlich auch durch Beschlagnahmungen anlässlich einer Razzia im Clubhaus der Angels belegt. Dort stießen Polizisten auf regelrechte »Steckbriefe« über Mitglieder der United Tribuns, insbesondere die Brüder R. Die Informationen beinhalteten die Anschrift, Lage der Wohnung, Mitbewohner, Arbeitgeber, Pkws inklusive der betreffenden Kennzeichen und einen Lageplan der Clubräume der United Tribuns. In der Privatwohnung eines Hells Angels stellten Polizisten zudem die Kopie eines Lichtbildes sicher, das sieben Mitglieder der United Tribuns zeigte. Alle abgebildeten Männer der Türstehervereinigung waren an der schweren Auseinandersetzung auf dem Parkplatz beteiligt.

Abschließend deuten auch die zahlreichen Verstöße gegen das Waffengesetz auf eine generelle Bewaffnung von Mitgliedern der Hells Angels hin. Die Häufung schwerster Straf- und Ermittlungsverfahren in dieser zeitlichen Dichte, die auch Mitgliedern der Führungsebene angelastet wurden, bestätigen die Einschätzungen des Innenministeriums. Der Beschluss des VGH Baden-Württemberg mit dem Aktenzeichen 1 S 2823/11 ist nicht anfechtbar.

Dieses sorgfältig begründete Verbotsverfahren gegen eines der unbedeutendsten, jüngsten und kleinsten Charter der mittlerweile 55 deutschen Dependancen hat das Potenzial, bundesweit allen Polizeibehörden, Staatsanwaltschaften und Gerichten als Mustervorgang für wasserdichte Verbote zu dienen. Mit der erstmals klaren Zusammenführung aller handelnden Vereinsorgane und aller Männer aus dem Umfeld der Hells Angels, gleich ob sie als Supporter, Prospect oder in einem Unterstützungskommando organisiert sind, haben die Richter des 1. Senats des Verwaltungsgerichtshofs Baden-Württemberg Rechtsgeschichte geschrieben. Diese juristische Wertung wird dem Hells Angels MC Germany noch schwere Probleme bereiten.

Trotz des immensen Drucks der Behörden verzichteten die Rocker nicht auf weitere illegale Aktivitäten. Der häufig erhobene Vorwurf des Drogenhandels sollte sich jetzt immer öfter gerichtsfest belegen lassen. So gingen der Polizei in Pforzheim im Februar 2012 ein ehemaliger Supporter des verbotenen Charters und sein 21-jähriger Sohn wegen Verdachts auf Amphetaminhandel ins Netz. Bei der Festnahme stießen die Polizeikräfte auf

500 Gramm Amphetamin, 110 Gramm Marihuana und eine griffbereite und geladene halb automatische Pistole. Beide Beschuldigten kamen in Untersuchungshaft.

Weitere Mitglieder der Hells Angels und Männer aus ihrem Umfeld in Baden-Württemberg sahen sich im April 2012 mit schwerwiegenden Anschuldigungen konfrontiert. Ein 50-jähriges hochrangiges Mitglied des größten Supporter-Clubs der Angels, des Red Devils MC, wurde beim Übertritt der grünen Grenze von der Schweiz nach Deutschland kontrolliert. Die Beamten entdeckten fünf Gramm Kokain und einen Zimmerschlüssel für ein Hotel in Rottweil. Bei der Durchsuchung des von dem Rocker angemieteten Hotelzimmers stießen die Ermittler auf weitere 300 Gramm Kokain, drei scharfe Pistolen, einen Revolver und ein Maschinengewehr mit 400 Schuss Munition. Das Kokain war bereits verkaufsbereit portioniert. Da der Mann sich bereits seit zwei Tagen im Clubheim des Red Devils MC Rottweil aufgehalten hatte, ordnete ein Richter die Durchsuchung des Vereinshauses an. Unter dem Fahrersitz des Autos eines 31-jährigen Members der Hells Angels entdeckte ein Drogenspürhund der Polizei weiteres Rauschgift: 500 Gramm Marihuana und 30 Gramm Kokain. Ein Haftrichter ordnete für den Angel wie für den Red Devil Untersuchungshaft an. Das verbotene Pforzheimer Charter schien alles andere als tot zu sein. Die Polizei untersagte vorerst die weitere Nutzung des Clubhauses, sprach gegen alle Anwesenden Platzverweise für die Stadt Rottweil aus und verbot eine geplante Rockerparty für den folgenden Samstag.

Unbeeindruckt von der aktuellen juristischen Situation und der Verbotsverfügung gegen die Pforzheimer Hells Angels – man könnte das auch als töricht und naiv bezeichnen –, führten die Rocker ihre Vereinsaktivitäten auf konspirative Weise fort. Die Polizei und Staatsanwaltschaft hatten die Ermittlungen jedoch keineswegs eingestellt. Es dauerte nicht lange, und die Staatsmacht erfuhr von regelmäßigen Clubtreffen des verbotenen Vereins. Die Mitglieder sollen sich stets in einer Pforzheimer Gaststätte versammelt haben. Am Montagabend, den 27. März 2012, stürmten Spezialeinheiten um 20.25 Uhr die betreffende Gaststätte und gleichzeitig die Wohnungen führender Mitglieder des verbotenen Vereins. An dem Einsatz waren 260 Einsatzkräfte beteiligt, darunter ein Spezialeinsatzkommando, das MEK Karlsruhe und eine Beweis- und Festnahmeeinheit.

Laut Polizei ergaben sich aus der Situation in der Gaststätte und den sichergestellten schriftlichen Unterlagen klare Indizien für eine verbotene Fortführung des Pforzheimer Charters Borderland. Auch Beweise in den durchsuchten Privatwohnungen bestätigten diese Annahme.

Es gab Verstöße gegen das Arzneimittelgesetz (Anabolikafund) und das Waffengesetz. Zusätzlich droht den vier Beschuldigten eine Anklage nach dem Vereinsgesetz. Das Gericht kann Freiheitsstrafen bis zu einem Jahr verhängen, wenn ein verbotener Verein weitergeführt wird.

11. KAPITEL

NRW: Kämpfe im tiefen Westen

Gangland Cologne – Türken, Araber, Hells Angels, Bandidos und Gremium

»Wer die Tür hat, hat die Macht« – diese Erkenntnis schien sich im Kölner Nachtleben wieder einmal zu bestätigen. In den 90er-Jahren dominierten Türken die Türsteherszene der Domstadt. Die 120-köpfige Bande beherrschte bald auch weite Teile des Kölner Rotlichtmilieus sowie des Drogenhandels und wurde von Polizei und Medien gleichermaßen als »die Türken« bezeichnet. Nur eine weitere Türstehergang wagte es, ihnen entgegenzutreten, »die Araber«. Die Polizei rechnete dieser Gruppierung 50 bis 80 Männer zu. Die Türken spielten jedoch eiskalt ihre zahlenmäßige Überlegenheit aus und begannen einen Krieg um die Vormachtstellung im Milieu, der teils mit Schusswaffen ausgetragen wurde und viele Verletzte verursachte. Die Türken gingen als Sieger aus dem Konflikt hervor, schafften es aber nicht, die Araber komplett aus dem Geschäft zu drängen.

Die Polizei vermutet, dass mit der Übernahme der Türsteherdienste eines Lokals auch die Kontrolle des dort stattfindenden Drogenhandels beabsichtigt wurde. Zugleich stellten die Gangs eine weitere Gefahr für einen Teil der Gäste dar, und zwar für die weiblichen. Manche Besucherinnen gerieten nämlich bei einem Besuch einer Diskothek auf der Amüsiermeile, den Kölner Ringen, direkt in die Fänge krimineller Türsteher. Dann dauerte es nicht mehr lange, bis die oft jungen und naiven Mädchen nach vorgegaukelter Liebe, Geschenken, Drogen oder einfach skrupelloser Gewalt in einem der Bordelle der Metropole verschwanden. Dem Autor Peter Schran ist in der WDR-Reihe »Die Story« 2004 eine beeindruckende Reportage über dieses Geschäftsmodell gelungen. Besonders die türkische und die arabische Türstehergang sahen sich mit entsprechenden Anschuldigungen konfrontiert.

Mit welchen Mitteln und wie skrupellos die Mitglieder der Gang ihr Geld verdienten, belegt das Gerichtsverfahren gegen den marokkanischen

Türsteher Nurdin. Er ging buchstäblich über Leichen. Nurdin wurde angeklagt wegen Vergewaltigung, Zuhälterei und der Folterung zweier Frauen. Einer schwangeren Prostituierten soll er mit gezielten Tritten gegen den Bauch das Kind getötet haben, um finanzielle Einbußen durch die Schwangerschaft zu verhindern. Das Urteil in erster Instanz lautete auf 14 Jahre Haft mit anschließender Sicherungsverwahrung.

Ein Staatsanwalt bezeichnete diese Männer in einem Verfahren als »Anabolika-Mutanten«. Etliche der brutalen Mitglieder beider Gruppierungen waren einige Jahre später in den Reihen der Hells Angels und der Bandidos wiederzufinden.

Die Hells Angels rekrutierten hauptsächlich Mitglieder der Türken. Die schillerndste Figur war Necati A., 39, genannt »Neco«, ein ehemaliger Ring-Pate, der auch das Kölner Rotlichtmilieu beherrschte. Neco A. galt als brutaler Boss der 120 Türken und wurde schließlich zu neun Jahren Haft verurteilt. Nach nur drei Jahren handelte er einen Deal mit der deutschen Justiz aus. Vorzeitige Entlassung, sofortige Abschiebung in die Türkei und ein lebenslanges Einreiseverbot in die Bundesrepublik. Die Absprache kam zustande, obwohl Neco einen Mordauftrag an dem damaligen Oberstaatsanwalt Heinz-Jürgen B. erteilt hatte, der gegen ihn und seine Gang ermittelte. So führt Necati A. seine Geschäfte seit 2004 also von Izmir in der Türkei aus. Der Zusammenarbeit mit den deutschen Hells Angels tat die Entfernung von über 3000 Kilometern keinen Abbruch, im Gegenteil. Allein an zehn Türen, die vorher von den Türken kontrolliert worden waren, regelten von nun an Hells Angels den Geschäftsablauf. Die Angels bewiesen sich wieder einmal als strategisch geschickt agierende Organisation. Es gelang ihnen, den vermeintlichen Erfolg der deutschen Justiz gegen Necati A. für ihre Absichten zu instrumentalisieren.

Die juristische Niederlage, welche die Ausweisung eines ihrer wichtigsten Alliierten im Kampf um die Vorherrschaft in der kriminellen Szene Kölns zur Folge hatte, nutzten die deutschen Angels für einen enormen Machtgewinn. Nachdem Ring-Pate Neco Deutschland verlassen hatte, begann der Deathhead, mit ihm an der Spitze, die Türkei zu erobern. Trotz aller Bemühungen deutscher Behörden, dem kriminellen Treiben ein Ende zu bereiten, siedelten sich die Angels mit dem Gütesiegel »Made in Germany« im Rotlichtmilieu am Bosporus an.

Am 4. Oktober 2009 gründete sich das erste Charter in der Türkei, der Hells Angels Motorcyle Club Nomads Turkey. Es folgten am 3. Oktober 2010 das Charter Istanbul und im Juni 2011 das Charter Bosporus. Die europäische Polizeibehörde Europol hatte zu diesem Zeitpunkt schon länger einen »massiven Expansionsdrang« der Hells Angels nach Südeuropa beobachtet. Die Gründung von Chartern in Kroatien, Serbien, Albanien und der Türkei brachten die Ermittler mit der »Balkanroute«, dem klassischen Heroinschmuggelweg nach Mitteleuropa, in Verbindung. Die Gewinne aus dem Drogenhandel vermuten europäische Experten in der Schweiz.

Der Boss des mächtigsten türkischen Charters Nomads Turkey wurde Neco A. Auf einer Party in der Türkei wurde der geglückte Schachzug im Juni 2010 gebührend gefeiert. Auf einem Foto posieren neben weiteren internationalen Angels-Vertretern aus England und Dänemark Neco A. selbst, ein Repräsentant der Angels aus dem Ruhrgebiets-Charter Midland und der mächtigste Höllenengel Europas, Frank Hanebuth. Der Kreis schloss sich und bezeugte einmal mehr die Stellung des Hannoveraners und seine Beteiligung an den Kölner Geschehnissen.

Ein weiteres Land fiel damit an die mächtigste Bikerbruderschaft der Welt. Der Expansionsdrang deutscher Hells Angels reichte jetzt schon über Europa hinaus bis nach Asien. Ihre Allianz und Freundschaft mit den Türken handelte den Hells Angels aber auch einen neuen gefährlichen Feind ein: die Männer von der arabischen Türstehergang. Diese gingen ihren Geschäften weiterhin auf eigene Rechnung nach oder schlossen sich getreu Napoleons Motto »Der Feind meines Feindes ist mein Freund« Chaptern des Bandidos MC an. Der alte Konflikt der Türken gegen die Araber sollte damit den Kampf der Hells Angels gegen die Bandidos um das Rheinland und das angrenzende Ruhrgebiet um eine weitere Komponente verschärfen.

Der erste Club einer OMCG, der in Köln agierte, war 1993 ein Chapter des deutschen Gremium MC. 1998 folgte ein zweites Chapter. 2008 geriet die Kölner Rockerszene jedoch in Bewegung. Eines der führenden Kölner Mitglieder des Gremium MC, Roger M., sagte sich mit seinen Mannen von dem deutschen Club los und war maßgeblich an der Aufstellung des Hells Angels MC Cologne am 4. Oktober 2008 beteiligt. Eine

Vielzahl von Brüdern folgte Roger M. daraufhin in das rot-weiße Netzwerk. Viele von ihnen waren kampferprobte Kickboxer und verdienten
ihr Geld als Türsteher und im Milieu. Dieser nach Polizeiangaben etwa
100 Mann starken Allianz aus ehemaligen Mitgliedern des Gremium
MC und der Türkengang hatte in der Domstadt keine Bande irgendet-
was entgegenzusetzen. Köln war damit ab sofort uneingeschränktes Territorium der 81er, und Roger M. wurde erster Präsident des Hells Angels
MC Cologne. Der braun gebrannte, tätowierte und muskulöse Mann
soll über einen gehörigen Schlag bei Frauen verfügt haben. Schöne Da-
men und teure Luxuslimousinen bildeten den neuen Hintergrund seines
Lebens als junger Bikerboss. Doch an dieser Erfolgsstory konnte sich
anscheinend nicht jeder Bruder erfreuen. Roger M. wurde einigen Angels zu mächtig und zu wohlhabend. Es ist auch zu hören, dass Neid und
Missgunst gerade der Kölner Alt-Rocker die Atmosphäre im Charter vergifteten. Sie planten nichts weniger als einen Putsch gegen den Präsidenten ihres Clubs. In jedem anderen Verein würde in dieser Situation eine
außerordentliche Hauptversammlung einberufen. Es gäbe einen hitzigen
und schnellen Wahlkampf beider konkurrierender Lager und schließlich
eine Kampfabstimmung, die das Resultat bestimmt. Doch die Hells Angels sind kein normaler Verein und regeln interne Angelegenheiten auf
ihre ureigene Weise.

Nach Informationen eines szenekundigen Rockers sollen die zum
Putsch entschlossenen Biker erst grünes Licht bei führenden deutschen
Hells Angels in Hannover eingeholt haben. Als sie dort ein Okay beka-
men, griffen sie an.

Im März 2009 überwältigt ein Kommando von Kölner Hells Angels den
damaligen Präsidenten Roger M. und schlägt so lange auf ihn und einen
Vertrauten ein, bis die beiden mit lebensgefährlichen Verletzungen zusammenbrechen. Den bewusstlosen Rocker verfrachten sie in einen VW Bulli
und fahren los. Die Brüder bringen ihn aber nicht etwa in ein nahe ge-
legenes Krankenhaus, wie es die schweren Verletzungen erfordert hätten,
sondern fahren mit ihm in ein entlegenes Waldgebiet. Dort laden sie ihren
auf unmissverständliche Art »abgewählten« Präsidenten wie Hausmüll ab
und überlassen ihn seinem Schicksal.

Der Gefolgsmann von Roger M. wird ebenfalls erheblich verletzt. Er soll durch die Gewaltattacke ein Trauma erlitten haben, das später in einer psychiatrischen Klinik stationär behandelt werden muss.

Die Polizei geht zunächst von einer Entführung aus, findet den Schwerstverletzten aber schließlich und bringt ihn zur ärztlichen Notversorgung auf die Intensivstation eines Krankenhauses. Im Vereinsheim der Hells Angels in Köln-Frechen stellen Polizisten die Personalien von sechs Mitgliedern fest und entdecken vor dem Clubhaus einen VW Bulli, das mögliche Tatfahrzeug. Die in der Bonner Klinik attestierten Verletzungen sind derart schwerwiegend, dass die Polizei von Tötungsabsicht ausgeht.

Nach seiner Regeneration und der Wiederaufnahme der Geschäfte sann Roger M. offensichtlich auf Vergeltung. Er sammelte abgewiesene Angels-Bewerber und ehemalige Mitglieder der Araber-Gang um sich und gründete mit dieser Streitmacht den Bandidos MC Cologne. Die Polizei ist sich sicher, dass bei diesem Schritt nicht nur Rache eine Rolle spielte, sondern auch knallharte Geschäftsinteressen. Roger M. und seine Gefolgsleute waren nicht bereit, die lukrativen Geschäftsfelder Prostitution, Drogenhandel, Schutzgeld und das Türstehergeschäft kampflos den Höllenengeln zu überlassen. Der Kampf um die Vormachtstellung im Kölner Milieu trat damit in eine neue Phase ein.

Währenddessen hatten es die Kölner Angels geschafft, innerhalb kürzester Zeit große Teile des Rotlichtmilieus und der Türsteherszene gewaltsam unter ihre Kontrolle zu bringen. Eine der dazu nötigen Attacken soll sich am 6. Juni 2010 ereignet haben. In Köln-Roggendorf sollen 15 mit Baseballschlägern bewaffnete Hells Angels auf dem Gelände eines anderen Motorradclubs dessen Präsidenten und weiteren Clubmitgliedern erhebliche Verletzungen zugefügt und deren Clubhaus zerstört haben. Die Ermittlungen der Spurensicherung ergaben, dass auch eine Schusswaffe eingesetzt worden war. Außerdem sollen die Hells Angels die konkurrierenden Rocker gezwungen haben, die eigenen Kutten und weitere Abzeichen ihres Clubs zu verbrennen. Danach sollen die Höllenengel den Motorradclub für aufgelöst erklärt haben. Auch bei dieser Aktion ging es laut Ermittlern um Gebietsansprüche im Milieu. Das Gleiche gilt für einen Überfall im

September 2010 auf Mitglieder des Outlaws MC Leverkusen, bei dem ein Outlaw eine schwere Stichverletzung an der Schulter erlitt.

Das Amtsgericht Köln erließ wegen der Attacke von Köln-Roggendorf mehrere Durchsuchungsbeschlüsse, unter anderem für das Vereinsgelände und Clubhaus der Angels in Köln-Frechen und die Privatwohnungen des neuen Charter-Präsidenten Günter L., 48, und eines weiteren führenden Höllenengels. Die Durchsuchung des Clubheims war bereits die dritte innerhalb von neun Monaten. Im November und Dezember 2009 war bereits eine Vielzahl von Waffen sichergestellt worden, darunter auch eine scharfe Schusswaffe. Auch im Juli 2010 fand das Kriminalkommissariat 21, zuständig für die Organisierte Kriminalität, mit Unterstützung von Spezialeinheiten Waffen: Baseballschläger, ein Butterfly-Messer, einen Schlagstock und eine Schusswaffe. Die Ermittlungen dauern an.

Der Wohnwagenstrich Militärring/Robinienweg in Köln, auf dem bis zu 40 überwiegend bulgarische Frauen anschaffen gingen, fiel ungeachtet aller Aufmerksamkeit durch die Behörden immer mehr unter die komplette Kontrolle der Hells Angels. Jeden Morgen wiederholte sich dort das gleiche Ritual: Ein Handlanger der Rocker stellte die Wohnwagen auf und kassierte im Voraus die seit Übernahme durch die Angels von 70 auf 100 Euro erhöhte Tagesmiete. Sollte der Wohnanhänger auch für eine Nachtschicht genutzt werden, waren weitere 100 Euro fällig. Die Preiserhöhung bedeutete für die Frauen, dass sie drei Freier bedienen mussten, um überhaupt ihre Tagesmiete bezahlen zu können. Die 40-prozentige Mieterhöhung nahmen die Frauen als glatte Erpressung wahr, doch sie hatten keine Wahl. Wer zahlen konnte, fügte sich und bezahlte. Andere Frauen waren dazu nicht in der Lage und mussten ihre Arbeit auf dem Wohnwagenstrich einstellen. Die Stadt Köln geht davon aus, dass allein die Wohnwagen jährlich zwei Millionen Euro abwarfen.

Als der Bandido Eschli 2009 in Duisburg von dem Hells Angel Timo erschossen wurde, wirkte sich das auch auf die Rockerszene im nur 75 Kilometer entfernten Köln aus, zumal Timo dem Charter Midland im nahen Solingen angehörte. Dieser Umstand vergiftete die Atmosphäre zwischen den beiden verfeindeten Clubs in NRW noch mehr. Die sowieso angespannte Lage drohte außer Kontrolle zu geraten. Die Polizei entschied sich daher, präventiv einzugreifen, und startete knapp einen Monat nach den Todesschüssen eine Großrazzia gegen Hells Angels und Bandidos in ganz NRW. Betroffen waren die Vereinshäuser beider Clubs in Duisburg, Gelsenkirchen, Unna, Siegen, Aachen und Köln. 250 Beamte und ein schwer bewaffnetes Spezialeinsatzkommando stürmten vier Angels-Objekte in Köln, das »Angels Place« in Köln-Frechen, Geschäftsräume und Wohnungen, darunter das Privathaus von Günter L. Die Polizisten stellten eine Pumpgun, zwei Revolver, vier Automatik-Pistolen und Hunderte Schuss scharfe Munition sicher. Drei Angels wurden wegen Verstoßes gegen das Waffengesetz vorläufig festgenommen. Das Innenministerium NRW begründete via Pressemitteilung die Polizeiaktionen: »Null Toleranz gegenüber gewalttätigen Rockern!«

Davon unbeeindruckt folgten zahlreiche Machtdemonstrationen der beiden erbittert rivalisierenden Clubs auf den Kölner Ringen. Sie belauerten einander und provozierten mit Heerschauen von Dutzenden Rockern in ihren Colors. Die Straßen wurden durch diese Demonstrationen in Aufmarschgebiete der Rockerarmeen umfunktioniert. Die Vergnügungsmeile der Millionenstadt mit ihren zahlreichen Bars, Clubs und Diskotheken war aber auch ein allzu lukrativer Markt für Männer, die ihr Geld in diesem Milieu verdienen.

Der Kölner Polizeipräsident erklärte im Oktober 2011, dass die Behörden den Hells Angels und ihren Untergruppierungen bis zu 150 Männer zurechneten, den Bandidos um die 50. Des Weiteren gab er an, dass die Polizei mit einer Eskalation der Gewalt in der Rockerszene rechne und daher am Wochenende auf den Ringen starke Polizeikräfte präsent halte.

Die Hells Angels brachten durch ihre Türsteherdienste und die Allianz mit der ehemaligen Türstehergang der Türken nun immer mehr Lokale unter ihre Kontrolle. Die Türsteher arbeiteten zwar ohne rot-weiße Uniform, für Szeneinsider steckten sie ihr Gebiet jedoch trotzdem gut sichtbar ab. An vielen Türen klebte nun der Aufkleber mit der »81« und signalisierte den Machtanspruch der Höllenengel auf das Lokal.

Köln ist eine Millionenstadt, in der türkische und arabische Gangs, die Hells Angels und Mitglieder der Bandidos auf der Vergnügungsmeile um Geld, Macht und Einfluss kämpften. Im Frühjahr 2010 erschien noch ein weiterer Rivale der Hells Angels in der viertgrößten Stadt Deutschlands, der Mongols MC. Die elektrisierten Kölner Fahnder beobachteten bis zu 20 Mongol-Member, die in den Wochenendnächten auf den Ringen Präsenz zeigten und so ebenfalls einen Anspruch auf einen Teil der Profite signalisierten.

Die Polizei reagierte auf den zusätzlichen Akteur im Rockermilieu mit hohem polizeilichen Verfolgungsdruck, gezielten Gefährderansprachen (Hausbesuche, bei denen Polizisten mit polizeilicher Verfolgung und strafrechtlichen Konsequenzen drohen) und regelmäßigen Razzien. Dies führte im September 2011 zum gewünschten Erfolg. Das Chapter der Mongols in Köln stellte nach 1,5 Jahren entnervt seine Aktivitäten ein und löste sich auf. Bei folgenden Auseinandersetzungen der Hells Angels gegen die Bandidos fielen jedoch erneut drei ehemalige Mongols-Mitglieder auf. Sie waren mittlerweile zum Bandidos MC gewechselt.

Die Polizei hatte sich zu früh gefreut. Gerade hatte man einen Erfolg gegen die ausufernden Rockeraktivitäten in Köln vermelden können, da erschien wieder eine neue Gruppierung auf der Bildfläche. Sie sollte sich als mächtiger und gefährlicher Akteur erweisen, dem es sofort gelang, den Platzhirschen Paroli zu bieten: Der Gremium MC Nomads Bosporus Türkiye wurde das 137. Chapter des unabhängigen deutschen Clubs. In einer Halle der Trabrennbahn Dinslaken wurde die Gründung des neuen Chapters gefeiert. Dinslaken liegt mit über 70 000 Einwohnern auf der Grenze zwischen dem Niederrhein und dem Ruhrgebiet. Die Polizei registrierte 650 Member, die aus ganz Deutschland angereist waren, darunter auffällig viele Migranten.

Das neu gegründete Chapter erregte großes Aufsehen in der Szene und der Öffentlichkeit. Dies lag zum einen an seiner Zusammensetzung aus überwiegend ausländischen Mitgliedern, wobei türkischstämmige Männer einen Anteil von rund 85 Prozent ausmachten. Zweitens erregte ein professionelles Musikvideo Aufmerksamkeit, das auf YouTube innerhalb kürzester Zeit über 500 000 Mal angeklickt wurde. In martialischer Hip-Hop-Sprache proklamierten türkische Member darin: »Wir stehen hier, ihr wollt Krieg, gebt uns ein paar Gegner und wir schwören, wir töten Sie.« Deutschlands größte Boulevardzeitung deutete das als offene Kriegserklärung.

Das Video dokumentiert anschaulich den sich abzeichnenden Wandel in der deutschen Rockerszene. Vor zehn Jahren wären in so einer Machtdemonstration eines MCs noch martialische deutsche Männer zu sehen gewesen, die zu Klängen von Kiss, AC/DC oder den Böhsen Onkelz posiert hätten. Dieser Clip jedoch weckte eher den Eindruck, in East Los Angeles gedreht worden zu sein, einer Stadt, die in den 80ern und 90ern von verfeindeten Gangs in ein Kriegsgebiet verwandelt worden ist.

In dem Video sind über 50 Mitglieder und Prospects des neuen Gremium-Chapters zu sehen. Zusätzlich soll dieser Zusammenschluss schon von Beginn an über 100 Supporter und Hangarounds verfügt haben. Die türkische Nomads-Truppe des Gremium MC erfuhr einen geradezu explosionsartigen Zuspruch und hätte nach eigenen Angaben innerhalb kürzester Zeit über 500 neue Mitglieder rekrutieren können. Da es sich um ein Nomads-Chapter handelte, waren dessen Aktivitäten auf keine bestimmte Stadt oder Region begrenzt. Es war somit für die Polizei ebenso wie für die Konkurrenten aus den Reihen der Hells Angels und der Bandidos schwer, den jeweils nächsten Schritt des Gegners vorauszuahnen. Genau das schienen die Verantwortlichen auch bezweckt zu haben, sonst hätten sie mehrere kleine, ortsgebundene Chapter gründen können.

Es dauerte nicht lange, bis die Mitglieder des Bosporus-Chapters zum ersten Mal ihre Macht demonstrierten. Sie wählten das Oberhausener Centro, Europas größtes Shopping- und Freizeitzentrum, dafür aus. 15 Mann drehten in voller Montur inklusive Gremium-Kutte eine Runde durch die Anlage. Auf den ersten Blick mag dieser Vorfall wenig spektakulär erscheinen, doch in der Rockerszene war dieses Verhalten ein Tabubruch. Das Centro war kuttenfreie Zone, woran sich bis dahin alle Clubs gehalten hatten. Außerdem war Oberhausen Bandidos-Land. Die Machtdemonstration war damit gleichzeitig eine bewusste Provokation. Auch die Kölner Polizisten registrierten die Vorgänge und stellten sich auf zusätzliche Aktivitäten der Bosporus Nomads in der Domstadt ein.

Am 23. Juli 2011 gegen drei Uhr nachts drohte die Situation an den Ringen erneut zu eskalieren. Rund 15 Bandidos tauchten vor einer Diskothek auf, während sich auf der gegenüberliegenden Straßenseite rund 20 Hells Angels in Stellung gebracht hatten. Eine Hundertschaft der Polizei schritt ein und sprach Platzverweise aus. Sodann verlagerte sich der Konflikt in das nur 20 Kilometer entfernte Leverkusen. Dort versammelten sich rund

40 Angels auf der Bahnhofstraße, direkt neben einer Kneipe der Bandidos. Die Polizei sprach erneut Platzverweise gegen die Höllenengel aus und schaffte es, eine direkte Konfrontation zu verhindern. Rockeralarme am Ring wiederholten sich in immer kürzeren Abständen. Das Kölner Polizeipräsidium sah sich angesichts der Brisanz der Situationen veranlasst, beinahe jedes Wochenende Bereitschaftspolizisten aus den Einsatzhundertschaften an den Ringen bereitzuhalten. Zu Recht, wie sich im April 2012 erwies, als es anlässlich eines Amateurboxabends in der Kölner Altstadt beinahe zu einer Katastrophe gekommen wäre. Da sich unter den Zuschauern ein hochrangiger Bandido befand, der 20 Clubmitglieder in einem Gebiet hatte, auf das Angels Ansprüche erhoben, empfanden diese selbst den Besuch der Veranstaltung als offene Provokation. Eine Telefonkette der Höllenengel mobilisierte bis um Mitternacht 100 Männer aus dem gesamten Rheinland. Der Polizei glückte es nur mit einem eilig alarmierten Großaufgebot und Dutzenden ausgesprochenen Platzverweisen, die Situation zu entschärfen. Später entdeckten die Einsatzkräfte eigens angelegte Waffendepots mit einer scharfen Pistole, Messern und Schlagstöcken.

Wie brisant die Situation zu jener Zeit wirklich war, zeigte sich erst am 3. August 2012, als der Kölner Präsident der Höllenengel, Günter L., 51, wegen versuchter Anstiftung zum Mord festgenommen wurde. Er soll am 30. März bei einem erneuten Aufeinandertreffen der Rivalen in der Kölner Altstadt einem ihm unterstellten Rocker befohlen haben, »dem erstbesten Mitglied der Bandidos ein Messer in den Hals zu rammen und umzudrehen«, und bei einer anderen Gelegenheit denselben Mitstreiter angestiftet haben, einem abtrünnigen Hells Angel mit einem Messer »in den Bauch« zu stechen.

NRW 2012 – der Krieg ums Ruhrgebiet geht weiter

Das Ruhrgebiet wurde von der Big Red Machine in einer Zangenbewegung über das Rhein-Main-Gebiet und das eroberte Rheinland immer enger mit Chartern eingekreist. Dann griff die Knochenhand mit dem geflügelten Totenkopf nach einer weiteren Stadt der Metropolregion Rhein-Ruhr: Mönchengladbach. Doch für die Bandidos war das Maß damit voll. Sie waren nicht mehr bereit, der weiteren Ausdehnung der Hells Angels im

Westen der Republik kampflos zuzusehen. Der Bandidos MC im Ruhrgebiet griff an.

Am 24. Januar 2012 nahmen sie sich die Mönchengladbacher Altstadt als Ziel vor. Die Hinweise hatten sich verdichtet, dass die Hells Angels nach Düsseldorf, Krefeld und Leverkusen auch in der Türsteherszene des 250 000 Einwohner zählenden Mönchengladbach mitzumischen begannen. Türsteher aus dem Umfeld der Hells Angels sollen die Einlasskontrollen von Altstadtkneipen und einer Diskothek frisch übernommen haben. Und dies auf der Kneipenmeile Mönchengladbachs, am Rande des Ruhrgebietes, der letzten Machtbastion der Bandidos in Deutschland.

Die Bandidos antworteten auf die Provokation mit einem 60-köpfigen Rollkommando, das am Samstagabend in dem Mönchengladbacher Kneipenviertel aufschlug. Die Männer entstammten den Chaptern Bochum, Duisburg, Essen, Oberhausen, Mülheim und Leverkusen. Das rot-goldene Ruhrgebiet zog in den Krieg.

Augenzeugen berichteten davon, dass sich die Bandidos, die man an ihren Kutten klar erkennen konnte, erst gesammelt hätten und dann gezielt auf eine Diskothek zugesteuert seien. Dort erwartete sie schon eine etwa gleich große Gruppe Hells Angels. Es entwickelte sich eine brutale Massenschlägerei, die normale Passanten mit »bürgerkriegsähnlichen Zuständen« umschrieben. Bei der blutigen Auseinandersetzung wurden Messer, Stahlrohre, Stuhlbeine und Schlagringe eingesetzt.

Die Mönchengladbacher Polizei löste einen Großeinsatz aus und forderte Verstärkung aus den umliegenden Städten an. 200 Polizisten, darunter SEK- und MEK-Kommandos, wurden eiligst alarmiert und in Marsch gesetzt. 60 Minuten lang dröhnten ununterbrochen die Presslufthörner Hunderter alarmierter Polizei- und Rettungskräfte durch die Straßen Mönchengladbachs. Nach ihrem Eintreffen riegelten die Einheiten die gesamte Altstadt stundenlang ab. Wie erbittert diese Schlacht von beiden Seiten geführt wurde, belegt auch die Äußerung eines Polizeibeamten am Tatort. »Es gab hier solche Blutlachen, die musste die Feuerwehr mit Schläuchen von den Straßen spülen.«

Die Polizei stellte nur einige Leichtverletzte fest, wies jedoch darauf hin, dass es in der Vergangenheit bei ähnlichen Auseinandersetzungen viel mehr Verletzte gegeben habe. Die Rocker scheuen den Gang zu ortsansässigen Ärzten und in Krankenhäuser, da diese nach so einer Schlacht von der Polizei routinemäßig angefahren und überprüft werden, um weitere Beteiligte an dem Gewaltexzess zu ermitteln. Die beiden großen Clubs scheinen in Deutschland mittlerweile über eine so umfangreiche Logistik zu verfügen, dass sie auch in der Lage sind, eine ärztliche Notversorgung »privat« zu bewerkstelligen. Die tatsächliche Anzahl der Verletzten dürfte also um einiges höher gelegen haben.

Dem angehenden Angel »Jamal« wurde allerdings eine lebensgefährliche Stichverletzung in die Leber zugefügt. Er kämpfte mehrere Tage auf der Intensivstation um sein Leben. Kaum war er halbwegs fit, floh er aus der Klinik und setzte sich in den Untergrund ab, aus dem er bisher nicht wieder aufgetaucht ist. Ein weiterer Höllenengel wurde ebenfalls lebensgefährlich verletzt und musste am Tatort notärztlich stabilisiert werden. Der Polizeisprecher Peter Spiertz bestätigte die dramatische Situation: »Wäre er nicht behandelt worden, wäre er gestorben.« Erst später erklärte die Polizei, dass noch einem dritten Rocker lebensgefährliche Verletzungen zugefügt worden waren.

Als Reaktion auf diese Ereignisse richtete die Mönchengladbacher Polizei die Mordkommission »Kutte« ein.

Bei dem Kampf hatten die Rocker offensichtlich übersehen, dass der gesamte Platz auf dem Alten Markt in Mönchengladbach aus Sicherheitsgründen videoüberwacht wird. Darauf wird gemäß datenschutzrechtlicher Bestimmungen sogar mit einem gut sichtbaren Schild hingewiesen. Doch den verfeindeten Rockern scheint in dieser Nacht nicht nach Lesen zumute gewesen zu sein. Die Polizei beschlagnahmte die städtischen Videobänder umgehend und bestätigte, dass die Schlägerei darauf aufgezeichnet wurde. Das Bildmaterial wird nach wie vor ausgewertet und stellt sich mehr und mehr als eine Goldgrube für die Ermittler heraus. Ihnen gelang es, immer mehr Personen zu identifizieren und Querverbindungen herzustellen.

Es verging nur ein Tag, bis die Hells Angels – so die Vermutung der Polizei – Rache für ihre lebensgefährlich verletzten Mitglieder nahmen. Eine Handgranate traf das »La Casa de los Locos« (»Das Haus der Verrückten«), das Vereinsheim der Bandidos im 100 Kilometer entfernten Herten im

Kreis Recklinghausen. Bei dem Sprengstoffanschlag gingen zwei Schaufensterscheiben zu Bruch und drei vor dem Haus parkende Autos wurden beschädigt. Das Clubhaus wird dem bundesweiten Pressesprecher des Bandidos MC, Michael M., zugerechnet, der diesen Anschlag als »unkluge und völlig überflüssige Aktion, die uns allen schaden kann«, bewertete.

Es folgte ein Schusswaffenanschlag auf die Wohnung eines Oberhausener Bandidos, und auch in Essen sollen Schüsse gefallen sein. Im westfälischen Hamm, auf dem Grenzverlauf der beiden Machtblöcke in Hannover und dem Ruhrgebiet, drohten die beiden erbitterten Rivalen am selben Abend wieder aufeinander loszugehen. Der Polizei gelang es, eine erneute Konfrontation zu verhindern.

Angesichts dieser Entwicklungen überwachte die Polizei verdeckt mehrere bekannte Rockertreffpunkte der beiden großen Clubs im und um das Ruhrgebiet herum. Das Observationsteam in Düsseldorf-Gerresheim landete am Clubheim des Clan 81 in der Heyestraße einen Volltreffer. Das Clubhaus der Hells-Angels-Supporter befindet sich im ersten Stock eines ehemaligen Luftschutzbunkers, darunter die Rockerkneipe »Red Pearl«. Erst am 1. August 2011 war das Lokal mit mehr als 400 Gästen, darunter Hells Angels aus ganz NRW und den Niederlanden, bei einigen Bieren der Hausmarke »81« feucht-fröhlich eröffnet worden, während »Hells Bells« von AC/DC aus den Boxen dröhnte.

Die verdeckten Ermittler beobachteten an diesem Abend anscheinend ein eilig einberufenes Regionaltreffen der Organisation. Knapp 100 Mitglieder und Führungspersonen der umliegenden Hells-Angels-Charter Leverkusen, Krefeld und Midland, das mittlerweile zwölf Kilometer von Solingen nach Langenfeld umgezogen war, fanden sich in Gerresheim ein.

Da sich diese Streitmacht unter konspirativen Umständen im »Red Pearl« versammelte – die Rockerkneipe hatte offiziell geschlossen –, entschied sich die Polizeiführung zum Zugriff und alarmierte umgehend starke Polizeieinheiten. Insgesamt 250 Polizisten stürmten das Lokal am Montagabend des 23. Januars 2012 und durchsuchten die Lokalität. Der bis zu 20 Mann starke Clan 81 ist ein Unterstützungsclub der in Düsseldorf seit dem Jahr 2000 als kriminelle Vereinigung verbotenen Hells Angels und wird auch mit Türsteheraktivitäten in der Düsseldorfer Altstadt in Verbindung gebracht. Die Polizeikräfte stellten die Personalien von 86 Rockern fest und durchsuchten diese. Dabei nahmen sie einen Mann fest, der per Haftbefehl gesucht wurde, und beschlagnahmten sechs Klappmesser, einen Baseballschläger, eine Stahlrute, zwei Axtstiele und einen hölzernen Schlagstock.

Am 9. Februar setzte das Innenministerium NRW zu einem weiteren Gegenschlag an. Diesmal traf es Beteiligte der Mönchengladbacher Straßenschlacht aus den Reihen des Bandidos MC. Mehrere Hundert Einsatzkräfte stürmten an diesem Donnerstagabend um 20.30 Uhr ein Bordell und eine Privatwohnung in Leverkusen sowie zwei weitere Wohnungen in Duisburg und Köln. Weil die Gesuchten als besonders gewalttätig bekannt waren, wurden fünf SEK-Einheiten, drei Hundertschaften und gepanzerte Spezialfahrzeuge eingesetzt. Diese umstellten das Bordell, schlugen blitzartig Türen und Fenster ein, stürmten das Gebäude und forderten per Megafon alle Anwesenden auf, sich sofort auf den Boden zu legen.

Gezielt suchten die Polizisten nach zwei Männern, die Hells Angels mit Messerattacken lebensgefährlich verletzt haben sollen. Die beschlagnahmten Videobänder vom Alten Markt sollen die Täterschaft des 37-jährigen Leverkusener Bandidos-Bosses Brahim Z. und des 23-jährigen deutschen Staatsbürgers und Bandidos Ramin Y. beweisen. Brahim Z. war der Polizei als einer der führenden Köpfe der arabischen Türstehergang auf den Kölner Ringen bekannt. Indem er ein Bordell im Kölner Herrschaftsbereich der Angels ansiedelte, hatte er die Situation gerade erst weiter verschärft. Nur die Tatsache, dass noch kein dringender Tatverdacht bewiesen werden konnte, verschonte beide erst einmal vor der Untersuchungshaft. Im August 2012 folgten weitere Beschuldigungen gegen Brahim Z. Eine 21-jährige Frau gab an, von ihm nach Tunesien gelockt und dort tagelang gegen ihren Willen festgehalten und schwer misshandelt worden zu sein. Die Ärzte attestierten einen durch Faustschläge gebrochenen Kiefer.

Sowohl die Bandidos als auch die Hells Angels haben immer mehr besonders brutal agierende Mitglieder in Führungspositionen aufsteigen lassen und dadurch die Organisation im Gesamten angreifbar gemacht. Den Verwaltungsgerichten genügte mittlerweile ein Kapitalverbrechen eines Führungsmitgliedes für ein Vereinsverbot, wenn dieses als Vereinsaktivität gewertet werden konnte. Am 28. August 2012 reagierte der Bandidos MC auf die gravierenden juristischen Anschuldigungen gegen den Bandidos Boss Brahim Z. und gab per Presseerklärung bekannt, dass das Leverkusener Bandidos-Chapter ab sofort geschlossen sei.

Die Personalien Brahim Z. und Ramin Y. veranschaulichen auch die Erkenntnis der Polizei, dass eine Vielzahl der Männer von der Straßenschlacht Mönchengladbachs über ausländische Wurzeln verfügt. Weiterhin sorgte sich der Innenminister NRWs Ralf Jäger, dass sich auch Mitglieder der Rockerclubs Outlaws und Gremium an dem neuerlich verschärften Kampf ums Ruhrgebiet beteiligen könnten.

Als die beiden Führungspersonen der deutschen Bandidos in eine Polizeikontrolle in Mönchengladbach gerieten, war klar, dass der Kampf um das Ruhrgebiet endgültig zur Chefsache geworden war. Es war die entscheidende Auseinandersetzung, weil es sich beim Pott um die einzige verbliebene deutsche Bastion des Fat Mexican handelte, nachdem in Berlin durch den umstrittenen Übertritt von Kadir P. und seinen Gefolgsleuten ein Patt entstanden war. Es stand schlecht um die Sache; anders ist das Risiko nicht zu erklären, das die beiden Führungspersonen mit ihrem persönlichen Erscheinen auf dem aktuellen Kriegsschauplatz eingingen. Damit ist weniger die Gefahr gemeint, den direkten Feinden in die Hände zu fallen. Es ist davon auszugehen, dass die Bandidos für einen entsprechenden Schutz ihrer Führung gesorgt haben. Viel stärker wog die Gefahr, dass Polizeiermittlern und Richtern das persönliche Auftreten von Peter M. und Les H. im Umfeld der Auseinandersetzung weitere Beweise für die bundesweite zentrale Steuerung des Clubs liefern würde. Auf eine solche deuten auch Rollkommandos hin, die aus ständig wechselnden personellen Zusammensetzungen und aus Chaptern des gesamten Ruhrgebietes aufgestellt werden, so die Argumentation der Verwaltungsrichter. Die Zukunft wird zeigen, ob das persönliche Erscheinen der beiden mächtigsten deutschen Bandidos ein Fehler mit schwerwiegenden Konsequenzen war.

Zur Zeit dieses Konflikts hatten die Verwaltungsgerichte die Urteilsbegründungen ihrer ersten Clubverbote noch nicht gesprochen. Überträgt man deren Beweisführung jedoch auf die Mönchengladbacher Vorkommnisse, müssten die Rocker vor Schreck von ihren Harleys fallen. Diese

Auseinandersetzung allein birgt das Potenzial, das Ende aller daran betei-
ligten Charter und Chapter zu bedeuten. Wir reden hier von den Hells-
Angels-Chartern Cologne, Leverkusen, Krefeld, Midland und weiteren
Unterstützungsclubs und -gruppen wie dem Clan 81 Düsseldorf. Auf der
Seite der Bandidos werden Mitglieder der Chapter Bochum, Duisburg,
Essen, Oberhausen, Köln, Mülheim und Leverkusen mit dem Vorfall in
Verbindung gebracht. Und dies sind nur die Erkenntnisse der Polizei, die
bisher durchgesickert sind. Durch zahlreiche Razzien sowie die Auswertung der Überwachungskameras sowie Handy- und Verbindungsdaten
einschließlich der GPS-Signale wird die Polizei in der Lage sein, weitere
Männer bestimmten Chartern und Chaptern zuzuordnen. Folgt man der
bisherigen Beweisführung der Verwaltungsgerichte, kann man den Kampf
in Mönchengladbach nur als klare Vereinsaktivität und Folge einer Anordnung von Vereinsorganen werten, und zwar für beide Clubs. Die Bandidos sollen zudem größtenteils in ihren Vereinskutten zur Tat geschritten
sein. Weiterhin gab es keine persönlichen Motive für diese Schlacht, es
wurden zahlreiche Führungspersonen der Clubs registriert und die Streitmächte stammten schließlich aus vielen unterschiedlichen Städten und
Clubs. All diese Umstände sehen Verwaltungsjuristen mittlerweile als eindeutige Belege für Vereinsaktivitäten. In diesem Zusammenhang stehen
folgende Kapitalverbrechen im Raum, die im Vergleich zum bereits gerichtlich bestätigten Verbot des Flensburger Charters mehr als ausreichend
für Verbotsverfügungen erscheinen: dreifacher Mordversuch, versuchter
Totschlag, schwere Körperverletzung, Landfriedensbruch und Bildung
bewaffneter Gruppen. Der Machtkampf von Mönchengladbach könnte
das offizielle Ende eines Dutzend Clubs im Rheinland und im Ruhrgebiet
nach sich ziehen. Die ansonsten juristisch geschickt agierenden Rockerclubs scheinen in dieser Nacht die drohenden Konsequenzen ausgeblendet
oder völlig unterschätzt zu haben.

Rund einen Monat nach der Straßenschlacht von Mönchengladbach kam
es zu einem weiteren Vorfall im Ruhrgebiet. Der Schauplatz war dieses
Mal das Rotlichtviertel an der Stahlstraße in Essen. Vor einem Bordell
wurden des Nachts vier Männer aus dem Umfeld des Bandidos MC niedergestochen. Die Angegriffenen erlitten schwere Verletzungen und muss-

ten in umliegende Krankenhäuser eingeliefert werden, die sogleich unter Polizeischutz gestellt wurden, um weitere Attacken zu verhindern. Schon am nächsten Tag erhielten die Verletzten Besuch von ranghohen Bandidos. Aller Wahrscheinlichkeit nach werden sie ihren Offizieren gegenüber auskunftsfreudiger gewesen sein, als sie es bei der polizeilichen Befragung waren. Damit sind die Bandidos den Polizeibehörden einen großen Schritt voraus und es sind entsprechende Racheakte zu befürchten.

Erst Monate später machte in Polizeikreisen ein Gerücht die Runde. Bei den Angreifern soll es sich gar nicht um Höllenengel, sondern um Türken und Libanesen aus dem neuen Gremium MC Bosporus Türkiye gehandelt haben. Wenn das stimmen sollte, trat der Konkurrenzkampf im Ruhrgebiet mit dem neuen Akteur in die nächste Phase. Bei den unzähligen Clubs, Supportern und Unterstützungskommandos auf allen Seiten ist die explosive Situation kaum noch überschaubar.

Am 15. März 2012 führten 500 Polizeibeamte, darunter schwer bewaffnete Spezialeinheiten, eine weitere Großrazzia gegen Bandidos und Hells Angels in NRW durch. Bei Durchsuchungen von Clubräumen in Düsseldorf, Oberhausen, Solingen und Langenfeld beschlagnahmten die Polizeieinheiten Beweisstücke und nahmen fünf Personen fest. Fast 100 Personen wurden kontrolliert, die Personalien erfasst und 15 Rocker zusätzlich einer erkennungsdienstlichen Behandlung unterzogen. In dem Luftschutzbunker aus dem Zweiten Weltkrieg, den der Clan 81 in Düsseldorf als Hauptquartier nutzte, stießen die Polizisten auf eine der größten Cannabisplantagen, die jemals in NRW entdeckt wurden. 3000 Haschisch-Pflanzen wurden dort von einem asiatischen Gärtnerteam 24 Stunden am Tag betreut. Hochrechnungen der Polizei ergaben eine jährliche Ernte von etwa 480 Kilogramm Marihuana, die einem Marktwert von vier Millionen Euro entspricht.

Der zunächst inhaftierte Präsident des Clan 81, Ahmed K., 24, wurde bereits drei Tage später aus der Untersuchungshaft entlassen. Eine der Gärtnersklavinnen hatte die Rocker mit ihrer Aussage entlastet. Ihr zufolge waren vietnamesische Landsleute die Hintermänner der Drogenplantage und hatten die asiatischen Arbeiter bedrängt, so die Schulden ihrer illegalen Schleusung abzuarbeiten.

Trotz dieser Entlastung entwickelte sich der zunehmende Ermittlungsdruck der Polizei immer mehr zu einem folgenschweren juristischen Bu-
merang für beide Clubs.

Die Machtverhältnisse im Ruhrgebiet gerieten im März 2012 gewaltig
in Bewegung. Aufgrund des polizeilichen Drucks löste sich das Charter
Midland auf. Ein Sprecher des Hells Angels MC Germany bestätigte den
Vorgang und gab an, die Mitglieder seien von der ständigen Polizeibe-
obachtung genervt gewesen. Diese Selbstauflösung kann man aber auch
als Kritik am verschärften Konfrontationskurs der Hells-Angels-Führung
werten. Offensichtlich war nicht jeder Höllenengel bereit, sehenden Auges
noch tiefer in diesen Krieg gezogen zu werden.

Für das nun leer stehende Clubhaus hatten die Hells Angels aber ganz
schnell neue Pläne. Anlässlich der Razzia vom 15. März durchsuchten Polizeieinheiten auch das ehemalige Clubhaus der Hells Angels in Langenfeld.
Die Beamten rechneten mit einer verlassenen Immobilie, doch sie sollten
sich irren; es waren bereits neue Besitzer eingezogen. Die Polizei stieß auf 38
Hells Angels und Mitglieder eines Unterstützerclubs, der Blood Brothers 81
Leverkusen. Auch die meisten der angetroffenen Hells Angels waren Mitglieder des Leverkusener Charters. Die Angels waren offensichtlich nicht
bereit, ihren Vorposten nahe des Ruhrgebiets aufzugeben, nur weil einigen
Altmitgliedern das Leben als Höllenengel zu stressig geworden war.

Die Polizei hielt den hohen Verfolgungsdruck gegen die Rocker aufrecht. Im April 2012 setzte ein Spezialeinsatzkommando im Rahmen einer
Razzia gegen die Bandidos in Bochum seine neue Wunderwaffe ein: einen
schwarzen Monster-Truck von 362 PS Stärke mit einer Heberampe inklusive 13 Meter langer, ausfahrbarer Leiter und Trittbrettern an der Seite.
Die amerikanische Firma Patriot 3 hatte den Panzerwagen im Wert von
300 000 Euro für Eliteeinheiten der Armee und der Polizei konzipiert.

Eine weitere Razzia am 6. Juni 2012 sollte weiteres Licht in die Auseinandersetzung vom Mönchengladbacher Alten Markt bringen und ver-
deutlichte die neue Null-Toleranz-Strategie des Innenministeriums NRW.
500 Polizisten durchsuchten Privatwohnungen, ein Clubhaus und einen
Sexclub der Hells Angels in Krefeld, Willich, Düsseldorf, Köln und Solingen. Es wurden Computer und Handys sichergestellt.

Die Schlinge in NRW zog sich immer weiter zu, am 19. Juli 2012 folgte die nächste Razzia gegen Hells Angels und Bandidos in Mönchengladbach, Viersen, Bochum, Gelsenkirchen, Herne, Essen, Siegburg, Eitorf und Köln. Ganz offen begründete die Polizei die Durchsuchungen in 15 Privatwohnungen damit, dass es ihr gelungen war, weitere Täter von Mönchengladbach zu identifizieren.

In Duisburg spitzte sich die Lage unterdessen erneut zu. Bandidos und Angels standen sich in zwei benachbarten Straßenzügen gegenüber, die schon in der Vergangenheit schwer umkämpft waren: in der Charlottenstraße, die das »Bandidos Place« beherbergt, in dessen Erdgeschoss sich das Lokal »The Fat Mexican« befindet, und der in die Charlottenstraße mündenden Vulkanstraße im Duisburger Rotlichtviertel. Den Hells Angels war es gelungen, in mehreren Bordellen der Vulkanstraße die Türsteher zu stellen. Somit trennten sie keine 500 Meter mehr von den Bandidos. Doch das war noch nicht alles. Auf ihrer weltweiten Homepage erklärten die Höllenengel die Aufstellung eines Prospect-Charters mitten in Duisburg, im Territorium der Bandidos.

Aufgrund der massiven Auseinandersetzungen in der Vergangenheit wurde das Innenministerium im Düsseldorfer Landtag aufgefordert, dem Parlament seine Erkenntnisse über die Bikeraktivitäten im Land darzulegen. Die Experten zum Thema innere Sicherheit berichteten von neun Chartern der Hells Angels in NRW mit geschätzten 250 Vollmitgliedern. Der Bandidos MC unterhielt 25 Chapter mit bis zu 400 Vollmitgliedern. Auch die beiden anderen großen OMCGs waren in NRW präsent; der Gremium MC mit acht und die Outlaws mit fünf Chaptern. Im Lagebild zur Organisierten Kriminalität des Landes fallen einige der Mitglieder in den Bereichen Menschen- und Drogenhandel sowie mit Gewalt-, Waffen-, Eigentums- und Steuerdelikten auf. Des Weiteren bestätigen Ermittlungen, dass Mitglieder der beiden großen Clubs in legalen, wenn auch milieunahen Betrieben in unterschiedlichsten Positionen beschäftigt waren, etwa als Inhaber oder Geschäftsführer von Sicherheitsunternehmen oder als Mitarbeiter von Bordellen, Bars, Videotheken und Tattooläden. Andere Mitglieder waren in gänzlich anderen Bereichen, etwa auf dem Bau, in Speditionen, im Motorradhandel, der Projektvermittlung und dem Veranstaltungsmanagement, tätig.

Auch das Innenministerium sah die Ursache für das hohe Konfliktpotenzial zwischen den beiden Clubs in der Erhebung von Gebietsansprüchen gegen den jeweils anderen. Dementsprechend bezeichnete das Innenministerium NRW den Konflikt als einen Territorialkrieg zwischen Hells Angels und Bandidos. Ein Konflikt, der noch nicht entschieden ist und der durch die Neugründung des Hells-Angels-Charters Duisburg im Jahr 2012 neuen Zündstoff erhalten hat.

Der in Duisburg getötete Bandido Eschli, drei lebensgefährlich verletzte Rocker in Mönchengladbach, Dutzende Schwerverletzte bei unzähligen Attacken mit Schusswaffen, Macheten, Messern und Knüppeln waren bis 2012 in NRW zu verzeichnen. Nordrhein-Westfalen entwickelt sich nach Berlin immer mehr zu Bloodlands der Rocker.

Am Dienstagmorgen, dem 29. Mai 2012, fuhr der Bandido Hans »Hannes« B., 49, mit seiner Harley eine Landstraße im Raum Gladbeck entlang. Hannes befand sich höchstwahrscheinlich auf dem Weg zu seiner Arbeitsstelle als Elektriker bei einem großen Stromkonzern. Doch jemand oder etwas ließ den Rocker, der mit seiner Kutte vom Chapter Dinslaken bekleidet war, stoppen. Er stellte seine schwere Maschine ordnungsgemäß auf dem Seitenstreifen ab. Ob dieser Halt freiwillig geschah oder ob er dazu gezwungen wurde, ist nicht bekannt. Ein Zeuge gab später an, Hannes B. telefonierend am späteren Tatort gesehen zu haben. Der Polizei ist es bisher nicht gelungen, diesen Anruf zu rekonstruieren. Die Umstände bleiben rätselhaft.

Sicher ist aber: Um 7.45 Uhr peitschte ein Schuss durch die morgendliche Idylle. Hans B. wurde von einem Projektil in die Brust getroffen und verstarb in kürzester Zeit an inneren Blutungen, unmittelbar neben seiner Maschine liegend.

Am Tatort fand die Polizei einen Gasrevolver größeren Kalibers vom Typ Colt Single Action, dessen Lauf durchbohrt worden war, um ihn als scharfe Waffe nutzen zu können. Zusätzlich wurden am Tatort vier Patronenhülsen sichergestellt, die aber nicht aus dem umgebauten Revolver abgefeuert worden waren. Die Kugel, die den Oberkörper des Bandidos durchschlagen hatte, konnte trotz intensiver Suche mit Metalldetektoren nicht gefunden werden.

Hannes war jahrelang Mitglied im Bandidos MC gewesen und dabei weder durch Straftaten noch durch Aktivitäten im Milieu aufgefallen. Er bekleidete zwar einen Offiziersrang in der Hierarchie der Motorradgang, doch seine Funktion des Road Captain wird in der Regel nicht mit kriminellen Taten in Verbindung gebracht. Der 49-Jährige scheint der Prototyp eines Rockers der ersten Stunde gewesen zu sein, dem es noch ausschließlich ums Motorradfahren und die Gemeinschaft ging.

Hannes' Beerdigung fand am 11. Juni 2012 unter großer Anteilnahme der Bandido Nation statt. Rund 500 rot-goldene Biker aus ganz Europa erwiesen dem toten Bruder die letzte Ehre auf dem Nordfriedhof in Alt-Bottrop.

Die Spekulationen um diesen weiteren erschossenen Rocker in NRW heizten die angespannte Atmosphäre zusätzlich auf. Es wurde gemutmaßt, dass Hannes Opfer einer willkürlichen Tötung geworden sein könnte, bei der es überhaupt nicht um seine Person ging, sondern ihn allein die Kutte mit dem Fat Mexican zum Angriffsziel feindlicher Biker gemacht hatte. Solche Tötungen gab es seit über 60 Jahren in der blutigen Geschichte der Rivalität von Angels und Bandidos.

Die Führung der Bandidos versetzte ihre Mitglieder im Ruhrgebiet in Alarmbereitschaft und appellierte per SMS an die Männer, auf sich aufzupassen. Der oder die Täter waren zwar unerkannt vom Tatort geflüchtet, doch der Verdacht fiel sofort auf die Höllenengel. Allzu viel Blut war in den letzten Monaten aufseiten der Todfeinde vergossen worden. Ganz besonders hier, im tiefen Westen der Republik.

Doch aus den Polizeiakten sickerte bald eine weitere Theorie durch, nach der sich der Bandido selbst erschossen haben soll. Am 20. Juni 2012 verkündete die Staatsanwaltschaft Essen, der vermeintliche Mord sei ein Suizid gewesen, und begründete ihre These mit der DNA des Toten an der Waffe, die zweifelsfrei zu ihm gehöre. Auch wiesen Schmauchspuren an den Handschuhen und seiner Kutte darauf hin, dass er die Waffe abgefeuert habe. Außerdem habe Hannes im persönlichen Umfeld einen möglichen Freitod angekündigt. Weitere Einzelheiten wollte die Behörde aus »Opferschutzgründen« nicht bekannt geben. In den Reihen der Bandidos soll die Selbstmordthese eher skeptisch aufgenommen worden sein, insbesondere da die tödliche Kugel von der Polizei trotz intensiver Suche nicht gefunden wurde. Letztlich könnte nur damit zweifelsfrei bewiesen werden, mit welcher Waffe ihr Bruder erschossen wurde. Die Stimmung in NRW blieb angespannt.

Die großen Clubs gerieten nicht nur anlässlich von Revierkämpfen in den Fokus der Polizei, sondern auch durch kriminelle Machenschaften ihrer Mitglieder. Das war in der jetzigen Situation in zweifacher Hinsicht kontraproduktiv: Erstens hagelte es wieder einmal schlechte Presse und zweitens schwächten die regelmäßig vorgebrachten polizeilichen Beschuldigungen die Organisationen als Ganzes.

Am 11. Juli 2012 traf es mehrere Bandidos im Ruhrgebiet. Als sie wegen des Verdachts auf bandenmäßigen Drogenhandel festgenommen wurden, machten die Fahnder reiche Beute. Sie beschlagnahmten 80 000 Ecstasytabletten, neun Kilogramm Marihuana, neun Kilogramm Amphetamin, 300 Gramm Heroin und 250 Gramm Kokain. Allein der Straßenverkaufswert der Ecstasytabletten belief sich auf 400 000 Euro. Zusätzlich stießen die Drogenermittler auf zwei Cannabisplantagen und ein Drogenlabor mit Chemikalien zur Amphetaminherstellung in Oer-Erkenschwick nahe Recklinghausen. Bei insgesamt 14 Hausdurchsuchungen in Rheinberg, Essen, Herne, Waltrop und im Clubhaus der Bandidos in Oberhausen stellte die Polizei zudem 27 scharfe Schusswaffen nebst 5000 Schuss Munition sicher, darunter zwei Pumpguns, eine Kalaschnikow, Maschinenpistolen, ein Maschinengewehr sowie verheerende Dumdumgeschosse.

Unter den 20 Beschuldigten sollen sich vier Mitglieder des Fat Mexican befinden. Einen Oberhausener Bandido bezeichnet die zuständige Behörde als Hauptverdächtigen. Er und seine Lebensgefährtin sowie drei weitere Rauschgifthändler kamen in U-Haft.

Welche Brisanz die Clubführung dieser Razzia und dem Verfahren beimisst, ist daraus zu ersehen, dass nur einen Tag später die Selbstauflösung des Bandidos MC Oberhausen verkündet wurde. Sollte einem drohenden Chapter-Verbot zuvorgekommen werden?

Als ob die Situation im Ruhrgebiet nicht schon angespannt genug gewesen wäre, entschloss sich ein weiterer Club, Aktivitäten in NRW zu starten: der Satudarah MC aus den Niederlanden. Diese deutsch-niederländische

Neugründung birgt die Gefahr, dass die Feindschaft zwischen den 20 Chaptern der Satudarah und den Hells Angels in den Niederlanden auch auf deutschem Boden ausgetragen wird. Die Gesamtlage wird dadurch noch komplexer, unübersichtlicher und explosiver. Das erste Chapter der Satudarah entstand ausgerechnet in Duisburg, wo die 20 Mitglieder der örtlichen Brotherhood Clown-Town um den Präsidenten Ali O. dem niederländischen Club beitraten. Die Gründung des Satudarah MC Duisburg wurde am 1. Juni 2012 in Duisburg-Rheinhausen mit 300 Rockern als Gästen vollzogen, in direkter Nachbarschaft zu dem jüngst gegründeten Charter der Angels. Diese räumliche Nähe schätzte ein Ermittler als bewusste Provokation und »offene Kriegserklärung« der Niederländer an die 81er ein.

Unter den hochkarätigen Besuchern der Satudarah-Gründungsfeier befanden sich Mitglieder des Gremium MC und auch eine rund 40-köpfige Delegation des Bandidos MC, der als Verbündeter der Niederländer gilt. Nicht zuletzt eint die beiden Gruppierungen die gemeinsame Feindschaft zu den Hells Angels. Es kursieren sogar Gerüchte, dass die Bandidos hinter dem plötzlichen Auftreten der niederländischen Biker im Ruhrgebiet stehen könnten. Mit einem weiteren Verbündeten würden sie den immer aggressiver auftretenden Höllenengeln besser Paroli bieten können. Die Position der Hells Angels wurde mit dem überraschenden Schritt auf jeden Fall geschwächt und niemand vermag derzeit zu sagen, ob der Satudarah MC die Gründung weiterer Chapter in Deutschland plant.

In einer Pressekonferenz betonten Vertreter des Clubs, dass man sich nur zum gemeinsamen Motorradfahren zusammengeschlossen habe, doch die Erkenntnisse niederländischer Behörden sprechen eine andere Sprache. Dort wird der expandierende Club – kurz vor Duisburg wurde auch ein erstes Chapter in Belgien eröffnet – mit der organisierten Kriminalität in Verbindung gebracht.

Die Schwarz-Gelben, die ihre »Multikulturalität« betonen, wurden vor mehr als 20 Jahren in Moordrecht gegründet, einem kleinen Dorf zwischen Rotterdam und Gouda. Besonders Männer mit Wurzeln auf den Molukken werden mit diesem Club in Verbindung gebracht. Die Molukken sind eine indonesische Inselgruppe, die auch als »Gewürzinseln« bekannt ist und lange Zeit zum niederländischen Kolonialreich gehörte. Nach dem indonesischen Unabhängigkeitskrieg reisten in den 50er-

Jahren Zehntausende ehemalige Mitarbeiter und Soldaten der vergangenen Kolonialmacht, die in ihrer Heimat nicht mehr erwünscht waren, in die Niederlande ein. Die dortige Regierung wollte sie nur für kurze Zeit aufnehmen und setzte sich für ihre Rückkehr ein, weshalb die Molukker erst in Lagern und später in eigenen Stadtvierteln untergebracht wurden, sodass eine Integration in die Gesellschaft nicht stattfand. Später folgten Hunderttausende Einwohner aus der ehemaligen Kolonie Niederländisch-Indien. Die Perspektivlosigkeit einer ganzen Generation erzeugte Wut und Spannungen, die sich immer wieder gewaltsam entluden. Das ohnehin geringe Ansehen der Molukker sank dadurch weiter, und sie blieben großenteils Außenseiter in der niederländischen Gesellschaft. Wie schon bei OMCGs in anderen Ländern brachten ethnische und kulturelle Wurzeln auch hier eine verschworene Gemeinschaft außerhalb der normalen gesellschaftlichen Strukturen hervor.

Die Polizei bezeichnet manche Mitglieder der Satudarah als Schwerkriminelle, die weite Teile des niederländischen Drogenhandels und des Rotlichtmilieus beherrschen. Zurzeit sind fünf der zehn meistgesuchten Verbrecher in den Niederlanden Satudarah-Mitglieder. Des Weiteren wissen die niederländischen Beamten von heftigen Auseinandersetzungen mit Hells Angels zu berichten.

Trotz aller Beteuerungen der Satudarah-Führungsebene behielten die Pessimisten recht, und die Situation in Duisburg eskalierte. Anwohner berichteten von regelrechten Streifenfahrten der verfeindeten Rockergangs im Süden der Stadt, die in wilden Verfolgungen und Schlägereien auf offener Straße gipfelten, sobald sich die Wege der Rivalen kreuzten. Am 5. August 2012 schoss ein 24-jähriger Mann mehrmals auf den an einer Ampel stehenden Wagen eines 33-jährigen Hells Angels. Der Täter, ein vermeintliches Satudarah-Mitglied, traf nur den Straßenasphalt. Die Tatwaffe stellte die Polizei sicher, doch weitere Angaben zur Sache verweigerten beide Beteiligten.

Am Wochenende des 18./19. August zündeten Unbekannte eine Handgranate vor dem Clubhaus der Hells Angels in Duisburg-Rumeln. Die Splitter beschädigten die Fassade des Clubhauses und die Gebäudefront einer angrenzenden Firma. Am 23. August folgte der nächste Handgranatenanschlag, der diesmal einem unmittelbar vor der Eröffnung stehenden

Wettbüro der Höllenengel galt. Das Inventar des Ladenlokals, das sich im Erdgeschoss eines Wohnhauses befindet, sowie die gesamte Glasfront wurden zerstört. Bei beiden Anschlägen wurden Splitterhandgranaten des Typs M 75 aus jugoslawischen Militärbeständen eingesetzt.

Die Antwort der Hells Angels auf diese Kriegserklärungen stehen zur Drucklegung des Buches noch aus, doch der Machtkampf um das Ruhrgebiet wird durch diese Geschehnisse noch komplexer und unberechenbarer.

Das von Mafiamorden und einer verhängnisvollen Loveparade gebeutelte Duisburg dürfte sich damit, neben Berlin, zu der am erbittertsten umkämpften Stadt in der deutschen Rockerszene entwickelt haben. Die Mitglieder aller relevanten Clubs stehen sich hier förmlich auf den Füßen und eine Kleinigkeit scheint zu genügen, um einen Flächenbrand auszulösen.

12. KAPITEL

Hells Angels unter Beschuss

Hells Angels MC Kiel – »Gehorsam über den Tod hinaus«

Die Ständige Konferenz der Innenminister der Länder zuzüglich des Bundesinnenministers (IMK) tagt turnusgemäß zweimal im Jahr. Sollte es durch aktuelle politische Entwicklungen erforderlich werden oder eine plötzliche Gefahr für die Innere Sicherheit entstehen, sind auch kurzfristige Sondersitzungen möglich. Die Tagung, die am 27./28 Mai 2010 in Hamburg stattfand, war jedoch ein planmäßiges Treffen der hochrangigsten Sicherheitspolitiker und -experten Deutschlands.

Wie üblich legten die Staatssekretäre und sechs Facharbeitskreise die Tagesordnungspunkte bereits im Rahmen einer Vorbereitungskonferenz fest. In diesen Arbeitskreisen befinden sich unter anderem die Präsidenten des Bundeskriminalamtes und des Bundesamtes für Verfassungsschutz sowie Mitglieder der Deutschen Hochschule der Polizei, der Kaderschmiede für Führungspersonal der deutschen Polizei mit Dienstsitz in Münster-Hiltrup. Während in den Tagungsräumen die von starken Polizeikräften gesicherte, hochkarätig besetzte Konferenz begann, versuchten autonome Gruppen draußen auf der Straße gewaltsam den Ablauf zu verhindern, mindestens jedoch zu stören. Die zur Sicherung eingesetzten Polizeieinheiten unterbanden aber jeden Störungsversuch. Die IMK konnte sich auch keinen Verzug leisten, da neben den bereits länger geplanten Tagesordnungspunkten Internetkriminalität, Gewalt gegen Polizisten, Maßnahmen zur Bekämpfung linksextremistischer Gewalt und der wieder aufflammenden Gewalt bei Fußballspielen ein weiterer Schwerpunkt aufgenommen wurde: die ausufernde Rockerkriminalität. Dieses Thema blieb natürlich trotz des einen Tag vorher inszenierten Friedensschlusses von Hannover auf der Agenda. Die Wirkung auf die Experten war eher gegenteilig: Zahlreiche Innenminister ließen sich in spöttischen Kommentaren darüber aus und bezeichneten die Hannoveraner Inszenierung als bloße Showveranstaltung, die keinerlei Einfluss auf ihre Arbeit haben werde.

Wenn man es als Gruppierung aus dem Rotlicht- und Türstehermilieu bis auf die Tagesordnung der Innenministerkonferenz schafft, hat man wirklich ein Problem, denn dort wird das bundesweite polizeiliche Vorgehen besprochen, oft über Parteigrenzen hinweg. Erfahrungsgemäß ist der Posten des Innenministers ein Amt, in dem man bereits am Tag seiner Ernennung zum nüchternen Pragmatiker wird. Auf der IMK werden die polizeilichen Schwerpunkte der nächsten Monate und Jahre festgelegt. Die Umsetzung geschieht zwar meist mit einem gewissen zeitlichen Verzug, da sie erst die Bürokratie durchdringen muss, aber wenn das Budget und die personellen Ressourcen bereitgestellt sind, fängt die Polizeiarbeit richtig an. Ermittlungsgruppen werden gebildet und Sonderkommissionen aufgestellt – so wie die beim Landeskriminalamt Schleswig-Holstein angesiedelte Soko »Rocker«.

Diese Einheit zeichnete schon für das Verbot des Hells-Angels-Charters Flensburg und des Bandidos-Chapters Neumünster Ende April 2010 verantwortlich. Nachdem die Polizisten der Soko sich an diesen beiden Filialen der deutschen Bikergroßmächte abgearbeitet hatten, geriet eines der mächtigsten Hells-Angels-Charter ins Visier der Ermittler: Kiel. Die am 17. September 1994 ins Netzwerk aufgenommene Filiale in der schleswig-holsteinischen Landeshauptstadt ist das viertälteste bestehende Charter in Deutschland. Wie die mittlerweile verbotenen Stützpunkte Flensburg und Neumünster liegt es an der strategisch wichtigen und mit 963 Kilometer längsten deutschen Bundesautobahn A 7. Diese Nord-Süd-Achse ermöglicht eine direkte Verbindung zwischen den mächtigsten europäischen Ablegern der beiden größten OMCGs in Deutschland und Skandinavien. Ermittler sind sich sicher, dass die offene deutsch-dänische Grenze regelmäßig als Einfallstor für einen florierenden Handel mit Drogen, Waffen und Anabolika missbraucht wird.

Am 31. Januar 2012 beendeten das LKA Schleswig-Holstein und Innenminister Klaus Schlie mit einer Verbotsverfügung das knapp 20-jährige Treiben der Höllenengel in Kiel. 300 Polizeibeamte, darunter ein Spezialeinsatzkommando, wurden bei dieser Großrazzia eingesetzt. Um absolute Geheimhaltung sicherzustellen, war den Polizisten zuvor gesagt worden, ihr Einsatz richte sich gegen organisierte Rechtsextremisten. Erst zwei Stunden vor dem tatsächlichen Zugriff wurden die Beamten über das eigentliche Ziel der Aktion informiert, so der Direktor des LKAs Schleswig-

Holstein. Mit der Geheimhaltung wollte die Polizeiführung verhindern, dass Informationen nach außen drangen oder sich das Charter in letzter Sekunde gar selbst auflöste. Ein offiziell nicht mehr existierendes Charter kann nämlich auch kein Innenminister verbieten.

Die Geheimhaltung gelang. Am frühen Montagmorgen gegen sechs Uhr stürmten Polizeikräfte die Wohnungen von sieben Funktionsträgern des Clubs und den Angels-Treffpunkt »Sansibar« im Kieler Rotlichtbezirk. Die oftmals vorgebrachte Behauptung von Ermittlern, dass die kriminellen Geschäfte der Höllenengel mehr als genügend Geld in die Vereinskassen spülten, bestätigte sich bei dieser Razzia wieder einmal. Die Polizei stieß bei der Durchsuchung des »Sansibar« auf eine blaue Geldkassette. Ihr Inhalt: 37 000 Euro in bar. Das Geld war teilweise gebündelt und auf den meisten Bündeln klebten kleine, gelbe Post-it-Zettel mit der Summe und zum Teil auch dem Verwendungszweck, wie beispielsweise »Anwälte« oder »1000 Euro in bar an Markus«. Die eher schlichte Art der Kassenführung war anscheinend nicht für einen Steuerprüfer vom Finanzamt vorgesehen. Mit Beginn der Razzia wurden außerdem 16 Bankkonten der Hells Angels eingefroren und ihr Internetauftritt abgeschaltet.

Den 25 polizeibekannten Mitgliedern wurden bei der umfangreichen Durchsuchungsaktion die Verbotsverfügungen gleich mit zugestellt. Die Begründung des Vereinsverbotes ähnelt denen bereits erlassener Verfügungen. Sie beinhaltet die Vorwürfe von Gebiets- und Machtansprüchen im kriminellen Sektor, Territorialkämpfen mit verfeindeten Clubs wie den Bandidos sowie einer generellen Häufung von schweren Gewalttaten im Umfeld des Hells Angels MC Kiel. Des Weiteren wurden auch die wiederholten Anschuldigungen wegen Aktivitäten in den Bereichen Prostitution, Zuhälterei, Drogen- und Waffenhandel aufgeführt.

Insgesamt stellten Polizisten elf schusssichere Westen, Gewehre, Messer, Morgensterne, Würgehölzer und interessante interne Dokumente sicher, darunter einen Vertrag über das Handling der eigenen Beerdigung, den jedes Member unterschreiben musste. Einsatzleiter Joachim Gutt zitiert aus dem Vertrag: »Die komplette Beerdigung übernehmen die Hells Angels. Niemand anderes bestimmt den Ablauf der Beerdigung.« Der erfahrene Einsatzleiter sprach angesichts dieses Dokuments von »Gehorsam über den Tod hinaus«.

Innenminister Schlie beschrieb das Kieler Charter als »Keimzelle« und »Zentrum« der organisierten Rockerkriminalität in ganz Norddeutschland. Seinem Präsidenten Dirk R., 41, warf er vor, die Drecksarbeit im Milieu taktisch geschickt Supportern der Legion 81 Kiel und dem bereits 2010 verbotenen Charter Flensburg, das eigens dazu gegründet worden sei, überlassen zu haben.

Dirk R. und der Boss eben jener Legion 81, Steffen R., sollten im Sommer 2012 zu Hauptakteuren in einer Mordermittlung werden, die deutschlandweit Schlagzeilen machen würde. Nur stünden dann beide auf unterschiedlichen Seiten.

Den Stützpunkt der Angels, das »Sansibar« im Kieler Rotlichtbezirk, ließ die Behörde schließen und versiegeln. Die Stadt entzog der eingetragenen Inhaberin die Lizenz mit der Begründung, sie habe nur als Strohfrau der Rocker fungiert. Dem Hells Angels MC blieben nach dem Verbot der Charter Flensburg und Kiel in Norddeutschland nur noch zwei Stützpunkte: das drittälteste Charter Deutschlands, North End (Alveslohe), gegründet am 13. April 1990, und das erst im Januar 2010 geschaffene Charter in Lübeck. Man muss kein Prophet sein, um sich den nächsten Arbeitsschwerpunkt der Soko »Rocker« in Schleswig-Holstein vorzustellen.

Das Jahr 2012 begann aus der Sicht der Big Red Machine in Deutschland also genauso schlecht, wie das Jahr 2011 verlaufen war, als Verbotsverfügungen gegen langjährige mächtige Charter, wie die beiden Frankfurter Zellen Westend und Frankfurt und Pforzheim, ausgesprochen worden waren. Das Charter Kiel war die siebte verbotene Niederlassung der Hells Angels in Deutschland. Für Frank Hanebuth, Präsident des weltweit größten Charters, muss dieser Schlag der Behörden besonders bitter gewesen sein. Ihm werden freundschaftliche Beziehungen zu dem Kieler Charter und besonders zu Dirk R. nachgesagt. Die beiden Bosse sollten vier Monate später beide Teil eines Ermittlungsverfahrens zu einem brutalen Mord in der Kieler Unterwelt sein. Wirkungstreffer der Polizei gegen die Hells Angels folgten in immer kürzeren Abständen und näherten sich bedrohlich dem Machtzentrum der Organisation in Deutschland, ja sogar in Europa: Hannover.

Die Drohung von Funktionären der Höllenengel, sich durch alle Instanzen zu klagen, sodass sie dann bei Erfolg quasi mit juristischem Segen des Bundesverwaltungsgerichts ihre Geschäfte ungehindert fortsetzen konnten, hatte ihre Wirkung verloren. Die ersten Rechtspositionen der Verwaltungsgerichte gegen die OMCGs, insbesondere die der Verwaltungsgerichte Baden-Württemberg und Schleswig, waren eindeutig.

Die Gerichte folgten der Argumentation von Polizeibehörden und Innenministern ohne größere Korrekturen. Juristisch ist diese Auseinandersetzung gegen einen ganzen Staat für die deutschen Hells Angels nicht zu gewinnen. Bei all ihren Kämpfen um Territorien und Macht in kriminellen Wirtschaftsbereichen schienen die Hells Angels und die Bandidos eines aus den Augen verloren zu haben: Sie hatten mit der öffentlichen Gewalteskalation der letzten Jahre den Staat als Ganzes herausgefordert. Auf dem Höhepunkt des Konflikts hielten sie eine Pressekonferenz ab und inszenierten einen Friedensschluss, als ob das Gewaltmonopol des Staates für sie nicht existierte. Nun stellte sich schmerzlich heraus, dass sie die Lage völlig falsch eingeschätzt und die Möglichkeiten ihrer Clubs hoffnungslos überschätzt hatten. Niemand, auch keine derart mächtige Organisation, kann sich über den gesamten Staat erheben. Dazu ist der Gegner einfach zu stark: Die größte und schlagkräftigste Vereinigung Deutschlands mit nahezu unbegrenzten finanziellen und logistischen Ressourcen und über 265 000 Männern und Frauen unter Waffen ist und bleibt die Polizei.

Hells Angels Cologne und Bandidos Aachen – Verbote im Wahlkampf

Während Nordrhein-Westfalen auf die heiße Phase der Landtagswahl am 13. Mai 2012 zusteuerte, strotzte der Innenminister offensichtlich vor Handlungsdrang. Relativ überraschend verbot er am 26. April den Bandidos MC Aachen. Das Verbot wurde mit einem Großeinsatz der Polizei unter Mithilfe diverser Spezialeinsatzkommandos in den frühen Morgenstunden durchgesetzt. 600 Polizeibeamte durchsuchten zeitgleich 38 Objekte in 16 verschiedenen Städten. Außerdem wurden fünf den Aachener Bandidos zugerechnete Untergruppierungen ebenfalls verboten: die Chicanos-Chapter in Aachen, Alsdorf und Düren, das X-Team Aachen und der Diablos MC Heinsberg.

Die Verbote begründete der Innenminister mit eher abstrakten Ausführungen und einem laufenden Prozess gegen sechs Mitglieder der Aachener Bandidos. Die Männer im Alter zwischen 24 und 45 Jahren befinden sich in Untersuchungshaft und werden der räuberischen Erpressung angeklagt, da sie unter Drohungen versucht haben sollen, das Türstehergeschäft einer Geilenkirchener Diskothek zu übernehmen. Die Bandidos bestritten die Anschuldigungen per Presseerklärung. Sie wiesen auf die Rolle eines nun schweigenden dubiosen Hauptbelastungszeugen hin und sehen den Prozess als Ganzen politisch motiviert, da das Innenministerium NRW die Verbotsverfügung mit diesen Anklagen begründet hatte. Ein Urteil ist noch nicht gesprochen.

Der Innenminister sprach unterdessen vom Ausbau der kriminellen Vormachtstellung der Rockergangs durch Drohungen, Erpressung und Gewalt. Außerdem gab er an, gewalttätige Subkulturen im Land nicht zu dulden. Mit dem Verbot wurde auch das komplette Vermögen der betroffenen Clubs eingezogen und jegliche Vereinstätigkeit ebenso wie die Gründung einer Ersatzorganisation untersagt. Der Leiter der Abteilung Organisierte Kriminalität beim LKA NRW benannte auch die Geschäftsfelder, in denen die Hells Angels und die Bandidos konkurrierten: Nach Erkenntnissen der Behörde ging es in Duisburg um Waffenhandel, in Essen um den Drogenhandel und in Dortmund um Menschenhandel. Selbst der ungeklärte Mord an dem Augenarzt Udo S. wurde in diesem Zusammenhang erwähnt. Der Waffennarr verfügte neben zahlreichen legalen Schusswaffen auch über illegale Maschinenpistolen und Kalaschnikows. Am 8. Januar 2010 endete der versuchte Ankauf einer englischen Maschinenpistole aus dem Zweiten Weltkrieg, einer STEN MK II, in einem Blutbad. Spaziergänger fanden seine Leiche am nächsten Tag von Kugeln aus eben dieser Maschinenpistole durchlöchert auf einem abgelegenen Feldweg in Erkelenz. Die rheinische Stadt liegt nur 15 Kilometer südwestlich von Mönchengladbach und rund 45 Kilometer von Aachen entfernt. Der Mörder gab mehr als 40 Schüsse auf den Arzt ab und musste dafür sogar kaltblütig einen Magazinwechsel vornehmen. Die Leiche des Augenarztes war regelrecht zersiebt worden. Der Mord ist bis heute ungeklärt, doch weisen mehrere Spuren ins Rockermilieu. So klebte auf dem Klingelschild des Arztes der Fat Mexican.

Nachdem das letzte Vereinsverbot in NRW rund zehn Jahre zurücklag, damals ausgesprochen gegen das Düsseldorfer Charter der Hells Angels als kriminelle Vereinigung, hagelte es im Vorwahlkampf ein Verbot nach dem anderen, nicht nur gegen Clubs aus dem Bikermilieu. Kurze Zeit später traf es beispielsweise eine radikal-islamistische Gruppe und eine rechtsextreme Kameradschaft. Es sollten nicht die letzten Verbote bleiben.

Nur eine Woche nach dem Bandidos-Verbot traf es den mächtigen Hells Angels MC Cologne. Dieses Verbot kam allerding nicht überraschend, denn Mitglieder dieses Charters hatten eine ganze Reihe schwerer Gewalttaten und krimineller Aktivitäten ausgeübt. Die Maßnahme wurde am 3. Mai 2012 in Form eines polizeilichen Großeinsatzes durchgesetzt, zumal der Unterstützungsclub Red Devils MC Cologne kurzerhand mitverboten wurde. Mehr als 800 Beamte, darunter sämtliche verfügbaren SEK-Einheiten des Landes, durchsuchten das Vereinsgelände und die 32 Wohnungen der Mitglieder. Die Polizisten stellten das übliche Waffenarsenal sicher, das aus Pistolen, Luftdruckgewehren, Schusswesten, Samuraischwertern, Macheten, Messern, Tomahawks, Morgensternen, Baseballschlägern und Pfefferspray bestand. Auch Kutten und Bargeld wurden wieder konfisziert. Der Innenminister bestritt den Vorwurf der Rocker, dass ein Zusammenhang zwischen den Verboten und der heißen Phase des Landtagswahlkampfes vorläge, und verwies auf die jüngst erfolgten Versuche der Kölner Höllenengel, ihre gewohnten Territorial- und Machtansprüche gewaltsam durchzusetzen. Bei der Abschöpfung des Vereinsvermögens legten die Behörden dieses Mal eine besondere Akribie an den Tag. Polizisten schleppten nicht nur die Sofas aus dem Vereinsheim, sondern bauten auch noch eine komplette Bierzeltgarnitur ab, die im Innenhof aufgestellt war. Die für den folgenden Samstag geplante Open-House-Party sagten die Beamten gleich mit ab. Des Weiteren wurden ein Lastwagen und andere Fahrzeuge beschlagnahmt. Das sichergestellte Vereinsinventar füllte sechs Container.

Vertreter der Deutschen Polizeigewerkschaft fanden erwartungsgemäß zustimmende Worte für das Verbot der Kölner Biker: »Die Polizei muss deutlich machen, dass das Gewaltmonopol beim Staat liegt und sich nicht von Rockerclubs untereinander aufteilen lässt.« Der Bund Deutscher Kriminalbeamter unterstrich, dass Vereinsverbote das publikumswirksame und eventuell einschüchternde Zeigen der Vereinssymbole in der Öffentlichkeit verhinderten. Indem man ihre martialischen Auftritte eindämme, entziehe man den Rockern einen Teil ihres Bedrohungspotenzials.

Der Innenminister gab sich zuversichtlich, dass das Verbot auch vor den Instanzen der zuständigen Verwaltungsgerichte Bestand haben würde. Einige Tage später lud der Pressesprecher der Hells Angels, Rudolf Django T., zur Pressekonferenz auf das ehemalige Clubgelände in Köln-Frechen. Im Beisein eines Strafverteidigers bezeichnete er die Verbote als politische Kampagnemittel, um sich im Wahlkampf auf Kosten der Rockerclubs zu profilieren. Er kündigte an, gemeinschaftlich, bevollmächtigt von allen 32 Mitgliedern, Klage gegen das Vereinsverbot zu erheben. Die Hells Angels pochten ferner auf die weitere Nutzung des Vereinsgeländes, da sie über einen gültigen Mietvertrag verfügten. Das gesamte Gelände soll der Mutter des Präsidenten des Kölner Charters gehören.

Die Klage gegen dieses Verbot scheint aussichtslos, wenn man die jüngsten Urteile der Verwaltungsgerichte auf die Kölner Verhältnisse bezieht. Danach würden allein die Mordanschuldigungen vom August 2012 gegen den Kölner Präsidenten ein Vereinsverbot rechtfertigen. Außerdem bieten zahlreiche schwere Attacken auf rivalisierende Clubs genügend Anhaltspunkte, um als Vereinsaktivitäten gewertet zu werden.

Das umkämpfte Ostdeutschland

Berlin und Brandenburg sind nicht die einzigen Gebiete im Osten der Republik, in denen es zu Auseinandersetzungen zwischen den OMCGs kommt. In Erfurt gründete sich ein Charter des Hells Angels MC, das 2010 sein Full Color erhielt. Die über 200 000 Einwohner zählende Landeshauptstadt Thüringens wurde durch die Expansion der Hells Angels zu einer weiteren Frontstadt im deutschlandweiten Rockerkrieg. Ein 38-Jähriger, den die Polizei diesem neuen Hells-Angels-Charter zurechnete, wurde auf dem Parkplatz eines Geschäfts für Motorradzubehör in Weimar niedergestochen und lebensgefährlich verletzt. Nur durch eine Notoperation konnten die Ärzte sein Leben noch retten. Ermittlern gelang es kurz nach der Tat im Dezember, vier Verdächtige festzunehmen. Nach Angaben des LKAs Thüringen sind zwei der Männer Mitglieder des Bandidos MC Jena. Dieses sehr aktive Chapter der Bandidos ist schon mehrfach strafrechtlich in Erscheinung getreten. Der Anklagevorwurf der thüringischen Staatsanwaltschaft nach der Messerattacke in Weimar lautete auf versuchten Mord.

Die aggressive Rockerexpansion verlagerte sich weiter gen Osten in Landstriche, die von der Kolonialisierung durch die großen MCs bis dahin noch kaum erfasst worden waren. Die Gebiete der ehemaligen DDR rückten aufgrund strategischer Überlegungen in den Fokus der großen Clubs. Die wichtigste war, dass Westdeutschland mittlerweile eine solche Club- und Rockerdichte aufwies, dass die aggressive Expansionspolitik der OMCGs dort an ihre natürlichen Grenzen stieß. Es gab fast keine bedeutsamen Städte oder Gebiete mehr, die nicht schon von einer der Gruppierungen okkupiert worden waren. Ostdeutschland besaß zudem den Vorteil, dass es unmittelbar an Polen, Tschechien und weitere Staaten des ehemaligen Warschauer Paktes grenzt.

Diesen Ländern im Osten galt der nächste große Zugriff der weltweit agierenden Clubs. Bereits jetzt zeichnet sich dort durch zahlreiche hektische Neugründungen eine weitere Front im globalen Verteilungskrieg der Subkultur ab. Die professionellen Biker stießen auf Zustände, die für ihre Absichten ideal waren. Weite Bevölkerungsschichten sind verarmt und von hoher Arbeitslosigkeit gebeutelt. Die Polizeibehörden sind schlecht ausgestattet, unterbezahlt und anfällig für Korruption. Und all diese Länder besitzen zudem einen Rohstoff im Überfluss, den jede Zuhälterbande für ihre Bordelle dringend benötigt: Frauen. Junge Frauen. Je hübscher, desto besser.

So ist die Bruderschaft mit dem geflügelten Totenkopf seit der Gründung eines tschechischen Charters und einer russischen Dependance in Moskau am 30. September 2006 auch tief im Osten Europas aktiv. Es folgten weitere Neugründungen in Tschechien (Ostrava 2006 und Nomads 2007), Ungarn (Budapest 2008 und Nomads 2010) und Polen (Tychy und Posen beide 2010, Breslau 2012). Darüber hinaus verfügt die rot-weiße Bruderschaft über zahlreiche neue Prospect-Charter in Litauen, Lettland, Polen, Ungarn, Russland, Rumänien, Slowakei, Estland, Bulgarien und der Ukraine.

Die Bandido Nation folgte ihrem Rivalen in den Osten Europas und rekrutierte Mitglieder und Chapter in der Ukraine (Odessa, Donezk und

Kiew), Estland (Tallinn) und Rumänien (Temeswar). Dazu kam der Supporter-Club Salteadores MC Moscow.

Die Neugründungen und der Aufbau von Organisationsstrukturen in den östlich von Deutschland gelegenen Ländern sowie den ehemaligen Staaten der UdSSR sollen maßgeblich mit finanzieller und persönlicher Unterstützung deutscher Hells Angels und Bandidos betrieben werden. Dass die deutschen Hells Angels die Expansion in den östlichen Nachbarstaaten tonangebend vorantrieben, wurde im Jahr 2012 gerichtlich protokolliert. Dort sagte ein hochrangiger Kronzeuge aus, dass der Hells Angel Darius S. als Lohn für einen Mord im Kieler Rotlichtmilieu von Hanebuth persönlich die Erlaubnis erhalten habe, ein Charter in Polen zu gründen. Deutschlands führender Hells Angel denkt und agiert schon seit Langem in internationalen Dimensionen und scheint auch seit geraumer Zeit damit aufgehört zu haben, ständig in Amerika um Erlaubnis zu fragen. Oder war die Expansion in den Osten Teil einer internationalen Strategie der Big Red Machine, die das FBI als den Versuch bezeichnete, die kriminelle Weltherrschaft zu erreichen?

Die blutige Historie beider Motorcycle Clubs scheint sich ein weiteres Mal zu wiederholen. Während sich die beiden großen Blöcke in Deutschland unter den immer schärfer hinsehenden Augen der Staatsgewalt feindselig und waffenstarrend belauern und schließlich auch angreifen, zeichnet sich östlich unseres Landes ein weiterer Kriegsschauplatz ab. Ein Schauplatz, auf dem die Parteien wahrscheinlich deutlich unbehelligter das Recht des Stärkeren in die eigenen Hände nehmen können. Nach Amerika, dem barbarischen Gemetzel in Kanada, dem skandinavischen Rockerkrieg sowie dem immer noch anhaltenden tödlichen Konflikt in Deutschland ist es wohl nur eine Frage der Zeit, bis dort ein neuer Krieg ausbricht. Es ist davon auszugehen, dass auch deutsche Rocker – direkt und indirekt – in den aufziehenden Konflikt hineingezogen werden. Das wiederum wird die Atmosphäre zwischen den beiden großen Clubs in Deutschland zwangsläufig weiter vergiften.

In Deutschlands Osten war man unterdessen ebenso rührig: Der Hells Angels MC Germany gründete in den letzten Jahren folgende Charter in Ostdeutschland: Cottbus 2007, Leipzig 2008, Rostock 2008, Dresden

2009, Schwerin 2009, Erfurt 2009, Hof-City 2009, Oder-City 2011 und im Jahr 2012 schließlich Central, East District und East Area. Diese drei Neugründungen sind jedoch den besonderen Berliner Verhältnissen geschuldet und werden später erläutert. Zusätzlich verfügt ihr Supporter-Club Red Devils MC über Chapter in Erfurt, Leipzig, Saalfeld, Schwerin, Chemnitz, Helmstedt, Riesa und Zeitz sowie ein Chapter, das sich East Area nennt.

Es dauerte nicht lange und Mitglieder der neuen Charter fielen durch Straftaten auf. Ende Mai 2011 wurde das Dresdener Charter der Angels Ziel einer Razzia. Spezialeinheiten verhafteten drei Rocker, darunter den Präsidenten des Charters, Heiko R., 45. Bei der Durchsuchung von acht Wohnungen und einem Bordell beschlagnahmte die Polizei vier Stichwaffen und eine Pistole. Den drei Festgenommenen wird unter anderem vorgeworfen, bei einem Einbruch Gegenstände im Wert von 500 000 Euro gestohlen zu haben. Auch die Entführung eines 22-Jährigen legen Ermittler ihnen zur Last. Aus Angst vor einem Befreiungsversuch wurden die drei Angels, nachdem sie von einem SEK-Kommando in Hand- und Fußfesseln dem Haftrichter vorgeführt worden waren, per Hubschrauber in eine baden-württembergische Justizvollzugsanstalt geflogen.

Am 2. Dezember 2011 traf es ein weiteres Charter im Osten. Polizeieinheiten durchsuchten das Clubhaus des Hells Angels MC Rostock und mehrere Privatwohnungen. Das Landeskriminalamt und die Staatsanwaltschaft Rostock ließen einen 30-jährigen Angel verhaften. Die Vorwürfe: Menschenhandel, Zuhälterei, Vergewaltigung und Verstöße gegen das Betäubungsmittelgesetz. Gegen weitere Mitglieder des Clubs wird zurzeit noch ermittelt; sie sollen junge Frauen psychisch abhängig gemacht und anschließend zur Prostitution gezwungen haben. Sämtliches dabei verdiente Geld sollen sie ihnen abgenommen haben. Erst einen Tag zuvor waren zwei Mitglieder der Brigade 81 Rostock inhaftiert worden. Zivilbeamte hatten sie bei Drogengeschäften observiert. Bei den gleichzeitig durchgeführten Durchsuchungen beschlagnahmten die Ermittler Marihuana, Amphetamin und Waffen.

Der Vizepräsident des Rostocker Charters, Alexander O., 33, der 2009 schon wegen versuchter räuberischer Erpressung, Körperverletzung und erpresserischen Menschenraubs zu einer Haftstrafe von vier Jahren und drei Monaten verurteilt worden war, gestand bei einer späteren Gerichtsverhandlung eine weitere Straftat. Obwohl er Bareinzahlungen von 65 000 Euro auf sein Privatkonto vornahm und überdies eine Harley-Davidson für 18 000 Euro, einen Oldtimer, einen Mercedes für 19 000 Euro und ein Bordell in der Heinrich-Schütz-Str. für 150 000 Euro gekauft hatte, ergaunerte er sich durch Falschangaben gegenüber der Arbeitsagentur Hartz-IV-Bezüge in Höhe von 19 000 Euro. Alexander O. gestand den Betrug, weigerte sich jedoch, über die Herkunft des Geldes Rechenschaft abzulegen. Die Staatsanwaltschaft vermutete Einnahmen aus der Prostitution, den sogenannten Modellwohnungen. Das Urteil gegen O. lautete zwei Jahre und drei Monate Haft.

Der Bandidos MC versuchte mit eilig neu gegründeten Chaptern in Ostdeutschland nicht ins Hintertreffen zu geraten: In Greifswald, Halberstadt, Haldensleben, Jena, Lauchhammer, Magdeburg, Neubrandenburg, Perleberg, Rügen, Strelitz, Stralsund und Weiden fasste der Fat Mexican Fuß. Des Weiteren stützten sie ihre Macht im Osten auf mehr als 30 Supporter-Clubs und X-Teams.

Der Kampf in Ostdeutschland nahm an Härte zu, und wieder traf es einen Hells Angel. Raphael H., 36, einem Mitglied des Bandidos MC Weimar, wird vorgeworfen, gemeinsam mit zwei weiteren Bandidos dem Höllenengel vor einem Motorradgeschäft in Erfurt aufgelauert zu haben. Die Tatwaffe, eine besonders in Bandido-Kreisen beliebte Machete, habe sich der Beschuldigte eigens für die Tat kurz zuvor in einem Baumarkt gekauft, sagten Ermittler später. Mit dieser griff er den Angel beim Verlassen des Ladenlokales an und verletzte ihn schwer. Selbst auf den am Boden liegenden Höllenengel stachen die Angreifer mit der Machete und einem Messer weiter ein und traktierten ihn zusätzlich mit Fußtritten. Der Attackierte überlebte diesen Mordanschlag nur aufgrund einer eiligst durchgeführten Notoperation.

Das auf diesen Anschlag folgende Mordverfahren, das vor dem Landgericht Erfurt verhandelt wird, erhält besondere Brisanz durch die Protokolle abgehörter Gespräche im Clubhaus des Bandidos MC Weimar. Dort soll der Präsident des Jenaer Clubs den ihm unterstellten Täter beauftragt haben, die anstehende Gründung eines Thüringer Hells-Angels-Charters gewaltsam zu verhindern.

Der Täter soll im Anschluss an den Mordanschlag von der nationalen Bandidos-Führung mit dem berüchtigten Patch »Expect No Mercy« ausgezeichnet worden sein. Eben diesen Schriftzug ließ er sich kurz danach zusätzlich auf den Arm tätowieren.

Für dieses Patch und die Tätowierungen bezahlte nicht nur der lebensgefährlich verletzte Angel einen hohen Preis. Unter strengen Sicherheitsvorkehrungen verurteilte das Landgericht Erfurt am 22. Juli 2011 den Weimarer Raphael H. unter anderem wegen versuchten Mordes und gefährlicher Köperverletzung zu einer lebenslangen Haftstrafe. In Thüringen werden zu lebenslänglicher Gefängnisstrafe Verurteilte gewöhnlich erst nach 16 bis 17 Jahren verbüßter Haft entlassen statt nach 15, wie es sonst in der Mehrheit der Länder üblich ist. Ein weiterer Mittäter, der 25-jährige Bandido Nico R, erhielt eine Haftstrafe von acht Jahren und drei Monaten, ebenfalls wegen versuchten Mordes. Die Verteidigung kündigte eine Revision gegen die hohen Gefängnisstrafen an.

Der schwer bewachte Erfurter Schwurgerichtssaal wurde unter anderem von einem Spezialeinsatzkommando, Personenschützern sowie einer Spezialeinheit der Bereitschaftspolizei gesichert und hermetisch abgeriegelt. Dies hatte einen Grund. Unter den Zuschauern befanden sich zahlreiche breitschultrige Bandidos aus Berlin, Essen, Magdeburg, Halle, selbst Vertreter der Deutschlandführung waren anwesend.

Der dritte Beschuldigte dieses Verfahrens, Alexander F., erhielt lediglich eine zweijährige Bewährungsstrafe wegen Einbruchdiebstahls. Zusätzlich zu dem Mordverfahren verhandelte das Landgericht nämlich gegen alle drei Männer wegen eines Einbruchs zu Lasten eines ehemaligen Mitgliedes des Bandidos MC Weimar. Dieser war zuvor aus dem Club ausgeschlossen worden. Am 25. August 2008 beging der Drangsalierte Selbstmord.

Der Boss der Bosse

Frank Hanebuth ist ein intelligenter Mann. Der Hannoveraner Angels-Präsident ist sich bewusst, dass der Wind sich im Steintorviertel längst gedreht hat. Politik und Polizei sehen in ihm keinen »Ordnungsfaktor im Milieu« mehr, sondern einen zu mächtig gewordenen Paten, der seine uniformierten Rockerheere in Deutschlands Rotlichtvierteln rücksichtslos nach eigenem Gusto einsetzt. Dementsprechend hat sich auch die Presseberichterstattung in Hannover gegen die Angels gewendet. Hanebuths Tätigkeit als Sicherheitskoordinator des Steintorviertels, die er mit seiner Firma monopolistisch ausübte, wurde immer häufiger und immer negativer öffentlich thematisiert.

Ein Sicherheitsdienst unterliegt der Aufsicht der Stadt, in diesem Fall dem Ordnungsamt Hannovers. Es ist davon auszugehen, dass diese Behörde bereits begonnen hatte, das Geschäftsmodell der Hells Angels und die daran beteiligten Männer genau zu untersuchen und die Tätigkeit der Firma zu behindern, als Hanebuth angab, dass er seine Sicherheitsfirma aus dem Steintorviertel zurückziehen wolle und auch nicht mehr als Sicherheitskoordinator tätig sein werde. Gleichzeitig verkündete er, dass er seine Bordelle nicht abgeben werde. Zu seiner Funktion als mächtiger Boss der Hells Angels äußerte er sich hingegen nicht. Der strategische Rückzug Hanebuths scheint nur ein Versuch zu sein, sich dem wachsenden Interesse der Strafverfolgungsbehörden zu entziehen, um die Profite seiner Rotlichtgeschäfte in Ruhe genießen zu können. Insider der Szene bezeichnen den Hannoveraner Präsidenten als mehrfachen Millionär. Er residiert schon seit geraumer Zeit in einem villenartigen Anwesen in Bissendorf-Wietze, das nur 22 Kilometer entfernt vom Hannoveraner Rotlichtviertel liegt. Seine Nachbarschaft besteht aus Chefärzten, Managern, Politikern, Prominenten, berühmten Sängern und Profifußballern. In den Gärten der paradiesischen Waldsiedlung blüht der Rhododendron, der die Bewohner leicht den Dreck und das Elend eines Rotlichtviertels vergessen lässt.

Der Balanceakt, sich einerseits aus dem Steintorviertel und teilweise auch der Öffentlichkeit zurückzuziehen, andererseits jedoch weiterhin von Erträgen aus dem Rotlichtmilieu zu profitieren und die Machtposition bei den Rot-Weißen aufrechtzuerhalten, misslang.

Der Staat hatte Hanebuth nicht vergessen. In den letzten Jahren hatte dieser den Innenminister ebenso wie den Polizeipräsidenten schmachvoll öffentlich gedemütigt, sei es bei Interviews – »Das Hamburger Milieu vertraut uns« – oder wenn der Ex-Boxer via *Bild*-Zeitung ganze Landstriche für seine Hells Angels reklamiert hatte – »Der Norden ist unsere Hochburg«. Dazu stieß die ständige Missachtung des staatlichen Gewaltmonopols – »Wir regeln unsere Angelegenheiten selber« – und als Gipfel der öffentlichen Überheblichkeit der inszenierte Friedensschluss von Hannover. Die Rockerführer hatten dem Staat und seinem Gewaltmonopol mit einer Mischung aus Dreistigkeit und Größenwahn direkt ins Gesicht gelacht.

Am 24. Mai 2012 bekamen die Innenminister Gelegenheit, die offenen Rechnungen mit Frank Hanebuth zu begleichen. Ein ungeklärter brutaler Mord im Milieu und ein umfangreiches Ermittlungsverfahren gegen führende Mitglieder des bereits verbotenen Kieler Hells-Angels-Charters ermöglichten es ihnen, einen spektakulären Polizeieinsatz gegen den Boss der Bosse zu befehlen.

Niemand Geringeren als die legendäre Spezialeinheit GSG 9, die im Oktober 1977 in Mogadischu die entführte Lufthansa-Boeing »Landshut« ohne den Verlust auch nur einer Geisel erobert hatte, schickte der Staat in das idyllische Villenviertel, um Hanebuth und der gesamten deutschen Öffentlichkeit zu demonstrieren, wer in Deutschland das Gewaltmonopol innehat.

Es ist fünf Uhr morgens, Donnerstag, als die Einsatzkräfte zuschlagen. Damit auch kein Angehöriger der betuchten Nachbarschaft den Einsatz in aller Herrgottsfrühe verschläft, dröhnt ein 3000-PS-Helikopter vom Typ Super Puma im Tiefflug über das Villenviertel. Sein Ziel: Hanebuths von Überwachungskameras und Aufpassern abgeschirmtes, imposantes Fachwerkhaus und dessen Nebengebäude. Auf dem bewaldeten Grundstück, das von einem zwei Meter hohen, stacheldrahtbewehrten Zaun umgeben ist, stehen 60 Jahre alte Kiefern, Kastanien und Trauerweiden. Der Zaun ist von außen nicht auszumachen, eine dichte Hecke gaukelt ländliches Idyll vor.

Aus dem Hubschrauber seilen sich ein Dutzend maskierte Kämpfer in den Garten ab. Ihre Funkkennung lautet »Wotan«, nach dem germanischen Göttervater, und jetzt ist Götterdämmerung für das Anwesen angebrochen. Die Spezialeinheit setzt auf, erschießt den anatolischen Hirtenhund und bricht gleichzeitig das massive Holztor zum Inneren des Hauses auf.

Die Festung kann die Männer mit dem Bundesadler auf ihren Overalls nicht aufhalten. Die GSG 9 wirft Hanebuth zu Boden, fesselt ihn mit Kabelbindern und zertrümmert beim weiteren Vorgehen die gläserne Terrassentür. Die Beamten beschlagnahmen Papiere, Fotos, Handys, Laptops und selbst die mit goldenen Totenschädeln und Rangabzeichen verzierte Kutte des Rockerbosses.

Weitere Einsätze finden zeitgleich in Schleswig-Holstein, Hamburg und Niedersachsen statt. 1200 Polizisten, darunter rund 400 Spezialkräfte und 60 Mitarbeiter der Staatsanwaltschaft, machen die Razzia zu einem der größten Polizeieinsätze in der Geschichte der Bundesrepublik. 89 Wohnungen und Objekte des rot-weißen Imperiums werden durchsucht. Der Schwerpunkt ist das Rotlichtviertel Kiels. Polizeieinheiten umstellen das gesamte Viertel, sperren Straßen ab und brechen, ohne besonders zimperlich vorzugehen, Tür für Tür jeder Spielhalle, Kneipe und anderer Etablissements auf. Beschlagnahmt werden eine Maschinenpistole, ein Gewehr, sieben Handfeuerwaffen, Messer, Bajonette und Macheten. Die federführende Staatsanwaltschaft spricht von fast 200 Ermittlungsverfahren mit insgesamt 69 Beschuldigten. Darunter befinden sich auch ein städtischer Beamter, ein Justizbediensteter und ein Polizist, die von den Rockern mit Geld bestochen worden sein sollen.

Fünf führende Hells Angels des verbotenen Kieler Charters werden verhaftet. Unter den Inhaftierten befindet sich auch Dirk R., der ehemalige Kieler Charter-Präsident und Freund von Hanebuth. Gegen zwei bereits inhaftierte Mitglieder erweitert die Staatsanwaltschaft bestehende Haftbefehle um weitere Beschuldigungen: Waffenhandel, Korruption, Körperverletzung, Menschenhandel und Erpressung. Und bald wird noch ein weit gravierender Vorwurf dazukommen. Mord.

Der Türke Tekin B. besaß gute Kontakte in die Türsteher- und Drogenhändlerszene Kiels. Dabei soll er den Hells Angels mehrmals bei Geschäften in die Quere gekommen sein. Im Mai 2012 wird der zweifache Familienvater seit mehr als zwei Jahren vermisst. Er wurde am 30. April 2010 in einer Kieler Gaststätte in Begleitung von drei Männern das letzte Mal lebend gesehen. Dabei soll sich eine größere Geldmenge in seinem Besitz befunden haben. Dann verschwand er spurlos. Eine groß angelegte Suche, auch mit Tauchern, und selbst die öffentliche Fahndung in der ZDF-Sendung *Aktenzeichen XY* verliefen erfolglos.

Zwei Jahre später, bei der Aktion vom 24. Mai, vermuten Ermittler das Opfer einbetoniert im Fundament einer Lagerhalle in Altenholz. Die Polizei bringt dieses Lagerhaus mit den Hells Angels in Verbindung.

Die Behörde stützt ihre Beschuldigungen auf die Aussage eines hohen Rockers. Der ehemalige Präsident der Legion 81, Steffen R., hatte bei einer Vernehmung umfassend ausgepackt. Die Legion 81 in Kiel war bei zahlreichen Gewalttaten im Kampf um die Unterwelt der Landeshauptstadt auffällig geworden, sie war die schon erwähnte Todesschwadron der Hells Angels. Am schlimmsten soll dabei eben dieser 40-jährige Anführer gewütet haben, der unter den eigenen Männern eine Schreckensherrschaft errichtet hatte und auch »Imperator« oder, aufgrund seines Übergewichtes, »Kugelblitz« genannt wurde.

Bereits 2004 wurde der aus Sachsen-Anhalt stammende Mann zu einer sechsjährigen Haftstrafe verurteilt, weil er Frauen mit Heroin und Schlägen zum Anschaffen zwang. Die Opfer berichteten auch von einem Gewehr, das auf seinem Schreibtisch lag, als sie ihre Arbeitsanweisungen entgegennehmen mussten. Private Handys wurden eingezogen. Frauen, die aufbegehrten, wurden mit »außergewöhnlicher Brutalität geschlagen«, um ihren Willen zu brechen, und oftmals durften sie nur zwischen einem Viertel und 50 Prozent ihrer Einnahmen behalten.

Seit der erwähnten Razzia am 11. Mai 2011 (siehe Kapitel 10) saß Steffen R. in Haft, und dort offenbarte er den Vernehmungsspezialisten des LKA sein Wissen. Im Gerichtssaal 132 des Kieler Landgerichtes wiederholte er am 30. Mai 2012 in einer schusssicheren Weste und hinter Sicherheitsglas sitzend seine schwerwiegenden Beschuldigungen.

Der ehemals gefürchtete Anführer der Legion 81 Kiel beschrieb den Türken Tekin B. als einen Zuhälter, der den Hells Angels öfter bei ihren Geschäften im Wege stand, auch in den »Häusern von Hanebuth«. Darüber hinaus wickelte der Türke ein schiefgelaufenes Waffengeschäft mit dem Hells Angel Abdullah T. ab. Der Höllenengel wurde festgenommen, und entgegen einer vorher getroffenen Vereinbarung bezahlte Tekin dessen

Rechtsanwalt nicht. Zusätzlich soll auf den Türken ein Kopfgeld von bis zu 150 000 Euro ausgesetzt gewesen sein. Vor einigen Jahren hatte Tekin B. einen Kurden erschossen und dafür nur eine vergleichsweise milde Strafe wegen fahrlässiger Tötung erhalten. Der Vater des Toten sann auf Rache und soll das Kopfgeld in Aussicht gestellt haben. Damit hätten die Hells Angels gleich drei Gründe gehabt, Tekin B. zu töten. Ein Mord würde den entstandenen Ärger beseitigen, im Rotlichtmilieu ihre Stellung festigen und gleichzeitig Emporkömmlingen und Glücksrittern zur Abschreckung dienen. Obendrauf gäbe es noch das Kopfgeld von 150 000 Euro.

Abdullah T. und drei weiteren Rockern wird unterstellt, Tekin B. getötet zu haben. Sie sollen ihn jedoch nicht nur ermordet, sondern vorher auch über einen längeren Zeitraum in den Räumlichkeiten einer Kfz-Werkstatt gefoltert haben, so der ehemalige Präsident der Legion 81. Dabei wurde der Türke »stundenlang gequält, mit einem Werkzeug auch anal gefoltert, angeschossen und schließlich vom Sergeant at Arms der Kieler Hells Angels mit einem Kopfschuss getötet. Er hat Geräusche wie ein Seehund gemacht und geröchelt.«

Bei den Hells Angels sei das Keuchen im Todeskampf zu einem Running Gag verkommen, über den sie sich andauernd amüsiert hätten, so der Imperator. Anschließend sei die Leiche zunächst in einem Müllcontainer auf dem Gelände zwischengelagert worden, bis sie in das Fundament der neu errichteten Lagerhalle einbetoniert worden sei. Die Lagerhalle soll Eddi D. gehören, ebenfalls ein Biker aus dem inneren Führungskreis der Kieler Höllenengel. Ungeachtet dieses gruseligen Hintergrunds soll die Halle auch mehrfach für Festivitäten genutzt worden sein.

Die Autowerkstatt in Kiel bezeichneten Medien fortan nur noch als »Folterkammer der Hells Angels«. Sie liegt mitten in der Kieler Innenstadt, nur wenige Hundert Meter von der Polizeidirektion entfernt. Die Aussage des gesprächigen Verbrechers gipfelte in der Behauptung, »die Endentscheidung« über den Mord habe Frank Hanebuth getroffen.

Der Hauptbelastungszeuge gegen die Hells Angels berichtete von einem schwunghaften Waffenhandel des Kieler Sergeant at Arms mit anderen Chartern der rot-weißen Bruderschaft von Lübeck, Flensburg über Berlin bis nach Rostock und Frankfurt. Steffen R. will Panzerfäuste, Handgranaten und Maschinengewehre gesehen haben. Auch soll das Türstehergeschäft in ganz Schleswig-Holstein unter den Chartern Kiel, Lübeck und Alveslohe aufgeteilt worden sein. Zur Verschleierung seien legale Sicherheitsunternehmen vorgeschaltet worden. Die Türsteher hätten obendrein Drogen für die Höllenengel verkauft. Des Weiteren hätten diese auch Geld an den eigenen Mitgliedern verdient. Jeder Legionär hatte einen monatlichen Clubbeitrag von 150 Euro zu zahlen, dazu kamen der Kauf von Supporter-Bekleidung und die Verpflichtung, zweimal pro Woche für den Unterricht in einer Boxschule zu zahlen. Das Fazit des ranghohen Legionärs fiel ernüchternd aus. »Es geht allein darum, Kohle zu machen. Das Gerede von der großen Bruderschaft ist ein Schwindel!«

R. bestätigte auch Erkenntnisse über die deutschlandweiten Strukturen der Angels und ihren streng hierarchischen Aufbau, der bedeutet, dass Befehle immer »von oben« kommen. Und ganz oben sei bei den deutschen Höllenengeln eben Frank Hanebuth angesiedelt. Während die Befehle nach unten weitergegeben würden, so Steffen R., nähme das im kriminellen Milieu erwirtschaftete Geld den umgekehrten Weg, bis ein Teil oben bei Hanebuth angekommen sei. Dieser liefere seinerseits Geld an die Hells Angels in den USA ab. Diese Aussage bestätigt ein weiteres Mal die bundes- und weltweite Funktionsweise der Big Red Machine. Das Franchise-System der Angels funktioniert bereits seit Jahrzehnten global und ist »Made in the USA«.

Die Aussage R.s deckt sich mit unabhängig davon gewonnenen polizeilichen Erkenntnissen und ist nach Angaben der Staatsanwaltschaft als »zuverlässig« zu werten. Der Anführer der Legion 81 will von dem Mord auf der Weihnachtsfeier der Angels im Jahr 2010 erfahren haben, als er in den inneren Führungszirkel der Kieler aufgenommen wurde.

Ein tätowierter Zuhörer sprang während der Aussage R.s im Gerichtssaal auf und drohte: »Der ist tot.« Der Kronzeuge selbst saß wegen Menschenhandels, Zuhälterei, räuberischer Erpressung und schwerer Körperverletzung auf der Anklagebank und hoffte, durch seine Aussage ein geringeres Strafmaß zu erhalten. Aber er gab auch an, dass der Verlust seiner Illusionen über die Hells Angels ihn zu diesem Schritt veranlasst habe: »Ich habe für mich gemerkt, die große Bruderschaft und Mystik ist aufgeblasen – alles Bullshit!« Ein Schlüsselerlebnis sei gewesen, als ihm ein Member anvertraute, dass er einen anderen Hells Angel »umlegen« wolle, weil dieser Hanebuth »beschissen« habe. R.s Fazit lautete, dass es den Hells Angels nur ums Geld gehe.

Der bisher bedeutendste deutsche Kronzeuge gegen die Hells Angels wird fortan in lebenslanger Gefahr schweben und hofft, ihr durch ein Zeugenschutzprogramm im Ausland ausweichen zu können.

Doch die Aussage des Legionärs ging noch weiter. Die vier beschuldigten Mörder hätten das Kopfgeld von dem Vater des Mannes kassiert, den Tekin B. getötet hatte, einen Teil des Geldes in die Clubkasse der Angels abgeführt und den Rest untereinander aufgeteilt. R. sagte auch aus, dass einer der Männer, Darius »Darek« S., als Belohnung für den Mord, die Erlaubnis erhalten habe, ein eigenes Hells-Angels-Charter in Polen (Posen) zu gründen.

Am 10. April 2010 wurden die polnischen Charter Tychy und Posen in das globale rot-weiße Netzwerk aufgenommen. Die Ernennung der Charter erfolgte bereits 20 Tage vor dem Verschwinden von Tekin B. Ob dieser Umstand die Aussage des Kronzeugen entwertet oder stützt, unterliegt der juristischen Interpretation. Auffällig ist auf jeden Fall der zeitliche Zusammenhang.

Frank Hanebuth stritt in mehreren Interviews alle Beschuldigungen des Kronzeugen ab. Er behauptete auch, Steffen R. gar nicht zu kennen. Kurz nach diesen Äußerungen sendete *Spiegel TV* Bilder der Gründungsfeier eines polnischen Charters vom 1. April 2010. In den Räumlichkeiten feiern hochrangige Hells Angels die geglückte Expansion der Höllenengel. Unter den Feiernden finden sich, nur wenige Meter voneinander getrennt, Frank Hanebuth und Steffen R.

Eine weitere Schlüsselposition bei der aus Deutschland betriebenen Ausweitung nach Polen fällt dem Kieler Vizepräsidenten Peter P., 54, genannt »Polen-Peter«, zu. Nach Angaben des Kronzeugen wollte Peter P. mit jeder neuen Prostituierten in den Häusern der Rocker Sex haben. Dabei soll es auch zu Misshandlungen gekommen sein. Bereits vor der Razzia wurde P. wegen Vergewaltigung inhaftiert.

Ein weiterer im Fall Tekin B. Beschuldigter, Philipp K., soll nach der Tat mit der Präsidentschaft des neuen, am 22. Februar 2011 gegründeten Charters Southport im Hamburger Stadtteil Hamm-Süd belohnt worden sein. Wenn man die übliche Dauer der Prospect-Phase eines neuen Charters von einem Jahr berücksichtigt, fällt diese Beförderung mit dem Verschwinden des Opfers im April 2010 ungefähr zusammen.

Diese Übereinstimmung wäre ein weiterer großer Zufall und scheint die Aussage des Kronzeugen zu bestätigen. Der abtrünnige Legionär gab weiterhin zu Protokoll, dass der Kieler Präsident Dirk R. den »Lohn« Philip K.s nach Absprache mit Frank Hanebuth vergeben habe. Auch beinhalten seine Angaben den Hinweis, dass »einzelne, besonders gewichtige Aufträge nur mit Billigung« von Hanebuth ausgeführt werden durften. Auch er selbst habe einen Auftrag von Hanebuth übernommen. Diesen habe ihm der Lange persönlich in einem thailändischen Restaurant in Kiel erteilt. Der Kronzeuge will daraufhin auf einen verfeindeten Rocker der Bandidos geschossen und dafür 5000 Euro erhalten haben. 3000 Euro als Lohn, von den restlichen 2000 Euro habe er das Auto für die Tatausführung gekauft. Hanebuth habe gemeint, dass es ausreiche, wenn die Bandidos in Preetz einen Denkzettel erhielten. Die Bandidos planten nämlich nur 18 Kilometer von Kiel entfernt, in Preetz im Kreis Plön, ein eigenes Chapter zu gründen. Das sollte gewaltsam verhindert werden.

Die Aussage des Imperators endet mit einer Beschreibung der Machtfülle von Frank Hanebuth: »Hanebuth hat auch über Hausbesuche entschieden. Das heißt in unserer Sprache, dass auf jemanden geschossen oder die Kniescheibe kaputtgehauen wird. Wenn auf einen von uns geschossen wird, dann soll die Handgranate fliegen und drei von denen erschossen werden.« Für den Einsatz von Schusswaffen, auch für »einen gezielten Warnschuss« auf einen Bandido, »war sein Okay notwendig«.

Die Einlassungen R.s bestätigten einmal mehr die schon oft angesprochene Ausnahmestellung des Hannoveraner Bosses. Die Staatsanwaltschaft formulierte aufgrund ihrer Feststellungen den Vorwurf, dass Hanebuth verdächtig sei, »an der Tötung Tekin B.s mindestens im Sinne einer Förderung der Tat durch Genehmigung des Vorhabens beteiligt gewesen zu sein«. Die Juristen unterstreichen ihre Vermutungen durch Hervorhebung der streng hierarchischen Strukturen der Hells Angels und des »besonderen Einflusses« des Hannoveraners über das eigene Charter hinaus. Doch sie hinken ihren skandinavischen und kanadischen Kollegen mit ihrem Wissensstand noch immer weit hinterher. Sie begreifen die Hells

Angels immer noch als das örtliche Problem eines Innenministers oder Polizeipräsidenten. Die bundesweiten oder gar europäischen und globalen Vernetzungen dieser Organisation bringen sie weiterhin nicht in einen Zusammenhang mit den Geschehnissen in Deutschland.

Hanebuth und sein Staranwalt Götz v. F. wiesen alle »Vorwürfe als völlig abwegig zurück«. Die deutschlandweite Berichterstattung über den Mordvorwurf veranlasste den Rockerboss, der *Bild*-Zeitung eine Audienz in seinem Wohnzimmer zu gewähren, dem Steintorviertel. Er beklagte eine »miese Kampagne« gegen sich und bestritt jegliche Beteiligung an dem Mord. »Ich leg doch keinen um!« Des Weiteren äußerte er sich über R.: »Geisteskrank, was der erzählt! Ich habe diesen Mann nie gesehen, kenne ihn ebenso wenig wie den Türken, den sie suchen.«

Es scheint jedoch, dass nur der nicht auffindbare Leichnam von Tekin B. den Rockerboss vor der Untersuchungshaft bewahrte. Auch bei schwerwiegenden Anschuldigungen ist hierfür ein dringender Tatverdacht erforderlich.

Drei Tage später erhielt Hanebuths Rechtsanwalt Akteneinsicht in die erhobenen Anschuldigungen. Die Aktenordner füllten einen ganzen Umzugskarton und erst jetzt konnte der Rockerboss Schwarz auf Weiß nachlesen, was ihm zum Vorwurf gemacht wurde. Anstiftung zum Mord, Erpressung und Körperverletzung.

Es waren jedoch nicht allein die staatsanwaltlichen Ermittlungen, die den Hells Angels in Kiel Schwierigkeiten bereiteten. Das Mordopfer Tekin B., ein Respekt erweckender Kampfsportler, soll Gründungsmitglied der türkischen Tigers-Gang in Kiel gewesen sein. Die Tigers entstanden 1978 im Kieler Problembezirk Gaarden – nach eigenen Angaben zum Schutz vor rassistischer Gewalt. Das Landeskriminalamt widerspricht dem jedoch und schlägt die Tigers dem »kriminellen Milieu« zu. Es gibt mittlerweile bundesweit und selbst in der Türkei und Rotterdam Chapter, natürlich zeitgemäß mit einem eigenen Facebook-Auftritt. Polizeilich traten die Tigers, an ihren Lederkutten erkenntlich, in Kiel auch bei einer Demonstration türkischer Nationalisten gegen den »Terror der PKK« in Erscheinung. Dabei marschierten sie neben Männern, die ihre Finger zu einem Wolfskopf formten, das Handzeichen der Grauen Wölfe.

Die 30 Vollmitglieder der Tigers fielen in Kiel auch durch Gewalttätigkeiten gegen Mitglieder eines neu gegründeten Chapters des Mongols MC auf. Der Präsident dieser Gruppe ist ein ehemaliges Tigers-Mitglied, das wegen eines Griffs in die Vereinskasse ausgeschlossen worden sein soll. Da die Hells Angels ihn nicht aufnahmen, soll er daraufhin das Mongols-Chapter gegründet haben. Nach Aussage von Steffen R. hatte Hanebuth auch »grünes Licht« für einen weiteren Mordauftrag gegen ein Mitglied der Tigers erteilt. Es ging um den Anführer der Gruppe, einen Mann namens Hakan. Der Auftrag sollte so ausgeführt werden, dass es »keinen großen Aufriss« gebe. Hanebuth bestreitet auch diesen Vorwurf des Komplotts gegen den Tigers-Boss Hakan.

Die Machtverhältnisse in der Kieler Unterwelt hatten sich nach der Aussage R.s und den Festnahmen der Angels über Nacht geändert. Es dauerte nur zwei Tage und schon fuhren Bandidos auf schweren Harleys durch die Hafenstadt. Noch eine Woche zuvor wäre das undenkbar gewesen und hätte den norddeutschen Rockerkrieg wohl erneut entfacht. Auch die Mongols nutzten sofort das entstandene Machtvakuum. Sie sollen zu der Zeit in Kiel Personen aus dem näheren Umfeld der Höllenengel bedrängt und bedroht haben.

Das Angels-Charter Kiel verboten. Frank Hanebuth mit einer schwerwiegenden Anklage konfrontiert. Führende Mitglieder inhaftiert. Ein hochrangiger Rocker packt über einen brutalen Mord im Milieu aus. Ein aktives Chapter der Mongols in der Hafenstadt. Erstarkte Bandidos im Norden. Dann noch die türkischen Tigers in Gaarden, wo niemand prophezeien kann, wie deren Männer auf den vermeintlich bestialischen Mord an einem ihrer Gründungsmitglieder reagieren werden. Und es vermag auch niemand abzusehen, wer künftig das Rotlichtviertel der Stadt beherrschen wird.

Wird ein Frank Hanebuth in Zeiten, da er sich mit schweren Vorwürfen konfrontiert sieht, Hells Angels aus Hannover nach Kiel beordern, um das Milieu weiter unter Kontrolle zu halten? Egal wie die Antworten aussehen werden, eines ist sicher: Kiel steuert unsicheren Zeiten entgegen.

Die Polizei, das Technische Hilfswerk und eine Baufirma kämpfen sich mit Asphaltfräsen, Betonsägen und Presslufthämmern durch das massive Fundament der Gewerbehalle. Ein Leichenspürhund schlägt an, jedoch »nicht wild«. Auch ein Bodenradargerät und eine spezielle chemische Flüssigkeit werden eingesetzt, um Leichenteile zu finden. Die Glaubwürdigkeit des Kronzeugen hängt zu großen Teilen davon ab, dass die Leiche von Tekin B. gefunden wird. Sollte diese nicht in der Lagerhalle sein, wird Hanebuths Staranwalt Steffen R. im Zeugenstand sicherlich auseinandernehmen und versuchen, ihn seiner Glaubwürdigkeit zu berauben. Wenn der Leichnam aber gefunden wird, erwarten Gerichtsmediziner den Körper in relativ gutem Zustand, da »einbetonierte Leichen in der Regel relativ gut erhalten sind«. Die Ermittler hoffen, dann die beschriebenen Folterspuren und Verletzungen nachweisen zu können. Dies wäre ein nicht zu widerlegender Beweis für die Wahrheit der Lebensbeichte von Steffen R.

Die Vernehmungen führt Thorsten W., 46, Ermittler beim Landeskriminalamt in Kiel und Experte für organisierte Kriminalität und Rocker in Schleswig-Holstein. Er gibt vor dem Kieler Landgericht an, dass er und sein Team bei der Überprüfung der geschilderten, äußerst komplexen Sachverhalte auf keinerlei Widersprüche gestoßen seien. Im Gegenteil: Die Aussagen des Kronzeugen hätten ihre Ermittlungen in einigen Fällen »entscheidend« vorangebracht, so W. Auch Unterlagen und Dokumente, die bei der Großrazzia beschlagnahmt wurden, stützten die Aussagen des Legionärs. Das veranlasst den erfahrenen Kriminalisten, dem Kronzeugen eine »hohe Glaubwürdigkeit« zu bescheinigen. Die Schlinge um die Hells Angels und auch um Frank Hanebuth zieht sich immer weiter zu, und den Beschuldigten droht noch aus einer anderen Ecke Gefahr. Im Gerichtssaal 123 sitzen zwei Deutschtürken, die Neffen von Tekin B. Die beiden sind stellvertretend für den 40-köpfigen Familienclan anwesend, um die Hintergründe des angeblichen Mords an ihrem Onkel persönlich zu erfahren. Bevor Steffen R. mit seinen Ausführungen beginnt, nicken die Männer dem Kronzeugen zu. Man kennt sich anscheinend. Zum Ende des Gerichtstages kommen die beiden Cousins zu einem eigenen Urteil: »Wir glauben Steffen R.«

Und der juristische Deal kommt zustande. Steffen R. wird zwar wegen schwerer Körperverletzung, Zuhälterei und Menschenhandels zum Zweck der sexuellen Ausbeutung verurteilt, doch statt der drohenden zehnjährigen Haftstrafe – auch eine darüber hinausgehende Sicherungsverwahrung stand zur Debatte – erhält er lediglich vier Jahre und vier Monate. Dieses milde Urteil soll ein Signal an die kriminelle Rockerszene sein, dass sich ein Ausstieg lohnt, bestätigte ein Gerichtssprecher ausdrücklich.

Noch während der Präsident des Hamburger Charters Southport, Philipp K., wegen des Mordvorwurfs in Untersuchungshaft sitzt, gibt der Hells Angels MC am 12. Juni 2012 die Auflösung dieses Charters bekannt – nur anderthalb Jahre nach der Gründung und ohne jeglichen Kommentar.

Doch der wichtigste Beweis in dem Verfahren ist einfach nicht aufzufinden und eine fehlende Leiche in einem Mordprozess ist so ziemlich das heikelste Problem, vor dem eine Staatsanwaltschaft stehen kann.

Sieben Wochen lang wurde nach der Leiche gesucht. In dieser Zeit wurde die Halle komplett abgebaut und der schwere Betonboden mit Spezial- und Großgeräten abgetragen. Doch die arbeits- und kostenintensive Suche blieb erfolglos. Wo immer auch Tekin B. verscharrt wurde, im Fundament der Lagerhalle war er nicht. Dass die Leiche nicht aufzufinden war, bedeutete nach der bundesweiten Berichterstattung einen herben Schlag für die Behörden und die Glaubwürdigkeit ihres Kronzeugen. Gleichzeitig beantragte die Staatsanwaltschaft, mehrere Haftbefehle gegen die inhaftierten Hells Angels wieder aufzuheben. Die Schmach war komplett. Dazu könnten Schadenersatzforderungen von mehreren Hunderttausend Euro wegen der abgerissenen Halle kommen.

Die Oberstaatsanwältin, Herrin des Verfahrens, verteidigte ihr Vorgehen: »Es ist lediglich eine bedeutsame Spur in dem Ermittlungsverfahren abgearbeitet worden, wobei sich die zunächst vorhandenen Verdachtsmomente nicht bestätigt haben.« Doch für die vermeintlichen Mörder von Tekin B. ist der Fall damit noch lange nicht ausgestanden. Das Interview endet mit einer trotzigen Kampfansage. »Die Staatsanwaltschaft setzt ihre Ermittlungen energisch fort, den Sachverhalt endlich aufzuklären.«

Berlin 2012 – langsam und explosiv

Jeder Innenminister und Innensenator werkelt inzwischen an Verboten gegen die Rockerclubs. Eine bundesweite Koordinierung der Sicherheitsbehörden findet dabei offensichtlich nicht statt. Die dringend benötigte zentrale Steuerung, beispielsweise durch das BKA, scheitert immer wieder an Behördenegoismus und dem Festhalten an eigenen Kompetenzen. Das Verhalten der Behörden erinnert eklatant an das Versagen der Ämter bei den Ermittlungen zur Neonazimordserie der rechtsradikalen NSU, wo es über zehn Jahre nicht gelang, sich auf ein bundesweit einheitliches Vorgehen zu einigen. So wurde die Dimension der Mordtaten nicht erkannt, und eine frühzeitige Aufklärung und die damit einhergehende Verhinderung weiterer Taten misslang.

Ebendieses Versagen der Innenminister prägt die polizeiliche Arbeit gegen die Hells Angels und die Bandidos in den letzten zehn Jahren und ist auch ein Beleg dafür, dass die verantwortlichen Amtspersonen den Hells Angels MC Germany trotz des blutigen Rockerkriegs der letzten Dekade immer noch unterschätzen.

Es war reichlich naiv anzunehmen, dass die Rocker einfach zusehen würden, wie ein Charter oder Chapter nach dem anderen verboten wird. Einige Verbote scheinen auch vorschnell vollzogen worden zu sein, um in Landtagswahlkämpfen Handlungsstärke zu beweisen oder der Bevölkerung ein höheres Sicherheitsgefühl zu suggerieren. Anstatt durch eine bundesweite behördliche Abstimmung die in krimineller Hinsicht auffälligsten Niederlassungen der Hells Angels und der Bandidos auf einen Schlag gemeinsam zu verbieten, verschaffte man den OMCGs aufgrund des Eigensinns der Innenminister Zeit, um sich auf die neue Vorgehensweise des Staates einzustellen. Genau dies tat der Hells Angels MC auch und bewies einmal mehr, dass er eine schnell lernende und handelnde Organisation ist.

Für Mittwoch, den 30. Mai 2012, plante der Berliner Innensenator einen Großeinsatz gegen die Berliner Rockerszene einschließlich der Durchsetzung von mehreren Verbotsverfügungen. Doch die Höllenengel verfügten über einen Informanten bei der Polizei, denn sie nutzten den Pfingstmontag für eine Geheimkonferenz mit den verfeindeten Bandidos und schafften umgehend Fakten. Wie sehr es den Hells Angels schon gelungen war, staatliche Stellen zu infiltrieren, wurde drei Monate später deutlich, als der vermeintliche Maulwurf auf Behördenseite identifiziert wurde. Es handelte sich um einen Beamten des LKA aus dem Rocker-Dezernat. Außerdem hatte auch ein Nachrichtenportal Wind von der

Maßnahme bekommen und berichtete am 29. Mai vorab von einer geplanten Razzia, was die Blamage des Innensenators komplettierte. Trotzdem mussten 550 Polizisten eine verratene Razzia durchführen, bei der ihnen kaum noch belastendes Material in die Hände fiel. Die Rocker hatten längst alle Konten geleert, Rechner und Laptops an unbekannte Orte verbracht und Motorräder umgemeldet. Um nicht doch noch von den Polizisten überrascht zu werden, stellten die Hells Angels Späher ab, die Hotels überwachten, in denen Einsatzkräfte aus anderen Bundesländern untergebracht waren. Die Rocker gingen auf Nummer sicher und überließen nichts dem Zufall.

Das von einem Verbot bedrohte Nomads-Charter verlegte seinen Vereinssitz aus dem Zuständigkeitsbereich des Berliner Innensenators ins brandenburgische Oranienburg. Das gefürchtete Charter Berlin City des mächtig gewordenen Kadir P. gab offiziell seine Auflösung bekannt, und auch die Männer fürs Grobe in den Organisationen Brigade 81 East District, Berlin City MC 81, Brigade 81 Köpenick und Berlin City-Crew 81 wählten diesen Schritt.

Zusätzlich vollzogen sich in Berlin ein weiteres Mal zwei überraschende Patchover, die aber wohl kaum Teil der Absprache zwischen den beiden Clubs gewesen sind.

Das Bandidos-Chapter South Central wechselte ins feindliche Lager der Hells Angels. Die pragmatischen Rocker tauschten an ihrem Vereinsheim in Berlin-Weißensee lediglich den Fat Mexican gegen den Deathhead. Noch schmerzhafter für die Bandidos war aber der Übertritt der gesamten 20 Mitglieder des Chapters South Side ins feindliche Lager. Die Männer wurden im Potsdamer Angels-Charter aufgenommen, jedoch erst mal nur im Rang von Prospects.

Vor allem die Personalie des Ex-Bandidos Grischa V. stellt einen herben Rückschlag für den rot-goldenen Club dar. Grischa gilt als einer der einflussreichsten Rocker in Berlin und im gesamten ostdeutschen Raum. Auch soll er bestens über die Geschäftsaktivitäten des Bandidos MC in diesem Gebiet unterrichtet sein. Zusätzlich sind V. und Kadir P., der Ex-Präsident der Bandidos El Centro, alte Bekannte aus gemeinsamen Bandidos-Zeiten. Grischa V. hatte den jungen, ehrgeizigen Türken damals rekrutiert. Nun schien es nur noch eine Frage der Zeit, bis sich V. mit seinen

20 Fahnenflüchtigen einer zu erwartenden Neugründung von Kadir P. und seinen Mannen anschloss. Damit würde das mit Abstand mächtigste und schlagkräftigste Charter im gesamten Berliner und Brandenburger Raum entstehen, vielleicht sogar in ganz Deutschland. Berliner Medien nannten Kadir P. aufgrund des Coups den neuen Paten von Berlin. Sein anscheinend unaufhaltsamer Aufstieg im Hells Angels MC Germany ist aber auch eine strittige Personalie, wird nicht von jedem Rocker gutgeheißen und könnte jederzeit einen internen Konflikt auslösen. Wie sehr die Bandido Nation dieser wiederholte Verrat in Berlin, gerade von einer ihrer wichtigsten Führungspersonen, erboste, sollte sich nicht einmal einen Monat später herausstellen.

Dass abermals Bandidos mitten in einem Konflikt die Fronten wechseln, veranschaulicht den Schwerpunkt der neuen Rockergeneration in Deutschland deutlich. Obwohl man sich bis vor wenigen Tagen noch bis zum Tode bekämpft hatte, war ein Übertritt – und damit der Hochverrat am ehemaligen Club – aus rein geschäftlichen und strategischen Gesichtspunkten möglich. Die abtrünnigen Bandidos-Chapter befanden sich zur Zeit des Patchovers nicht in Gefahr, mit einem Verbot belegt zu werden. Es schien für die Member einfach keinen Unterschied zu machen, ob die Kutte rot-weiß oder rot-golden war. Hauptsache, die eigenen Geschäfte funktionierten ungestört und das Geld sprudelte weiter. Ein Berliner Kriminalbeamter bestätigt diese These: »Kadir P. ist so mächtig geworden, dass die Bandidos nichts mehr dagegen aufzubringen vermochten.« Durch den Verrat an den Brüdern änderten sich die Machtverhältnisse in der Berliner Unterwelt nochmals gravierend. Die übergetretenen Biker standen nun auf der Seite der Gewinner, der Seite der Angels. »So kann man in Ruhe weiter seine Geschäfte machen und muss nicht ständig befürchten, erschossen oder niedergestochen zu werden«, so der szenekundige Beamte weiter.

Das Prinzip des »taking care of business« der amerikanischen Höllenengel fand in Deutschland eine seiner radikalsten Anwendungen. Die aggressive Expansionspolitik der letzten Jahre forderte nun ihren Tribut bei den großen Clubs. Wer schnell und einfach rekrutiert wurde, um einzig und allein die Kampfstärke des Clubs zu erhöhen, verfügte offensichtlich auch über keine besonders tiefen emotionalen Bindungen zu seinem

Verein. Die Geister, die sie riefen, haben einen existenziellen Mythos der großen MCs nach dem anderen zerstört: Jahrelange Anwartschafts- und Prospect-Phase? Gilt in Deutschland schon lange nicht mehr. Ein Motorradführerschein und der Besitz einer eigenen Harley? Nicht unbedingt. Eine tiefe Verankerung in der Bikersubkultur? Nicht nötig und nicht möglich, denn dort war ja schon alles wegrekrutiert worden. Eine vorherige Clubzugehörigkeit bei einem Rivalen schließt einen Beitritt kategorisch aus? Ach, hör auf damit.

Die öffentlich so sakrosankt gehüteten World Rules von Sonny Barger haben ihre Gültigkeit in Deutschland seit 1999 mehr und mehr verloren. Das propagierte Verständnis als eine Familie, eine lebenslange Bruderschaft erscheint nur noch wie der angestaubte Slogan einer veralteten, lästig gewordenen Werbekampagne. Während die Hells Angels sich über den polizeilichen Druck beklagen und selbst vor Vergleichen mit der Judenverfolgung im Dritten Reich nicht zurückschrecken, bemerken sie gar nicht, dass der größte Feind des Clubs sich bereits in ihren eigenen Reihen befindet. Doch wie mächtig ist der innere Feind heute?

Der Innensenator sprach trotz der erfolgten Selbstauflösung ein Verbot gegen das 43 Mitglieder starke Charter Berlin City von Kadir P. aus. In der 39 Seiten starken Verbotsverfügung wurden Gewalttaten, Waffendelikte und Verstöße gegen das Betäubungsmittelgesetz zur Begründung aufgeführt. Der Drogenhandel habe die Bereiche Cannabis, Amphetamine, Kokain und Anabolika umfasst. Der Verein verfüge über eigene Rauschgiftkuriere, Bunkerfahrzeuge und einen Kokainzester. Dutzende Frauen schickten die Rocker auf den Strich und kassierten oftmals den gesamten Verdienst ein. Zwei große Ermittlungsverfahren wegen Zuhälterei sind zurzeit noch anhängig. Zwei Hells Angels wurden außerdem wegen eines Überfalls auf einen Juwelier in Wedding festgenommen. Von der Beute, über 137 000 Euro, fehlt jedoch jede Spur. In der Verbotsverfügung werden auch Schutzgelderpressungen von Friseurläden in Tempelhof und Schöneberg aufgeführt und umfangreiche Türsteheraktivitäten der Hells Angels in Berliner Diskotheken.

Ob dieses Verbot rechtswirksam sein wird, ist wegen der zuvor erfolgten Selbstauflösung unklar. Letztendlich werden Gerichte dies klären, denn der Hells Angels MC Berlin City reichte vor dem Oberverwaltungsgericht Klage ein, sodass es nötig werden wird, hier juristisches Neuland zu betreten.

Freilich ist auch unverständlich, warum die Berliner Innenbehörde mehrere Jahre benötigte, um diese Verbotsverfügungen auszusprechen. Schwerste Gewalttaten, die als Vereinsaktivitäten gewertet werden könnten, gab es in der Hauptstadt der Rocker wahrlich genügend.

Die Berliner Polizei rechnete als Reaktion auf die Übertritte mit einem Aufflammen der Gewalt zwischen beiden Clubs und wies dabei auf Racheaktionen gegen Überläufer in der Vergangenheit hin.

Ein Rachekommando war angeblich bereits gestartet. Gerüchte sprachen von 100 kriegserfahrenen Bandidos aus Dänemark, die sich auf den 500 Kilometer langen Weg nach Berlin begeben haben sollen. Die Bundespolizei wurde ausgeschickt, um die deutsche Grenze zu sichern, doch die Gerüchte bestätigten sich erst einmal nicht. Jedoch zeigte die Sorge vor einer möglichen Internationalisierung des Berliner Rockerkrieges einmal mehr, in welchen Dimensionen deutsche Rocker mittlerweile planen und agieren können. Gleichwohl verstärkten sich die Hinweise, dass der Berliner Rockerkrieg europäische Reaktionen auslöste.

Die Polizei hielt ihren starken Verfolgungsdruck aufrecht und ließ die Rocker nicht zur Ruhe kommen. Am 7. Juni 2012 rückten 1000 Polizisten, Spezialkräfte und auch die GSG 9 wieder einmal in Berlin und Brandenburg aus. Diesmal sollte jedoch kein Verbotsverfahren durchgesetzt werden. Die Großrazzia diente der Vollstreckung von sieben Haftbefehlen wegen bandenmäßigen Rauschgifthandels aus einem Ermittlungsverfahren von 2011. Durchsucht wurden über 70 Objekte, wobei der Schwerpunkt auf dem Bandidos-Chapter in Hennigsdorf an der nordwestlichen Grenze Berlins lag, das als einer der bedeutendsten Clubs der Region gilt, der auch als Ausgangspunkt im Kampf um die Hauptstadt beschrieben wurde. Die Polizei spricht bei diesem Chapter von 20 Vollmitgliedern und bis zu 50 Unterstützern, die schon wegen Schusswaffenvergehen, eines Buttersäureanschlags und Schutzgelderpressung polizeilich aufgefallen sind. Die Einsatzkräfte beschlagnahmten Drogen, Bargeld, scharfe Schusswaffen, zwei gestohlene Motorräder und weitere Fahrzeuge. In einer Berliner Wohnung wurden weitere 25 Kilo diverser Drogen beschlagnahmt. Die Polizei entdeckte auch ein Chemielabor, das der Drogenherstellung, speziell der von Speed, gedient haben soll. Den verhafteten Bandidos wurde vorgeworfen, mit Kokain, Amphetaminen, Marihuana und dem rezeptpflichtigen Schmerzmittel Tilidin gehandelt zu haben. Der Präsident der Bandidos del Este in Hennigsdorf, Thorsten S., ist ein ehemaliger Berliner Polizist und jobbte später als Türsteher. Er gilt als bundesweit sehr gut vernetzt und bekleidet das wichtige Amt des Sargento de Armas in der nationalen Führung des Bandidos MC Germany, das es ihm erlaubt, Strafaktionen gegen übergelaufene Exmitglieder anzuordnen, so ein Ermittler.

Thorsten S., 38, ist wegen eines Raubüberfalls vorbestraft. Am 6. September 1997 überfiel er mit einem weiteren damals suspendierten Polizisten den früheren ADAC-Präsidenten. Sie drangen in dessen Villa ein, besprühten ihn und seine Frau mit Reizgas und fesselten das Ehepaar und die beiden anwesenden Enkelkinder. Um seinen Forderungen Nachdruck zu verleihen, führte S. an dem ADAC-Chef eine Scheinhinrichtung durch. Das Gericht wertete dieses rücksichtslose Vorgehen später als strafverschärfend und sprach eine siebenjährige Haftstrafe aus.

Dass das Henningsdorfer Chapter eine starke überregionale Rolle als zentraler Anlaufpunkt für den Berliner und Brandenburger Raum einnimmt, belegt auch der Umstand, dass bei der Razzia zahlreiche Bandidos aus NRW und Dänemark angetroffen wurden. Ein dänischer Rocker wurde mit internationalem Haftbefehl gesucht und sofort von einer Spezialeinheit festgenommen.

Wie wichtig das Chapter del Este für den Bandidos MC ist, stellte sich am 12. Juni 2012 heraus. Es war offenbar zu bedeutend, um der Gefahr einer Verbotsverfügung ausgesetzt werden zu können. Die Bandido Nation verkündete am gleichen Tag wie das Oberhausener Chapter die Auflösung dieser zentralen Vereinigung. Damit übernimmt der Bandidos MC die aktuelle Strategie der Hells Angels, wichtige Charter aufzulösen und so erst mal aus der juristischen Schusslinie zu nehmen. Das LKA in Brandenburg nahm den Schritt zur Kenntnis, hielt jedoch weiter an seiner Analyse fest, dass die Hennigsdorfer Rocker eine Schlüsselstellung bei der Neustrukturierung des Raums Berlin-Brandenburg einnehmen werden, und rechnet jederzeit mit einer neuen Chapter-Gründung.

Die Welt der Berliner Hells Angels befand sich nach der Verbotsverfügung in Aufruhr und in einer Phase der hektischen Neuordnung. So eine Reorganisation geht oftmals mit Intrigen und Machtkämpfen einher, gerade bei einer Vereinigung, die sich tief in der organisierten Kriminalität verstrickt hat. Es folgten drei hektische Neugründungen von Chartern, darunter Central und East Area. Um kein Machtvakuum entstehen zu lassen, verkündeten die Höllenengel bereits nach wenigen Tagen die neue Organisation. Sie bestätigten auch die Gründung des neuen Charters Hells Angels MC East District, in das sofort die mächtigen Berliner Nomads mit ihrem Boss André S. übergetreten sein sollen. Als Gründungsdatum wird offiziell der 27. Mai 2012 angegeben. Dies wäre zwei Tage vor der verratenen Razzia und dem Clubverbot gewesen, sodass die Angels hinterher behaupten konnten, dass sie zu diesem Zeitpunkt noch gar nicht von einem drohenden Verbot wussten. Laut Statement von Hells-Angels-Pressesprecher Rudolf T. liegt dieses neue Charter »irgendwo in Berlin«. Experten gehen davon aus, dass darin die Berliner Nomads und die Männer von Kadir P. aus dem verbotenen beziehungsweise selbst aufgelösten Charter Berlin City zusammengeführt werden sollten. Es würde damit eines der größten, mächtigsten und prestigeträchtigsten Charter deutschland- und sogar weltweit entstehen. Als Präsident des Charters käme nur André S. infrage. Dies würde bedeuten, dass sich Kadir P. offiziell unterordnen müsste. Ein eigenständiges Charter, nur aus Kadir P. und seinen Getreuen bestehend, birgt die offensichtliche Gefahr, vom Innensenator sofort als Ersatzorganisation verboten zu werden, was eine weitere Strafanzeige gegen alle Clubmitglieder nach sich zöge. Ob der als schwer kontrollierbar charakterisierte Exboxer diese Notwendigkeit einsieht, ist nicht bekannt.

In der Nacht vom Samstag, den 9. Juni 2012, auf Sonntag wurden alle taktischen Überlegungen über den Haufen geschossen. André S. wurde Opfer eines Mordanschlages und mit lebensgefährlichen Verletzungen in die Charité eingeliefert. Das Krankenhaus wurde umgehend von einer Hundertschaft der Polizei und 20 Hells Angels bewacht, um weitere Anschläge zu verhindern.

Der Täter hatte dem persönlichen Vertrauten von Frank Hanebuth am Hinterausgang seiner Gaststätte, des »Germanenhofs«, gegen drei Uhr nachts aufgelauert. Täter und Opfer müssen sich gekannt haben, eine Anwohnerin hörte nämlich von ihrem Balkon die letzten überraschten Worte des Hells Angels: »Was machst du denn hier?« Danach peitschten mehrere Schüsse durch Berlin-Hohenschönhausen. Es wird von bis zu fünf Schüssen gesprochen, die der Täter aus kürzester Distanz auf den Oberkörper des Ehemanns und zweifachen Vaters abfeuerte. Zwei Kugeln bohrten sich in seinen Oberkörper und verletzten ihn schwer. Ein Projektil operierten die Ärzte aus der Leber. Die Ausführung der Tat glich einer versuchten Hinrichtung, obwohl als Tatwaffe eine aufgebohrte Gaspistole kleineren Kalibers benutzt wurde, was nicht das Werkzeug eines Profis darstellt.

Der Nomads-Präsident wurde von den alarmierten Polizei- und Rettungskräften in einer Blutlache neben seiner Harley liegend vorgefunden. Dem Täter gelang vorerst unerkannt die Flucht. André S. erwachte erst nach drei Tagen aus dem Koma, erholte sich aber überraschend schnell. Gerade aus dem Koma erwacht, verbot er den Ärzten, seine Krankenakte für die Polizei zu öffnen – die eigens eingesetzte Mordkommission hatte gehofft, aufgrund der Verletzungen und der Schusskanäle Rückschlüsse auf den Mörder ziehen zu können. Die Ermittler mussten erst einen richterlichen Beschluss beantragen, um die Krankenakten zu beschlagnahmen. Es zeichnet sich ab, dass die Rockerehre die polizeiliche Aufklärung des Mordanschlages schwer behindern, wenn nicht sogar gänzlich verhindern wird. André S. machte vor der Polizei jedenfalls keinerlei Angaben zur Tat.

Knapp einen Monat nach dem Anschlag lud der angeschossene Berliner Boss zum Brunch in den »Germanenhof«. Der Einladung folgten 50 Hells Angels, die zum Teil extra aus Westdeutschland angereist waren. André S. lehnte das Angebot der Berliner Polizei, ihn zu schützen, ab, engagierte aber einen Sicherheitsdienst, der ihn wie auch andere Hells Angels fortan ständig bewachen soll.

Berliner Behörden und Politiker rechneten nach den Schüssen mit einer Eskalation des Rockerkrieges und Racheaktionen in der Hauptstadt. Sie sollten recht behalten. Ein hochrangiges Mitglied einer Berliner OMCG berichtete von einem Ultimatum in der Hauptstadt: »Die Ansage steht, dass ab 1. Juli 2012 kein Club außer den 81ern in Berlin mehr geduldet wird.« Diese Drohung würde neben den Bandidos auch dem Gremium und Outlaws MC gelten. »Danach haben die Hells Angels angekündigt, jeden mit Waffengewalt daran zu hindern, weiter mit seinem Abzeichen durch Berlin zu fahren oder ein Clubhaus zu betreiben«, so der Rocker weiter. Via Rudolf T. ließen die Hells Angels den Bericht des Berliner *Tagesspiegels* umgehend dementieren. Ihr Pressesprecher mutmaßte, dass das Gerücht von Behörden »bewusst gestreut wurde, um eine Eskalation zwischen den Clubs« zu provozieren. Gegen diese abermalige Verschwörungstheorie sprachen aber auch die Feststellungen der Polizei, die bestätigte, »vereinzelte Kenntnisse« über ein Ultimatum zu haben, »die aber nicht überprüfbar sind«. Es könnte jedoch auch sein, dass sich innerhalb der Berliner Höllenengel eine Fraktion von Hardlinern gebildet hat, die nicht mehr oder nur noch schwerlich zu kontrollieren sind.

Gegen 23 Uhr am 5. Juli 2012 peitschten Schüsse auf das Clubhaus der Bandidos Eastgate in der Provinzstraße in Wedding. Zwei Mitglieder, 33 und 38 Jahre alt, brachen zusammen und wurden mit schweren Verletzungen – unter anderem einem Schuss in den Rücken, Lebensgefahr bestand jedoch nicht – in ein Krankenhaus eingeliefert. Die Täter wählten offenbar bewusst ein hochkarätig besetztes Meeting ihrer Rivalen für den Anschlag aus, denn im Vereinsheim befanden sich zu der Zeit 50 Bandidos unterschiedlicher Chapter und verschiedenster Bundesländer einschließlich ihrer Führungen.

Die Bandidos gerieten weiter in die Defensive und damit unter Handlungszwang, schon um die eigenen Reihen geschlossen zu halten und nicht noch mehr Überläufer zu ermutigen, dem Verrat der Chapter South Central und South Side zu folgen.

Der 6. Juli 2012 verwandelte den Berliner und deutschen Rockerkrieg endgültig in einen europäischen Konflikt. Das allmächtige Europa-Präsidium der Bandido Nation hatte sich nach Erkenntnissen schwedischer Sicherheitsbehörden entschlossen einzugreifen. Ein Hochverrat reihte sich an den nächsten in der Stadt an der Spree, erst Kadir P., dann Grischa V,. und der Bandidos MC verlor drei ganze Chapter plus deren Unterstützungsvereinigungen an die Angels – knapp 200 Mann in nicht einmal 2,5 Jahren. Die Zeit war reif für ein Exempel, denn wer Berlin verliert, verliert ganz Ostdeutschland, und wer Ostdeutschland verliert, verliert den Kampf um die Vorherrschaft in Osteuropa.

Die Schlacht um Europa, die mit dem Mordanschlag 1991 auf das erste europäische Bandidos-Chapter in Marseille begonnen und dann in den

darauf folgenden blutigen skandinavischen Rockerkrieg mit 39 Toten ge-
mündet hatte, schien nun in Berlin ausgetragen zu werden.

Nach einem Tipp ihrer schwedischen Kollegen nahmen am 6. Juli 2012
Bundespolizisten am Rostocker Überseehafen drei Männer auf einer Fäh-
re aus Dänemark fest: einen 34-jährigen Mazedonier, einen 36-jährigen
Iraner sowie einen 47-jährigen Schweden. Zwei sind Bandidos der Chapter Helsingborg und der schwedischen Nomads, beim dritten Mann sind
enge Verbindungen zum Club polizeibekannt. In ihrem Mietwagen fand
die Polizei drei Stangen Sprengstoff, eine Sprengkapsel und schusssichere
Westen. Die schwedischen Behörden teilten den deutschen Sicherheits-
kräften mit, die drei Männer seien eigens nach Deutschland gereist, um
die Führungsebene der Verräter, insbesondere Grischa V., mittels eines
Bombenanschlags zu töten.

Die Anschläge auf André S. und die beiden Bandidos führten zur Ein-
richtung einer Rocker-Task-Force bei der Berliner Staatsanwaltschaft. Die
Devise »null Toleranz« sollte ab sofort auch auf kleinere Delikte wie Beleidigung oder Alkoholfahrten angewendet werden. Die abgestellten zehn
Staatsanwälte sind beauftragt, alle Verfahren im Zusammenhang mit der
organisierten Kriminalität in der Rockerszene zu bündeln; strafmildernde
Deals wird es damit nicht mehr geben. Die Task Force geht von 500 Hells
Angels und knapp 300 Bandidos in Berlin aus, jeweils einschließlich ih-
rer Supporter-Clubs und der Unterstützungskommandos. Wie lange diese
Zahlen in der sich dynamisch verändernden Rockerszene zutreffen, vermag niemand vorauszusagen.

Scharfe Waffen in großer Stückzahl, der Mordanschlag auf den Hells-
Angels-Boss, ein Sprengstoff-Killerkommando aus Dänemark, Rocker aus
Skandinavien in Berlin – die Polizei rechnet mit dem Schlimmsten in der
Hauptstadt. In internen Schreiben werden die Beamten vor einer weiteren
Eskalation gewarnt und insbesondere auf die skandinavische Komponente
im Berliner Bikerkonflikt hingewiesen. Der Aufruf endet mit der konkreten
Aufforderung: »Alle eingesetzten Kräfte werden gebeten, insbesondere Fahr-
zeuge aus Dänemark, Schweden, Norwegen und Finnland zu kontrollieren.«

Die Liste der Verdächtigen des Mordanschlags auf den Angels-Präsidenten André S. ist lang, nur eine Tätergruppe schloss der Hells Angels

MC auf einer extra anberaumten Pressekonferenz kategorisch aus, als er verlautbarte:»Das Motiv der Tat ist nicht clubintern.« Doch das beendete die Spekulationen nicht etwa, es heizte sie im Gegenteil zusätzlich an.

Der Anschlag könnte eine Vergeltung für den abermaligen Übertritt von Berliner Bandidos-Chaptern zu den Höllenengeln gewesen sein. An dem Patchover soll André S. als Stratege maßgeblichen Anteil gehabt haben. Wollten sich die nun unterlegenen Rivalen für diese Schmach an der Führungsperson des Feindes rächen? In Berlin mutmaßen Ermittler auch über eine mögliche skandinavische Spur. Sollten die kampferprobten Brüder aus dem hohen Norden versucht haben, den Sieg in Berlin zu erzwingen? Ein Mordkomplott des Fat Mexican an einem der wichtigsten deutschen Angels-Präsidenten würde die eigene Führungsschicht zwar unwiderruflich ins Visier der Todesengel rücken, doch in der blutigen Historie der Clubs in Amerika, in Kanada und in Skandinavien wimmelte es von identischen Taten. Allerdings spricht auch die eher spärliche Bewaffnung des Schützen – die aufgebohrte Gaswaffe – gegen diese These. Denn über eines verfügt der Bandidos MC erwiesenermaßen: ein umfangreiches, professionelles Waffenarsenal.

Auch ein interner Machtkampf um die neuen Führungsstrukturen der Hells Angels in Berlin ist denkbar. Griff ein innerer Feind der Bruderschaft nach der Macht oder fühlte sich nicht angemessen beteiligt? Weigerte sich Kadir P., sich unterzuordnen?

Das alles sind Spekulationen. Nur eines ist sicher: Zurzeit wird in der Berliner Unterwelt ein Wettlauf um die Suche nach dem Mörder ausgetragen. Auf der einen Seite die Polizei, auf der anderen Seite die Hells Angels. Diese werden bei ihren Befragungen im Milieu sicherlich nicht rechtsstaatlich vorgehen, wie die Ermittler der Behörden es tun. Wer auch immer hinter dieser Tat steckt, der Mordanschlag auf einen der wichtigsten Angels des Landes, kann aus Bikersicht nur mit Blut vergolten werden. Ein anderes Vorgehen ist mit Blick auf die über 60-jährige Geschichte der Bruderschaft nicht denkbar.

Ein weiterer Aspekt muss noch beachtet werden. André S. und Frank Hanebuth waren bekanntermaßen seit Jahren enge Freunde und Verbündete. Sie saßen schon 2007 anlässlich des Münsteraner Rockermord-Prozesses in erster Reihe nebeneinander. Auch fädelten sie den umstrittenen

Übertritt von Kadir P. und seinen Männer zusammen ein und rechtfertigten ihn gemeinsam vor der Presse. Der Anschlag auf André S. kommt einer persönlichen Kriegserklärung und einem direkten Angriff auf den Hannoveraner Präsidenten gleich.

Verbote und Selbstauflösungen

Die Innenminister hatten die Vereinsverbote für sich entdeckt und verkauften sie gegenüber der Presse und der besorgten Bevölkerung geradezu als Allheilmittel für Probleme mit den großen Clubs. In der vertraulichen Verschlusssache »Bekämpfungsstrategie Rockerkriminalität – Rahmenkonzeption« hat eine hochrangige Bund-Länder-Projektgruppe auf 64 Seiten den Leitfaden für den aktuellen Anti-Rocker-Feldzug skizziert. Ein Beamter aus dem Wiesbadener Innenministerium wird dazu folgendermaßen zitiert: »Unsere neue Bibel.« Das Gebetbuch der Innenminister listet unter anderem die erhofften und beabsichtigten Wirkungen der Verbote auf:

- Ein Verbot qualifiziert den Rockerclub als kriminell.
- Seine Öffentlichkeitswirkung wird begrenzt, das macht ihn weniger attraktiv.
- Öffentliche Machtdemonstrationen werden unterbunden.
- Fehlende Präsenz schwächt den Club.
- Die gesamte Struktur mit Unterstützern, Anwärtern und Supporter-Clubs wird gestört.
- Die finanziellen Möglichkeiten der Clubs werden beeinträchtigt.
- Eventuelle Ersatzorganisationen können untersagt werden. Das zieht weitere Verurteilungen nach sich.
- Wankelmütige Mitglieder und Unterstützer erhalten dadurch die Gelegenheit zum Ausstieg, ohne in ein »bad standing« zu fallen.
- Rivalitäten mit anderen Clubs sind weniger wahrscheinlich.
- Andere Clubs werden verunsichert.
- Das Sicherheitsgefühl der Bevölkerung wird erhöht.

Einige der Annahmen mögen zutreffen, bei anderen scheint eher der Wunsch Vater des Glaubens zu sein. Das föderale System der Bundesrepublik stößt immer öfter an seine Grenzen. Während der Hells Angels MC und der Bandidos MC international denken und agieren, kocht so mancher Innenpolitiker sein eigenes Süppchen. Einige der Verbotsverfügungen scheinen eher der eigenen Profilierung in laufenden Wahlkämpfen zu dienen, als dass sie bundesweiter Koordination geschuldet wären.

Die Innenminister gaben den Hells Angels mit ihrem Vorgehen genügend Zeit, sich auf die neue Gangart des Staates einzustellen. Jedes Charter, das nach ihren Auswertungen der neuesten Urteile der Verwaltungsgerichte von einem möglichen Verbot hätte betroffen sein können, lösten die Rocker lieber selbst auf. Die Höllenengel ducken sich in den Untergrund und warten erst einmal ab. Die Selbstauflösung ist ebenfalls die neue Berliner Taktik im Sommer 2012. Auch hier wird ein bedrohtes Charter lieber schnell aufgelöst, um vor allem dem mit einem Verbot einhergehenden Einzug des Vereinsvermögens zuvorzukommen. Die Organisationsstruktur des Clubs und sämtlicher Unterstützungsvereinigungen wird so vor einer Zerschlagung bewahrt und die aufgelösten Charter können entweder im Verborgenen weiter agieren oder bei Bedarf jederzeit wieder offen Farbe bekennen.

Außerdem eröffnen die Selbstauflösungen die Möglichkeit, jederzeit ein neues Charter mit einem im Bedarfsfall »frischen« Vorstand zu gründen, dessen polizeiliches Führungszeugnis nicht genug Ansatzpunkte für eine Verbotsverfügung liefern wird. Wie es sich bei den Verbotsverfügungen von Flensburg und Pforzheim herausgestellt hatte, reicht den Verwaltungsgerichten heute schon ein Kapitalverbrechen eines Führungsmitgliedes aus, um ein Verbot gerichtlich zu sanktionieren. Wenn hingegen ein vorbelastetes Führungsmitglied gegen ein unbescholtenes Member ausgetauscht wird, besteht selbst bei einer ansonsten starken personellen Übereinstimmung mit einem Vorgänger-Charter eine deutlich geringere Gefahr, als Ersatzorganisation des alten Charters in Mitverantwortung gezogen und sofort wieder verboten werden zu können. Die polizeilichen Ermittlungen und das Sammeln von Erkenntnissen für eine Verbotsverfügung müssen also wieder bei null beginnen.

Diese Taktik der Selbstauflösungen wird sicherlich noch andauern, bis die Hells Angels die juristischen Fähigkeiten erlangt haben zu agieren, ohne unter die Gefahr einer Verbotsverfügung zu fallen, oder bis die Innenminister ihren Verfolgungsdruck lockern.

Während die Republik noch gebannt auf den Berliner Mordanschlag blickte, gelang es dem Hells Angels MC auf diese Weise, einige seiner wichtigsten Charter in Sicherheit zu bringen. Das mächtige Bremer Hells-Angels-Charter West Side, eines der größten in Europa, gab mit Wirkung vom 7. Juni 2012 seine Auflösung bekannt. Dass zahlreiche Bremer Rocker ihre lukrativen Tätigkeiten im Rotlichtmilieu gleichzeitig einfach aufgeben werden, darf stark bezweifelt werden.

Am 12. Juni folgte der Hells Angels Motorcycle Club Potsdam mit all seinen Supporter-Clubs. Zuvor hatten sich Spekulationen gemehrt, durch die Aufnahme der Männer aus Kadir P.s verbotenem Berlin City Charter könne die Justiz den Potsdamer Ableger als Ersatzorganisation auslegen. Die Rocker gingen in der aktuellen Situation lieber auf Nummer sicher. Weiterhin beschlossen die Hells-Angels-Charter Midland, Singen und Schwerin ihre Selbstauflösung oder, wie es in Rockerkreisen heißt, sind nun »closed«.

Am 28. Juni 2012 kam dann der Paukenschlag in der rot-weißen Welt: Frank Hanebuths Hannoveraner Charter gab seine Selbstauflösung bekannt – das weltweit mitgliederstärkste und eines der bedeutendsten Charter überhaupt. Am Clubhaus an der Badenstedter Straße schraubten die Biker des Langen den Deathhead und das riesige »Angels Place« ab, nahmen ihre Homepage vom Netz – »not available« – und hängten erst einmal ihre Kutten in den Schrank. Während die Polizei diese Vorgänge noch einzuordnen versuchte, hatten die Hells Angels Hannover Fakten geschaffen. Das prestigeträchtigste deutsche Charter war vor den Innenministern und Verwaltungsgerichten nach all den aufwendigen und schlagzeilenträchtigen Ermittlungen im Kieler Mordfall in Sicherheit gebracht worden.

In den betroffenen Städten sind die Hells Angels so dominant im Milieu, dass sie sicherlich kein offizielles Charter benötigen, um die profitablen Geschäfte weiter zu betreiben. Jeder weiß, wer sie sind und welche Macht sie haben, mit Kutte oder ohne. Sollte dies in Zukunft jemand vergessen oder es darauf ankommen lassen, werden die Höllenengel ihn gewiss daran erinnern. Früher oder später wird es wieder offizielle Charter in diesen Städten geben, aber wohl erst nach einer ausgiebigen juristischen Bestandsaufnahme. Wie schnell die Angels neue Strukturen begründen können, zeigte sich Anfang August 2012, als es gleich vier Mal »Welcome to the Family« hieß und die neuen Charter in Berlin verkündet wurden: Southtown, Northtown, Westtown und Easttown.

Die Verbote sind sicherlich lästig und werden auch einige der beabsichtigten Wirkungen erzeugen, doch jemand, der es im Hells Angels MC zu Macht und Wohlstand gebracht hat und der tief in kriminelle Machenschaften verstrickt ist, wird dadurch gewiss nicht dauerhaft abgeschreckt sein.

Nach den Selbstauflösungen 2012 bauten sich Innenminister und Polizeipräsidenten mit stolzgeschwellter Brust und Siegerlächeln vor den Fernsehkameras der Nation auf und versuchten, die Taktik der OMCGs als Ergebnis ihrer guten Arbeit und des Verfolgungsdrucks ihrer Behörden umzudeuten. So etwas kann wohl nur einem Berufspolitiker einfallen.

Dass die wichtigsten Charter der Hells Angels – Berlin, Bremen und Hannover – weder verboten noch zerschlagen werden konnten, ist ein Misserfolg sondergleichen. Die brutale Dominanz in den Rotlichtmilieus Niedersachsens und weiter Teile Norddeutschlands ist nicht gebrochen worden. Kriminelle Strukturen, die über 25 Jahre gewachsen sind, konnten nicht gerichtsfest belegt werden. Das kann man nur als Fiasko bezeichnen. Selbst ein einzelner Täter wie Kadir P. konnte trotz Dutzender brutaler Gewaltverbrechen in seinem Umfeld nicht juristisch sanktioniert werden. Um dieses Versagen als Erfolg zu verkaufen, benötigt man eine Überdosis Chuzpe.

Die Krönung aber ist die Personalie Frank Hanebuth, der Boss der Bosse, wie ihn einige Medien jetzt nach italienischer Mafia-Manier bezeichnen. Obwohl der Exboxer unmittelbar vor den Augen des niedersächsischen Innenministeriums in Hannover agierte, schaute die Behörde beinahe 20 Jahre lang untätig dabei zu, wie der Mythos vom mächtigen Rockerboss entstand, den die Polizei nie fassen konnte. Die rechtzeitige Auflösung seines Charters ermöglichte es ihm, selbstbestimmt und aufrecht die Bühne zu verlassen. Es gab kein stigmatisierendes Verbot, und keine Kamera konnte ihn im Straßenstaub liegend den deutschen Zuschauern vorführen. Ganz gleich, wie sein weiterer Lebensweg aussehen mag, er wird als ein Junge aus bürgerlichem Hause in Erinnerung bleiben, dem es gelungen ist, ein Rotlicht-Imperium aufzubauen; der den Behörden immer einen Schritt voraus war, und der sich zum mächtigsten Hells Angel Europas hochgearbeitet hat.

Während der öffentlichen Debatte um das Kieler Mordkomplott äußerte sich Hanebuth mehrfach in den Medien und dementierte eine derartige Ausnahmestellung. Die Geschehnisse der letzten 20 Jahre zeichnen jedoch ein anderes Gesamtbild: Angefangen bei der Eroberung des Hannoveraner Steintorviertels in den 90er-Jahren über das Patchover des Bones MC 1999, den Griff nach der Hamburger Reeperbahn reicht es bis zur Entstehung des weltweit größten Hells-Angels-Charters in Hannover und zum inszenierten Friedensschluss von Hannover 2010. Auch werden Männer aus dem Umfeld des Langen mit der Gründung zahlreicher weiterer Charter in Zusammenhang gebracht, etwa in Bielefeld und Potsdam sowie auf Mallorca. Der Name des Hannoveraner Präsidenten fiel im Zusammenhang mit dem Putsch gegen den ehemaligen Kölner Präsidenten Roger M. genauso wie bei der Expansion der Höllenengel in die Türkei durch den Kölner Rotlichtpaten Neco A. Andere wichtige Charter-Präsidenten verbindet laut eigener Aussage eine langjährige Freundschaft mit dem Langen. Mit dem Berliner Präsidenten André S. zusammen rekrutierte der Hannoveraner Präsident das höchst umstrittene Bandidos-Chapter El Centro des Kadir P. Über die Machtfülle Hanebuths berichtete 2012 schließlich auch der Kieler Kronzeuge Steffen R., der den Boss beschuldigte, zwei Mordaufträge erteilt zu haben und »die Endentscheidung« bei allen wichtigen Befehlen innezuhaben. Wie soll man das anders bewerten, als darin einen Nachweis der bundesweiten Steuerung des Hells Angels MC Germany durch Hanebuth an der Spitze zu sehen? Doch all diese Umstände brachte das LKA Hannover anscheinend nicht in einen Zusammenhang. Der 28. Juni 2012 dokumentiert den Tiefpunkt der gescheiterten Bemühungen.

Ob Hanebuth es geschafft hat, sich auf Dauer aus der Schusslinie der Behörden zu bringen und ein mutmaßlich millionenschweres Dasein als Rentner zu genießen, wird nicht zuletzt von der Beweisfähigkeit der Aussage des Kieler Kronzeugen und von künftigen Kronzeugen abhängen. Denn eines verdeutlicht die Geschichte der Hells Angels immer wieder: Mit höheren Haftstrafen im zweistelligen Bereich und einer drohenden anschließenden Sicherheitsverwahrung wird es zu einer Zunahme von aussagebereiten Rockern kommen, die ihren Deal mit Justitia suchen. Und Mord verjährt nie.

In den Medien äußerte sich Hanebuth zu seiner persönlichen Zukunft so: »Ich bin und bleibe Hells Angel.« Es wird früher oder später gewiss wieder ein Hannoveraner Charter geben, doch ein Frank Hanebuth wird dort weder als offizielles Mitglied, geschweige denn als Präsident eingetragen sein. Die anfechtbare Rechtsform eines Charters als Verein wird er sich bestimmt nicht noch einmal antun.

Die Selbstauflösungen von Hells-Angels- und Bandidos-Dependancen im Jahr 2012 sind keine Erfolge der Behörden. Die gelungene Rettung der bedeutendsten Charter und Chapter ist eine demütigende Niederlage und eine schallende Ohrfeige für lahme Innenminister.

13. KAPITEL
Ausblick

Eine stabile, friedliche Koexistenz zwischen den sich unversöhnlich gegenüberstehenden Einprozenter-Motorradclubs in Deutschland scheint unmöglich.

Am anschaulichsten lassen sich die globalen Territorialkämpfe und Rockerkriege um Macht, Einfluss und Geld vielleicht mit der Zeit des Kalten Krieges von Ost gegen West vergleichen. Die Situation zwischen den OMCGs ähnelt der Zeit, als die beiden bis aufs Blut verfeindeten Blöcke sich waffenstarrend belauerten und nur auf einen Vorfall warteten, der sich als Angriffshandlung interpretieren ließ. Obwohl sich die hochgerüsteten Allianzen des Warschauer Pakts und der NATO offiziell nicht im Kriegszustand befanden, drohte jeder Konflikt in einem noch so entfernten Winkel dieser Welt einen Flächenbrand auszulösen.

Der Stellvertreterkrieg in Korea, der Bau der Berliner Mauer, die Kuba-Krise, politische Attentate, Putsche in Satellitenstaaten oder die Inthronisation genehmer Diktatoren besaßen das Potenzial, einen dritten Weltkrieg auszulösen.

Auch in der Welt der Einprozenter stehen sich weltweit zwei große Blöcke gegenüber. Auf der einen Seite ist das der Hells Angels MC als mächtigster Einprozenter-Club der Welt mit Beistand des weltweit größten Supporter-Clubs, der Red Devils, und zahlreichen Untergruppierungen wie der neu rekrutierten Brigade 81, der Legion 81 oder des Commando 81. Auf offizielle Bündnisse mit anderen großen MCs verzichten die Angels bewusst. Ob das an der eigenen Stärke liegt oder aus Arroganz geschieht, bleibt der Einschätzung des Betrachters überlassen.

Auf der anderen Seite stehen dieser rot-weißen Macht zahlreiche global agierende Einprozenter-Clubs wie die Bandidos, Mongols, Outlaws und eine Vielzahl alliierter Clubs gegenüber. Manche der großen MCs verbindet eine jahrzehntelange Freundschaft, etwa die Bandidos und die Outlaws, andere Clubs gehen örtliche Bündnisse ein oder sprechen ihr Vorgehen miteinander ab. Viele MCs eint vor allem die Feindschaft mit den Angels.

In dieses Pulverfass stoßen weitere Akteure der organisierten Kriminalität und streng nach Ethnien getrennte Familienclans und Gangs.

Dass der Rockerkrieg auf Deutschlands Straßen das Potenzial birgt, einen europaweiten Konflikt auszulösen, belegen die aktuellen Vorkommnisse in Berlin. Umgekehrt ist es jederzeit möglich, dass Vorfälle im Ausland eine Eskalation in der Republik auslösen. Die eng vernetzte Welt der Rocker, die internationale Ausrichtung und Organisation der großen Clubs, die starke Identifikation mit dem jeweiligen Club und dessen Farben sowie persönliche Bekanntschaften und Freundschaften über alle Ländergrenzen hinweg tragen die Aggressionen in alle Länder, die von den OMCGs in Besitz genommen wurden. Allein die Hells Angels verfügen im Sommer 2012 über 356 Charter in 47 Ländern. Hinter 59 Chartern steht der Zusatz »Germany«. Deutschland verfügt nach dem Ursprungsland Amerika über die zweithöchste Clubdichte der Welt. Zum Bandidos MC gehören zur gleichen Zeit über 304 Chapter, davon 70 in Deutschland. Zusätzlich existieren allein in der Republik 111 Supporter-Clubs und 21 X-Teams des Fat Mexican. Auch für die Bandido Nation ist Deutschland nach den USA das mit Abstand wichtigste Land.

Die Outlaw Motorcycle Gangs entstammen der gleichen Subkultur, was das Risiko enorm erhöht, dass Mitglieder der verfeindeten Blöcke aneinandergeraten. Bei Runs, Harley Days, Motorradmessen, Tattoo Conventions oder in den einschlägigen Kneipen, Bars, Etablissements und Striplokalen der Rotlichtviertel wird weniger die diplomatische Etikette des Einzelnen den gegenseitigen Kontakt beeinflussen als vielmehr die grundlegende Gewaltbereitschaft der Gruppen. Der Club des Unterlegenen ist seinen Brüdern zum Beistand verpflichtet, sonst würde das plakativ vorgebrachte Motto »One for all – all for one« zur Makulatur. Vergeltungsaktionen, die eine infernalische Kettenreaktion auslösen können, sind dann unvermeidlich.

Diese Gedanken beziehen sich nur auf eine zufällige Eskalation in der Welt der Einprozenter. Davon unberührt sind Szenarien, in denen sich ein Club als Ganzes in einem von ihm reklamierten Gebiet, einer Stadt oder einem gesamten Land herausgefordert sieht. Man stelle sich den Fall vor, dass die Führung eines großen MCs in Deutschland ihren Machtbereich und ihre Verdienstmöglichkeiten entscheidend auszudehnen beabsichtigt oder – wie in Kanada geschehen – gar ein kriminelles Monopol errichten will. Wenn das Risiko beherrschbar und der Lohn angemessen scheint, sind weitere Eskalationsszenarien nahezu sicher.

Dass Deutschland Kriegsschauplatz der weltweiten Rivalitäten bleibt, werden auch Vereinsverbote und taktische Selbstauflösungen nicht ändern.

NACHWORT

Der größte Widerspruch in der Welt der Hells Angels springt einem förmlich ins Auge: Einerseits geben die selbst ernannten Gesetzlosen vor, frei und abseits aller Regeln, Gesetze und bürgerlichen Vorstellungen leben zu wollen. Andererseits scheinen sie Ordnungs- und Gehorsamsfanatiker zu sein.

Das Leben als Hells Angel ist erstaunlich streng reguliert. Konformität ersetzt die persönliche Unabhängigkeit in der Bruderschaft. Es fängt an mit der Uniform, dem Color der Angels, auf das man sich wie beim Militär ordensgleich weitere Patches aufnäht, die einem zusätzliches Renommee verleihen: durch Teilnahme an Runs, die Dauer der Vereinszugehörigkeit, sexuelle Ausschweifungen, Ausüben von Funktionen wie »President«. Besondere Patches werden verliehen für eine Tätigkeit im Rotlichtgewerbe (Red Light Crew), Gefängnisaufenthalte (Big House Crew), besondere Brutalität gegen Polizisten (Dequiallo) bis hin zum Mord, der für den Club begangen wurde (Filthy Few).

Die Einprozenter wollen in einer abgeschotteten Welt leben und doch teilen sie der gesamten Öffentlichkeit ihre aktuelle Stellung und ihr Ansehen im Club jederzeit auf ihren Kutten mit. Sie exhibitionieren sich geradezu gegenüber der Allgemeinheit, mit der sie doch gar nichts gemein haben wollen. Stolz tragen sie die Einprozenter-Raute auf ihrer Kutte oder als Tätowierung in die Haut gestochen und signalisieren dadurch der Außenwelt, dass sie sich als Gesetzlose fühlen. Sie stellen sich selbst außerhalb aller gesellschaftlichen Ordnungsbegriffe und Regeln, um sich dann widerspruchslos dem Diktat ihres Präsidenten zu unterstellen.

Der Präsident führt sein Charter an einer strengen Befehlskette und lässt Verordnungen und Direktiven mitunter drakonisch durch die ihm unterstellten Offiziere und Mitglieder durchsetzen. Sollte gegen Anordnungen oder Regeln der OMCGs verstoßen werden, verfügen die großen internationalen Clubs über eine interne Gerichtsbarkeit, die jegliche Verstöße unerbittlich sanktioniert. Die Urteile der Vergangenheit waren gnadenlos, und auch vor Massenmord wurde nicht zurückgeschreckt, wie das Lennoxville-Massaker mit fünf Ermordeten, der achtfache Mord von

Shedden und auch der vermeintliche Brudermord an dem abtrünnigen Hells Angel in Berlin bezeugen.

Die hierarchischen Organisationsstrukturen ermöglichen es dem Präsidenten in der Regel, straffrei zu bleiben, während sein stetig wachsendes Renommee und seine Autorität neue Rekruten anlocken und in die Kriminalität ziehen.

Die Vorschriften der Hells Angels sind allumfassend: Angefangen bei den Regularien für Hangarounds und die offizielle Anwärterschaft über den Status eines Prospects bis hin zur Vollmitgliedschaft, die speziellen Initiationsriten, die ausschließlich Männern vorbehaltene Mitgliedschaft bis hin zu den Vorschriften für den Umgang mit Drogen ist alles clubintern geregelt. Der alles überragende Ehrenkodex, der jegliche Zusammenarbeit mit Polizei und Justiz ausschließt, bildet eine weitere Säule des umfangreichen Regelwerkes.

Jedes Mitglied fährt eine Harley-Davidson, alle unterliegen den gleichen World Rules, die, Heiligtümern gleich, behütet und geschützt werden. Das Vereinsleben runden Pflichttermine wie die Teilnahme an der wöchentlichen Versammlung (Kirchgang), Pflichtfahrten (Runs), Feierlichkeiten und die pünktliche Zahlung des geforderten Monatsbeitrags ab. Kleinere Vergehen werden mit festgelegten Geldbußen geahndet. So viel Spießbürgertum findet man auch in jedem Schützenverein.

Und doch sehen sich die Hells Angels und andere Rocker in ihrer Selbstwahrnehmung als die einzigen legitimen Erben des zu Tode zitierten Easy-Rider-Mythos und als Gesellschaft freier Männer, die nicht dem Diktat von Gesetzesbüchern, Berufsleben, Ehefrauen oder Familien unterworfen sind.

Um den Status eines Outlaws, eines Gesetzlosen, zu erlangen, opfern sie alle Merkmale eines geschützten und beständigen Lebens für ihren Freiheitsbegriff – nur um sich in der Welt der organisierten Biker dann viel starreren, rigideren Regeln zu unterwerfen. Wie passt das zusammen?

Sozialwissenschaftler sprechen angesichts des ambivalenten Lebens vom sogenannten Rockerparadoxon.

Die Biker leben und verkörpern das Image von Geächteten, von freiheitsliebenden Rebellen, und doch ist der Deathhead auf ihrem Patch genau wie der Schriftzug »Hells Angels« ein notariell eingetragenes Markenzeichen, dessen Missbrauch sie per Rechtsanwalt ahnden lassen. Hells Angels veranstalten Wohltätigkeitsevents und spenden Einnahmen für karitative Zwecke, oftmals für Vereine, die sich gegen Kindesmissbrauch engagieren. Sie scheinen um ihren guten Ruf in der Bevölkerung besorgt zu sein, obwohl sie die Allgemeinheit verachten und von ihr wiederum mehrheitlich abgelehnt werden. Hells Angels echauffieren und beklagen sich über eine schlechte Presse und das daraus resultierende negative Bild in der Öffentlichkeit. Warum die Mühe?

Was haben sie erwartet? Was denken die Höllenengel, wie eine verängstigte Bevölkerung reagiert, nachdem Auftragsmorde begangen und Menschen zu Tode geprügelt oder von Bomben zerfetzt wurden? Was sollten wütende Rockerkriege und polizeiliche Beschuldigungen über kriminelle Geschäfte in den Rotlichtmilieus der Großstädte sonst auslösen?

Trotz der nachweisbaren Taten scheinen die Hells Angels ein anderes Bild von sich selbst zu haben, als es sich aus Zeitungsartikeln, Interviews, Gesprächen, Aussteigerberichten und Polizeianalysen objektiv ergibt.

Um einem Bürgertum, das sie ablehnen, ihre Sicht der Dinge zu vermitteln, rufen sie ein eigenes Medienprojekt ins Leben und wollen damit der ihrer Meinung nach einseitigen Presseberichterstattung widersprechen. Bei diesem Versuch wirken sie aber nicht wie missverstandene Biker, sondern erinnern eher an bockige Kinder. Eine Menge Aufwand und Engagement, um die Meinung einer Öffentlichkeit zu beeinflussen, die ihr Urteil schon längst gefällt hat.

Hells Angels scheinen Wanderer zwischen den Welten zu sein. Gut und böse, frei und doch einem starren Regelwerk unterworfen. Oder sind es einfach nur gewiefte Rosinenpicker, die sich das Recht herausnehmen, aus beiden Welten das Beste für sich einzufordern? Einerseits Macht, Prestige, jenseits von Gesetzen und Verboten, und das schnelle Geld, egal wie oder woher es kommt. Andererseits ein Leben in geregelten Bahnen, im Schutz einer machtvollen Gruppe, wo der Lebensweg vorgeformt und begleitet wird, ausgerichtet an rigiden Regeln des Clubs und seiner Führung.

Diese Ambivalenz scheint nicht endlos durchzuhalten zu sein. An einer Gabelung des Lebensweges muss jeder Rocker für sich ganz individuell entscheiden, wohin seine Reise in letzter Konsequenz geht: halbwegs zurück in die Gesellschaft, zu Recht und Ordnung oder unumkehrbar ins Reich der Gesetzlosen mit allen Konsequenzen?

Nach den globalen Rockerkriegen, angesichts der tiefen Verstrickungen in die organisierte Kriminalität und eines rauschhaften Runs auf der Überholspur des Lebens scheint vielen Protagonisten der dramatische Schlussakt vorbestimmt zu sein.

Am Ende dieses Weges drohen unausweichlich langjährige Haftstrafen, schwerwiegende Verletzungen oder, als ultimatives Finale, der Tod. Vor diesem letzten Gang kann den Rocker keine Gruppe, kein Club und kein Ehrenkodex beschützen.

Trotz der geschilderten Brutalitäten, der Morde, Hinrichtungen und des Blutes unschuldiger Opfer an ihren Händen ist keine offizielle Entschuldigung oder Distanzierung des Hells Angels MC von den Taten seiner Mitglieder bekannt. Die Rocker unterstützen hingegen die Straftäter aus ihren Reihen, bezahlen Rechtsanwälte und solidarisieren sich mit den Angeklagten durch martialische Aufmärsche vor Gerichten. Oftmals wurden Männer aus der Welt der Hells Angels und der Bandidos nach schwerwiegenden Straftaten mit einer Beförderung in der Hierarchie des Netzwerks belohnt. Der Club schließt selbst verurteilte Mörder nicht aus, sie erhalten im Gegenteil als Auszeichnung das »Filthy Few«- oder »Expect No Mercy«-Patch.

Die Rocker haben Deutschlands Unterwelt erobert, doch sie scheinen ihren Zenit überschritten zu haben. Politik, Polizei und Gerichte sind dabei, die 40 Jahre während Dominanz der deutschen Hells Angels kompromisslos zu brechen. Erst im April 2012 befand das Bundesverfassungsgericht ein zuvor ausgesprochenes Kuttenverbot vor Gericht für rechtens. Das höchste deutsche Gericht beurteilte das massenhafte szenetypische Auftreten als nicht hinnehmbare Machtdemonstration und Bedrohung sowie Einschüchterung der Öffentlichkeit.

Eigens gegründete Sonderkommissionen und Abteilungen der Landeskriminalämter arbeiten sich an einem Charter oder Chapter nach dem anderen ab. Wer sich die ausführlich begründete Rechtsauffassung des VGH Baden-Württemberg anlässlich der Verbotsverfügung gegen die Hells Angels in Pforzheim ins Gedächtnis ruft, kann zu keinem anderen Ergebnis kommen, als dass die ausgesprochenen Verbote in allen Instanzen bestätigt werden. Vorausgesetzt, die Behörden hatten genügend Zeit, die Verbote akribisch vorzubereiten, und kein wahlkämpfender Innenminister prescht ihnen vorweg.

Ob die Hells Angels und ihre jahrzehntelang gefestigten Strukturen sich aber wirklich in großem Umfang verdrängen lassen oder ob sie im Untergrund weiterhin ihren Geschäften nachgehen werden, wird erst die Zukunft entscheiden. Das gilt auch für den Versuch des Staates, die Unterwelt Deutschlands neu zu ordnen. Wird es eine Besserung der Zustände geben? Oder wird es noch schlimmer?

Er war der Wolf im Schafspelz der Polizei

336 Seiten
Preis: 19,90 €
ISBN 978-3-86883-064-4

Stefan Schubert
Gewalt ist eine Lösung
Morgens Polizist, abends Hooligan – mein geheimes Doppelleben

Stefan Schubert führte acht Jahre lang ein unglaubliches Doppelleben: als Polizist und Fußball-Hooligan. Von Montag bis Freitag sorgte er auf Deutschlands Straßen für Recht und Ordnung, an den Wochenenden überzog er sie mit Gewalt. Jahrelang konnte er seine brutale Freizeitaktivität geheim halten, bis ihm eine Massenschlägerei zum Verhängnis wurde. Hart und ehrlich berichtet Stefan Schubert vom süchtig machenden Rausch der Gewalt und deckt das Versagen der Polizei auf, die ihn unbehelligt ließ, obwohl sie von seinem blutigen Hobby wusste.

Jetzt packen Polizisten aus

Auch als **E-Book** erhältlich

240 Seiten
Preis: 19,99 €
ISBN 978-3-86883-191-7

Stefan Schubert
Inside Polizei
Die unbekannte Seite des Polizeialltags

- Der Einsatz eines Spezialeinsatzkommandos endet in einem Skandal ...

- Zwei Polizisten berichten aus nächster Nähe über die Katastrophe der Loveparade in Duisburg ...

- Im Rotlichtmilieu treffen Hells Angels, Mafia und Polizei aufeinander ...

- Angehörige einer Polizeihundertschaft schildern den Großeinsatz bei einem Castor-Transport aus ihrer Sicht ...

- Polizisten erleben Gewalt nicht nur im Dienst ...

Bestsellerautor Stefan Schubert, selbst viele Jahre lang Polizist, gewährt Außenstehenden authentische und schonungslose Einblicke in eine abgeschottete Polizeiwelt. Kein anderes Buch kam der dunklen Seite des Polizeialltags je so nahe.